HENAN SURVEY YEARBOOK

2022

国家统计局河南调查总队 编

Compiled by Survey Office of the National Bureau of Statistics in Henan

图书在版编目（CIP）数据

河南调查年鉴 . 2022 = Henan Survey Yearbook. 2022 / 国家统计局河南调查总队编 . -- 北京 : 中国统计出版社, 2022.7
ISBN 978-7-5037-9846-7

Ⅰ. ①河… Ⅱ. ①国… Ⅲ. ①统计资料—河南—2022—年鉴 Ⅳ. ① C832.61-54

中国版本图书馆 CIP 数据核字（2022）第 111103 号

河南调查年鉴-2022

作　　者 / 国家统计局河南调查总队
责任编辑 / 高媛媛
装帧设计 / 李雪燕
出版发行 / 中国统计出版社有限公司
地　　址 / 北京市丰台区西三环南路甲 6 号　邮政编码 / 100073
电　　话 / 邮购（010）63376909　书店（010）68783171
网　　址 / http://www.zgtjcbs.com
印　　刷 / 郑州豫兴印刷有限公司
经　　销 / 新华书店
开　　本 / 890mm×1240mm　1/16
字　　数 / 710 千字
印　　张 / 24
版　　别 / 2022 年 7 月第 1 版
版　　次 / 2022 年 7 月第 1 次印刷
定　　价 / 280.00 元

本书附同版本 CD-ROM 一张，光盘内容以书面文字为准。
如有印装差错，由本社发行部调换。

《河南调查年鉴－2022》编委会和编辑人员

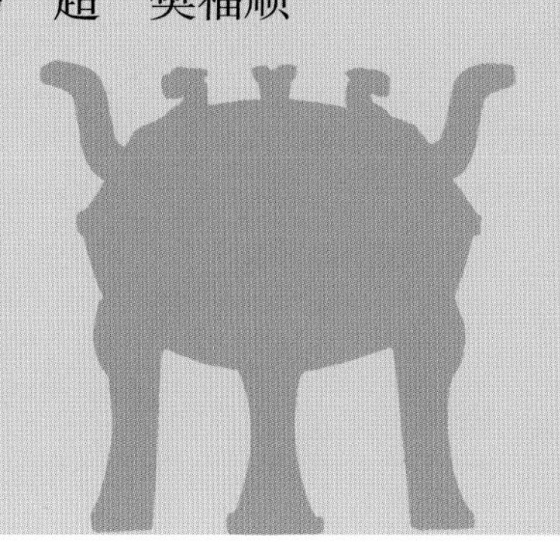

编者说明

一、《河南调查年鉴—2022》是一部反映河南省经济社会发展情况和人民生活状况的资料年刊。本书收录了全省和市、县（区）2022年经济和社会发展有关方面大量的调查统计数据，以及重要历史年份的全省主要调查统计数据。

二、本年鉴正文内容分为9个部分：1.调查工作报告；2.农业；3.畜牧业；4.消费价格；5.生产价格；6.农产品价格；7.人民生活；8.全国及各省（市、区）指标；9.大事记。主要篇末附有《主要统计指标解释》。

三、资料中所使用的度量衡单位均采用国际统一标准计量单位。

四、本年鉴部分数据合计数或相对数，由于单位取舍不同产生的计算误差未作机械调整。

五、本年鉴各表中，有关对全表的注解均在该表上方，对表中部分指标的注解则在该表下方。凡带续表的资料，对部分指标的注解一律在最后续表的下方。

六、本年鉴表中的符号使用说明："空格"表示该项统计指标数据不详或无该项数据；"#"表示其中的主要项；"…"表示数据不足最小保留单位。

七、本年鉴的编辑出版，得到了国家统计局和河南省统计局的大力支持和帮助，值此出版之际，特致谢忱！

八、由于编者水平所限，加之编辑时间仓促，本年鉴中不当之处，敬请读者批评指正。

河南调查年鉴编辑部

二〇二二年八月

目　　录

一、调查工作报告

稳中求进　争先跨越　奋力打好迈向全国“第一方阵”攻坚战

——在河南调查工作视频会议上的讲话(国家统计局河南调查总队党组书记、总队长　崔刚) ………… 3

二、农　　业

2－1　历年农业生产情况 …………………………………………………………… 17

2－2　主要粮食作物播种面积 ……………………………………………………… 18

2－3　主要粮食作物产品产量 ……………………………………………………… 19

2－4　主要粮食作物单位面积产量 ………………………………………………… 20

2－5　各市粮食作物播种面积和产量(2021 年) ………………………………… 21

2－6　主要粮食产品产量与历史最高年份比较 …………………………………… 25

2－7　各市气候情况(2021 年) …………………………………………………… 25

2－8　108 个粮食大县粮食生产情况(2021 年) ………………………………… 26

2－9　各月份气候情况(2021 年) ………………………………………………… 32

主要统计指标解释 …………………………………………………………………… 35

三、畜牧业

3－1　主要畜产品产量 ……………………………………………………………… 39

3－2　主要畜禽年末存栏数量 ……………………………………………………… 40

3－3　各市主要畜禽出栏数量和畜产品产量(2021 年) ………………………… 40

3－4　各市主要畜禽存栏数量(2021 年) ………………………………………… 41

3－5　生猪大县生产情况 …………………………………………………………… 42

3－6　历年牧渔业产量 ……………………………………………………………… 46

主要统计指标解释 …………………………………………………………………… 47

四、消费价格

4－1　历年居民消费和商品零售价格总指数 …… 50
4－2　居民消费和商品零售价格总指数(2021 年) …… 52
4－3　居民消费价格分类指数(2021 年) …… 53
4－4　居民消费价格分月同比指数(2021 年) …… 54
4－5　城市居民消费价格分月同比指数(2021 年) …… 72
4－6　农村居民消费价格分月同比指数(2021 年) …… 90
4－7　居民消费价格分月环比指数(2021 年) …… 108
4－8　城市居民消费价格分月环比指数(2021 年) …… 126
4－9　农村居民消费价格分月环比指数(2021 年) …… 144
4－10　商品零售价格分类指数(2021 年) …… 162
4－11　商品零售价格分月同比指数(2021 年) …… 164
4－12　城市商品零售价格分月同比指数(2021 年) …… 168
4－13　农村商品零售价格分月同比指数(2021 年) …… 172
4－14　商品零售价格分月环比指数(2021 年) …… 176
4－15　城市商品零售价格分月环比指数(2021 年) …… 180
4－16　农村商品零售价格分月环比指数(2021 年) …… 184
4－17　27 个调查市县居民消费价格指数(2021 年) …… 188
4－18　27 个调查市县商品零售价格指数(2021 年) …… 190
主要统计指标解释 …… 192

五、生产价格

5－1　历年工业生产者出厂及购进价格指数 …… 195
5－2　主要年份分类工业生产者出厂价格指数 …… 196
5－3　主要年份分类工业生产者购进价格指数 …… 197
5－4　各月分类工业生产者出厂价格同比指数(2021 年) …… 198
5－5　各月分大中类工业生产者出厂价格同比指数(2021 年) …… 200
5－6　各月分类工业生产者出厂价格环比指数(2021 年) …… 212
5－7　各月分大中类工业生产者出厂价格环比指数(2021 年) …… 214
5－8　各月分类工业生产者出厂价格定基指数(2021 年) …… 226
5－9　各月分大类工业生产者出厂价格定基指数(2021 年) …… 228
5－10　工业生产者出厂价格完整同比指数(2021 年) …… 230
5－11　各月分类工业生产者购进价格同比指数(2021 年) …… 241

5－12　各月分类工业生产者购进价格环比指数(2021 年) …… 242
5－13　各月分类工业生产者购进价格定基指数(2021 年) …… 243
5－14　工业生产者购进价格完整同比指数(2021 年) …… 244
5－15　郑州市分月商品住宅销售价格指数(2021 年) …… 252
5－16　洛阳市分月商品住宅销售价格指数(2021 年) …… 254
5－17　平顶山市分月商品住宅销售价格指数(2021 年) …… 256
5－18　郑州、洛阳、平顶山市商品住宅销售价格定基指数(2021 年) …… 258
主要统计指标解释 …… 260

六、农产品价格

6－1　历年农产品生产者价格指数 …… 263
6－2　分季度农产品生产者价格指数(2021 年) …… 264
6－3　各月农产品集贸市场平均价格(2021 年) …… 265
主要统计指标解释 …… 266

七、人民生活

7－1　历年居民收支 …… 269
7－2　调查户家庭基本情况(2021 年) …… 270
7－3　居民家庭居住情况(2021 年) …… 271
7－4　居民人均总收入(2021 年) …… 273
7－5　居民人均总收入构成(2021 年) …… 274
7－6　居民人均可支配收入(2021 年) …… 274
7－7　居民人均可支配收入构成(2021 年) …… 275
7－8　居民人均现金可支配收入(2021 年) …… 275
7－9　居民人均现金可支配收入构成(2021 年) …… 276
7－10　居民人均总支出(2021 年) …… 276
7－11　居民人均总支出构成(2021 年) …… 278
7－12　居民人均生活消费支出(2021 年) …… 279
7－13　居民人均生活消费支出构成(2021 年) …… 280
7－14　居民人均现金生活消费支出(2021 年) …… 280
7－15　居民人均现金生活消费支出构成(2021 年) …… 281
7－16　居民家庭平均每百户主要消费品年末拥有量(2021 年) …… 281

7－17　按收入分组的居民家庭平均每人总收入(2021 年) …… 282
7－18　按收入分组的居民家庭平均每人总支出(2021 年) …… 282
7－19　按收入分组的居民家庭平均每人可支配收入(2021 年) …… 283
7－20　按收入分组的居民家庭平均每人生活消费支出(2021) …… 283
7－21　按收入分组的居民家庭平均每人现金可支配收入(2021 年) …… 284
7－22　按收入分组的居民家庭平均每人生活消费现金支出(2021 年) …… 284
7－23　历年城镇居民收支 …… 285
7－24　城镇调查户家庭基本情况(2021 年) …… 286
7－25　城镇居民家庭居住情况(2021 年) …… 287
7－26　城镇居民人均总收入(2021 年) …… 290
7－27　城镇居民人均总收入构成(2021 年) …… 290
7－28　城镇居民人均可支配收入(2021 年) …… 291
7－29　城镇居民人均可支配收入构成(2021 年) …… 291
7－30　城镇居民人均现金收入(2021 年) …… 292
7－31　城镇居民人均现金收入构成(2021 年) …… 292
7－32　城镇居民人均总支出(2021 年) …… 293
7－33　城镇居民人均总支出构成(2021 年) …… 294
7－34　城镇居民人均生活消费支出(2021 年) …… 295
7－35　城镇居民人均生活消费支出构成(2021 年) …… 295
7－36　城镇居民人均现金生活消费支出(2021 年) …… 296
7－37　城镇居民人均现金生活消费支出构成(2021 年) …… 296
7－38　城镇居民家庭平均每百户主要消费品年末拥有量(2021 年) …… 297
7－39　按收入分组的城镇居民家庭平均每人总收入(2021 年) …… 297
7－40　按收入分组的城镇居民家庭平均每人总支出(2021 年) …… 298
7－41　按收入分组的城镇居民家庭平均每人可支配收入(2021 年) …… 298
7－42　按收入分组的城镇居民家庭平均每人生活消费支出(2021 年) …… 299
7－43　按收入分组的城镇居民家庭平均每人现金可支配收入(2021 年) …… 299
7－44　按收入分组的城镇居民家庭平均每人生活消费现金支出(2021 年) …… 300
7－45　历年农村居民收支 …… 300
7－46　农村调查家庭基本情况(2021 年) …… 302
7－47　农村居民家庭居住情况(2021 年) …… 303
7－48　农村居民人均总收入(2021 年) …… 306
7－49　农村居民人均总收入构成(2021 年) …… 306
7－50　农村居民人均可支配收入(2021 年) …… 307
7－51　农村居民人均可支配收入构成(2021 年) …… 307
7－52　农村居民人均现金可支配收入(2021 年) …… 308

7－53　农村居民人均现金可支配收入构成(2021 年) …… 308
7－54　农村居民人均总支出(2021 年) …… 309
7－55　农村居民人均总支出构成(2021 年) …… 310
7－56　农村居民人均总生活消费支出(2021 年) …… 311
7－57　农村居民人均总生活消费支出构成(2021 年) …… 311
7－58　农村居民人均现金生活消费支出(2021 年) …… 312
7－59　农村居民人均现金生活消费支出构成(2021 年) …… 312
7－60　农村居民家庭平均每百户主要消费品年末拥有量(2021 年) …… 313
7－61　按收入分组的农村居民家庭平均每人总收入(2021 年) …… 313
7－62　按收入分组的农村居民家庭平均每人总支出(2021 年) …… 314
7－63　按收入分组的农村居民家庭平均每人可支配收入(2021 年) …… 314
7－64　按收入分组的农村居民家庭平均每人生活消费支出(2021 年) …… 315
7－65　按收入分组的农村居民家庭平均每人现金可支配收入(2021 年) …… 315
7－66　按收入分组的农村居民家庭平均每人生活消费现金支出(2021 年) …… 316
7－67　主要年份农村农户固定资产投资情况 …… 316
7－68　分行业农村农户固定资产投资增速及结构(2021 年) …… 317
7－69　河南省各省辖市及省直管县居民收支(2021 年) …… 317
7－70　河南省各省辖市及省直管县城镇居民收支(2021 年) …… 318
7－71　河南省各省辖市及省直管县农村居民收支(2021 年) …… 319
主要统计指标解释 …… 320

八、全国及各省(市、区)指标

8－1　全国及各省区市主要农产品产量(2021 年) …… 329
8－2　全国及各省区市居民消费和商品零售价格指数(2021 年) …… 330
8－3　全国及各省区市分月工业生产者出厂价格指数(2021 年) …… 332
8－4　全国及各省区市分月工业生产者购进价格指数(2021 年) …… 334
8－5　全国及各省区市主要价格指数(2021 年) …… 336
8－6　全国 70 个大中城市商品住宅销售价格指数(2021 年) …… 337
8－7　全国及各省区市城乡居民人均可支配收入和消费支出(2021 年) …… 339

九、大事记(2021)

大事记(2021) …… 343
一月 …… 343

二月 …… 345
三月 …… 346
四月 …… 349
五月 …… 352
六月 …… 353
七月 …… 355
八月 …… 358
九月 …… 361
十月 …… 364
十一月 …… 365
十二月 …… 368

调查工作报告

资料整理：李　静

稳中求进　争先跨越
奋力打好迈向全国“第一方阵”攻坚战

——在河南国家调查工作会议上的讲话

（2022 年 2 月 11 日）

国家统计局河南调查总队党组书记、总队长　崔刚

同志们：

这次会议的主要任务是，以习近平新时代中国特色社会主义思想为指导，全面贯彻党的十九大和十九届历次全会与中央经济工作会议精神，深入贯彻习近平总书记关于统计工作重要讲话指示批示精神，认真落实全国统计工作会议精神，回顾总结 2021 年工作，分析形势、明确方向，部署 2022 年重点任务，以党的建设为统领，扎实推进河南国调事业高质量发展。下面，我代表总队党组讲三点意见。

一、齐心协力，奋勇争先，圆满完成 2021 年工作任务

2021 年，是党的百年华诞，是“十四五”开局之年，也是推进统计现代化改革的起步之年。河南国家调查队系统在国家统计局党组和省委省政府的领导下，统筹抓好汛情疫情防控和统计调查工作，扎实开展党史学习教育，全面落实巡视整改任务，不断深化党对统计调查工作的全面领导，奋力推进统计现代化改革和国家调查队改革发展，各项工作取得显著成效。

（一）党建统领坚强有力。一是政治建设不断加强。始终拥护“两个确立”，增强“四个意识”、坚定“四个自信”、做到“两个维护”。严格执行重大事项请示报告制度、民主集中制，严肃党内政治生活，严守党的政治纪律和政治规矩，牢牢把握意识形态工作领导权。全年共召开 53 次党组会对党建等重大事项进行研究部署。二是理论武装持续强化。严格落实“第一议题”制度，把学习贯彻习近平新时代中国特色社会主义思想摆在首位。充分发挥党组理论学习中心组示范带动作用，第一时间组织学习贯彻党的十九届六中全会精神，全年共组织开展学习 28 次。三是党史学习教育走深走实。发挥“五级联动”学习机制，成立 6 个党史学习教育巡回指导组，先后对 7 个市队、2 个县队进行巡回指导。扎实推进“我为群众办实事”实践活动，90 项具体任务全部完成，解决了一批涉及干部职工切身利益的难事。举办两期党支部书记培训班，完成两

批次党员干部网上党史学习教育专题培训。四是党建基础全面夯实。认真落实“三会一课”制度,扎实开展“四强”党支部建设和模范机关建设,不断巩固省级文明单位标兵创建成果,圆满完成总队机关党委、机关纪委、工会换届改选工作,组织实施庆祝建党 100 周年系列活动,开展“两优一先”评选表彰,完成对所有市队和 16 个县队的党建督导。

(二)全面从严治党纵深推进。一是管党治党责任进一步压实。召开全面从严治党工作会议和警示教育会议,印发《廉政风险防控手册》《纪检组织监督检查工作指导清单(试行)》,指导基层纪检干部监督执纪问责。制定《贯彻落实加强对“一把手”和领导班子监督意见实施方案》,切实加强对“一把手”和领导班子监督。分片区听取市队党组书记履行全面从严治党主体责任汇报,召开市级调查队纪检组长履职汇报会,年内组织 2 次专题研究全面从严治党工作会议,对全系统 194 名处级及以下领导干部建立了廉政档案。二是巡视整改工作取得阶段性成效。总队党组自觉接受政治体检,切实把巡视整改作为重大政治任务抓紧抓实。巡视前“未巡先改”;巡视期间,全力做好配合;巡视后,主动梳理问题与不足;巡视意见反馈后,研究制定 133 项整改措施,形成整改工作台账。各市县队根据总队党组要求,也分别制定了本单位整改工作方案和台账,全系统形成“同题共答”“贯通融合”的整改氛围。经过共同努力,各项限时整改任务按时完成,长期整改工作有序推进。三是巡察工作扎实开展。积极构建巡视巡察上下联动机制和巡察监督、执法监督、审计监督贯通协同机制,进一步深化“1 + X”巡察模式,对 4 个市队及其所辖 1 个县队开展巡察整改回访,对 4 个市队及所辖县队开展政治巡察,实现对全系统市县队巡察全覆盖。

(三)圆满完成各项调查工作。先后修订完善了《河南国家调查数据质量管理办法》《河南国家调查数据评审制度》等系列制度规范,建立健全了涵盖调查业务全流程的质量管控机制。精心组织开展了居民收支、价格、粮食产量、畜禽监测、劳动力、农民工监测、采购经理等常规调查工作,农产品生产者价格调查和主要农产品中间消耗调查样本轮换、价格调查基期轮换如期完成,脱贫县农村住户监测调查、新一轮 ICP 调查等工作有序开展,为高质量发展综合绩效评价、价格补贴联动机制、菜篮子米袋子工程和粮食安全省长责任制考核等提供了数据支撑。顺利完成了国家脱贫攻坚普查数据整理以及总结表彰、国家布置的全面从严治党民意调查和地方委托的河南省文明城市全域测评等专项调查工作。

(四)调查服务卓有成效。一是信息分析工作名列前茅。修订完善信息考核机制,对 2021 年信息工作任务进行量化分解,总队全年共开展各类专题调研 86 项,撰写调查信息 210 篇,向国家统计局报送调查信息 94 篇,国家统计局《每日调查》采用 43 篇,党中央、国务院领导批示 10 余篇次。累计报送省委省政府调查信息 406 篇次,呈送省委省政府主要领导《调查专报》95 篇,特别是在疫情、汛情期间，组织开展了系列快速调研，为党委政府提供了及时、高效的信息服务。全年得到省领导批示89篇次。总队在国家局经济社会信息考核中位列第四，在省委、省政府信息工作考核中始终名列前茅，位居中央驻豫单位首位。全系统年度立项课题结项成果共98项，编印了《2021河南课题研究报告选编》《2021河南优秀调查报告选编》。二是数据发布解读更加精准。做好对外数据解读，畅通数据提供服务渠道，全年累计对外提供数据咨询服务83次，提供新闻稿件51篇，在总队内外网站、“河南调查”微信公众号等媒体平台发布调查数据和相关解读1726篇，充分满足了社会各界及新闻媒体的需要。与省统计局联合举办第十二届“中国统计开放日”活动，录制的《丰碑》《传承》专题宣传片引起广泛共鸣。

（五）统计现代化改革有序开展。一是国家改革任务扎实推进。2021年，省政府连续印发两个文件，对农业农村和劳动力调查工作给予政策性指导和支持。各市县国家调查队采用政府购岗等方式新增辅助工作人员40名，104个粮食生产大县在地方政府资金支持下逐步购置无人机、图形工作站等设备，郑州、开封、驻马店等地样本粮中心已筹备完毕，全省劳动力调查扩样工作顺利推进、开局良好。二是信息化建设进一步加强。遥感技术、电子记账、e调查等现代信息技术手段在农业调查、住户调查、劳动力调查、价格调查、全面从严治党民意调查等工作中广泛应用，信创工程如期推进，OA办公系统不断优化，网络安全管理水平和信息化服务保障能力不断提升。三是大数据应用日益广泛。制定了年度大数据应用研究工作任务清单，将工作任务分解到相关处室，积极推动全系统分专业开展大数据应用与研究。初步完成农业遥感大数据展示平台建设，实现了遥感测量大数据的互联互通。

（六）基层基础更加牢固。一是制度建设不断完善。将2021年确定为“制度建设年”，总队先后修订28项、新建18项综合管理类制度，完善46项业务管理制度，人财物数的管理和约束机制进一步健全。制定《统计基层基础工作规范化实施细则》，明确了基层基础工作规范化建设各个环节具体实施标准和方法。各市县队制度建设也取得丰硕成果。二是数据质量检查不断深化。严格按照数据质量管理办法，组织各专业开展调查数据质量检查，在全系统下发检查情况通报，起到教育警示作用，确保调查数据真实可靠。三是业务素质不断提升。组织开展“建功新时代、岗位做贡献”系列技能竞赛，提高工作实践能力。建立并动态更新调查工作应知应会题库，定期开展学习测试。建立专题（课题）研究人才库，首批81名同志入库。举办2期河南国家调查队系统课题研究分享沙龙，打造优质课题研究学习平台。四是辅助调查员管理不断规范。印发《辅助调查员管理规定》，建立全系统辅助调查员电子信息库，规范选用聘用和日常管理，加强工作考核，在全系统评选表彰住户调查、劳动力调查优秀辅助调查员。

（七）统计法治成效显著。一是制度机制进一步健全。先后制定修订7项统计法治制度文件，将《防范和惩治统计造假弄虚作假责任制实施办法（试行）》和《统计违纪违法责任人责任追究办法（试行）》的落实情况纳入统计执法监督检查重点内容，将防范、纠正和制止领导干部违规干预统计等各类违规违纪行为，作为执法监督的重要抓手。二是法治意识进一步增强。把统计法治教育纳入干部教育培训总体规划，组织开展统计法规知识网上答题和现场竞赛，增强贯彻落实《意见》《办法》《规定》的主动性，强化依法调查的法治理念和行动自觉。三是执法监督检查力度进一步加大。扩大统计执法检查抽查覆盖面，对 21 个市县队和 6 个县级统计局开展执法监督检查，检查对象数量比去年增加 125%。基层队全面消除“零执法”，各市县队共计开展执法监督检查 286 次。

（八）队伍建设全面加强。一是大力完善制度体系。落实新时代党的组织路线，先后制定《领导班子建设三年规划》《领导干部异地交流任职实施细则》《系统公开遴选暂行办法》《优秀年轻干部动态管理办法》等，不断健全和完善干部队伍建设机制。二是大力推进干部选拔交流。先后将 11 名总队下派干部交流回总队机关，选派 3 名正处级领导干部交流到市级队。推荐选拔 18 名市队副处级领导干部，全部异地交流任职。公开竞争选拔 10 名同志任副处级领导干部。6 名干部晋升二级巡视员职级，27 名市县队干部晋升四级调研员以上职级。全年干部调整晋升数量在全国调查队系统位居第一。三是大力加快系统人才培养。组织开展两次系统内公开遴选，总队机关遴选 5 名基层年轻干部，6 个市队遴选 8 名年轻干部，有效拓展了基层年轻干部成长空间。总队建立了市县队优秀年轻干部库，45 名优秀年轻干部入库，并进行动态管理，极大激发了年轻干部干事创业热情。四是大力加强青年工作。成立河南国家调查队系统青年工作委员会，邀请国家统计局青工委和河南省直机关工委派员到会指导。发挥国家统计局下派的 10 名优秀青年干部作用，促进下派干部与河南国调青年互帮互学、共同成长。组织青年干部在总队模范机关、文明单位标兵、平安建设、卫生先进单位等六项创建工作中成立专班，攻坚克难，锤炼本领。

2021 年，面对历史罕见暴雨灾害和疫情多轮反复，总队第一时间启动应急预案，印发系列文件，开展暴雨灾害自救，落实疫情防控措施，确保了干部职工生命财产安全，全系统实现“零感染”，各项工作正常运转。同时，财务管理、行政运转、后勤保障、老干部服务、综合创建等工作都取得了新成绩。总队会议室、档案室以及老干部活动中心等场所建设高标准、高质量完成。总队先后荣获 2020 年度服务河南经济社会发展优秀单位、2020 年度全省平安建设优秀单位、省级卫生先进单位等荣誉称号；在 2020 年河南省文明单位（标兵）复查中，总队成绩位居省直“第一梯队”。扎实做好结对帮扶工作，驻村第一书记宋瑞同志被授予“全国脱贫攻坚先进个人”荣誉称号，受到习近平总书记等党和国家领导人接见。

总的来看，经过大家共同努力，全系统干部队伍的精神面貌焕然一新，调查生态得到明显改善，各项工作推进有序有力有效。2021 年，宁吉喆局长对河南国家调查工作批示 8 次，毛有丰副局长等国家统计局领导也多次作出批示，对总队取得的成绩给予充分肯定。从 2021 年国家统计局各专业考核结果来看，总队共获得 13 个优秀、8 个良好，较去年考核结果，有了极大进步。可以自豪地说，我们已经实现了年初确定的“为荣誉而战，打好翻身仗”的目标。

总结 2021 年工作，回望 15 年奋进历程，河南国调人薪火传承、砥砺奋进，一心一意谋发展，心无旁骛促改革，矢志不渝提质量，坚定不移向前走，推动河南国调事业不断迈上新台阶。这些成绩的取得，是习近平新时代中国特色社会主义思想科学指引的结果，是国家统计局领导和省委省政府大力支持的结果，是地方各级统计局密切协作的结果，是社会各界特别是调查对象积极参与配合的结果，更是全系统广大干部职工凝心聚力、共同奋斗的结果。在此，我代表总队党组向为河南国调事业贡献了智慧和力量的所有在职及离退休干部职工致以诚挚的问候和衷心的感谢！向社会各界的理解支持和广大调查对象的积极配合致以诚挚的问候和衷心的感谢！

二、牢记使命，乘势而上，准确把握河南国调事业改革发展的深刻内涵

智者察势而为，勇者乘势而进。在看到成绩的同时，我们更要清醒认识到当前工作中存在的问题和不足，成绩背后的基础还不牢固，调查工作高效运转体制机制还不健全，干部队伍的能力作风还不扎实，推动河南国调事业创先争优、争先跨越的内生动力仍然不足等。比如，在国家统计局 2021 年各专业考核中，九大主要调查专业，只有劳动力调查获得优秀等次，其余专业还有很大上升空间；在全系统奋勇争先、全省国调事业蒸蒸日上的局面下，个别大队、老队跟不上形势，仍然存在“不求有功、但求无过”的“躺平”思维；国家统计局网络信息采用方面虽然打了“翻身仗”，但经济类分析信息相对较少；一些专业缺乏领军人物，深层次钻研不够，缺乏“拳头”“硬核”产品；业绩导向作用、竞争向上的氛围还没有延伸到每一个单位、每一个部门、每一位同志；处室之间、市级队之间、县级队之间的协作、合作机制仍不完善，发展尚不平衡。这都需要我们在今后的工作中重点予以解决。

全国统计工作会议指出，新征程上，统计工作面临的形势和任务发生了深刻变化，既蕴含新的机遇，也带来新的挑战。全省各级国家调查队及广大调查工作者要胸怀大局、因势而谋，把握大局、应势而动，服务大局、顺势而为，努力在危机中育先机，于变局中开新局，不断推进河南国家调查事业迈上新台阶。

（一）*形势更加有利*。一是各方更加关注。当前，各级党政领导用数据说话、用数据管理、用数据决策的思维习惯和决策机制成为常态，对调查数据的关注程度、使用频次越来越高，迫切需要国家调查队心系“国之大者”，聚焦“国之大事”，围绕“国之大策”，摸清“国之大情”，搞准“国

之大数”。在河南省高质量发展综合绩效考核与评价体系中，国家调查队负责提供的考核指标权重占5%，各类评价指标权重均在10%以上，成为各级党政领导高度关注的决策依据。社会公众对公开发布主要调查数据的要求越来越多、依赖性越来越强。二是经验更加丰富。管理体制改革以来，我们充分发挥“轻骑兵”优势，立足农村城市，深耕民生领域调查，完善调查方法，增强调查能力，建立完善了相对独立的国家调查业务体系和工作机制，在业务组织管理、基层基础建设、开展调查服务、班子队伍建设、统计执法监督等方面，都积累了一整套丰富完备且行之有效的经验办法，树立起了“为民调查、崇法唯实”的国家调查“金字招牌”，为推进统计现代化改革和国家调查队改革发展奠定了坚实基础。三是队伍更加成熟。宁吉喆局长在国家调查队改革15周年座谈会上明确指出：干事创业，关键在人，决定因素在于干部队伍的凝聚力、执行力和战斗力。经过15年的发展壮大，我们已经打造了一支政治过硬、严谨求实、甘于奉献、善打硬仗、能打胜仗的干部队伍，这为我们在更高起点、更高层次、更高水平上推进河南国调工作迈向全国“第一方阵”，打下了基础、创造了条件、增添了后劲。四是环境更加优化。去年省政府连续下发两个文件，对农业农村和劳动力调查工作给予支持。新年伊始，省政府印发《关于进一步加强河南国家调查工作的通知》，这是省委省政府重视河南国家调查工作，为我们送上的一份“新年大礼”。可以说为我们做好全年乃至今后一个时期的河南国家调查工作，打下了非常好的基础，为我们进一步开拓河南国家调查事业新局面提供了“神兵利器”。机遇难得，如何用好、用足、用活省政府文件精神，这就考验河南国家调查队系统的落实能力，特别是考验各位队长的领导能力和运作水平。

（二）任务更加明确。一是推进统计现代化改革和国家调查队改革的国家任务更加明确。去年，国家统计局先后印发了《“十四五”时期统计现代化改革规划》《“十四五”时期深化国家调查队改革的意见》，这些都是“十四五”期间河南国家调查事业改革发展的主题主线，我们要结合各地实际和特点，强化目标意识、完善工作措施、谋划载体抓手，奋力推动河南国家调查工作高质量发展，为全国统计现代化改革和国家调查队改革发展提供“河南方案”“河南智慧”。二是服务现代化河南建设的地方任务更加明确。省第十一次党代会提出要锚定“两个确保”、全面实施“十大战略”，明确了今后五年改革发展的总体要求、主要目标、发展方向和战略重点，为河南“十四五”发展奠定了思想基础。河南国家调查队植根于中原大地，在高质量建设现代化河南、高水平实现现代化河南的新征程中，要自觉把国家调查工作放到“两个大局”的背景下和河南改革发展的宏伟蓝图中思考、谋划、推进，在贯彻落实省第十一次党代会精神中发现、抓住、用好河南国家调查工作改革发展的机遇。三是提升能力作风的现实任务更加明确。从去年12月开始，全省启动了“能力作风建设年”活动，这是省委着眼打造适应现代化河南建设需要的党员干部队伍,而作出的一项重大决策。打好河南国调工作迈向全国"第一方阵"攻坚战同样需要能力作风"双过硬"的高素质干部队伍,总队党组研究决定,以"三学(学先进、学规矩、学本领)、四抓(抓班子、抓部署、抓落实、抓督查)、五比(比担当、比作为、比奉献、比能力、比成绩)"为抓手,在全系统深入开展"能力作风建设年"活动,推动党员干部能力大提升、作风大转变,这是2022年河南国调工作的主线之一。全系统各级党组织要深刻领会省委和总队党组的战略意图,以强烈的历史使命感和政治责任感,全力抓好"能力作风建设年"活动的组织实施。

(三)未来更加可期。一是国家调查队改革定位更加精准。《国家统计局关于"十四五"时期深化国家调查队改革的意见》明确指出,努力将国家调查队打造成为确保数据质量的"直属队"、统计抽样调查的"轻骑兵"、民生统计监测的"主力军"、执法监督检查的"生力军",这就是河南国家调查队系统在新时期、新征程的改革方向、发展目标和现实任务。二是国家调查队新使命更加明确。去年末,中央印发《关于更加有效发挥统计监督职能作用的意见》,明确指出要"充分发挥国家调查队系统机动灵活、快速高效的优势,强化对经济社会领域热点难点重点问题的统计调查和分析研究,及时为统计监测评价提供鲜活实情""充分发挥国家调查队系统在统计执法中的作用,建立健全协调联动机制"。文件中两次明确提及国家调查队,在统计调查工作的发展史上前所未有。这也为我们发挥国家调查队职能作用指明了方向、提供了遵循。全系统要切实提高站位,深入探索研究,找准结合点和切入点,坚决扛稳新时期国家调查队改革发展的历史重任。

总的来看,经过多年积累,河南国家调查工作已经站到了新的起点上,到了大有可为也应该大有作为的关键时期,推动河南国家调查工作迈向全国"第一方阵",其时已至,其势将起。总队党组根据这一判断,研究提出2022年及今后一个时期全系统工作目标是:通过开展"能力作风建设年"活动,实现河南各级国家调查队队伍自强、业务自强、能力自强和作风自强,推动河南国家调查工作迈向全国"第一方阵"。我们要铆足一股劲、横下一条心,按照国家统计局的总体部署和总队党组的具体要求,踔厉奋发,砥砺前行。

三、锚定目标,真抓实干,全力以赴做好2022年各项工作

风劲潮涌,奋楫者先!2022年将召开党的二十大,这是党和国家政治生活中的一件大事。同时也将迎来新中国政府统计机构成立70周年,意义非凡。今年河南国家调查工作的总体思路是:坚持以习近平新时代中国特色社会主义思想为指导,全面贯彻党的十九大和十九届历次全会与中央经济工作会议精神,全面落实全国统计工作会议精神和国家统计局关于统计工作的各项决策部署,以党的政治建设为统领,以推进统计现代化改革和国家调查改革发展为主线,坚持依法统计依法治统,深入开展"能力作风建设年"活动,奋力打好河南国家调查工作迈向全国

“第一方阵”攻坚战，以优异的工作业绩迎接党的二十大胜利召开。

（一）全面加强党的建设。一要加强政治建设。坚守政治机关定位，把讲政治摆在首位，深刻理解“两个确立”的决定性意义，坚决做到“两个维护”，严格落实意识形态工作责任制，始终在政治立场、政治方向、政治原则、政治道路上同党中央保持高度一致，坚决落实党中央关于统计工作重大决策部署，始终确保国家统计局各项部署要求在河南国家调查队系统得到不折不扣贯彻落实。二要严守党的政治纪律和政治规矩。严格执行重大事项请示报告制度，不断完善党组工作规则、总队工作规则和系统管理规定，压紧压实管党治党“两个责任”。三要巩固拓展党史学习教育成果。坚决落实“第一议题”制度，持续深入学习贯彻习近平新时代中国特色社会主义思想。继续把党史学习教育活动引向深入，推进党史学习教育常态化、长效化，组织好党的十九届六中全会精神集中轮训，开展好党的二十大精神学习宣传贯彻落实。四要加强基层组织建设。坚持“书记抓、抓书记”，层层压实党建主体责任，严格落实总队领导分管市县队工作制度，统筹推进党建工作与业务工作深度融合。统筹机关党建和系统党建，按照“四强”支部建设要求，做好党支部标准化规范化建设。统筹抓好疫情防控和调查工作，持续开展“六创”和结对帮扶工作。

（二）扎实推进从严管党治队。一要压实“两个责任”。坚持“两个责任”一体谋划、一体推进、同频共振，每半年至少召开1次全面从严治党专题工作会议，推动全面从严治党向纵深发展。持之以恒抓好巡视巡察工作，做实巡视整改长期任务，迎接巡视整改“回头看”。对有关单位巡察整改进行监督检查，提升巡察工作质效。二要持续正风肃纪。强化政治监督，加强对重大决策部署贯彻落实情况的监督检查，坚决纠正和查处上有政策、下有对策、有令不行、有禁不止的行为。大力开展警示教育，每季度开展一次警示教育活动，不断增强纪律规矩意识。毫不松懈纠治“四风”，继续在常和长、严和实、深和细上下功夫。坚持抓早抓小、防微杜渐，紧盯“关键人、关键处、关键事”，运用好、实践好监督执纪“四种形态”，严格监督执纪问责。三要坚持严管厚爱。突出“关键少数”，实行更高的标准、进行更严的管理，特别是管住管好“一把手”。对党员干部要常提醒、常监督、常教育，保持经常性的政治体检。市队党组在抓好自身建设的同时，还要抓好所辖县队的队伍管理。要强化激励关怀，加强正向激励，旗帜鲜明地为敢于担当、踏实干事、不谋私利的干部撑腰鼓劲，充分调动和保护好干部担当作为的积极性。

（三）深入开展“能力作风建设年”活动。一要统筹部署谋划。各单位各部门要高度重视，高起点谋划，高标准推进，高质量实施，确保活动有力有序有效。全系统各级领导要带头示范、树立标杆，一级带着一级干，一级做给一级看，不仅要把压力传导下去，还要把能力、信心和希望传递下去。二要精心组织实施。严格按照活动方案要求，围绕“三学、四抓、五比”，组织开展

"最美调查人""身边榜样""比学赶超"等活动，持续打造"调查学堂""技能竞赛""分享沙龙"等学习品牌，在实践中培养干部、磨合班子，推动干部队伍能力大提升、作风大转变。三要加强监督问效。将"能力作风建设年"活动纳入重点工作调度内容，健全完善督办推进工作机制。对各单位各部门活动开展情况进行专项测评和综合评价，评价结果列入年度考核内容，持续激发提升能力作风的内生动力。四要营造良好氛围。要注重深入挖掘活动中涌现出来的先进典型，加大宣传力度，充分发挥先进典型的示范带动作用，形成对标先进、比学赶超的良好氛围。

（四）持续夯实基层基础。一要深化制度建设。制度建设永远在路上。要在去年"制度建设年"已有成果的基础上，根据新形势、新要求，及时维护完善，始终确保制度体系与时俱进、切实管用。领导干部必须以身作则、率先垂范，提高制度执行力，形成"遇事看规则、办事讲程序"的常态机制。二要强化数据质量管理。强化各级领导班子统计调查数据质量主体责任，落实国家统计质量保证框架和统计业务流程规范，强化质量核查、审核评估，实施调查网点信息库动态维护，适时开展数据质量大检查。三要加强辅助调查员管理。按照《辅助调查员管理规定》，进一步规范辅助调查员的选用条件、聘用流程。加强日常管理，通过多种形式的培训，提升辅助调查员的业务能力和综合素质。四要推进信息化建设。完善信息化组织管理和技术保障体系，加强网络安全防护和运营维护建设，提升信息网络保障能力，加大新 OA 和移动办公系统的应用力度。

（五）充分发挥统计监督作用。一要持续推动重要文件落地见效。坚持不懈深入学习贯彻习近平总书记关于统计工作重要讲话指示批示精神，持之以恒抓好中央重大统计改革文件、国家统计局深化统计改革决策部署的贯彻落实，强力推动《意见》《办法》《规定》和《监督意见》落地见效。二要依法独立履行监测评价职能。重点监测评价国家重大发展战略实施情况、重大风险挑战应对成效、人民群众反映突出问题解决情况等，强化对经济社会领域热点难点重点问题的调查研究，及时为统计监测评价提供鲜活实情。三要持续加大统计执法监督力度。在 8 月底前实现总队对县级队统计执法检查全覆盖。认真落实防惩统计造假弄虚作假责任制，切实打造"不敢、不能、不想"造假的统计调查生态。充分利用"12·4""12·8"等重要时点，借助"两微一端"等新媒体加强宣传实效。四要建立健全协同配合机制。按照国家统计局安排部署，探索建立统计监督与纪律监督、巡察监督、审计监督等各类监督有机贯通、相互协调的制度机制。深度参与国家统计督察、统计执法检查和案件核查。主动加强与地方纪检监察、组织人事和经济管理等监督部门的沟通联络，形成工作联动，推动提升统计监督效能。

（六）持续提高服务质量。一要提升快速调查能力。围绕党中央、国务院和地方党委政府关心关注的领域和问题，及时开展快速调查，及时提供第一手调查数据。全力做好河南高质量发展综合绩效评价、粮食安全省长责任制、菜篮子米袋子工程等考核工作。二要加强分析研究。充分利用农业农村、脱贫县监测、市场物价、居民生活、企业经营等专业调查数据，深入分析解读经济运行中出现的新特点新变化新趋势；整合各方力量，全力备战全国统计建模大赛；制定《课题研究骨干培训实施方案》，培养河南国家调查队系统课题研究尖兵力量；举办短视频课题竞赛和课题研究分享沙龙，加强实战锻炼。三要精心组织专项调查。在高质量完成国家调查任务的同时，接受地方党委政府和有关部门委托，精心组织河南省文明城市全域测评、河南省全面从严治党民意调查等调查项目。

（七）持续加强干部队伍建设。一要树立鲜明导向。在全系统大张旗鼓地树立重实干、重实绩的鲜明导向，通过业绩成果检验落实程度、发展效果、能力本领和工作作风，把干了什么事、干成了多少事、干事效果好不好作为评价、使用干部的重要依据。各级党组织要以工作实绩为导向考察干部，让那些想干事、能干事、干成事的干部有机会有舞台，把混日子、不作为的干部识别出来，让干部在其位、谋其政、干其事、求其效。二要完善培养机制。不断加强源头培养、跟踪培养、全程培养，实施日常考核、分类考核，坚持以德为先、任人唯贤、人事相宜。通过加强思想淬炼、政治历练、实践锻炼、专业训练，打造一支忠诚干净担当的高素质专业化调查队伍。三要做好青年工作。把年轻干部培养作为重要议事日程和基础工程来抓，坚持严管厚爱结合，激励约束并重，对年轻干部敢于给位子、善于压担子，加快选拔一批“可堪大用、勇担重任”的高素质年轻干部，为河南国家调查事业培育接班人。认真落实《关心爱护干部职工身心健康若干措施》，加强谈心谈话，切实解决青年同志遇到的思想和生活困难。发挥系统青工委作用，教育引导全系统广大青年充分发挥党的助手和后备军作用，为助力河南国家调查工作改革发展贡献青春力量。

（八）全力抓好几项重点任务。一要抓好省政府 3 号文件的贯彻落实。要在抓去年省政府“两个文件”落实的基础上，总结经验、抢抓机遇、乘势而上，创造性地开展工作。要敢于走出去，敢于汇报争取，敢于坚持原则，抓住有利时机，积极主动向地方党委政府汇报文件精神，提出贯彻落实意见建议。要聚焦经费、人员、待遇、办公用房、样本维护等关键问题，逐句研究、细化量化贯彻落实的举措办法。总队已经将文件贯彻落实情况纳入重点督办事项，建立落实进度台账，动态掌握各地文件落实情况，并定期进行通报。对行动迟缓、落实不力、贻误战机的，总队党组将进行通报问责。二要抓好样本轮换工作。今年住户、农业等专业均要开展样本轮换工作，其中住户调查大样本轮换事关今后 5 年全省及分市县居民收支、农户固定资产投资、脱贫县农村住户监测、农民工监测等调查业务，对乡村振兴、高质量发展和共同富裕监测的重要性不言而喻。农作物遥感测量对地抽样调查样本轮换，对推进农业统计调查现代化改革也有着至关重要的意义。要加强汇报沟通，争取地方政府在经费、人员等方面给予支持保障，确保样本轮换开好局、起好步。三要抓好巡视巡察“回头看”工作。要认真对照国家统计局党组巡视反馈问题、对照总队党组巡察反馈问题，组织全系统自上而下、逐条逐项对整改措施落实情况进行自查自纠，对于自查中发现的尚未整改到位或“反弹回潮”的问题，及时组织开展再整改，确保“回头看”取得实效。四要抓好常规调查。坚持把完成好国家调查任务作为首要职责，耕好自家“责任田”。高质量完成粮食产量调查和畜牧业调查等农业农村调查，就业、收入、农民工等民生调查，房地产价格、工业生产者价格、消费流通价格、服务业价格等价格调查，PMI 调查、新设立小微企业和个体经营户跟踪调查、服务零售结构调查等企业类调查。扎实开展分市月度劳动力调查、省级 PMI 样本扩充和数据编制等工作。五要抓好重点领域改革创新。高标准推进信息技术应用，充分利用部门行政记录、大数据、空间地理信息技术辅助调查工作。加大电子记账、e 调查、农业遥感测量推广力度，持续推动市级样本粮中心建设，积极筹划建立全国农业统计调查遥感数据处理中心。

同志们，征途漫漫，惟有奋斗！没有等出来的精彩，只有干出来的辉煌，推动河南国调事业高质量发展，关键在实干。让我们更加紧密地团结在以习近平同志为核心的党中央周围，坚持以习近平新时代中国特色社会主义思想为指导，坚决贯彻落实党中央、国务院决策部署，坚决贯彻落实国家统计局和省委省政府工作要求，不忘初心、牢记使命，真抓实干、勇毅前行，奋力推动河南国家调查事业迈向全国“第一方阵”，以优异成绩迎接党的二十大胜利召开！

农 

资料整理：樊福顺

2－1　历年农业生产情况

年　份	粮食播种面积（千公顷）	棉花播种面积（千公顷）	油料播种面积（千公顷）	粮食产量（万吨）	#小麦	棉花产量（万吨）	油料产量（万吨）
1978	9123.30	612.00	465.33	2097.40	868.18	22.42	24.16
1979	9066.70	555.33	632.67	2134.50	969.00	19.84	36.87
1980	8858.90	626.67	710.00	2148.68	890.37	40.62	46.20
1981	9029.30	641.33	744.67	2314.50	1083.50	35.50	55.99
1982	8923.30	754.00	709.33	2217.10	1220.10	32.04	44.16
1983	9286.70	794.00	607.33	2904.00	1455.75	63.24	51.52
1984	8996.70	1162.00	579.33	2893.50	1653.00	86.89	52.50
1985	9029.30	814.30	793.70	2710.53	1528.23	54.73	96.18
1986	9372.20	619.33	921.33	2545.67	1567.90	39.86	98.99
1987	9365.20	717.33	977.33	2948.41	1626.00	57.00	136.57
1988	9053.80	916.03	952.84	2663.00	1520.95	63.71	96.17
1989	9262.00	836.15	915.43	3149.44	1695.13	52.72	118.48
1990	9316.10	823.00	876.40	3303.66	1639.86	67.61	152.29
1991	9040.40	1193.20	896.00	3010.30	1554.28	94.77	127.62
1992	8804.70	1247.90	908.60	3109.61	1650.67	65.85	133.63
1993	8969.00	974.00	1075.00	3639.21	1922.13	66.01	204.50
1994	8810.90	966.70	1242.00	3253.80	1798.42	62.81	225.00
1995	8810.00	1000.10	1271.50	3466.50	1754.18	77.00	298.00
1996	8965.30	933.30	1181.10	3839.90	2026.76	73.57	278.46
1997	8879.90	868.30	1208.50	3894.66	2372.35	79.00	276.66
1998	9101.98	800.00	1235.90	4009.61	2073.53	72.84	312.13
1999	9032.30	733.30	1316.10	4253.25	2291.46	70.73	349.25
2000	9029.60	779.33	1492.54	4101.50	2235.95	70.38	392.55
2001	8822.79	858.20	1443.97	4119.88	2299.71	82.77	362.49
2002	8975.10	793.10	1537.00	4209.98	2248.39	76.49	420.68
2003	8923.30	926.67	1569.90	3569.47	2292.50	37.67	309.91
2004	8970.07	951.80	1554.96	4260.00	2480.93	66.67	408.75
2005	9153.41	781.47	1605.83	4582.00	2577.69	67.70	449.60
2006	9455.80	748.20	1489.10	5112.30	2936.50	81.00	460.07
2007	9528.52	653.16	1464.65	5252.92	2958.31	69.98	478.27
2008	9746.87	527.62	1452.62	5405.80	3036.20	56.66	493.48
2009	9890.62	436.53	1442.27	5506.87	3092.20	42.03	514.34
2010	10027.00	354.23	1431.68	5581.82	3121.00	33.89	515.66
2011	10244.43	280.57	1413.60	5733.92	3144.90	27.04	501.69
2012	10434.56	169.40	1378.05	5898.38	3223.07	16.95	530.38
2013	10697.43	114.96	1361.87	6023.80	3266.33	11.68	542.13
2014	10944.97	88.11	1339.01	6133.60	3385.20	8.44	531.41
2015	11126.30	64.34	1311.84	6470.22	3526.90	6.77	538.99
2016	11219.55	50.03	1302.35	6498.01	3618.62	4.88	549.82
2017	10915.13	40.00	1397.49	6524.25	3705.21	4.40	586.95
2018	10906.08	36.68	1461.40	6648.91	3602.85	3.79	631.03
2019	10734.54	33.80	1533.93	6695.36	3741.77	2.71	645.45
2020	10738.79	16.20	1597.53	6825.80	3753.13	1.77	672.57
2021	10772.31	11.50	1604.37	6544.20	3802.86	1.40	657.28

2-2 主要粮食作物播种面积

单位:千公顷

指　　标	2000年	2005年	2010年	2015年	2017年	2018年	2019年	2020年	2021年
粮食作物	**9029.60**	**9153.41**	**10027.00**	**11126.30**	**10915.13**	**10906.08**	**10734.54**	**10738.80**	**10772.31**
夏收粮食	4997.97	5027.33	5390.69	5648.60	5741.31	5770.11	5718.65	5676.28	5695.56
秋收粮食	4031.63	4126.08	4636.31	5477.70	5173.82	5135.97	5015.89	5062.52	5076.75
谷物	7743.72	8093.85	9274.24	10498.94	10412.61	10367.18	10193.87	10168.26	10193.12
稻谷	459.59	511.07	610.84	616.35	615.03	620.41	616.60	617.07	595.30
小麦	4922.33	4962.67	5364.56	5623.14	5714.64	5739.85	5706.65	5673.67	5690.74
玉米	2201.33	2508.31	3233.50	4189.91	3998.94	3918.96	3801.33	3818.01	3865.78
谷子	80.33	41.31	35.52	33.83	36.00	36.36	36.62	37.33	28.03
高粱	12.87	6.41	3.69	10.25	21.33	21.34	20.67	19.33	12.73
豆类	683.43	616.53	487.56	370.35	389.85	424.00	428.00	406.13	355.24
大豆	564.73	533.58	444.78	343.56	345.17	385.55	394.67	375.17	330.49
绿豆	90.39	66.16	42.78	26.78	40.00	38.45	33.33	24.43	20.08
红薯	602.45	443.03	265.19	257.02	112.67	114.90	112.67	164.40	223.96

2－3　主要粮食作物产品产量

单位:万吨

指　　标	2000年	2005年	2010年	2015年	2017年	2018年	2019年	2020年	2021年
粮食作物	**4101.50**	**4582.00**	**5581.82**	**6470.22**	**6524.25**	**6648.91**	**6695.36**	**6825.80**	**6544.20**
夏收粮食	2268.05	2609.21	3129.48	3537.70	3715.98	3613.70	3745.40	3753.75	3804.50
秋收粮食	1833.45	1972.79	2452.34	2932.52	2808.27	3035.21	2949.96	3072.05	2739.70
谷物	3669.73	4277.48	5393.55	6331.75	6382.89	6483.41	6528.85	6631.76	6333.05
稻谷	318.82	359.77	458.51	499.88	485.25	501.41	512.50	513.71	479.69
小麦	2235.95	2577.69	3121.00	3526.90	3704.98	3602.85	3741.77	3753.13	3802.86
玉米	1074.97	1298.00	1795.31	2288.50	2170.14	2351.38	2247.37	2342.37	2033.93
谷子	7.86	11.17	9.81	4.17	7.57	9.00	15.42	14.73	9.34
高粱	2.00	1.93	0.37	1.29	3.32	7.92	8.19	7.41	7.05
豆类	140.13	74.44	88.93	48.84	53.36	101.70	102.00	97.87	78.25
大豆	115.78	58.07	83.91	46.75	50.36	95.57	98.21	93.42	74.21
绿豆	13.11	10.00	5.03	2.09	3.00	6.13	3.79	3.15	3.21
红薯(按折粮薯类计算)	291.64	230.08	99.34	89.63	88.00	63.80	64.51	96.17	132.90

2-4 主要粮食作物单位面积产量

单位:公斤/公顷

指 标	2000年	2005年	2010年	2015年	2017年	2018年	2019年	2020年	2021年
粮食作物	**4542**	**5006**	**5567**	**5815**	**5977**	**6097**	**6237**	**6356**	**6075**
夏收粮食	4538	5190	5805	6263	6472	6263	6549	6613	6680
秋收粮食	4548	4781	5289	5354	5428	6242	5881	6068	5397
谷物	4739	5285	5816	6031	6130	6254	6405	6522	6213
稻谷	6937	7040	7506	8110	7890	8082	8312	8325	8058
小麦	4542	5194	5818	6272	6483	6277	6557	6615	6683
玉米	4883	5175	5552	5462	5427	6000	5912	6135	5261
谷子	978	2704	2761	1234	2103	2475	4211	3946	3334
高粱	1554	3011	1011	1263	1557	3711	3962	3833	5539
豆类	2050	1207	1824	1319	1369	2399	2383	2410	2203
大豆	2050	1088	1886	1361	1459	2479	2488	2490	2246
绿豆	1450	1511	1175	779	750	1594	1137	1289	1599
红薯(按折粮薯类计算)	4841	5193	3746	3487	7811	5553	5726	5850	5934

2-5　各市粮食作物播种面积和产量(2021年)

地　区	粮食作物			夏收粮食		
	播种面积(千公顷)	总产量(万吨)	公顷产量(公斤)	播种面积(千公顷)	总产量(万吨)	公顷产量(公斤)
省辖市						
郑州市	279.88	135.29	4833.97	136.09	70.63	5189.89
开封市	527.09	305.99	5805.27	304.08	197.69	6501.25
洛阳市	495.46	241.02	4864.49	232.07	122.57	5281.36
平顶山市	446.06	227.91	5109.31	220.76	121.96	5524.33
安阳市	561.01	335.71	5984.05	290.63	211.26	7269.21
鹤壁市	170.70	89.92	5267.68	90.07	69.41	7705.94
新乡市	722.27	431.14	5969.20	387.76	280.73	7239.79
焦作市	280.75	187.49	6678.23	150.01	117.35	7822.64
濮阳市	431.01	289.73	6722.07	231.60	171.63	7410.62
许昌市	450.05	289.66	6436.16	230.49	171.17	7426.20
漯河市	274.81	188.00	6841.15	147.25	113.23	7689.72
三门峡市	163.93	73.06	4456.90	75.17	35.97	4784.94
南阳市	1306.79	713.33	5458.63	729.21	431.57	5918.34
商丘市	1098.87	705.72	6422.24	605.65	453.41	7486.30
信阳市	839.64	577.30	6875.57	312.80	150.78	4820.33
周口市	1376.58	923.72	6710.26	734.66	554.05	7541.58
驻马店市	1303.32	805.67	6181.67	793.41	517.18	6518.42
济源市	44.09	23.54	5339.78	21.82	13.17	6035.75
省直管县						
巩义市	36.39	15.17	4168.37	18.59	8.21	4417.14
兰考县	101.34	55.52	5478.58	59.45	36.01	6057.53
汝州市	95.35	45.03	4722.65	48.28	25.47	5275.48
滑　县	207.07	153.89	7431.72	120.80	95.59	7913.08
长垣市	108.87	77.89	7154.62	57.87	45.72	7900.92
邓州市	218.55	127.34	5826.67	139.29	86.86	6235.86
永城市	212.84	135.24	6354.07	114.25	86.44	7565.64
固始县	153.89	113.25	7359.27	36.03	16.58	4602.15
鹿邑县	143.68	97.36	6775.96	73.13	55.22	7551.28
新蔡县	154.57	95.29	6164.71	87.58	58.16	6640.79

2－5 续表1

地区	秋收粮食			谷物合计					
							稻谷		
	播种面积（千公顷）	总产量（万吨）	公顷产量（公斤）	播种面积（千公顷）	总产量（万吨）	公顷产量（公斤）	播种面积（千公顷）	总产量（万吨）	公顷产量（公斤）
省辖市									
郑州市	143.78	64.66	4497.09	265.92	128.48	4831.52	0.17	0.10	6138.88
开封市	223.02	108.30	4856.32	495.97	293.98	5927.35	5.27	3.36	6375.50
洛阳市	263.39	118.45	4497.19	443.79	219.43	4944.45	1.24	0.68	5463.93
平顶山市	225.30	105.95	4702.65	419.26	217.66	5191.55	1.09	0.63	5765.35
安阳市	270.38	124.45	4602.64	548.38	330.80	6032.23	0.01	0.01	4715.78
鹤壁市	80.62	20.51	2543.58	169.28	89.47	5285.42			
新乡市	334.51	150.41	4496.36	706.34	426.02	6031.36	8.67	4.36	5028.99
焦作市	130.73	70.14	5365.07	277.61	186.24	6708.58	0.71	0.47	6645.10
濮阳市	199.41	118.10	5922.37	402.56	279.94	6953.92	17.57	12.12	6897.30
许昌市	219.56	118.49	5396.80	387.16	267.52	6909.75			
漯河市	127.56	74.77	5861.58	240.13	178.13	7418.09			
三门峡市	88.75	37.09	4179.05	137.04	65.18	4756.54			
南阳市	577.59	281.76	4878.23	1237.46	680.43	5498.57	32.85	23.77	7235.59
商丘市	493.22	252.31	5115.62	1052.24	688.14	6539.76			
信阳市	526.84	426.52	8095.82	829.01	573.04	6912.36	500.00	413.14	8262.72
周口市	641.92	369.67	5758.85	1278.97	895.90	7004.83	0.14	0.08	5947.75
驻马店市	509.91	288.49	5657.70	1259.91	789.90	6269.54	27.54	20.94	7603.78
济源市	22.26	10.37	4658.58	42.08	22.79	5416.63	0.04	0.03	7800.00
省直管县									
巩义市	17.80	6.96	3908.65	35.09	14.76	4205.78	0.16	0.10	6193.55
兰考县	41.89	19.51	4657.06	97.20	53.24	5477.91	0.08	0.06	7785.63
汝州市	47.07	19.56	4155.60	92.72	43.90	4734.62			
滑县	86.27	58.30	6757.71	205.98	153.41	7447.85			
长垣市	51.00	32.17	6307.84	105.55	76.91	7287.30	0.55	0.37	6682.18
邓州市	79.26	40.48	5107.53	212.40	124.86	5878.52	2.03	1.31	6477.99
永城市	98.59	48.80	4949.96	188.26	127.91	6794.12			
固始县	117.87	96.67	8202.00	153.61	113.13	7365.13	115.67	95.67	8271.00
鹿邑县	70.56	42.14	5972.40	133.02	94.38	7095.25			
新蔡县	66.99	37.13	5542.34	149.58	93.77	6269.19	0.59	0.32	5433.45

2－5 续表2

地区	小麦			玉米		
	播种面积（千公顷）	总产量（万吨）	公顷产量（公斤）	播种面积（千公顷）	总产量（万吨）	公顷产量（公斤）
省辖市						
郑州市	136.09	70.63	5189.89	127.87	57.25	4477.11
开封市	302.67	197.14	6513.16	187.67	93.34	4973.72
洛阳市	232.07	122.56	5281.45	196.55	90.45	4601.91
平顶山市	220.57	121.92	5527.29	197.36	95.03	4815.30
安阳市	290.63	211.26	7269.21	251.56	118.32	4703.34
鹤壁市	90.07	69.41	7705.94	78.21	19.88	2542.31
新乡市	387.76	280.73	7239.79	309.27	140.76	4551.28
焦作市	150.01	117.35	7822.64	126.39	68.27	5401.27
濮阳市	231.60	171.63	7410.62	153.27	96.14	6272.42
许昌市	230.49	171.17	7426.20	153.59	95.07	6189.90
漯河市	147.25	113.23	7689.72	92.88	64.90	6987.46
三门峡市	75.17	35.97	4784.94	60.27	28.65	4753.21
南阳市	728.37	431.37	5922.43	467.86	220.45	4711.95
商丘市	605.58	453.39	7486.82	445.71	234.14	5253.25
信阳市	312.80	150.78	4820.33	15.62	8.86	5676.48
周口市	734.61	554.02	7541.80	542.82	341.25	6286.65
驻马店市	793.16	517.12	6519.79	438.83	251.65	5734.44
济源市	21.82	13.17	6036.34	20.05	9.52	4747.73
省直管县						
巩义市	18.59	8.21	4417.14	16.13	6.40	3970.01
兰考县	59.45	36.01	6057.53	37.63	17.15	4558.00
汝州市	48.28	25.47	5275.48	44.37	18.41	4148.83
滑县	120.80	95.59	7913.08	85.17	57.82	6788.62
长垣市	57.87	45.72	7900.92	47.08	30.81	6544.51
邓州市	139.29	86.86	6235.86	64.72	32.71	5054.44
永城市	114.24	86.44	7566.09	74.02	41.47	5602.67
固始县	36.03	16.58	4602.15	1.91	0.89	4627.53
鹿邑县	73.10	55.21	7552.07	59.92	39.18	6537.97
新蔡县	87.54	58.15	6642.38	61.44	35.30	5745.47

2-5 续表3

地　区	豆类合计			大豆			红薯		
	播种面积（千公顷）	总产量（万吨）	公顷产量（公斤）	播种面积（千公顷）	总产量（万吨）	公顷产量（公斤）	播种面积（千公顷）	总产量（万吨）	公顷产量（公斤）
省辖市									
郑州市	4.22	0.71	1670.82	3.31	0.59	1790.08	9.73	6.11	6272.09
开封市	12.00	2.32	1935.12	11.63	2.26	1945.96	19.13	9.69	5066.96
洛阳市	19.90	4.18	2102.52	14.41	3.19	2213.10	31.77	17.40	5477.20
平顶山市	13.82	3.19	2308.39	12.71	3.02	2378.51	12.98	7.05	5436.07
安阳市	4.01	0.82	2049.91	3.52	0.75	2133.76	8.62	4.09	4748.23
鹤壁市	0.37	0.04	1159.50	0.14	0.02	1302.91	1.04	0.40	3850.48
新乡市	9.62	1.81	1877.22	9.23	1.74	1888.66	6.31	3.32	5251.53
焦作市	1.97	0.41	2109.19	1.96	0.41	2110.80	1.17	0.84	7157.24
濮阳市	22.74	5.40	2373.33	22.62	5.37	2373.00	5.71	4.39	7698.70
许昌市	41.57	9.08	2183.91	41.55	9.08	2184.16	21.32	13.06	6126.68
漯河市	29.58	7.09	2396.33	29.58	7.09	2396.33	5.10	2.78	5454.31
三门峡市	19.39	3.45	1777.92	14.67	2.80	1908.08	7.50	4.43	5906.83
南阳市	33.74	7.36	2181.50	27.25	6.23	2284.27	35.60	25.54	7176.12
商丘市	35.74	10.05	2811.51	34.98	9.87	2822.66	10.89	7.53	6917.15
信阳市	4.40	0.68	1549.55	3.61	0.60	1658.19	6.23	3.58	5742.29
周口市	75.76	16.02	2115.04	73.65	15.67	2127.84	21.85	11.80	5402.12
驻马店市	25.07	5.34	2129.97	24.36	5.21	2139.20	18.35	10.43	5683.87
济源市	1.34	0.30	2221.55	1.31	0.29	2250.00	0.67	0.45	6750.00
省直管县									
巩义市	0.41	0.08	2049.12	0.25	0.05	2150.55	0.89	0.33	3669.13
兰考县	1.50	0.45	3000.66	1.38	0.43	3131.94	2.64	1.83	6911.03
汝州市	0.74	0.17	2314.25	0.65	0.16	2396.80	1.89	0.96	5077.81
滑县	0.43	0.10	2259.52	0.29	0.07	2313.86	0.66	0.38	5759.59
长垣市	2.86	0.59	2072.42	2.71	0.57	2088.50	0.46	0.38	8289.36
邓州市	3.88	0.85	2202.80	2.94	0.66	2233.19	2.27	1.63	7167.88
永城市	23.31	6.18	2650.87	23.30	6.18	2650.93	1.26	1.15	9122.05
固始县	0.12	0.02	2075.00	0.09	0.02	2325.50	0.17	0.10	5762.40
鹿邑县	9.30	2.12	2283.43	8.95	2.06	2299.35	1.36	0.85	6267.67
新蔡县	1.81	0.40	2193.26	1.76	0.38	2184.05	3.19	1.12	3516.52

2-6　主要粮食产品产量与历史最高年份比较

指　　标	单位	2021年	建国以来历史最高年		2021年为建国以来最高的%
			年份	产量	
粮食产品					
粮食总产量	万吨	6544.2	2020	6825.8	95.87
夏收粮食	万吨	3804.50	2021	3804.50	100.00
#小麦	万吨	3802.86	2021	3802.86	100.00
秋收粮食	万吨	2739.70	2019	6528.85	41.96
#稻谷	万吨	479.69	2016	542.15	88.48
红薯	万吨	132.90	1973	478.50	27.77
玉米	万吨	2033.93	2018	2351.38	86.50
大豆	万吨	74.21	1981	154.00	48.19

2-7　各市气候情况(2021年)

城　市	年平均气温(摄氏度)	年极端最高气温(摄氏度)	年极端最低气温(摄氏度)	年平均相对湿度(%)	全年日照时数(小时)	全年降水量(毫米)
省辖市						
郑州	16.9	39.8	-11.1	60.9	1797.1	1570.5
开封	16.6	37.8	-12.9	63.9	1717.2	1224.4
安阳	15.4	40.3	-16.2	60.4	2060.5	1618.8
新乡	15.6	39.0	-16.2	65.9	2063.2	1217.0
焦作	17.3	40.8	-12.4	55.6	1917.8	1407.4
濮阳	15.2	38.2	-17.1	66.0	1866.6	1286.0
许昌	15.5	39.6	-14.1	70.4	1748.7	1132.8
漯河	16.4	39.6	-11.6	69.6	1601.1	1189.7
三门峡	14.2	38.1	-14.2	59.7	1940.3	1013.8
南阳	16.0	37.3	-9.9	70.3	1719.8	843.8
商丘	15.1	39.7	-14.2	72.7	1942.1	943.4
信阳	17.1	37.4	-6.7	70.1	1500.6	1252.8
周口	17.2	39.8	-10.6	66.9	1719.7	926.9
驻马店	15.9	37.6	-9.8	74.6	1625.1	1088.4
济源	16.2	39.8	-9.7	63.1	2016.4	1193.2

注:因撤站,故无洛阳、平顶山、鹤壁三市资料。

2－8　108个粮食大县

地　区	全年粮食		夏收粮食		秋收粮食	
	播种面积（千公顷）	总产量（吨）	播种面积（千公顷）	总产量（吨）	播种面积（千公顷）	总产量（吨）
荥阳市	40.88	229868	20.11	130056	20.77	99811
新密市	53.72	210068	26.53	116310	27.19	93758
新郑市	40.89	236635	20.30	125430	20.59	111205
登封市	51.88	196478	25.48	91929	26.40	104549
祥符区	107.88	623932	64.85	423525	43.03	200407
杞　县	121.84	726365	64.94	438600	56.91	287765
通许县	67.17	411049	39.53	265300	27.64	145749
尉氏县	108.62	644673	65.61	434000	43.01	210673
兰考县	101.34	555200	59.45	360100	41.89	195100
孟津县	53.26	261440	27.19	153665	26.07	107774
新安县	46.96	227634	20.96	106344	26.00	121290
嵩　县	47.60	187148	19.35	88551	28.25	98597
宜阳县	89.14	422181	41.81	202059	47.32	220123
洛宁县	61.97	280416	29.80	143914	32.17	136502
伊川县	78.98	398977	39.16	227178	39.81	171799
偃师市	40.69	241952	21.18	139571	19.52	102380
宝丰县	52.22	285584	26.71	159510	25.51	126074
叶　县	123.12	694166	59.41	359300	63.71	334866
鲁山县	62.63	237222	30.69	122231	31.94	114991
郏　县	62.87	361583	31.00	188810	31.87	172773
汝州市	95.35	450300	48.28	254700	47.07	195600
殷都区	38.27	172955	14.46	89267	23.81	83688
安阳县	64.19	352413	31.23	233173	32.96	119240
汤阴县	73.20	376776	36.69	261852	36.50	114923
滑　县	207.07	1538892	120.80	955900	86.27	582992
内黄县	95.53	586767	60.16	434979	35.37	151788
林州市	56.00	215945	17.20	80901	38.81	135044
浚　县	101.03	536020	55.56	446966	45.47	89054
淇　县	41.14	228448	20.49	160145	20.65	68303
平原区	32.75	192007	16.32	119316	16.43	72691
新乡县	37.97	226227	20.36	153496	17.61	72731
获嘉县	57.32	321515	27.38	200528	29.93	120987
原阳县	109.79	641669	54.48	377307	55.31	264362
延津县	82.38	515510	55.92	387182	26.46	128328
封丘县	116.76	732924	67.59	500411	49.17	232513
卫辉市	66.73	313506	32.52	219796	34.21	93710
辉县市	93.49	502095	47.02	332296	46.47	169799
长垣市	108.87	778900	57.87	457200	51.00	321700

粮食生产情况(2021 年)

主要粮食品种播种面积(千公顷)				主要粮食品种总产量(吨)			
稻谷	小麦	玉米	大豆	稻谷	小麦	玉米	大豆
0.00	20.11	18.86	0.21	9	130056	91847	370
	26.53	23.28	0.88		116310	77439	1055
	20.30	18.82	0.60		125430	103635	1670
	25.48	23.84	0.27		91929	89341	480
3.57	63.45	32.01	0.97	27251	418000	146519	1183
	64.94	48.92	4.19		438600	258188	9127
	39.53	25.10	1.29		265300	137023	1626
	65.61	36.74	3.32		434000	188590	5662
0.08	59.45	37.63	1.38	623	360100	171508	4313
1.06	27.19	20.30	1.68	5848	153665	88310	2950
	20.96	21.01	1.40		106344	97424	3775
	19.34	20.18	2.17		88536	70893	3858
	41.81	30.98	2.95		202059	157220	7705
0.01	29.80	24.62	2.52	50	143914	104137	6390
0.16	39.16	25.35	0.98	794	227178	99704	1947
	21.18	17.60	0.83		139571	96359	2133
	26.71	25.02	0.12		159510	124368	245
	59.41	57.51	4.25		359300	313532	10258
0.47	30.51	28.87	0.42	2658	121853	100008	999
	31.00	19.92	5.01		188810	124020	12664
	48.28	44.37	0.65		254700	184100	1556
	14.46	21.35	0.22		89267	79040	420
	31.23	32.40	0.23		233173	117664	510
	36.69	34.95	0.68		261852	109712	1882
	120.80	85.17	0.29		955900	578201	662
	60.16	33.72	0.36		434979	145935	483
0.01	17.20	29.88	1.46	59	80901	101781	3063
	55.56	45.40	0.01		446966	88887	13
	20.49	20.16	0.00		160145	66082	
1.75	16.32	14.03	0.54	8338	119316	62186	1536
0.01	20.36	15.78	1.64	25	153496	69430	2552
3.13	27.38	24.64	2.12	19787	200528	96290	4750
3.22	54.48	51.40	0.33	11679	377307	250981	405
	55.92	24.80	0.08		387182	118591	239
0.01	67.59	45.54	1.06	61	500411	218400	1591
	32.52	33.47	0.10		219796	91605	137
0.00	47.02	44.67	0.63	7	332296	165074	508
0.55	57.87	47.08	2.71	3695	457200	308118	5656

2-8 续表1

地　区	全年粮食		夏收粮食		秋收粮食	
	播种面积（千公顷）	总产量（吨）	播种面积（千公顷）	总产量（吨）	播种面积（千公顷）	总产量（吨）
修武县	29.70	185300	14.82	114010	14.88	71290
博爱县	27.66	186114	13.44	106990	14.22	79124
武陟县	73.41	500258	40.17	321792	33.24	178465
温　县	40.33	289682	22.16	182460	18.17	107222
沁阳市	45.18	306098	22.91	181025	22.27	125073
孟州市	36.48	261948	21.61	172302	14.87	89646
清丰县	85.19	609484	49.43	383007	35.76	226477
南乐县	68.22	498854	35.86	289320	32.36	209534
范　县	62.28	400296	31.16	216708	31.13	183587
台前县	38.41	227277	18.90	134490	19.51	92787
濮阳县	154.82	1009068	83.63	598929	71.19	410139
建安区	97.25	623791	51.36	385116	45.88	238675
鄢陵县	77.00	536269	42.69	336229	34.31	200040
襄城县	91.13	572972	45.30	344823	45.83	228149
禹州市	98.69	596069	48.11	318149	50.58	277920
长葛市	80.75	543077	40.29	308755	40.46	234322
郾城区	43.63	282912	23.53	182322	20.10	100590
召陵区	47.27	332330	25.84	198325	21.43	134005
舞阳县	81.42	577794	42.83	324085	38.59	253708
临颍县	77.34	511470	42.11	327235	35.23	184235
渑池县	43.78	197100	21.40	103300	22.38	93800
灵宝市	55.21	247197	24.34	122000	30.87	125197
宛城区	86.65	533093	52.98	359395	33.67	173698
卧龙区	64.00	353579	34.94	209118	29.06	144460
方城县	160.77	730269	82.26	404747	78.51	325522
镇平县	100.57	531832	53.38	291487	47.19	240345
内乡县	73.71	393213	35.49	205258	38.22	187955
淅川县	64.67	292997	35.56	165116	29.11	127881
社旗县	126.71	649814	64.46	312583	62.25	337231
唐河县	229.37	1345977	141.86	979360	87.51	366617
新野县	81.34	533967	53.60	377113	27.74	156854
桐柏县	46.74	249731	15.96	69035	30.78	180696
邓州市	218.55	1273400	139.29	868600	79.26	404800
梁园区	55.53	351394	30.13	222944	25.40	128449
睢阳区	95.97	608895	51.00	376027	44.97	232867
民权县	108.73	705705	68.08	501663	40.65	204042
睢　县	102.73	656902	57.65	426520	45.08	230382
宁陵县	76.93	501337	48.40	359279	28.53	142057

主要粮食品种播种面积(千公顷)				主要粮食品种总产量(吨)			
稻谷	小麦	玉米	大豆	稻谷	小麦	玉米	大豆
0.05	14.82	13.68	0.83	188	114010	68457	1406
	13.44	13.95	0.13		106990	78476	109
0.66	40.17	32.26	0.14	4544	321792	172741	243
	22.16	17.89	0.08		182460	105252	215
	22.91	21.29	0.62		181025	120788	1660
	21.61	14.47	0.06		172302	87280	211
	49.43	32.81	0.20		383007	206041	514
	35.86	30.85	0.84		289320	201558	2487
12.45	31.16	12.82	5.62	84743	216708	85332	12484
	18.90	13.59	5.75		134490	78470	13157
5.12	83.63	55.53	9.86	36459	598929	343790	24187
	51.36	27.28	15.67		385116	187045	33092
	42.69	28.91	3.78		336229	177221	11275
	45.30	16.04	15.16		344823	104908	35108
	48.11	43.51	2.69		318149	251430	5246
	40.29	36.87	2.85		308755	226579	4073
	23.53	10.89	8.84		182322	76626	21950
	25.84	18.78	2.22		198325	126542	4755
	42.83	32.54	5.04		324085	236034	11452
	42.11	19.91	12.37		327235	139318	29977
	21.40	11.07	4.96		103300	56792	10408
	24.34	24.17	3.39		122000	107382	4475
0.28	52.98	29.96	2.77	2519	359395	157402	9279
1.01	34.84	24.02	1.39	7767	208804	117420	2527
	82.26	70.49	3.11		404747	290966	6690
0.15	53.29	44.63	0.56	1146	291332	226690	1271
	35.49	34.63	0.11		205258	165109	111
0.32	35.20	21.45	2.18	2455	164362	84053	3604
	64.34	54.92	4.24		312271	302832	12411
5.92	141.86	64.93	5.28	26918	979343	254326	9988
	53.60	23.56	1.82		377113	138632	4558
16.27	15.96	12.38	0.94	131143	69035	43301	1331
2.03	139.29	64.72	2.94	13141	868600	327104	6564
	30.13	25.24	0.13		222944	127800	463
	51.00	43.69	0.69		376027	228635	1683
	68.08	37.59	1.36		501663	186497	4142
	57.65	41.22	2.11		426520	215446	6673
	48.40	24.99	1.53		359279	122381	4831

2-8 续表2

地区	全年粮食		夏收粮食		秋收粮食	
	播种面积（千公顷）	总产量（吨）	播种面积（千公顷）	总产量（吨）	播种面积（千公顷）	总产量（吨）
柘城县	119.23	780346	66.54	504348	52.69	275998
虞城县	147.98	957014	77.27	581393	70.71	375621
夏邑县	160.98	1030944	82.38	625089	78.60	405855
永城市	212.84	1352400	114.25	864400	98.59	488000
平桥区	74.27	498537	33.00	145900	41.26	352637
罗山县	96.33	720611	28.46	118800	67.88	601811
光山县	67.33	546273	8.29	34460	59.04	511813
商城县	37.33	290324	2.59	10270	34.74	280054
固始县	153.89	1132542	36.03	165800	117.87	966742
潢川县	99.33	701249	37.34	160400	61.99	540849
淮滨县	102.00	588136	56.00	285300	46.00	302836
息　县	178.91	1060779	107.12	573266	71.79	487513
淮阳区	150.34	1019904	77.67	587100	72.66	432804
扶沟县	105.17	688140	65.22	491000	39.95	197140
西华县	135.83	888242	74.63	561600	61.21	326642
商水县	162.50	1100044	80.19	606200	82.31	493844
沈丘县	137.89	944718	73.15	554600	64.75	390118
郸城县	178.67	1205649	91.11	690700	87.55	514949
太康县	201.31	1376829	111.69	843200	89.62	533629
鹿邑县	143.68	973596	73.13	552200	70.56	421396
项城市	139.33	912000	75.89	571400	63.44	340600
驿城区	87.15	471514	46.44	265728	40.71	205786
西平县	142.49	958864	72.51	518548	69.97	440316
上蔡县	169.66	1097252	98.81	710999	70.86	386253
平舆县	132.80	873576	80.92	579990	51.88	293586
正阳县	159.08	939953	130.78	752526	28.30	187427
确山县	98.68	569904	57.41	341140	41.27	228764
泌阳县	126.71	713234	76.47	434150	50.24	279084
汝南县	129.38	838400	88.11	609007	41.27	229393
遂平县	102.80	641104	54.38	378113	48.41	262991
新蔡县	154.57	952900	87.58	581600	66.99	371300
济源市	44.09	235413	23.82	139178	20.26	96235

主要粮食品种播种面积(千公顷)				主要粮食品种总产量(吨)			
稻谷	小麦	玉米	大豆	稻谷	小麦	玉米	大豆
	66.54	50.55	1.37		504318	264052	5886
	77.27	66.61	2.15		581393	355636	6106
	82.32	73.81	2.34		624912	386433	7177
	114.24	74.02	23.30		864375	414714	61778
37.83	33.00	1.75	0.55	336472	145900	9620	532
67.10	28.46	0.07	0.14	598670	118800	417	135
57.07	8.29	0.35	0.71	502864	34460	2293	1964
32.39	2.59	0.76	0.59	271160	10270	3840	489
115.67	36.03	1.91	0.09	956679	165800	8854	211
61.69	37.34	0.17	0.06	539417	160400	1020	160
42.57	56.00	1.73	0.31	286288	285300	9427	280
60.86	107.12	8.61	0.91	427090	573266	51323	1955
	77.67	61.60	6.05		587100	394957	12953
0.14	65.22	30.71	8.76	814	491000	179216	15435
	74.63	52.66	6.67		561600	305543	13101
	80.19	75.11	5.22		606200	474796	9951
	73.15	53.58	7.03		554600	349445	17359
	91.11	77.74	6.03		690700	484720	13896
	111.69	76.47	10.38		843200	496082	22117
	73.10	59.92	8.95		552054	391774	20589
	75.89	46.44	13.39		571400	292790	29415
	46.44	39.24	0.61		265728	200485	961
	72.51	68.38	1.21		518548	436191	2255
	98.81	63.08	6.06		710999	362202	11748
	80.92	49.08	1.58		579990	284377	3430
20.35	130.78	4.17	2.60	160166	752526	18780	4215
4.51	57.41	28.39	5.15	33247	341140	157555	14260
2.07	76.25	42.59	0.83	12639	433693	236199	1801
0.02	88.11	35.72	3.98	132	609007	212321	8202
	54.38	46.74	0.58		378113	255329	1408
0.59	87.54	61.44	1.76	3197	581506	353024	3837
0.04	21.82	20.05	1.31	312	131713	95209	2939

2-9 各月份气候情况(2021 年)

单位:气温:摄氏度;降水量:毫米;日照:小时

站名	项目	1月	2月	3月	4月	5月	6月	7月	8月	9月	10月	11月	12月	全年
郑州市	平均气温	2.9	8.7	11.9	16.5	23.7	28.9	28.6	26.7	23.1	15.2	11.3	5.7	16.9
	最高气温	17.6	28.3	28.9	32.1	29.3	39.8	38.6	35.2	34.8	32.1	22.1	18.7	39.8
	最低气温	-11.1	-1.1	0.4	3.2	13.1	16.7	22.7	17.7	12.9	4.0	-1.3	-7.7	-11.1
	相对湿度	39.6	51.8	62.5	56.2	50.5	55.1	78.9	78.0	85.6	78.7	50.0	44.2	60.9
	降水量	0.5	35.3	19.9	24.0	15.4	47.3	902.0	214.9	250.9	36.3	15.7	8.3	1570.5
	日照时数	170.9	186.3	109.9	150.1	209.4	162.2	119.5	94.4	147.3	103.1	165.9	178.1	1797.1
开封市	平均气温	2.8	8.8	11.6	16.0	22.3	28.2	28.3	26.5	23.2	15.3	10.9	5.4	16.6
	最高气温	17.6	28.3	26.3	31.4	31.1	37.8	37.5	33.8	34.4	32.1	21.8	17.2	37.8
	最低气温	-12.9	-1.5	-0.7	5.2	14.9	19.3	22.4	19.1	14.0	5.2	-0.1	-7.6	-12.9
	相对湿度	43.1	53.6	62.7	57.5	59.0	59.2	82.0	82.1	84.5	76.2	56.0	50.4	63.9
	降水量	0.1	42.5	21.1	26.2	85.2	11.1	401.7	296.4	282.4	29.7	25.0	3.0	1224.4
	日照时数	152.2	178.9	103.2	136.6	199.8	159.7	121.1	99.4	147.5	88.4	161.0	169.4	1717.2
安阳市	平均气温	0.9	7.4	10.3	15.6	22.3	27.3	26.9	25.1	21.7	14.0	9.7	3.9	15.4
	最高气温	17.9	28.8	24.3	30.2	34.5	39.0	40.3	33.2	32.1	25.6	23.1	19.8	40.3
	最低气温	-16.2	-4.4	-1.6	5.1	14.3	16.4	20.6	17.7	14.5	4.3	-0.9	-9.7	-16.2
	相对湿度	41.5	47.3	63.5	51.6	48.6	55.0	77.3	77.6	82.3	72.6	55.6	52.3	60.4
	降水量	0.0	41.7	16.7	15.4	17.4	60.4	790.2	160.7	346.7	142.6	23.0	4.0	1618.8
	日照时数	205.6	184.6	116.7	174.4	252.3	183.4	162.2	150.7	139.0	103.8	193.4	194.4	2060.5
新乡市	平均气温	1.1	7.1	10.5	15.1	21.9	27.8	27.7	25.8	22.7	14.6	9.5	3.3	15.6
	最高气温	18.3	27.5	24.1	31.0	34.8	38.5	39.0	34.0	34.2	30.6	22.7	16.6	39.0
	最低气温	-16.2	-4.1	-1.9	2.1	11.2	14.5	21.8	17.4	13.6	2.8	-5.2	-11.6	-16.2
	相对湿度	41.8	53.8	68.3	62.8	57.2	59.3	82.0	82.5	86.4	79.4	61.0	56.2	65.9
	降水量	0.0	49.4	17.8	20.4	10.0	32.9	584.7	144.6	301.9	27.1	26.0	2.2	1217.0
	日照时数	192.0	182.8	120.9	167.2	243.1	183.7	173.2	161.0	160.0	108.9	181.9	188.5	2063.2
焦作市	平均气温	3.6	9.4	12.1	16.9	23.9	29.5	28.6	27.0	23.4	15.9	11.8	5.9	17.3
	最高气温	18.0	29.1	26.8	32.4	36.3	40.8	40.5	36.4	36.2	31.0	22.3	17.9	40.8
	最低气温	-12.4	-0.5	-0.5	6.0	13.3	19.2	21.1	19.3	14.7	5.9	1.9	-7.7	-12.4
	相对湿度	35.6	46.1	59.5	51.5	46.9	49.9	71.9	70.8	77.9	70.8	44.2	42.2	55.6
	降水量	0.1	40.8	14.8	21.0	26.6	47.3	703.7	183.8	332.8	19.4	10.6	6.5	1407.4
	日照时数	181.8	175.8	109.6	150.4	237.7	182.0	170.0	137.6	132.1	102.5	164.7	173.6	1917.8

注:因撤站,故无洛阳、平顶山、鹤壁三市资料。

2－9 续表1

单位:气温:摄氏度;降水量:毫米;日照:小时

站名	项目	1月	2月	3月	4月	5月	6月	7月	8月	9月	10月	11月	12月	全年
濮阳市	平均气温	0.0	6.9	10.4	15.0	21.1	27.3	27.5	25.6	22.5	14.3	8.5	2.8	15.2
	最高气温	16.1	27.3	22.8	28.6	30.0	38.2	37.1	32.8	33.5	30.7	21.4	16.5	38.2
	最低气温	－17.1	－5.4	－0.7	3.4	12.7	14.8	20.2	17.5	13.7	0.9	－3.6	－11.6	－17.1
	相对湿度	49.7	56.1	65.2	59.0	59.9	60.9	77.6	78.5	81.7	74.5	69.1	60.3	66.0
	降 水 量	0.0	42.0	18.0	24.3	30.8	157.4	351.1	183.2	397.9	49.7	30.7	0.9	1286.0
	日照时数	172.9	179.6	107.3	161.9	223.4	180.5	132.9	132.6	139.9	94.1	161.2	180.3	1866.6
许昌市	平均气温	1.8	7.3	10.2	14.4	21.2	27.5	27.6	25.3	22.4	14.5	9.9	3.7	15.5
	最高气温	19.8	27.9	26.0	32.1	31.9	39.6	38.0	34.8	34.6	34.1	22.2	18.4	39.6
	最低气温	－14.1	－4.9	－1.3	1.5	9.9	14.9	21.4	17.0	12.9	1.8	－5.9	－10.9	－14.1
	相对湿度	51.7	65.5	75.4	71.9	66.9	63.6	80.9	82.9	84.1	80.2	60.3	61.0	70.4
	降 水 量	0.6	40.6	31.5	32.1	41.7	25.6	417.9	280.5	217.5	26.7	15.5	2.6	1132.8
	日照时数	152.6	181.3	100.5	133.0	181.4	141.3	128.6	121.4	161.0	94.6	172.3	180.7	1748.7
漯河市	平均气温	3.0	9.0	11.0	15.1	21.8	28.0	28.0	25.7	23.2	15.2	10.7	5.5	16.4
	最高气温	19.1	25.9	26.2	30.1	27.6	39.6	37.4	36.7	35.4	35.0	22.4	18.5	39.6
	最低气温	－11.6	－2.8	－0.8	3.6	12.6	17.6	22.0	18.4	14.2	2.7	－2.8	－8.5	－11.6
	相对湿度	54.0	65.0	74.9	72.0	67.5	64.0	79.4	83.4	81.0	78.4	58.5	56.6	69.6
	降 水 量	0.1	42.4	64.2	37.2	73.5	14.1	493.7	125.0	300.6	22.7	13.2	3.0	1189.7
	日照时数	138.1	168.1	95.8	134.5	153.9	135.1	118.3	99.1	150.7	83.8	156.6	167.1	1601.1
三门峡市	平均气温	1.5	7.0	9.9	13.5	20.5	25.8	25.8	23.7	20.2	12.9	7.8	2.2	14.2
	最高气温	15.4	23.3	23.5	27.9	26.6	38.1	37.8	35.4	33.6	27.3	20.1	11.8	38.1
	最低气温	－14.2	－2.5	－0.6	3.9	11.0	14.9	18.7	15.2	13.4	4.8	－3.7	－9.1	－14.2
	相对湿度	34.9	45.9	61.2	62.0	51.2	56.2	73.6	75.1	81.0	75.2	50.9	48.8	59.7
	降 水 量	2.2	33.1	23.4	88.7	30.0	34.9	157.8	245.6	335.7	45.9	12.6	3.9	1013.8
	日照时数	180.7	174.4	137.7	132.1	226.1	173.1	191.9	136.6	150.4	85.7	178.5	173.1	1940.3
南阳市	平均气温	3.2	8.8	11.0	15.0	21.3	26.3	27.1	25.0	23.2	15.4	11.0	5.1	16.0
	最高气温	17.5	26.5	24.6	33.8	31.1	37.3	36.7	37.0	34.6	33.7	21.1	17.2	37.3
	最低气温	－9.9	－1.5	1.1	3.4	12.7	13.9	21.4	17.2	16.5	5.4	－1.8	－7.2	－9.9
	相对湿度	53.8	62.3	72.1	69.4	69.3	70.7	82.3	84.9	80.2	77.7	59.5	61.3	70.3
	降 水 量	3.0	45.1	42.3	53.3	97.1	55.7	127.6	189.0	169.1	43.2	8.9	9.5	843.8
	日照时数	148.6	166.9	105.9	134.9	146.8	149.7	139.4	104.3	161.2	102.5	174.1	185.5	1719.8

2－9　续表2

单位:气温:摄氏度;降水量:毫米;日照:小时

站名	项目	1月	2月	3月	4月	5月	6月	7月	8月	9月	10月	11月	12月	全年
商丘市	平均气温	0.7	7.0	9.9	14.1	20.7	27.2	27.6	25.3	22.8	14.9	8.7	2.8	15.1
	最高气温	17.3	24.4	24.9	29.3	26.0	39.7	37.3	35.1	35.5	34.5	22.0	16.3	39.7
	最低气温	-14.2	-4.4	-3.7	2.1	8.7	14.7	19.3	16.6	13.9	1.2	-4.1	-10.8	-14.2
	相对湿度	61.3	66.8	72.0	70.2	69.7	64.0	80.1	87.0	84.3	78.7	72.5	66.3	72.7
	降水量	3.0	42.7	28.4	32.4	30.6	26.9	154.5	328.7	256.3	7.7	29.0	3.2	943.4
	日照时数	175.6	194.1	120.1	151.0	203.9	170.9	127.8	142.2	160.9	119.3	184.7	191.6	1942.1
信阳市	平均气温	4.6	10.3	11.5	15.6	21.7	26.9	27.9	26.5	24.7	16.4	12.2	7.0	17.1
	最高气温	18.5	27.2	25.4	33.8	29.7	35.1	36.7	37.4	35.0	35.7	22.6	20.4	37.4
	最低气温	-6.7	0.4	0.1	6.9	14.0	18.2	22.4	18.7	17.4	6.4	2.3	-5.4	-6.7
	相对湿度	57.4	65.8	74.3	71.9	70.7	70.5	79.1	82.9	75.4	74.8	61.4	57.4	70.1
	降水量	9.1	37.8	114.7	77.3	178.1	107.6	343.0	261.3	45.8	56.8	17.3	4.0	1252.8
	日照时数	129.4	160.1	85.6	97.5	125.9	133.7	122.2	75.3	159.7	103.7	152.5	155.0	1500.6
周口市	平均气温	3.9	9.7	11.6	15.9	22.2	28.5	28.4	27.0	24.9	16.7	11.7	6.2	17.2
	最高气温	19.1	26.7	26.7	31.2	28.1	39.8	37.5	37.4	36.4	35.1	23.1	18.0	39.8
	最低气温	-10.6	1.6	0.5	6.7	14.0	18.7	23.3	19.1	16.5	7.0	0.7	-6.0	-10.6
	相对湿度	51.4	62.2	69.1	66.1	66.4	63.5	83.5	81.7	77.2	71.5	58.1	52.5	66.9
	降水量	1.6	36.6	59.9	26.0	100.9	82.8	280.3	130.1	172.6	19.4	15.7	1.0	926.9
	日照时数	144.3	177.4	107.5	146.5	163.4	141.4	122.7	109.0	161.2	120.9	163.5	161.9	1719.7
驻马店市	平均气温	3.2	8.8	10.7	14.5	21.3	26.5	27.2	25.2	22.8	15.1	10.8	5.2	15.9
	最高气温	20.0	26.4	26.9	31.6	30.2	37.6	36.4	37.3	35.6	35.1	22.4	18.8	37.6
	最低气温	-9.8	-1.8	-1.6	3.1	11.1	16.4	22.0	18.0	14.3	3.0	-3.3	-8.1	-9.8
	相对湿度	56.2	67.0	78.1	76.9	70.7	73.4	88.2	92.3	87.3	81.4	60.2	63.2	74.6
	降水量	4.0	55.5	61.6	71.7	111.4	165.1	321.9	161.5	60.8	56.9	8.9	9.1	1088.4
	日照时数	136.3	163.3	96.8	123.3	136.6	151.2	122.1	78.6	163.9	114.6	173.2	165.2	1625.1
济源市	平均气温	2.2	7.8	11.3	16.0	23.0	28.3	27.5	25.9	22.4	15.4	10.1	4.5	16.2
	最高气温	16.6	28.2	27.7	31.8	30.6	39.8	38.2	34.0	35.7	29.4	22.1	18.4	39.8
	最低气温	-9.7	-3.5	0.4	3.8	12.2	16.8	19.4	16.8	14.6	4.1	-2.6	-8.7	-9.7
	相对湿度	44.9	55.6	69.3	62.7	53.0	56.9	77.3	77.3	82.9	74.2	54.1	49.5	63.1
	降水量	2.5	39.1	13.2	33.7	44.5	58.0	426.1	215.7	319.7	28.7	3.9	8.1	1193.2
	日照时数	178.4	176.8	125.9	154.5	248.9	180.3	176.8	153.4	152.1	108.6	181.8	178.9	2016.4

主要统计指标解释

粮食播种面积　是指全年各季各种粮食作物播种面积的总和。现行农业统计报表制度规定全年粮食作物总播种面积是指应该在本日历年度内收获粮食产品的作物的播种面积之和。其计算公式为：

本年粮食播种面积＝上年秋冬播种粮食作物面积＋本年春播粮食作物面积＋本年夏播粮食作物面积

或：本年粮食播种面积＝本年夏收粮食作物播种面积＋本年秋收粮食作物播种面积

粮食产量　指全社会的产量。包括全民所有制经营的、集体统一经营的和农民家庭经营的粮食产量。粮食除包括稻谷、小麦、玉米、高粱、谷子及其它杂粮外还包括薯类和大豆。其产量的计算方法：豆类按去豆荚后的干豆计算；薯类按五公斤鲜薯折粮一公斤计算。其他粮食一律按脱粒后的原粮计算。

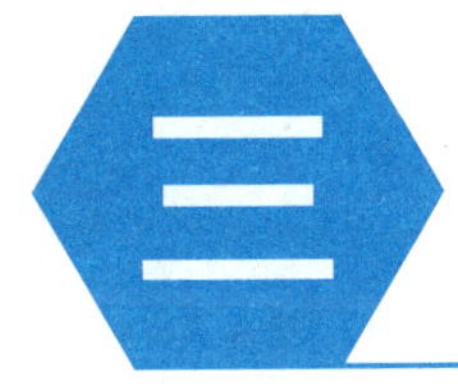

畜牧业

资料整理：刘辉龙

3－1　主要畜产品产量

指　标	单位	2000年	2005年	2010年	2015年	2017年	2018年	2019年	2020年	2021年
猪牛羊出栏头数										
肉猪出栏头数	万头	4180.00	5568.00	5382.80	6151.36	6220.00	6402.38	4502.10	4311.12	5802.77
占年初存栏头数比重	%	117.5	142.1	119.0	139.6	145.7	145.8	103.8	136.0	149.3
肉用牛出栏头数	万头	578.00	702.64	390.08	251.29	232.95	231.16	238.43	241.25	235.94
占年初存栏头数比重	%	43.1	50.3	49.4	57.8	66.9	100.3	63.9	62.6	60.2
肉用羊出栏只数	万只	2903.80	4225.00	1959.16	1790.23	2145.00	2208.19	2301.11	2342.65	2359.05
占年初存栏头数比重	%	104.2	114.5	98.1	94.9	139.7	131.3	132.7	123.4	120.0
肉用禽出栏只数	万只			81530.72	83132.35	90681.61	92767.28	108816.02	110828.12	112158.06
占年初存栏只数比重	%			142.4	145.6	159.3	142.7	165.4	159.2	159.2
肉类总产量	万吨	517.00	689.00	608.96	647.22	655.84	669.41	560.42	544.05	646.81
#猪肉产量	万吨	337.90	441.20	407.72	466.45	466.90	479.04	344.43	324.80	426.78
牛肉产量	万吨	83.00	102.75	58.67	37.84	35.04	34.80	36.22	36.71	35.53
羊肉产量	万吨	32.00	47.38	23.35	21.81	26.10	26.90	28.11	28.64	28.87
驴肉产量	万吨	2.30	1.96	3.40	1.52	0.29	0.30	0.24	0.17	0.21
骡肉产量	万吨	1.10	0.80	0.43	0.10	0.03	0.02	0.02	0.01	0.01
马肉产量	万吨	1.50	1.13	1.05	0.39	0.15	0.14	0.10	0.09	0.06
禽肉产量	万吨	55.00	87.51	101.32	108.97	118.97	121.94	145.24	148.05	149.98
兔肉产量	万吨	4.20	5.66	9.46	6.23	4.85	4.41	4.20	3.77	3.60
平均每头肉猪产肉量	公斤/头	80.80	79.20	75.74	75.83	75.10	74.82	76.50	75.34	73.55
平均每头肉牛产肉量	公斤/头	144.70	146.20	150.47	150.42	150.21	150.52	151.90	152.17	150.61
平均每只肉羊产肉量	公斤/只	11.00	11.20	11.89	12.18	12.17	12.18	12.21	12.23	12.24
其他畜产品产量										
奶类总产量	万吨	20.20	108.50	207.04	233.66	212.87	208.90	208.55	214.72	216.77
牛奶产量	万吨	16.10	104.00	190.06	223.57	202.86	202.65	204.07	210.05	212.10
羊奶产量	万吨	4.10	4.50	16.98	10.10	10.01	6.24	4.47	4.67	4.67
羊毛总产量	吨	10844.00	14335.00	11983.87	7245.69	9214.42	6848.85	6447.00	6631.77	5115.50
山羊毛产量	吨	2858.00	2873.00	4297.34	2245.31	3449.52	2718.64	2797.65	2863.53	1997.64
绵羊毛产量	吨	7986.00	11462.00	7686.53	5000.38	5764.90	4130.21	3649.34	3768.24	3117.86
羊绒产量	吨	277.00	433.00	180.53	310.73	580.54	312.54	330.63	371.30	232.93
蜂蜜产量	吨	23105.00	27441.00	61819.94	27907.26	71486.89	61392.54	61092.60	68913.93	65206.16
禽蛋产量	万吨	270.00	375.30	372.29	372.30	401.18	413.61	442.42	449.42	446.42

3－2 主要畜禽年末存栏数量

指　标	单位	2000年	2005年	2010年	2015年	2017年	2018年	2019年	2020年	2021年
大牲畜总头数	**万头**	**1445.70**	**1508.80**	**719.19**	**411.70**	**376.09**	**377.01**	**388.27**	**394.88**	**403.11**
#从事农事劳役的头数	万头	482.80	412.90	296.16	183.71	108.50	107.96	92.21	85.00	72.48
牛	万头	1340.20	1447.00	695.05	402.68	372.67	373.41	385.13	391.68	400.30
肉牛	万头	282.80	514.06	346.53	181.76	230.51	231.12	257.32	270.04	289.34
乳牛	万头	6.70	31.22	52.35	37.22	33.66	34.33	35.60	36.64	38.48
马	万头	29.30	17.29	8.05	2.80	0.97	0.91	0.72	0.75	0.45
驴	万头	49.50	29.60	12.34	5.13	2.18	2.33	2.11	2.18	2.27
骡	万头	26.80	14.91	3.76	1.09	0.28	0.35	0.30	0.27	0.11
猪	万头	3787.70	4439.00	4540.55	4361.95	4390.00	4337.15	3170.46	3886.98	4392.29
#能繁殖的母猪	万头	365.00	517.00	473.59	459.31	440.54	417.19	301.21	402.61	400.62
羊	万只	2961.40	3988.00	1895.40	1926.00	1682.02	1734.07	1898.81	1965.12	2012.29
山羊	万只	2730.10	3509.00	1662.88	1552.77	1412.88	1473.96	1620.22	1672.50	1710.55
绵羊	万只	231.30	479.00	232.52	373.23	269.14	260.11	278.60	292.63	301.74
家禽	万只	42529.00	61958.00	56708.51	57070.49	65019.50	65799.73	69601.71	70436.65	72172.92

3－3 各市主要畜禽出栏数量和畜产品产量(2021 年)

地　区	猪出栏头数（万头）	牛出栏头数（万头）	羊出栏只数（万只）	家禽出栏只数（万只）
郑 州 市	89.77	4.28	28.36	1576.09
开 封 市	372.63	15.68	205.82	4277.06
洛 阳 市	186.53	15.67	79.78	3363.02
平顶山市	320.87	13.75	152.45	3223.10
安 阳 市	218.35	2.78	71.33	7925.11
鹤 壁 市	122.29	1.16	27.94	11489.72
新 乡 市	346.83	8.23	93.21	6291.26
焦 作 市	110.50	6.14	34.59	2732.91
濮 阳 市	131.83	4.18	116.70	12316.87
许 昌 市	279.12	7.30	80.70	2401.71
漯 河 市	306.66	2.24	26.72	7191.85
三门峡市	103.36	7.22	42.98	805.81
南 阳 市	738.47	48.96	346.98	4257.00
商 丘 市	445.30	23.38	368.22	11992.73
信 阳 市	335.58	8.74	85.80	10970.56
周 口 市	713.82	16.34	354.00	15493.38
驻马店市	938.76	48.35	236.41	5622.10
济 源 市	42.08	1.55	7.05	227.80

3-3 续表

地 区	肉类总产量（万吨）	猪肉（万吨）	禽蛋产量（万吨）	奶类总产量（万吨）
郑州市	10	7	12	9
开封市	38	27	34	33
洛阳市	22	14	18	17
平顶山市	32	24	18	20
安阳市	28	17	19	10
鹤壁市	23	9	15	7
新乡市	36	25	29	16
焦作市	13	8	13	20
濮阳市	27	10	27	2
许昌市	26	21	17	4
漯河市	32	23	17	2
三门峡市	10	8	6	3
南阳市	72	54	37	25
商丘市	57	33	56	21
信阳市	50	24	40	0
周口市	78	52	50	4
驻马店市	89	69	36	21
济源市	4	3	3	5

3-4 各市主要畜禽存栏数量(2021年)

地 区	猪年末头数（万头）	牛年末头数（万头）	羊年末只数（万只）	家禽年末只数（万只）
郑州市	65.73	5.49	30.61	1370.11
开封市	292.59	33.05	180.53	4045.45
洛阳市	148.40	30.28	82.26	3101.00
平顶山市	250.57	20.08	130.70	2382.72
安阳市	178.70	5.29	59.23	3859.81
鹤壁市	80.44	2.03	33.27	2507.38
新乡市	228.82	17.67	69.43	3693.72
焦作市	77.21	8.43	32.71	1450.80
濮阳市	118.09	5.24	68.81	8240.22
许昌市	209.45	10.13	61.26	1887.13
漯河市	196.41	3.40	23.67	3825.63
三门峡市	75.93	18.03	43.12	781.80
南阳市	608.75	78.90	295.30	5905.29
商丘市	316.74	38.42	302.30	8381.04
信阳市	265.32	15.15	83.46	6297.10
周口市	549.90	29.18	311.97	9096.67
驻马店市	700.29	76.17	190.63	5107.77
济源市	28.93	3.36	13.03	239.28

3－5 生猪大县生产情况

地 区	年末生猪存栏（万头）												
	2006年	2010年	2011年	2012年	2013年	2014年	2015年	2016年	2017年	2018年	2019年	2020年	2021年
杞 县	66.35	78.12	79.00	72.68	73.50	76.55	78.34	77.12	79.83	79.99	66.23	85.28	99.62
通许县		44.36	45.69	45.74	46.11	46.02	46.94	46.25	50.19	53.01	33.69	51.20	53.18
尉氏县	62.24	74.20	74.50	75.50	69.99	70.13	69.63	69.84	71.98	69.90	43.21	68.85	70.01
祥符区		50.88	52.41	52.46	53.68	54.62	54.44	54.18	54.83	57.02	42.14	55.91	53.76
叶 县	58.41	81.62	82.40	81.41	86.00	85.02	84.31	83.60	85.04	81.58	56.05	73.48	76.50
汝州市	52.51	70.21	70.46	71.60	72.82	71.73	71.33	70.45	73.55	70.87	53.01	60.48	75.23
林州市		63.24	65.14	65.14	64.36	61.71	60.63	60.28	61.03	55.00	30.48	27.10	21.36
浚 县		38.55	39.71	39.83	40.10	38.35	38.52	38.04	40.66	39.72	26.87	45.09	40.93
封丘县		44.22	45.55	45.64	47.28	47.83	48.64	48.27	49.09	50.28	32.77	51.16	56.86
卫辉市	49.13	45.40	46.00	46.40	45.24	46.58	46.51	46.84	46.87	47.51	15.07	32.14	30.08
辉县市	58.57	71.10	72.50	71.78	72.60	71.14	69.91	69.10	70.79	69.80	29.47	43.02	40.83
许昌县	49.65	64.55	64.20	60.41	61.10	56.23	55.00	54.62	56.28	52.28	33.87	43.53	24.09
鄢陵县	47.85	56.80	56.90	56.60	56.00	56.35	55.69	55.27	56.17	54.17	35.40	48.31	53.50
襄城县	57.56	51.40	51.60	51.70	49.99	51.28	50.76	50.19	51.01	52.36	26.86	40.03	43.08
禹州市	38.06	52.10	52.50	51.61	52.20	52.43	52.07	51.44	52.74	52.08	41.65	49.94	45.32
长葛市	34.93	44.50	44.80	43.59	44.00	43.42	43.07	42.37	43.38	43.86	30.11	50.52	43.46
郾城区	38.19	42.66	42.60	43.00	43.60	43.25	43.10	42.51	43.40	44.28	38.02	54.27	45.52
召陵区	50.27	41.00	41.50	41.40	42.00	41.14	40.23	39.60	40.77	40.32	31.12	46.36	43.46
舞阳县		44.72	46.06	46.11	45.60	45.80	45.61	45.14	46.55	47.01	38.14	51.56	46.88
临颍县	44.41	56.20	56.20	55.80	56.20	54.28	53.22	52.62	53.05	53.97	40.42	57.96	47.91
内乡县	46.79	49.20	51.20	51.97	58.46	55.31	55.71	65.89	67.43	71.67	68.07	88.94	153.06
社旗县		50.53	52.05	52.10	52.80	53.00	53.15	52.16	55.75	54.78	48.43	49.30	63.55
唐河县	71.28	82.20	82.50	82.60	83.01	82.80	82.20	80.80	82.15	80.38	76.87	78.95	86.01
邓州市	93.54	108.80	106.80	106.98	107.62	105.12	104.70	104.20	105.98	102.59	91.92	88.63	95.92
睢阳区		43.74	45.05	45.10	46.00	46.10	46.05	45.30	45.71	46.13	32.05	44.16	40.94
睢 县		29.82	30.72	30.81	30.04	30.34	30.35	29.87	32.81	32.80	22.22	32.31	25.35
柘城县		28.49	29.34	29.40	30.66	30.01	30.92	30.41	33.40	34.06	25.55	31.55	34.54
夏邑县		49.27	50.75	50.80	51.20	52.85	53.96	53.93	55.21	55.28	40.57	48.47	45.07
固始县	57.93	72.10	72.20	70.54	72.00	72.53	72.42	71.49	71.99	68.91	42.04	53.07	71.48
潢川县		48.63	49.12	51.00	50.34	49.19	49.51	49.00	50.18	49.59	23.93	40.90	38.65
西华县	49.71	64.40	64.35	64.60	64.80	66.22	66.32	65.69	66.86	69.14	50.35	76.08	67.30
商水县	52.15	68.80	68.90	67.38	64.35	65.20	64.83	65.97	67.98	69.18	54.70	63.11	72.22
沈丘县	49.18	50.60	51.30	52.00	53.35	54.19	54.62	54.06	55.01	55.10	42.72	52.81	47.16
淮阳县	62.88	55.98	56.80	57.10	56.36	57.02	56.80	56.64	58.20	58.07	44.61	43.44	45.82
太康县	59.00	72.20	72.25	73.20	68.44	68.63	68.48	67.28	69.45	73.55	64.94	84.69	86.78
鹿邑县		58.73	59.08	59.40	57.97	57.86	57.56	56.36	57.05	55.99	51.59	60.37	67.31
西平县	86.12	95.85	96.90	97.60	93.50	92.74	91.90	90.32	92.92	90.42	59.15	84.68	94.53
上蔡县	61.34	68.50	68.90	64.08	64.14	66.23	67.16	66.49	67.04	66.31	50.24	70.79	103.79
平舆县		49.29	50.77	50.82	49.04	46.54	46.59	46.92	47.21	47.83	37.45	53.81	73.54
正阳县	90.29	114.65	114.80	107.91	103.38	104.74	105.44	106.90	110.00	107.34	73.03	103.39	110.54
确山县	47.72	58.68	58.58	53.89	53.95	54.26	54.41	54.36	55.97	55.99	43.16	60.58	59.88
汝南县	58.66	66.65	67.00	68.00	65.82	66.16	65.74	65.14	66.44	65.75	46.75	65.22	62.30
遂平县	55.10	70.25	70.50	70.48	70.62	70.22	69.60	69.31	70.94	71.94	47.79	63.21	57.84
新蔡县	58.83	70.80	72.00	68.40	65.53	65.78	65.90	65.29	66.55	65.85	50.79	68.00	61.05
济源市		36.02	37.10	37.17	35.05	33.89	33.63	32.99	36.00	36.38	17.96	31.57	28.93

3－5 续表1

地 区	#能繁殖母猪(万头)												
	2006年	2010年	2011年	2012年	2013年	2014年	2015年	2016年	2017年	2018年	2019年	2020年	2021年
杞 县	5.04	7.99	8.30	8.31	8.36	8.63	8.43	8.07	8.33	7.87	6.74	7.87	9.00
通许县		4.91	5.00	5.01	5.40	5.41	5.28	5.12	5.52	5.32	3.59	5.61	4.71
尉氏县	4.72	7.48	7.70	8.00	8.60	8.51	8.20	7.86	8.00	7.61	5.15	6.35	6.40
祥符区		5.45	5.55	5.56	5.66	5.69	5.53	5.34	5.35	5.40	4.52	5.41	5.02
叶 县	4.78	9.18	9.25	8.98	9.22	9.20	8.83	8.43	8.55	8.01	5.27	5.61	6.52
汝州市	2.95	7.06	7.10	7.20	7.28	7.08	6.87	6.66	6.85	6.70	4.34	6.48	6.21
林州市		8.04	8.20	8.20	7.80	7.46	7.02	6.80	6.74	6.01	3.68	2.20	2.00
浚 县		4.69	4.79	4.80	4.60	4.48	4.31	4.24	4.53	4.29	3.08	3.93	3.75
封丘县		4.40	4.49	4.50	5.40	5.35	5.27	5.11	5.18	4.96	3.17	5.02	5.07
卫辉市	2.56	4.80	4.80	4.94	5.01	5.11	4.94	4.83	4.90	4.62	1.82	3.30	2.70
辉县市	4.62	8.11	8.10	8.10	8.00	7.89	7.51	7.23	7.32	6.93	3.84	4.14	3.97
许昌县	3.94	6.12	6.60	6.43	6.41	5.99	5.68	5.52	5.63	5.22	3.90	4.21	2.29
鄢陵县	4.01	6.55	6.68	6.64	6.10	6.05	5.81	5.66	5.71	5.39	3.95	4.91	4.92
襄城县	4.32	5.45	5.46	5.50	5.51	5.64	5.43	5.35	5.42	5.16	3.51	4.65	3.99
禹州市	2.57	5.96	6.00	5.83	5.76	5.85	5.68	5.52	5.58	5.30	4.07	4.57	4.33
长葛市	2.69	4.72	4.80	4.71	4.70	4.52	4.36	4.29	4.34	4.10	2.60	4.55	3.95
郾城区	6.90	4.50	4.50	4.54	4.50	4.40	4.25	4.09	4.14	4.14	3.65	4.63	4.19
召陵区	4.71	4.80	4.95	4.90	4.68	4.69	4.59	4.39	4.40	4.20	3.17	3.58	4.02
舞阳县		4.70	4.80	4.80	4.82	4.73	4.61	4.51	4.58	4.37	3.42	4.05	4.25
临颍县	3.96	6.89	6.85	6.40	6.20	6.24	6.02	5.79	5.82	5.55	4.02	4.66	4.34
内乡县	2.85	6.25	6.34	6.41	7.20	7.01	6.94	8.08	8.00	7.64	7.26	8.03	13.49
社旗县		5.48	5.59	5.60	5.60	5.63	5.53	5.41	5.64	5.38	4.84	5.09	5.55
唐河县	7.69	7.84	8.2	8.34	8.40	8.48	8.21	7.87	7.96	7.50	6.73	7.94	7.71
邓州市	5.25	9.62	10.2	10.39	12.80	12.42	12.11	11.66	11.72	10.86	8.12	9.69	8.39
睢阳区		4.91	5.00	5.01	5.00	4.98	4.80	4.67	4.74	4.53	3.27	4.31	3.81
睢 县		3.52	3.59	3.60	3.60	3.53	3.43	3.33	3.62	3.41	2.49	2.99	2.42
柘城县		3.52	3.59	3.60	3.55	3.36	3.33	3.26	3.56	3.41	2.49	3.18	3.27
夏邑县		5.97	6.09	6.10	6.02	6.15	6.00	5.87	5.95	5.65	4.48	4.75	4.30
固始县	4.02	6.26	6.90	6.76	7.10	7.22	7.01	6.79	6.82	6.48	4.28	4.79	6.93
潢川县		4.95	5.09	5.18	5.20	5.00	4.95	4.78	4.85	4.61	2.37	3.88	3.76
西华县	3.61	6.33	6.60	6.50	6.52	6.69	6.57	6.38	6.53	6.39	4.71	6.08	6.12
商水县	5.32	7.85	8.00	7.90	7.20	7.14	6.88	6.67	7.01	6.66	5.66	7.70	6.38
沈丘县	5.23	5.80	6.00	6.20	6.10	6.21	6.07	5.93	6.01	5.75	4.46	4.65	4.50
淮阳县	8.20	6.46	6.50	6.70	6.40	6.50	6.30	6.14	6.23	5.95	4.35	4.54	4.20
太康县	4.12	7.11	7.30	7.50	7.50	7.52	7.36	7.10	7.21	6.83	6.00	9.59	7.99
鹿邑县		5.68	5.83	5.94	6.10	6.14	5.92	5.80	5.83	5.60	5.00	5.33	6.07
西平县	7.62	9.76	10.02	9.91	9.90	9.72	9.38	8.93	9.17	8.58	6.53	8.90	8.32
上蔡县	4.60	7.40	7.42	7.50	7.40	7.62	7.47	7.20	7.31	6.92	5.52	8.01	9.80
平舆县		5.09	5.19	5.20	5.26	5.01	4.85	4.73	4.75	4.55	3.46	5.89	6.88
正阳县	7.91	13.66	14.00	14.00	12.00	11.99	11.76	11.27	11.54	10.70	7.44	9.19	10.18
确山县	5.37	6.12	6.26	6.26	6.10	6.08	5.85	5.73	5.85	5.60	4.36	4.76	5.25
汝南县	4.54	6.88	7.10	7.30	7.30	7.14	6.86	6.65	6.73	6.40	4.78	5.88	5.37
遂平县	4.80	8.02	8.12	8.00	7.88	7.62	7.33	7.07	7.18	6.80	4.98	5.61	5.27
新蔡县	4.11	7.06	7.22	7.38	7.30	7.22	7.00	6.77	6.86	6.51	5.31	6.56	5.64
济源市		4.36	4.45	4.46	4.40	4.11	3.95	3.83	4.09	3.90	2.21	2.90	2.74

3－5 续表 2

地 区	生猪出栏(万头)												
	2006年	2010年	2011年	2012年	2013年	2014年	2015年	2016年	2017年	2018年	2019年	2020年	2021年
杞 县	71.53	85.10	86.00	87.12	95.66	102.04	100.82	99.26	103.64	107.39	74.14	85.28	119.38
通许县		61.56	62.79	62.85	65.60	63.78	63.60	62.98	70.45	72.90	54.04	51.20	70.47
尉氏县	68.94	84.50	85.00	87.38	96.55	105.33	103.41	103.98	108.12	111.44	78.76	68.85	90.36
祥符区		65.13	66.43	66.50	70.20	68.80	67.81	68.21	70.51	72.26	57.81	55.91	67.87
叶 县	81.91	106.32	106.80	108.72	116.80	122.82	120.28	119.35	123.13	127.06	91.30	73.48	93.48
汝州市	62.18	86.12	87.00	88.31	90.00	91.08	89.94	89.80	92.24	94.31	62.60	60.48	101.91
林州市		83.35	85.01	85.10	86.20	84.29	82.02	81.47	84.65	77.26	45.04	27.10	32.18
浚 县		70.57	71.99	72.13	75.20	70.00	68.53	67.37	70.98	73.04	50.00	45.09	58.07
封丘县		72.74	74.20	74.27	82.20	83.00	81.50	80.92	84.82	86.54	59.30	51.16	73.67
卫辉市	62.25	56.80	57.00	57.80	61.60	60.13	59.51	59.97	61.73	63.95	49.92	32.14	42.52
辉县市	87.16	108.00	107.80	107.80	113.20	120.22	116.81	115.06	117.20	119.57	74.14	43.02	53.73
许昌县	78.20	88.89	89.20	87.24	90.60	95.94	92.34	90.63	93.24	79.22	51.42	43.53	37.34
鄢陵县	72.95	81.52	82.00	82.98	82.40	87.90	85.85	85.50	87.97	81.14	51.80	48.31	61.29
襄城县	61.47	69.50	69.60	70.23	70.00	69.57	68.25	67.68	68.47	63.89	39.83	40.03	53.47
禹州市	72.35	74.00	74.60	74.50	78.40	82.94	81.16	80.57	83.05	79.32	51.28	49.94	61.32
长葛市	60.30	77.56	77.80	74.30	76.60	79.00	77.32	76.72	79.68	73.02	54.57	50.52	65.71
郾城区	74.63	72.26	72.40	72.40	75.60	78.74	77.03	76.22	78.66	79.21	55.38	54.27	74.07
召陵区	79.77	69.00	69.40	67.25	68.80	72.16	70.18	69.40	72.11	72.96	48.81	46.36	69.00
舞阳县		67.83	69.18	69.32	72.20	72.34	72.07	71.39	74.52	77.52	54.45	51.56	67.79
临颍县	80.69	91.10	92.00	89.79	94.10	94.85	92.21	91.01	94.44	99.04	58.74	57.96	79.23
内乡县	64.90	80.50	81.20	81.77	92.23	92.87	91.79	105.25	112.87	119.17	91.90	88.94	147.51
社旗县		66.34	67.66	67.73	71.20	74.19	74.10	73.63	76.77	78.90	53.24	49.30	73.70
唐河县	91.35	99.50	99.80	100.20	105.30	110.94	108.03	106.55	109.43	113.53	81.69	78.95	115.48
邓州市	106.39	118.66	118.78	119.37	132.00	136.78	133.65	133.02	136.87	142.62	93.99	88.63	134.36
睢阳区		67.53	68.88	69.02	73.00	74.93	75.22	73.79	75.01	78.04	51.26	44.16	57.83
睢 县		43.29	44.16	44.20	48.00	50.51	49.82	49.07	53.59	54.82	37.70	32.31	44.13
柘城县		39.33	40.12	40.24	43.38	45.93	46.72	46.31	50.62	53.17	35.26	31.55	48.01
夏邑县		78.05	79.61	79.61	82.00	84.85	83.80	83.34	86.06	88.75	59.33	48.47	68.86
固始县	93.18	102.66	101.60	99.57	104.80	109.35	107.05	105.81	107.54	109.52	69.04	53.07	74.64
潢川县		67.02	67.82	68.50	72.00	76.53	76.77	76.34	78.76	81.01	52.45	40.90	53.06
西华县	75.72	81.11	81.15	81.56	84.00	87.78	86.34	85.71	89.77	94.68	73.06	76.08	94.98
商水县	69.47	79.33	79.50	78.23	84.10	89.27	88.24	89.02	92.17	95.23	55.50	63.11	94.51
沈丘县	72.46	67.80	67.90	68.44	72.60	83.00	82.78	82.27	85.01	87.64	57.68	52.81	65.97
淮阳县	85.76	76.98	77.50	78.04	82.20	87.42	86.26	85.93	89.35	92.23	59.48	43.44	52.63
太康县	88.58	84.45	85.00	85.51	89.20	90.58	89.33	89.16	92.51	98.59	75.45	84.69	124.44
鹿邑县		74.41	75.00	75.53	78.60	78.71	77.43	76.94	79.67	82.37	63.83	60.37	90.30
西平县	104.83	121.21	122.00	120.17	126.00	132.46	129.93	127.80	132.16	136.82	94.47	84.68	122.63
上蔡县	60.25	76.65	77.00	77.85	81.60	86.21	87.14	86.86	89.23	92.66	62.23	70.79	121.68
平舆县		70.62	72.03	72.10	76.20	72.00	70.76	70.02	72.17	74.93	48.73	53.81	80.08
正阳县	107.26	129.89	130.00	130.78	138.00	145.25	144.71	146.75	150.00	156.42	112.08	103.39	141.19
确山县	63.50	63.60	63.50	64.71	68.39	71.86	70.73	70.18	72.40	75.27	50.08	60.58	85.13
汝南县	72.24	86.68	86.60	87.38	91.40	91.84	90.36	89.05	91.00	92.16	62.59	65.22	90.21
遂平县	70.60	85.69	85.74	86.43	93.25	97.58	95.47	95.02	98.56	100.58	69.85	63.21	80.81
新蔡县	68.79	80.26	82.00	82.49	86.80	86.90	86.09	85.75	88.72	91.57	60.04	68.00	89.02
济源市		51.68	52.72	52.77	55.20	52.56	51.61	50.95	55.54	56.39	38.15	31.57	42.08

3－5 续表3

地区	猪肉产量(万吨)												
	2006年	2010年	2011年	2012年	2013年	2014年	2015年	2016年	2017年	2018年	2019年	2020年	2021年
杞　县	5.71	6.30	6.38	6.49	7.20	7.68	7.54	7.41	7.72	8.00	5.53	6.44	8.79
通许县		4.43	4.57	4.57	4.80	4.77	4.74	4.67	5.19	5.37	3.99	3.86	5.19
尉氏县	5.36	6.50	6.54	6.72	7.43	7.97	7.84	7.88	8.18	8.43	5.96	5.23	6.68
祥符区		4.84	4.99	4.99	5.29	5.18	5.11	5.15	5.34	5.46	4.37	4.24	5.01
叶　县	5.96	7.72	7.80	7.98	8.61	9.23	9.05	8.97	9.28	9.57	6.88	5.58	6.90
汝州市	4.53	6.27	6.35	6.48	6.63	6.85	6.75	6.75	6.94	7.10	4.72	4.60	7.54
林州市		6.20	6.38	6.39	6.60	6.45	6.26	6.23	6.46	5.91	3.45	2.06	2.38
浚　县		5.09	5.24	5.25	5.56	5.31	5.22	5.14	5.44	5.58	3.83	3.43	4.29
封丘县		5.25	5.40	5.41	6.05	6.18	6.08	6.04	6.30	6.43	4.41	3.90	5.46
卫辉市	4.36	4.20	4.23	4.29	4.58	4.52	4.48	4.50	4.63	4.78	3.73	2.44	3.14
辉县市	6.50	7.71	7.70	7.91	8.40	9.01	8.73	8.59	8.76	8.93	5.54	3.26	3.96
许昌县	5.76	6.54	6.56	6.44	6.76	7.17	6.90	6.75	6.95	5.94	3.86	3.30	2.76
鄢陵县	5.37	6.02	6.06	6.13	6.12	6.60	6.45	6.43	6.59	6.07	3.88	3.68	4.54
襄城县	4.49	5.21	5.22	5.27	5.28	5.25	5.13	5.09	5.14	4.79	2.99	3.04	3.95
禹州市	5.32	5.45	5.50	5.49	5.78	6.18	6.04	6.00	6.18	5.90	3.82	3.79	4.53
长葛市	4.44	5.42	5.46	5.45	5.64	5.94	5.81	5.78	5.99	5.48	4.10	3.83	4.85
郾城区	4.58	4.65	4.66	4.73	5.06	5.37	5.37	5.32	5.50	5.54	3.88	4.11	5.46
召陵区	6.25	4.70	4.75	4.74	5.01	5.36	5.21	5.14	5.33	5.38	3.60	3.51	5.09
舞阳县		4.89	5.04	5.05	5.28	5.42	5.41	5.34	5.57	5.78	4.07	3.91	5.00
临颍县	5.68	6.27	6.50	6.45	6.86	7.06	6.84	6.74	6.98	7.32	4.35	4.41	5.87
内乡县	4.70	6.11	6.18	6.22	7.02	7.22	6.93	7.97	8.58	9.01	6.96	6.77	10.93
社旗县		4.90	5.04	5.05	5.40	5.63	5.63	5.57	5.79	5.95	4.02	3.74	5.44
唐河县	6.73	7.48	7.50	7.53	7.92	8.35	8.13	8.01	8.23	8.52	6.15	5.98	8.53
邓州市	7.84	8.95	8.96	9.00	9.94	10.33	10.08	10.02	10.29	10.70	7.07	6.74	9.95
睢阳区		5.07	5.22	5.23	5.54	5.68	5.68	5.57	5.67	5.89	3.87	3.35	4.27
睢　县		3.20	3.30	3.30	3.56	3.81	3.77	3.69	4.03	4.12	2.84	2.45	3.26
柘城县		2.95	3.04	3.05	3.30	3.48	3.55	3.49	3.83	4.02	2.67	2.40	3.55
夏邑县		5.85	6.03	6.03	6.24	6.43	6.35	6.32	6.54	6.75	4.51	3.67	5.08
固始县	7.71	8.21	8.21	7.93	8.32	8.54	8.18	8.09	8.21	8.36	5.27	4.03	5.52
潢川县		5.08	5.14	5.19	5.46	5.81	5.82	5.78	5.98	6.15	3.98	3.10	3.92
西华县	5.71	6.16	6.18	6.21	6.40	6.69	6.58	6.53	6.80	7.16	5.53	5.76	7.01
商水县	5.24	6.03	6.06	6.02	6.34	6.74	6.67	6.74	6.98	7.21	4.21	4.79	6.99
沈丘县	5.20	5.52	5.53	5.57	5.85	6.55	6.31	6.29	6.51	6.71	4.42	4.01	4.87
淮阳县	6.32	6.18	6.25	6.29	6.50	6.81	6.57	6.55	6.80	7.02	4.53	3.29	3.88
太康县	6.68	6.42	6.46	6.50	6.72	6.84	6.77	6.76	7.01	7.44	5.70	6.43	9.19
鹿邑县		5.64	5.69	5.72	5.96	5.97	5.88	5.83	6.05	6.22	4.82	4.60	6.69
西平县	7.98	9.11	9.18	9.13	9.54	10.04	9.87	9.74	10.08	10.42	7.20	6.46	9.10
上蔡县	4.58	5.75	5.78	5.84	6.10	6.50	6.56	6.54	6.72	6.95	4.67	5.42	9.05
平舆县		5.31	5.46	5.47	5.78	5.44	5.35	5.27	5.45	5.62	3.66	4.10	5.94
正阳县	8.17	9.77	9.80	9.86	10.40	10.96	10.88	11.06	11.60	12.06	8.65	7.91	10.49
确山县	4.83	4.81	4.80	4.89	5.10	5.45	5.38	5.33	5.52	5.67	3.78	4.63	6.33
汝南县	5.50	6.52	6.52	6.58	6.88	6.91	6.84	6.72	6.85	6.93	4.71	4.97	6.69
遂平县	5.38	6.46	6.68	6.73	7.09	7.38	7.24	7.19	7.44	7.59	5.28	4.83	6.01
新蔡县	5.24	6.03	6.20	6.24	6.56	6.57	6.52	6.50	6.73	6.95	4.56	5.18	6.60
济源市		3.79	3.91	3.91	4.10	3.95	3.89	3.82	4.17	4.23	2.86	2.41	3.13

3－6 历年牧渔业产量

年份	肉类产量（万吨）	#猪肉	#牛肉	#羊肉	大牲畜年末存栏头数（万头）	#役畜	猪年末存栏头数（万头）	禽蛋产量（万吨）	水产品产量（万吨）
1979	55.14	50.00			521.50	400.40	1592.30		2.30
1980	55.03	49.45	0.69	2.88	541.99	423.75	1474.24	15.86	2.91
1981	51.58	44.30	0.60	3.36	607.00	498.90	1386.50	16.31	3.00
1982	54.26	47.60	0.52	3.46	671.50	542.10	1310.70	16.75	3.25
1983	51.33	43.70	0.88	3.41	704.70	562.20	1195.70	21.41	3.78
1984	58.59	49.60	1.83	3.31	794.70	615.70	1327.00	31.38	4.89
1985	71.83	61.08	3.01	3.38	886.35	664.55	1621.74	37.15	6.37
1986	79.42	65.00	5.50	3.70	957.44	708.10	1539.41	37.32	6.61
1987	86.63	66.10	8.90	5.00	1000.82	738.44	1404.72	43.55	7.62
1988	103.75	76.87	12.24	6.48	1069.20	779.57	1586.18	50.43	9.39
1989	121.53	88.11	15.26	7.89	1111.56	794.04	1680.22	53.62	9.83
1990	134.86	97.45	18.16	8.05	1116.33	798.30	1750.32	59.58	10.48
1991	157.95	108.73	24.82	7.76	1102.10	782.25	1820.80	73.81	10.77
1992	171.66	119.23	25.67	7.96	1135.50	794.90	1959.70	79.29	11.55
1993	203.51	137.60	32.64	9.90	1211.00	843.00	2085.00	95.58	13.83
1994	253.31	165.81	44.00	12.57	1329.18	919.79	2325.17	125.28	15.84
1995	333.00	210.37	64.39	21.10	1420.45	985.76	2667.72	140.01	18.09
1996	347.72	225.63	59.45	21.72	1089.14	783.00	2229.67	154.54	20.51
1997	403.00	256.12	64.88	25.23	1420.87	857.03	2931.91	201.40	23.88
1998	461.63	297.86	76.71	28.00	1416.84	803.70	3439.66	229.34	27.02
1999	485.11	313.95	82.21	29.96	1448.42	530.60	3556.43	251.82	28.83
2000	517.00	337.88	83.00	32.00	1445.73	482.84	3787.69	270.00	32.17
2001	540.65	343.77	89.23	34.51	1435.93	479.53	3672.07	286.00	31.46
2002	570.01	366.49	89.20	37.85	1409.78	437.03	3800.00	302.00	36.22
2003	603.55	386.00	93.00	42.00	1469.45	430.00	3917.80	326.20	38.95
2004	643.00	412.37	98.33	44.06	1491.19	427.00	4152.87	347.40	42.70
2005	689.00	441.20	102.75	47.38	1508.80	412.90	4439.00	375.30	51.68
2006	584.60	391.30	82.00	23.80	1114.24	535.14	3953.30	329.50	61.43
2007	545.87	338.88	75.28	24.82	985.75	387.21	4184.00	333.14	74.74
2008	573.35	366.84	70.70	25.51	910.09	337.42	4458.81	363.82	85.68
2009	591.61	389.18	64.75	24.46	814.97	369.30	4524.05	370.74	92.94
2010	608.96	407.72	58.67	23.35	719.19	296.16	4540.55	372.29	99.41
2011	604.28	405.67	53.14	22.54	619.07	243.38	4560.84	370.13	102.90
2012	632.84	431.57	47.80	22.07	537.56	211.21	4577.45	379.00	109.75
2013	648.97	452.99	43.89	21.66	487.16	200.09	4415.68	380.58	116.65
2014	622.02	476.63	41.02	21.80	447.59	192.82	4407.38	370.81	120.39
2015	647.22	466.45	37.84	21.81	411.70	183.71	4361.95	372.30	125.36
2016	625.94	449.04	34.87	21.85	353.67	167.47	4268.82	379.56	128.35
2017	655.84	466.90	35.04	26.10	376.09	108.50	4390.00	401.18	128.23
2018	669.41	479.04	34.80	26.90	377.01	107.96	4337.15	413.61	98.38
2019	560.06	344.43	36.22	28.11	388.27	92.21	3170.46	442.42	99.08
2020	538.21	324.80	36.71	28.64	394.88	85.00	3886.98	449.42	98.05
2021	646.81	426.78	35.53	28.87	403.11	72.48	4392.29	446.42	94.32

主要统计指标解释

全国主要畜禽养殖场户分类标准

品种	大型养殖场(户) (年饲养量	中型养殖场(户) (年饲养量)	小型养殖场(户) (年饲养量)
生猪	5000 头以上	100 – 5000 头	100 头以下
牛	1000 头以上	10 – 1000 头	10 头以下
羊	1000 只以上	50 – 1000 只	50 只以下
禽	100000 只以上	200 – 100000 只	200 只以下

生猪期末存栏　指本调查期末饲养生猪的总量,包括15公斤以下仔猪、待育肥猪(架子猪)和种猪等数量之和。

能繁殖母猪　是指猪龄约在9个月(包括9个月)以上的、具备繁殖能力的母猪。

猪肉产量　指本调查期内出栏肥猪头数折算出的鲜、冷鲜、冷冻猪肉总量,按胴体重计算。

牛期末存栏　指本调查期末饲养各类型的牛总量,包括牛犊、待育肥牛(架子牛)、奶牛和种牛等数量之和。

能繁殖母牛　指牛龄在16个月左右,具备繁殖能力的母牛。

牛肉产量　指本调查期内出栏肉牛头数折算出的鲜、冷鲜、冷冻牛肉产量,按胴体重计算。

牛肉产量 = 出栏肉牛头数 × 平均每头肉牛出售重量 × 肉牛产肉率(%)

羊期末存栏　指本调查期末饲养各种羊只总量。包括羊羔、待育肥羊(架子羊)、奶羊和种羊等数量之和。

能繁殖母羊(山羊或绵羊)　指羊龄在6个月左右,具备繁殖能力的母羊。

羊肉产量　指本调查期内出栏肥羊头数折算出的鲜、冷鲜、冷冻羊肉产量,按胴体重计算。

家禽期末存栏　指本调查期末饲养家禽的总量,包括幼禽、肉用家禽、蛋用家禽和种家禽等。

禽肉产量　指本调查期内出栏肉用家禽产出的禽肉总量。

禽蛋产量　指本调查期内饲养的蛋用家禽生产的禽蛋总重量。包括出售的和农民自产自用的部分。品种主要为鸡鸭鹅。

肉类总产量　指调查期内各种牲畜及家禽、兔等动物肉产量总计。猪、牛、羊、马、驴、骡、骆驼肉产量按去掉头蹄下水后带骨肉的胴体重量计算,兔禽肉产量按屠宰后去毛和内脏后的重量计算。猪牛羊禽四个品种肉产量由主要畜禽监测抽样调查获得,马、驴、骡、骆驼、兔肉产量由全面统计获得,其它特种养殖肉产量可用住户调查资料推算获得。

消费价格

资料整理：拓福星　赵晨夕　张　帆

4－1 历年居民消费和商品零售价格总指数

（上年＝100）

年 份	居民消费价格总指数			商品零售价格总指数		
	全 省	城 市	农 村	全 省	城 市	农 村
1957				102.3	101.7	102.7
1958	99.6	98.0	100.3	99.4	97.9	100.3
1959	100.3	100.9	100.0	100.3	100.9	100.0
1960	100.8	102.0	100.3	101.0	102.0	100.3
1961	118.3	128.5	113.9	118.7	129.8	113.9
1962	96.4	86.1	100.8	100.5	84.4	100.8
1963	96.2	86.5	100.4	99.7	85.1	100.4
1964	98.5	96.2	99.5	99.5	96.1	99.5
1965	97.0	96.3	97.3	96.8	96.0	97.3
1966	99.5	98.6	99.9	99.7	98.6	99.9
1967	100.2	100.8	100.0	100.2	101.0	100.0
1968	99.9	100.0	99.9	99.9	100.0	99.9
1969	99.4	100.0	99.2	99.5	100.1	99.2
1970	99.0	99.8	98.5	98.8	99.8	98.5
1971	99.5	99.9	99.3	99.5	99.9	99.3
1972	99.7	100.0	99.6	99.7	100.0	99.6
1973	100.0	100.1	99.9	99.9	100.0	99.9
1974	100.1	100.1	100.1	100.1	100.1	100.1
1975	100.1	100.2	100.1	100.2	100.2	100.1
1976	100.2	100.3	100.1	100.1	100.3	100.1
1977	99.9	99.9	99.9	99.9	99.9	99.9
1978	100.1	100.0	100.1	100.1	100.0	100.1
1979	100.4	100.3	100.4	100.4	100.3	100.4
1980	104.6	106.0	103.8	104.9	106.4	103.8
1981	101.4	102.4	100.8	101.6	102.6	100.8
1982	101.4	101.8	101.2	101.5	101.8	101.2
1983	101.6	102.9	100.9	101.7	102.8	100.9
1984	100.8	102.2	100.1	100.9	102.0	100.0
1985	104.6	106.5	103.6	105.4	106.4	103.5
1986	105.5	106.8	104.3	105.0	106.5	104.0
1987	106.3	107.8	105.3	106.3	108.0	105.1
1988	119.4	121.5	118.1	119.7	122.1	118.2
1989	118.7	114.9	122.0	118.7	114.5	122.2
1990	100.7	100.5	100.9	100.1	99.8	100.4
1991	102.3	105.1	100.0	102.0	105.0	99.6
1992	105.4	107.7	102.9	105.0	107.5	102.2
1993	110.4	110.6	110.3	108.3	108.5	108.1

4－1 续表

（上年＝100）

年 份	居民消费价格总指数			商品零售价格总指数		
	全 省	城 市	农 村	全 省	城 市	农 村
1994	125.2	127.4	123.5	120.6	118.2	122.3
1995	116.5	116.9	116.3	114.9	113.3	116.5
1996	110.5	109.5	110.9	107.9	106.2	109.4
1997	103.5	102.4	103.9	100.5	99.8	101.2
1998	97.5	97.9	97.1	96.6	96.6	96.5
1999	96.9	96.6	97.1	96.2	95.7	96.6
2000	99.2	99.1	99.2	98.5	98.8	98.3
2001	100.7	100.7	100.7	99.8	99.5	100.1
2002	100.1	99.8	100.6	99.2	99.0	99.3
2003	101.6	101.7	101.4	101.3	101.2	101.4
2004	105.4	105.4	105.4	105.7	105.3	106.0
2005	102.1	102.1	102.1	101.7	101.8	101.6
2006	101.3	101.2	101.5	100.9	100.7	101.1
2007	105.4	105.4	105.4	104.4	103.8	105.1
2008	107.0	106.5	107.9	107.5	107.4	107.5
2009	99.4	98.8	100.4	99.4	99.6	99.2
2010	103.5	103.4	103.8	103.7	103.5	104.0
2011	105.6	105.4	106.1	105.7	105.4	106.1
2012	102.5	102.6	102.4	102.3	102.4	102.1
2013	102.9	102.9	102.9	101.9	101.6	102.3
2014	101.9	102.0	101.6	101.0	101.0	101.0
2015	101.3	101.3	101.2	99.8	99.6	100.0
2016	101.9	101.9	102.0	100.3	100.3	100.3
2017	101.4	101.5	101.2	101.3	101.3	101.6
2018	102.3	102.4	102.0	102.9	103.0	102.9
2019	103.0	102.9	103.1	102.4	102.5	102.2
2020	102.8	102.5	103.3	100.9	100.9	101.2
2021	100.9	101.0	100.8	101.5	101.5	101.6

4－2 居民消费和商品零售价格总指数(2021年)

以下列年份为100	居民消费价格总指数			商品零售价格总指数		
	全 省	城 市	农 村	全 省	城 市	农 村
1952	708.8	848.9	637.4	539.6	627.9	517.7
1957	620.9	738.9	560.5	502.1	550.3	458.3
1965	571.7	668.9	522.6	443.5	489.0	426.2
1970	582.9	670.3	538.1	462.6	488.9	439.4
1975	584.0	669.8	541.5	463.8	488.7	442.1
1978	579.5	650.5	542.0	451.9	474.4	442.2
1980	550.3	611.1	517.7	428.9	443.8	424.2
1985	500.3	523.9	486.8	383.5	381.3	398.3
1990	312.8	324.4	305.0	241.6	238.0	250.9
1995	180.2	174.0	187.2	150.8	144.8	160.0
2000	168.2	165.5	173.5	151.9	149.7	157.9
2005	152.6	150.5	156.9	140.9	140.1	145.4
2006	150.6	148.8	154.6	139.7	139.2	143.9
2007	142.9	141.1	146.7	133.8	134.0	136.9
2008	133.6	132.5	136.0	124.4	124.7	127.3
2009	134.4	134.1	135.4	125.3	125.3	128.3
2010	129.9	129.7	130.4	120.8	121.1	123.4
2011	122.9	123.0	123.0	114.2	114.9	116.3
2012	120.0	120.0	120.1	111.7	112.2	113.9
2013	116.5	116.6	116.7	109.5	110.4	111.4
2014	114.4	114.3	114.8	108.5	109.3	110.2
2015	112.9	112.8	113.5	108.7	109.7	110.2
2016	110.8	110.7	111.2	108.4	109.4	109.9
2017	109.3	109.2	109.5	108.0	108.1	108.1
2018	106.9	106.6	107.4	105.0	105.0	105.1
2019	103.7	103.5	104.1	102.4	102.4	102.8
2020	100.9	101.0	100.8	101.5	101.5	101.6

4－3 居民消费价格分类指数(2021年)

(上年＝100)

类别	全省	城市	农村
总指数	**100.9**	**101.0**	**100.8**
食品烟酒	**100.2**	**100.5**	**99.6**
食品	99.7	100.1	98.8
粮食	101.7	101.9	101.5
薯类	102.1	103.1	100.3
豆类	106.5	104.0	111.8
食用油	106.9	105.7	108.8
菜	109.4	110.1	107.5
畜肉类	82.0	83.6	79.0
禽肉类	99.0	98.0	101.3
水产品	114.8	115.7	112.1
蛋类	115.4	113.9	118.1
奶类	100.8	100.7	101.0
干鲜瓜果类	102.5	102.5	102.8
糖果糕点类	101.1	100.9	101.4
调味品	100.5	99.9	101.7
其他食品类	100.2	100.4	99.8
茶及饮料	100.6	100.3	101.1
烟酒	100.9	100.4	101.9
在外餐饮	101.9	102.0	101.5
衣着	**99.4**	**99.4**	**99.5**
服装	99.4	99.3	99.6
鞋类	99.3	99.5	99.0
居住	**100.7**	**100.5**	**101.3**
租赁房房租	100.3	100.1	101.0
住房保养维修及管理	103.0	103.3	102.4
水电燃料	100.7	100.2	101.7
自有住房	100.2	99.9	100.8
生活用品及服务	**100.0**	**100.0**	**100.2**
家具及室内装饰品	101.2	101.4	100.8
家用器具	100.6	100.1	101.6
家用纺织品	99.7	99.5	100.1
家庭日用杂品	99.2	98.9	99.5
个人护理用品	98.4	98.4	98.1
家庭服务	102.9	103.8	99.9
交通和通信	**102.8**	**103.0**	**102.5**
交通	104.0	104.2	103.6
通信	99.8	99.6	100.0
教育文化和娱乐	**103.5**	**103.6**	**103.3**
教育	104.5	105.0	103.6
文化娱乐	101.3	101.0	102.1
医疗保健	**100.4**	**100.8**	**99.8**
药品及医疗器具	100.1	100.8	98.7
医疗服务	100.6	100.8	100.2
其他用品和服务	**98.2**	**97.9**	**99.0**
其他用品类	99.0	98.8	99.5
其他服务类	97.4	97.1	98.5

4－4　居民消费价格

（上年同月＝100）

类　　别	年平均	1月	2月	3月	4月	5月
总指数	**100.9**	**100.3**	**100.1**	**100.4**	**100.9**	**101.5**
一、食品烟酒	100.2	101.7	100.5	99.7	100.1	101.5
1.食品	99.7	102.1	100.2	99.2	99.7	101.4
（1）粮食	101.7	101.7	101.9	102.0	101.7	101.3
大　米	100.6	101.6	100.6	100.9	101.2	100.6
面　粉	101.6	102.4	102.7	102.4	101.8	100.2
其他粮食	107.1	107.6	109.7	109.9	108.4	106.9
粮食制品	101.4	100.3	100.8	100.9	100.6	101.1
（2）薯类	102.1	107.3	103.1	98.7	92.3	93.0
薯　类	102.1	107.3	103.1	98.7	92.3	93.0
（3）豆类	106.5	107.0	108.1	107.8	107.2	106.0
干　豆	107.1	108.0	109.5	109.9	109.0	106.9
豆制品	106.4	106.9	107.9	107.6	107.0	105.9
（4）食用油	106.9	106.4	106.1	106.3	106.8	107.5
食用植物油	107.2	106.5	106.1	106.4	106.9	107.6
食用动物油	92.2	103.8	105.1	103.0	101.7	102.9
（5）菜及食用菌	109.4	106.0	103.6	97.3	100.4	109.2
鲜　菜	110.8	107.1	104.5	97.9	101.3	111.1
鲜　菌	97.1	92.9	88.5	83.3	86.4	96.4
干菜干菌及制品	101.1	100.5	100.5	100.3	100.6	100.7
（6）畜肉类	82.0	101.0	92.2	90.0	89.1	89.1
猪　肉	68.8	97.9	84.2	80.7	78.0	76.6
牛　肉	105.2	105.6	105.9	104.6	106.3	108.0
羊　肉	108.4	108.8	111.2	111.9	115.6	116.3
其他畜肉及副产品	89.4	107.1	105.9	103.9	101.2	99.7
畜肉制品	101.1	104.6	103.5	102.5	101.8	102.5
（7）禽肉类	99.0	93.9	97.0	97.2	96.6	99.6
鸡	98.3	92.4	96.8	96.9	95.4	99.5
鸭	98.1	89.6	93.7	96.2	98.9	98.3
其他禽肉及制品	100.7	98.2	98.0	98.2	98.6	100.1
（8）水产品	114.8	101.5	110.3	111.8	119.9	126.6
淡水鱼	128.4	104.5	118.2	121.6	141.0	153.5
海水鱼	100.5	97.6	98.2	98.6	98.9	99.5
虾蟹类	104.1	96.9	107.6	107.6	103.5	104.3
其他水产品及制品	102.0	102.0	102.4	102.2	102.2	102.5
（9）蛋类	115.4	100.5	104.0	105.5	110.9	124.3
鸡　蛋	116.9	101.4	105.3	106.8	112.5	127.4
其他蛋及制品	101.8	91.9	92.9	94.9	97.4	100.5
（10）奶类	100.8	101.0	100.3	100.8	101.3	101.6
鲜　奶	102.3	102.6	101.9	102.4	103.4	103.1
酸　奶	100.9	101.1	99.7	100.9	101.7	101.5
奶　粉	98.8	98.8	98.4	98.6	98.8	100.3
其他奶制品	100.8	101.6	101.3	101.0	100.4	100.1
（11）干鲜瓜果类	102.5	102.5	102.0	104.0	101.5	98.0

分月同比指数(2021 年)

6 月	7 月	8 月	9 月	10 月	11 月	12 月
101.2	**101.1**	**101.1**	**100.4**	**101.0**	**102.1**	**101.1**
100.0	99.3	99.6	98.1	99.3	102.8	100.2
99.1	98.1	98.6	96.5	98.4	103.3	99.7
101.1	101.0	100.8	101.0	101.2	103.3	104.1
100.5	100.5	100.2	99.9	100.4	100.7	100.4
100.0	100.4	100.1	100.0	99.8	104.0	105.3
106.2	106.2	105.9	105.3	105.4	107.1	107.3
100.9	100.5	100.4	101.3	101.5	103.6	105.0
94.8	98.0	107.4	106.6	107.5	114.6	109.8
94.8	98.0	107.4	106.6	107.5	114.6	109.8
105.9	105.4	105.6	105.4	105.7	106.4	107.3
106.5	105.9	106.0	105.6	105.5	106.7	106.4
105.8	105.4	105.6	105.4	105.7	106.4	107.3
107.3	107.5	107.6	107.0	106.5	107.4	106.3
107.5	107.8	108.0	107.4	107.2	108.1	107.0
96.3	90.6	87.5	84.9	77.6	77.6	75.2
104.2	104.1	109.5	108.5	122.4	136.5	114.8
104.9	104.9	110.8	109.4	125.0	141.0	116.8
98.8	97.9	101.1	103.8	108.3	112.9	96.1
100.9	101.0	101.3	101.5	101.4	102.1	102.9
79.5	74.4	73.0	69.8	70.9	79.0	75.4
62.4	57.2	55.9	51.2	52.6	64.6	60.2
108.1	107.2	104.9	103.2	102.9	103.8	103.0
111.8	107.5	106.8	105.4	103.8	103.0	99.3
90.8	84.0	81.2	77.7	73.5	75.6	76.0
102.1	100.9	100.3	99.4	97.6	99.1	99.0
102.2	100.6	99.9	100.4	100.4	101.0	100.7
102.8	99.8	98.5	99.4	99.5	100.4	100.0
99.1	100.9	100.4	99.9	100.6	101.6	100.2
101.6	102.3	102.7	102.6	102.1	102.1	102.1
124.9	122.5	118.7	113.0	110.0	109.4	108.7
149.2	144.3	135.6	124.0	117.6	115.5	114.1
100.4	101.6	102.4	101.9	102.3	102.4	102.9
102.3	101.9	103.4	104.9	105.3	106.4	104.9
102.6	101.2	101.0	100.8	101.2	102.4	103.5
128.1	124.7	121.6	117.4	116.7	123.5	113.9
131.4	126.9	123.2	118.4	117.6	125.2	114.5
103.2	106.0	107.0	107.6	107.9	108.4	107.9
100.6	101.2	100.8	100.5	100.4	100.4	100.9
102.7	102.5	102.3	101.6	101.6	101.3	103.1
100.7	100.6	100.9	100.6	100.7	101.5	101.0
98.0	100.0	98.8	98.7	98.8	98.5	98.1
100.0	101.2	101.2	101.0	100.5	100.8	100.4
100.7	106.3	108.5	99.9	98.9	103.6	105.6

4－4 续表1

（上年同月＝100）

类　别	年平均	1月	2月	3月	4月	5月
鲜　果	103.4	102.7	102.5	104.9	102.0	97.9
坚　果	99.2	102.5	100.6	100.7	99.4	98.4
瓜果制品	99.6	99.0	98.1	98.8	98.8	99.3
(12)糖果糕点类	101.1	101.5	101.4	101.1	101.6	101.5
食　糖	99.8	99.8	99.7	99.9	99.0	99.4
糖　果	101.8	103.3	102.4	101.9	102.5	102.7
糕　点	101.2	101.5	101.6	101.1	102.0	101.7
其他糖果糕点	101.0	100.0	99.4	100.7	100.3	100.6
(13)调味品	100.5	101.4	100.7	100.4	100.8	100.7
食用盐	98.8	99.2	99.1	98.5	98.8	99.3
酱　油	99.6	100.9	99.8	99.8	100.4	100.4
食　醋	99.7	102.4	100.5	98.7	100.6	100.5
增味剂	101.8	102.2	102.1	101.7	101.1	101.0
其他调味品	101.7	101.7	101.7	101.9	101.7	101.4
(14)其他食品类	100.2	101.5	100.4	100.3	99.9	100.0
方便食品	99.1	101.1	99.4	99.5	98.8	98.9
淀粉及制品	102.5	103.0	103.1	102.3	102.3	102.5
其他食品	100.0	100.1	99.4	99.7	99.7	99.4
2. 茶及饮料	100.6	100.6	100.0	99.9	100.2	100.9
茶　叶	99.7	100.4	99.7	99.6	99.6	100.1
固体咖啡	100.1	99.7	99.7	100.3	100.1	100.0
其他固体饮料	101.2	99.9	100.5	100.6	100.7	100.8
饮用水	99.0	99.8	99.3	99.2	98.8	98.8
果汁饮料	100.8	100.7	99.9	100.4	100.5	100.7
其他液体饮料	101.4	101.0	100.3	100.2	100.7	102.0
3. 烟酒	100.9	101.0	100.7	100.9	101.0	101.4
(1)卷烟	100.3	100.4	100.4	100.4	100.3	100.3
卷　烟	100.3	100.4	100.4	100.4	100.3	100.3
(2)酒类	101.7	101.8	101.1	101.6	101.9	102.7
白　酒	102.3	102.7	102.0	102.5	102.8	103.4
葡萄酒	98.0	98.4	97.5	98.1	98.7	98.6
啤　酒	101.0	100.3	99.5	100.0	100.1	101.6
其他酒类	100.3	99.1	98.8	99.2	99.6	100.4
4. 在外餐饮	101.9	101.0	101.5	101.2	101.5	102.0
餐馆餐饮	102.2	101.1	101.5	101.3	101.7	102.6
饮品店餐饮	101.7	100.8	101.6	101.9	102.0	102.4
外　卖	100.8	100.2	101.7	99.8	100.2	99.5
其他在外餐饮	102.2	101.4	101.7	102.6	102.6	102.8
二、衣着	99.4	98.5	98.2	98.6	99.4	99.6
1. 服装	99.4	98.3	98.1	98.5	99.4	99.7
(1)男式服装	99.1	98.7	98.5	98.7	99.1	99.2
男式外套	98.9	98.8	98.4	98.2	99.0	99.1
男式针织衫	98.1	98.1	98.1	97.4	97.7	97.6
男式衬衫T恤	99.1	97.8	97.9	98.8	98.4	99.1

6月	7月	8月	9月	10月	11月	12月
101.4	108.9	111.8	100.2	98.6	104.5	107.0
97.4	97.2	96.8	98.4	99.7	100.1	100.1
101.0	100.7	100.1	100.3	100.0	99.9	99.9
101.3	101.1	100.5	100.6	100.8	100.9	101.3
99.6	99.4	99.6	100.2	100.7	100.4	100.5
101.5	101.5	100.9	101.1	101.6	101.5	101.3
101.5	101.2	100.5	100.4	100.5	100.7	101.2
101.2	101.1	101.0	101.6	101.9	101.8	102.6
100.4	100.0	100.1	100.0	100.0	100.6	101.3
97.7	98.0	98.8	99.2	99.1	99.2	99.2
99.5	99.3	98.7	98.5	98.3	99.6	100.4
100.3	99.2	98.9	99.0	98.3	98.8	99.7
100.9	100.9	101.3	101.2	102.3	102.1	105.0
101.6	101.3	101.9	101.8	101.6	102.1	102.0
99.7	99.6	99.8	99.8	99.9	100.1	101.2
98.4	98.5	98.7	98.8	99.1	98.8	99.5
102.6	102.1	102.1	101.8	101.7	102.4	104.5
99.3	99.6	99.7	99.7	100.2	101.0	102.2
100.6	100.9	100.8	100.5	100.2	101.4	100.9
99.4	99.6	99.4	99.5	99.1	100.9	99.6
99.8	99.9	100.1	100.1	100.2	101.1	100.6
101.3	100.9	101.4	102.5	102.1	101.5	101.8
98.7	98.9	99.0	99.2	98.4	98.9	99.0
101.1	101.0	101.0	100.1	100.5	100.8	102.5
101.7	102.2	101.9	101.3	101.0	102.4	101.8
101.4	101.5	101.4	101.0	100.3	100.4	100.2
100.3	100.3	100.3	100.3	100.3	100.4	100.4
100.3	100.3	100.3	100.3	100.3	100.4	100.4
102.7	103.1	102.8	102.0	100.3	100.4	99.8
103.5	104.1	103.7	102.5	100.2	100.3	99.5
98.6	98.1	97.1	97.4	97.0	98.0	98.2
101.3	101.3	101.7	101.6	101.7	101.4	101.2
101.2	101.1	101.2	100.9	100.7	100.6	100.8
102.1	102.0	102.2	102.1	102.3	102.3	102.2
102.6	102.6	102.6	102.5	102.5	102.6	102.5
102.4	101.6	101.8	101.5	101.7	101.2	101.9
100.2	100.4	100.9	101.2	102.1	102.0	101.6
102.8	102.1	102.2	102.0	101.8	102.0	102.0
99.7	99.6	99.4	99.6	99.7	100.2	100.5
99.8	99.6	99.5	99.7	99.7	100.3	100.6
99.3	99.1	99.1	99.1	99.1	99.8	99.9
98.9	98.9	98.8	98.9	98.8	99.4	99.7
97.9	97.8	97.7	98.1	98.1	99.2	99.5
99.7	99.0	98.8	99.1	99.4	100.7	100.2

4－4 续表2

（上年同月＝100）

类　别	年平均	1月	2月	3月	4月	5月
男式裤子	100.5	100.0	99.7	100.7	100.9	100.7
男式内衣	98.9	98.7	98.3	98.3	98.8	99.0
（2）女式服装	99.8	98.4	98.1	98.6	99.7	100.1
女式外套	100.0	98.3	97.8	98.2	99.9	100.5
女式针织衫	99.0	99.3	98.7	98.7	99.3	98.8
女式衬衫T恤	101.5	97.8	97.7	98.7	100.6	101.5
女式裤子	100.1	100.0	99.7	100.2	100.4	100.4
女式裙子	98.8	97.8	97.7	98.3	98.8	99.1
女式内衣	99.3	98.1	98.0	98.3	98.9	99.3
（3）儿童服装	98.7	96.9	96.7	97.7	99.1	99.4
婴儿服装	98.9	98.1	98.0	98.4	99.4	99.5
儿童上衣	98.2	96.6	96.4	97.2	98.4	98.8
儿童裤子	99.6	96.4	95.9	98.1	100.8	101.0
儿童裙子	98.3	96.3	96.0	96.9	98.2	98.7
儿童内衣	98.7	98.8	99.0	98.4	97.8	97.6
（4）衣着材料及配件	99.7	99.1	99.2	99.3	99.3	99.2
袜 子	99.7	99.1	99.0	99.5	99.4	99.3
帽 子	99.4	98.7	98.9	98.4	98.5	98.5
其他衣着材料及配件	100.1	99.8	100.0	99.9	100.0	100.0
（5）衣着服务费	101.3	100.8	101.1	101.1	101.1	101.0
衣着洗涤保养	101.7	101.1	101.6	101.5	101.5	101.3
其他衣着服务	100.7	100.4	100.4	100.4	100.4	100.4
2.鞋类	99.3	99.0	98.8	99.0	99.1	99.4
（1）鞋	99.3	99.0	98.8	99.0	99.1	99.3
男 鞋	99.8	99.7	99.6	99.7	99.7	100.0
女 鞋	98.9	98.5	98.3	98.4	98.5	98.7
童 鞋	99.5	98.8	98.8	99.4	99.5	100.1
（2）鞋类服务	101.5	100.7	101.6	101.6	101.6	101.6
鞋类服务	101.5	100.7	101.6	101.6	101.6	101.6
三、居住	100.7	99.5	99.7	100.0	100.4	100.6
1.租赁房房租	100.3	99.1	99.3	99.9	100.1	100.2
公房房租	102.3	103.5	103.5	103.5	103.5	103.5
私房房租	100.1	98.7	99.0	99.6	99.7	99.9
2.住房保养维修及管理	103.0	101.3	101.6	101.8	102.3	102.9
（1）住房装潢材料	101.6	99.0	99.3	99.8	100.4	101.5
木 地 板	101.5	99.5	99.9	100.0	100.6	101.3
瓷 砖	99.8	98.8	98.8	98.7	99.3	99.7
水 泥	97.9	91.3	90.3	92.4	93.3	98.7
涂 料	101.0	100.5	100.6	100.7	100.6	100.6
板 材	104.0	100.6	101.5	102.4	103.5	103.7
管 材	103.7	101.4	101.7	102.5	103.0	103.5
厨卫设备	100.9	98.9	99.2	99.7	100.0	100.7
门 窗	103.8	100.4	102.0	102.1	102.7	103.8
其他住房装潢材料	106.9	101.1	101.4	102.5	104.2	106.9

6月	7月	8月	9月	10月	11月	12月
100.8	100.5	100.5	100.1	100.3	100.6	100.8
99.0	99.2	99.5	98.8	99.2	99.0	98.9
100.2	100.1	99.8	100.1	100.2	100.9	101.3
100.3	100.2	100.0	100.4	100.4	101.4	102.1
99.1	98.4	98.2	98.9	99.1	99.8	100.3
103.0	103.0	102.6	102.9	103.1	103.7	103.9
100.2	100.1	99.8	99.9	99.7	100.1	100.3
99.3	99.4	98.7	98.6	98.7	99.3	99.6
99.5	99.8	99.9	99.6	99.9	99.9	99.8
99.3	99.1	99.0	99.3	99.5	99.5	99.6
99.7	99.6	99.4	99.0	98.8	98.6	98.5
98.4	98.1	97.8	98.9	98.9	99.5	99.9
100.4	99.9	100.1	100.7	101.4	100.6	100.0
99.1	99.0	99.1	98.8	99.0	99.5	99.7
98.5	98.7	99.0	98.7	98.9	99.1	99.8
99.3	99.7	99.7	100.2	100.4	100.5	100.5
99.4	99.6	99.4	100.3	100.3	100.4	100.4
98.7	99.4	99.8	100.4	100.5	100.7	100.9
100.3	100.4	100.2	100.0	100.3	100.2	100.3
101.1	101.1	100.9	101.0	101.0	102.7	102.6
101.2	101.3	101.0	101.0	101.1	103.9	103.8
100.9	100.9	100.7	101.0	100.8	100.8	100.7
99.5	99.3	99.3	99.6	99.4	99.8	100.0
99.4	99.3	99.2	99.5	99.4	99.7	99.9
100.0	99.7	99.3	99.6	99.5	99.9	100.5
99.0	99.0	99.1	99.5	99.2	99.6	99.5
99.6	99.5	99.7	99.6	99.5	99.7	100.2
101.5	101.5	101.4	101.7	101.9	101.9	101.6
101.5	101.5	101.4	101.7	101.9	101.9	101.6
100.9	101.2	101.2	101.3	101.4	101.3	101.1
100.7	101.1	101.1	100.8	100.7	100.4	100.4
103.5	103.5	103.5	100.0	100.0	100.0	100.0
100.4	100.9	100.9	100.9	100.8	100.5	100.4
103.1	103.3	103.2	103.6	104.1	104.5	104.1
102.0	102.3	102.1	102.4	103.1	103.8	103.5
101.8	102.0	102.2	102.3	102.3	103.1	103.4
100.2	100.4	100.0	99.8	100.2	100.8	100.9
98.8	99.3	98.4	100.4	104.2	105.2	104.9
100.9	101.4	101.2	100.5	101.4	102.0	101.9
103.8	104.1	104.1	104.3	105.3	107.5	107.3
103.8	104.0	104.1	104.1	104.5	105.8	105.6
100.9	101.2	101.3	102.0	102.1	102.3	102.1
104.5	104.8	104.7	105.1	105.4	105.8	104.3
108.2	109.0	109.0	109.7	111.0	110.3	109.5

4－4 续表3

（上年同月＝100）

类　　别	年平均	1月	2月	3月	4月	5月
（2）住房维修管理费用	105.0	104.8	104.9	104.7	105.1	104.9
物业管理费	101.0	102.3	102.9	100.6	100.6	100.6
装潢维修费	105.6	104.8	104.8	105.1	105.8	105.3
其他住房费用	106.4	106.6	106.6	106.5	106.5	106.8
3. 水电燃料	100.7	99.4	99.2	99.4	100.0	100.2
（1）水	103.3	100.4	100.4	101.2	103.8	103.8
水	103.3	100.4	100.4	101.2	103.8	103.8
（2）电	100.0	100.0	100.0	100.0	100.0	100.0
电	100.0	100.0	100.0	100.0	100.0	100.0
（3）燃气	103.6	98.9	98.1	99.1	100.5	101.1
管道燃气	101.0	100.3	100.3	100.3	100.5	100.6
液化石油气	106.1	97.6	96.1	97.9	100.5	101.6
（4）其他水电燃料类	97.6	97.4	97.3	97.0	97.3	97.5
其他水电燃料类	97.6	97.4	97.3	97.0	97.3	97.5
4. 自有住房	100.2	99.1	99.4	99.8	100.1	100.2
自有住房	100.2	99.1	99.4	99.8	100.1	100.2
四、生活用品及服务	100.0	100.0	99.5	99.8	100.2	100.1
1. 家具及室内装饰品	101.2	100.8	101.0	101.0	101.3	101.1
（1）家具	101.3	100.8	101.0	101.0	101.3	101.1
柜	102.0	101.6	101.8	101.9	102.2	101.9
床	100.4	99.8	100.1	100.2	100.6	100.2
桌	103.2	102.9	103.2	103.3	103.5	103.1
椅	100.2	100.1	99.9	99.8	100.1	100.0
沙　发	100.4	99.6	99.8	99.7	100.0	100.1
其他家具	101.3	101.2	101.2	101.3	101.7	101.1
（2）室内装饰品	100.4	100.7	100.6	100.6	100.6	100.6
灯　具	100.6	101.0	101.0	100.9	100.8	100.6
其他室内装饰品	100.2	99.9	99.8	99.9	100.2	100.5
2. 家用器具	100.6	98.7	99.4	99.8	100.1	100.8
（1）大型家用器具	100.2	98.0	98.6	99.3	99.6	100.3
洗衣机	102.6	100.2	101.7	103.9	104.0	103.9
电冰箱（柜）	103.7	99.5	101.5	102.3	103.3	101.8
抽油烟机	100.6	98.5	99.0	100.2	99.6	101.3
空调器	98.2	94.3	94.6	96.2	96.3	98.4
热水器	99.0	99.7	99.7	96.6	97.9	97.7
炉具灶具	100.0	102.2	103.0	101.8	102.1	102.1
吸尘器	98.6	99.9	99.4	95.4	97.2	100.0
空气净化器	96.5	99.9	98.6	97.7	97.7	99.1
净水器	95.2	97.0	99.9	99.1	96.4	94.8
其他大型家用器具	101.5	101.5	101.1	102.7	102.7	102.6
（2）小家电	103.2	103.3	104.3	103.2	103.1	104.6
厨房小家电	104.6	106.4	106.0	104.1	104.0	104.8
生活小家电	100.7	98.1	101.3	101.6	101.4	104.2
3. 家用纺织品	99.7	98.8	98.8	99.1	99.7	99.7

6月	7月	8月	9月	10月	11月	12月
104.7	104.7	104.7	105.2	105.6	105.5	105.0
100.6	100.8	100.8	100.8	100.8	100.8	100.8
105.0	105.0	104.9	105.9	106.6	107.1	106.3
106.8	106.8	106.8	106.8	106.8	105.0	105.0
100.5	100.8	100.8	101.2	102.1	102.4	102.4
104.0	104.0	104.0	104.0	104.0	105.3	105.3
104.0	104.0	104.0	104.0	104.0	105.3	105.3
100.0	100.0	100.0	100.0	100.0	100.0	100.0
100.0	100.0	100.0	100.0	100.0	100.0	100.0
102.6	103.8	104.0	105.4	109.1	110.2	110.7
101.6	101.4	101.4	101.5	101.5	101.5	101.6
103.7	106.3	106.5	109.3	116.7	118.9	119.8
97.2	97.7	97.7	97.9	98.8	98.4	97.3
97.2	97.7	97.7	97.9	98.8	98.4	97.3
100.5	100.9	100.8	100.8	100.6	100.3	100.1
100.5	100.9	100.8	100.8	100.6	100.3	100.1
99.9	99.9	100.3	99.7	100.4	100.3	100.5
101.4	101.3	101.4	101.0	101.2	102.0	101.4
101.4	101.4	101.5	101.1	101.3	102.1	101.5
102.1	102.0	102.0	101.4	101.6	103.4	102.3
100.5	100.5	100.9	100.3	100.6	100.7	100.8
103.7	103.4	103.6	103.3	103.5	103.6	101.4
100.1	99.9	100.1	99.9	100.4	100.9	101.0
100.8	100.9	100.8	100.6	100.6	101.0	101.2
101.2	101.2	101.1	100.9	101.6	101.5	101.2
100.5	100.4	100.4	100.2	100.3	100.2	100.0
100.5	100.5	100.4	100.2	100.2	100.3	100.1
100.4	100.2	100.4	100.3	100.4	100.1	99.8
100.8	101.2	100.8	99.9	100.7	102.3	102.2
100.6	100.9	100.6	99.4	100.3	102.1	102.2
103.4	103.4	102.8	102.4	101.5	101.7	101.7
103.4	103.4	103.1	102.7	107.1	108.6	108.9
100.4	100.9	100.9	100.4	99.9	103.4	102.8
99.3	100.2	99.5	98.0	98.3	102.6	101.5
98.0	99.3	100.7	98.6	99.0	100.9	100.1
101.2	101.0	100.8	97.9	96.2	95.4	96.5
97.3	97.7	99.2	97.9	102.2	96.4	100.2
95.2	99.1	94.1	94.2	92.1	92.3	98.3
95.7	94.9	92.4	91.3	93.4	89.9	97.3
102.3	100.5	100.6	99.9	101.2	101.3	101.3
102.2	102.6	102.4	103.3	103.4	103.6	102.3
102.8	103.2	102.8	105.1	106.0	106.1	103.5
101.1	101.6	101.7	100.1	98.7	99.1	100.1
99.8	100.0	100.0	100.1	100.2	100.0	99.9

4-4 续表4

（上年同月=100）

类 别	年平均	1月	2月	3月	4月	5月
（1）床上用品	99.7	98.8	98.8	99.0	99.8	99.8
被 子	99.1	98.3	98.2	97.8	98.8	98.6
床单被套	99.8	98.6	98.7	99.4	100.2	100.2
其他床上用品	100.7	100.2	100.5	100.5	101.0	101.4
（2）窗帘门帘	99.9	99.0	99.0	99.3	99.4	99.5
窗帘门帘	99.9	99.0	99.0	99.3	99.4	99.5
（3）其他家用纺织品	99.2	99.0	99.0	99.6	99.7	99.6
其他家用纺织品	99.2	99.0	99.0	99.6	99.7	99.6
4.家庭日用杂品	99.2	99.5	98.8	98.7	99.5	98.6
（1）洗涤卫生用品	99.9	101.1	100.6	100.3	100.4	99.2
清洗用品	101.4	103.8	102.7	101.5	102.4	99.6
清洁用具	99.8	99.5	99.8	100.4	98.2	97.3
清洁用纸	98.0	98.1	98.2	98.7	98.3	99.1
（2）厨具餐具茶具	97.2	96.3	95.1	95.0	97.5	96.5
厨 具	96.5	98.5	92.5	93.3	96.6	96.9
餐 具	96.1	93.7	97.7	96.1	96.9	94.3
茶 具	102.5	95.1	98.8	99.2	102.1	100.7
（3）其他家庭日用杂品	100.9	100.3	100.4	100.9	100.8	101.0
配电附件	101.5	100.5	100.4	100.8	101.0	101.3
雨 具	100.6	100.3	100.5	100.9	101.1	100.8
其他日用杂品	100.2	100.1	100.3	100.9	100.6	100.6
5.个人护理用品	98.4	101.4	98.0	99.3	99.5	99.2
（1）化妆品	97.5	101.4	96.5	99.1	99.6	99.5
清洁化妆品	98.2	99.0	98.8	99.7	100.1	101.3
护肤化妆品	97.6	103.8	97.0	100.4	100.9	99.8
彩妆化妆品	96.6	97.3	92.4	94.7	96.3	96.7
化妆器具	97.0	97.8	95.4	97.3	94.8	98.8
（2）其他护理用品类	99.5	101.6	100.1	99.5	99.4	98.8
清洁类护理用品	99.9	102.5	101.1	99.0	99.8	99.3
护发美发用品	99.5	99.8	101.0	100.4	101.1	97.6
护理器具	98.4	101.0	96.3	99.7	96.1	99.1
其他护理用品	100.0	100.9	99.6	101.9	99.3	98.1
6.家庭服务	102.9	102.5	102.7	102.7	102.6	102.7
家政服务	105.7	105.1	105.5	105.6	105.2	105.2
母婴护理服务	103.2	102.4	103.3	102.9	102.9	102.9
家庭维修服务	100.3	100.3	100.1	100.0	100.0	100.3
其他家庭服务	101.3	100.4	100.6	101.1	101.4	101.4
五、交通通信	102.8	96.1	98.1	101.6	103.4	103.8
1.交通	104.0	94.7	97.4	102.2	104.5	105.1
（1）交通工具	98.7	99.0	99.0	98.6	98.6	98.6
燃油小汽车	98.6	99.2	99.2	98.4	98.5	98.4
新能源小汽车	99.4	98.1	98.0	99.0	99.0	99.8
电动自行车	98.4	98.3	98.4	98.2	98.3	98.2
自 行 车	101.6	99.9	99.9	100.3	100.7	101.6

6月	7月	8月	9月	10月	11月	12月
99.9	100.1	100.2	100.2	100.2	99.8	99.7
98.8	99.1	99.6	99.9	100.0	100.0	99.9
100.2	100.6	100.4	100.0	100.2	99.6	99.6
101.4	101.3	101.2	101.1	100.7	99.7	99.5
99.5	99.7	100.0	100.2	100.2	101.5	101.8
99.5	99.7	100.0	100.2	100.2	101.5	101.8
99.2	99.1	98.0	99.2	99.2	99.6	99.3
99.2	99.1	98.0	99.2	99.2	99.6	99.3
98.3	99.7	99.5	99.0	99.5	99.3	99.6
98.8	100.0	100.5	100.0	100.4	98.5	99.0
99.7	102.1	102.0	100.5	102.4	99.8	99.9
99.5	99.1	99.0	101.0	101.0	100.3	103.2
97.6	97.5	98.9	99.1	97.8	96.3	96.8
96.2	98.5	97.2	96.5	97.2	100.1	100.2
95.2	98.8	95.7	96.4	96.5	99.1	99.3
94.7	94.9	96.7	93.9	94.9	100.8	99.1
103.9	107.1	104.7	104.1	106.7	102.2	106.7
101.0	101.0	101.3	100.9	100.8	101.1	101.0
101.6	102.0	102.2	101.7	101.7	102.3	102.0
100.6	100.3	100.2	100.6	100.6	100.5	100.5
100.3	99.9	100.4	100.0	99.7	99.9	100.0
98.0	96.0	98.3	97.7	99.4	96.1	97.4
98.4	95.0	97.6	96.2	98.2	93.9	95.2
97.9	97.3	98.9	96.3	98.3	96.0	94.4
99.4	93.4	97.9	95.7	98.5	91.6	93.7
95.9	97.1	95.2	97.4	97.2	98.9	100.3
97.9	96.8	96.7	96.9	97.7	95.6	98.7
97.4	97.5	99.4	99.9	101.1	99.2	100.4
98.2	97.6	100.3	100.4	100.9	99.2	100.0
94.4	97.1	98.9	99.9	102.4	99.5	102.2
98.4	97.2	96.8	98.3	100.3	98.5	99.6
98.8	100.6	100.5	100.9	99.4	100.2	100.0
102.9	102.9	103.1	102.9	103.4	103.6	103.2
105.5	105.8	106.1	105.6	106.6	106.7	105.5
102.9	102.8	102.9	103.1	104.0	104.0	103.8
100.4	100.4	100.4	100.5	100.5	100.6	100.5
101.4	101.5	101.5	101.3	101.2	101.8	102.5
104.3	104.5	104.0	104.0	104.9	106.1	103.8
105.7	106.1	105.4	105.4	107.4	109.4	106.0
98.7	98.3	98.3	98.1	98.1	99.8	99.7
98.5	97.9	97.9	97.6	97.8	100.1	100.0
99.8	99.2	99.2	99.2	99.2	101.5	101.5
98.6	98.8	98.6	98.4	98.3	98.5	98.4
102.0	102.1	102.3	102.5	102.7	102.8	102.7

4－4 续表5

（上年同月＝100）

类　别	年平均	1月	2月	3月	4月	5月
其他交通工具	99.3	99.5	99.5	99.6	99.5	99.2
(2)交通工具用燃料	117.2	86.4	94.8	111.4	119.5	121.5
汽　油	117.4	86.3	94.8	111.5	119.8	121.8
柴　油	119.4	85.1	94.2	113.0	122.1	124.5
其他车用能源	100.6	99.7	99.5	99.4	98.9	98.8
(3)交通工具使用和维修	101.2	100.5	101.7	100.9	100.7	101.1
停车费	99.9	99.4	100.0	100.2	100.2	100.2
车辆使用费	100.7	100.4	100.5	100.5	100.5	101.3
交通工具零配件	99.6	98.9	98.9	98.7	99.0	99.4
车辆修理与保养	101.7	100.8	102.6	101.4	101.0	101.3
(4)交通费	100.6	90.8	90.7	98.1	103.3	103.8
市内公共交通	99.7	98.7	99.3	98.7	100.0	100.0
出租汽车	100.7	99.8	100.1	99.8	100.0	100.0
飞机票	105.4	52.2	52.7	88.7	124.8	135.0
火车票	100.2	100.0	100.0	100.0	99.8	99.8
长途汽车	98.5	97.3	97.1	97.8	100.3	98.6
网约车	101.5	101.3	101.8	101.7	101.6	101.4
交通工具租赁费	100.4	101.1	100.2	100.0	102.4	100.3
其他交通费	99.9	99.9	99.9	100.3	100.2	100.1
2. 通信	99.8	99.8	100.1	100.0	100.4	100.5
(1)通信工具	101.6	100.7	101.6	102.6	103.8	104.0
电话机	101.7	100.7	101.6	102.7	104.1	104.2
其他通信工具及零配件	99.5	99.8	99.9	99.6	99.5	99.4
(2)通信服务	98.7	99.3	99.3	98.5	98.4	98.6
电话费	98.7	99.3	99.3	98.6	98.6	98.8
家庭宽带服务	98.4	98.8	98.8	97.2	97.2	97.0
其他通信服务	99.5	99.5	99.5	99.5	99.5	99.5
(3)邮递服务	99.7	100.2	100.0	99.5	99.9	99.8
邮递服务	99.7	100.2	100.0	99.5	99.9	99.8
六、教育文化娱乐	103.5	103.4	103.7	103.7	103.7	104.4
1. 教育	104.5	105.4	105.4	105.6	105.4	105.8
(1)教育用品	101.2	101.0	101.0	101.1	101.0	101.2
工具书	101.4	101.4	101.4	101.6	101.3	101.8
教材	100.2	100.5	100.5	100.6	100.6	100.5
参考资料	101.9	101.5	101.5	101.5	101.5	101.7
其他教育用品	98.5	98.4	98.4	98.2	98.3	98.2
(2)教育服务	104.6	105.5	105.5	105.8	105.6	106.0
幼儿早期教育	101.6	101.2	101.2	101.5	101.7	101.6
学前教育	105.0	103.4	103.4	103.6	103.6	103.6
小学初中教育	103.5	103.4	103.4	103.4	103.4	103.4
高中中职教育	101.3	101.3	101.3	101.3	101.3	101.3
高等教育	115.2	124.6	124.6	124.6	124.6	124.6
课外教育	103.3	103.1	103.1	103.4	103.3	103.6
专业技能培训	97.3	96.5	96.5	97.1	96.0	98.7

6月	7月	8月	9月	10月	11月	12月
99.2	99.2	99.1	99.1	99.2	99.2	99.0
123.8	124.9	122.3	123.0	131.9	136.5	122.4
124.1	125.2	122.6	123.2	132.3	136.9	122.6
127.0	128.4	125.3	125.8	136.3	141.3	125.6
99.7	99.9	100.9	102.0	102.4	104.0	101.6
101.0	101.0	101.0	101.2	101.4	101.7	102.3
99.7	99.8	99.8	99.8	99.8	99.8	99.8
101.3	101.0	101.0	100.8	100.8	100.3	100.2
99.5	99.8	99.9	100.2	100.4	100.6	100.6
101.2	101.3	101.3	101.6	101.9	102.5	103.5
103.5	104.9	105.0	104.3	101.8	101.8	100.7
100.0	100.0	100.0	100.0	100.0	100.0	100.0
101.0	101.0	101.0	101.0	101.2	101.8	102.1
132.0	141.8	141.1	137.5	114.5	120.3	107.0
100.4	100.4	100.4	100.4	100.4	100.4	100.4
98.6	99.5	99.5	99.8	98.6	97.2	98.1
102.1	101.8	101.8	101.6	101.2	101.2	100.5
101.3	100.0	99.5	100.1	100.3	99.4	99.7
100.1	100.2	100.2	99.4	99.7	99.7	99.8
100.6	100.5	100.4	100.2	98.8	97.9	98.0
103.9	103.6	103.3	103.5	99.3	96.5	96.8
104.1	103.9	103.5	103.7	99.3	96.3	96.6
99.4	99.4	99.4	99.8	99.3	99.3	99.3
98.8	98.8	98.8	98.4	98.5	98.6	98.6
98.8	98.8	98.8	98.3	98.3	98.6	98.6
98.3	98.3	98.9	98.9	99.7	99.1	98.5
99.5	99.5	99.5	99.4	99.4	99.8	99.5
99.8	99.8	99.8	99.2	99.2	99.3	99.3
99.8	99.8	99.8	99.2	99.2	99.3	99.3
104.4	104.8	105.1	101.8	102.3	102.2	102.4
105.7	105.8	105.8	101.6	102.6	102.5	102.5
101.0	101.0	101.0	101.4	101.5	101.4	101.4
101.6	101.5	101.5	101.4	101.4	101.0	100.9
100.6	100.6	100.6	99.0	99.6	99.6	99.6
101.5	101.5	101.4	102.5	102.5	102.6	102.5
97.7	98.0	98.3	99.3	99.4	99.3	99.1
105.9	106.0	106.0	101.6	102.6	102.5	102.6
101.8	101.9	101.9	101.3	102.0	101.4	101.3
103.9	103.9	103.8	103.1	109.2	109.2	109.2
103.4	103.4	103.4	103.6	103.9	103.9	103.9
101.3	101.3	101.3	101.3	101.3	101.3	101.3
124.6	124.6	124.6	100.1	100.1	100.1	100.1
103.4	103.9	104.1	102.9	102.9	102.8	102.7
97.7	97.2	97.2	97.4	97.6	97.3	98.0

4-4 续表6

（上年同月=100）

类　　别	年平均	1月	2月	3月	4月	5月
其他教育服务	100.5	100.1	100.1	100.3	100.3	100.4
2. 文化娱乐	101.3	99.1	100.0	99.4	100.0	101.3
(1)文娱耐用消费品	103.8	104.0	103.6	103.5	102.5	104.7
电 视 机	107.7	113.7	111.5	110.5	106.7	109.6
照 相 机	97.1	97.5	97.4	95.4	95.1	94.7
台式计算机	106.4	95.0	94.7	96.8	98.1	106.6
笔记本电脑	105.2	103.0	103.7	101.8	102.1	104.6
平板电脑	98.6	100.0	101.2	101.7	102.4	101.4
乐　器	104.8	101.5	101.5	101.5	101.5	106.3
音　响	99.8	99.7	99.6	99.8	99.8	99.8
可穿戴智能设备	102.2	101.5	100.0	100.1	101.5	100.8
其他文娱耐用消费品	98.6	98.5	98.3	100.0	98.3	98.3
(2)其他文娱用品	100.2	99.6	99.9	100.0	100.3	100.3
书报杂志及音像制品	101.1	100.4	101.4	101.4	101.4	101.2
纸张文具	99.5	99.5	99.6	99.1	99.1	99.2
体育户外用品	100.3	100.1	100.3	100.6	100.5	100.4
游戏用品和玩具	100.2	99.7	99.8	100.1	100.8	100.5
园艺花卉及用品	99.7	97.6	97.9	98.7	99.3	99.6
宠物及用品	100.1	99.5	99.7	99.6	99.8	100.3
其他文化娱乐用品	100.5	100.3	100.4	100.4	100.6	100.6
(3)文化娱乐服务	101.1	100.1	102.4	101.5	100.8	101.8
电影及演出票	104.7	102.1	121.4	104.9	103.8	103.8
景点门票	100.7	99.0	100.5	103.3	99.7	103.9
电视服务	100.0	100.0	100.0	100.0	100.0	100.0
健身活动	100.9	99.6	99.8	99.6	100.2	100.5
宠物服务	101.2	102.0	103.2	101.9	100.7	100.5
网络文娱服务	102.6	100.2	98.5	100.7	104.5	103.1
儿童娱乐项目	100.6	99.9	99.9	100.3	100.1	100.9
其他文娱服务	102.2	101.7	103.8	102.2	102.1	102.0
(4)旅游	98.8	91.4	93.2	91.7	95.9	97.1
旅行社收费	98.6	90.4	92.4	90.8	95.2	96.7
其他旅游	100.8	100.9	100.8	99.9	102.2	101.5
七、医疗保健	100.4	101.0	100.2	100.0	100.3	100.2
1. 药品及医疗器具	100.1	101.0	99.1	98.4	99.4	99.8
(1)中药	102.7	102.9	102.5	102.3	102.4	102.6
中 药 材	102.3	105.2	104.8	104.2	101.1	101.1
中 成 药	102.9	102.1	101.7	101.6	102.8	103.1
(2)西药	100.1	100.0	99.4	99.4	100.4	100.2
抗微生物药	100.6	100.8	100.6	100.1	100.4	100.2
消化系统用药	102.2	104.3	103.8	103.3	102.7	102.2
呼吸系统用药	100.9	98.9	98.8	99.2	101.5	101.9
解热镇痛药	98.7	100.5	99.1	98.8	98.8	98.9
抗肿瘤药	99.1	98.1	98.2	98.1	98.9	98.9
激素及影响内分泌药	97.3	96.5	96.2	95.9	97.6	97.6

6月	7月	8月	9月	10月	11月	12月
100.6	100.5	100.5	100.8	100.9	100.9	100.9
101.3	102.8	103.6	102.5	101.5	101.5	102.2
103.7	104.5	103.9	104.1	104.4	103.0	103.3
107.9	108.4	107.6	106.7	104.7	103.1	102.4
94.7	95.7	100.5	98.1	97.8	98.1	100.2
113.3	113.4	112.9	111.6	111.5	112.1	112.5
103.5	102.6	102.3	105.7	110.7	111.5	110.8
95.7	99.5	96.1	97.6	99.8	92.5	95.4
106.3	105.7	105.7	105.7	105.7	108.5	108.5
99.6	99.8	99.6	99.8	100.0	100.1	100.1
97.8	103.3	106.2	104.5	103.4	102.7	105.2
98.3	98.3	98.7	98.7	98.7	98.7	98.7
100.3	100.4	100.4	100.2	100.2	100.4	100.4
101.2	101.1	101.0	101.1	101.1	101.1	101.2
99.3	99.6	99.6	99.3	99.4	100.0	99.8
100.4	100.5	99.7	100.3	100.0	100.4	100.4
100.5	100.5	100.7	100.0	99.9	99.9	99.9
99.7	100.1	100.3	100.5	101.0	100.8	101.0
100.0	100.2	100.2	100.4	100.4	100.4	100.6
100.5	100.5	100.8	100.7	100.3	100.7	100.7
101.6	101.0	101.1	100.3	101.1	100.8	101.1
103.1	103.2	105.4	101.2	106.8	99.8	101.1
103.1	100.8	100.1	98.1	98.5	100.1	101.2
99.9	99.9	100.0	100.0	100.0	100.0	100.0
101.2	101.6	101.8	101.7	102.1	101.8	101.5
100.6	100.8	100.6	100.7	100.8	101.2	101.4
102.6	102.6	103.2	103.9	104.6	104.1	103.3
101.1	100.7	100.7	100.8	101.0	101.0	100.9
102.0	101.6	101.6	102.3	102.3	102.4	102.4
98.9	103.9	108.2	104.4	99.0	100.9	103.5
98.6	104.2	109.0	104.9	99.0	101.0	103.8
101.4	101.3	101.3	100.4	99.1	100.2	100.8
100.3	100.4	100.4	100.7	100.6	100.6	100.5
100.1	100.5	100.5	100.7	100.5	100.4	100.3
103.2	103.4	103.3	103.5	102.7	102.4	101.9
101.7	101.8	101.6	101.6	101.7	101.7	101.1
103.7	103.9	103.8	104.2	103.0	102.7	102.2
100.7	100.6	100.4	100.3	100.2	100.0	99.9
100.4	100.6	100.7	101.2	100.8	100.8	100.8
102.2	102.2	102.3	101.1	100.8	100.9	101.1
102.0	102.1	101.8	102.0	101.4	100.7	100.3
98.1	98.1	97.8	98.2	98.9	98.6	99.1
99.5	99.7	99.3	99.4	99.4	99.5	100.7
97.8	97.8	97.3	97.7	97.4	97.6	98.4

4-4 续表7

（上年同月=100）

类　　别	年平均	1月	2月	3月	4月	5月
心血管系统用药	98.6	100.3	98.3	98.5	99.3	98.3
血液系统用药	97.9	91.9	91.4	93.7	99.3	99.8
治疗精神障碍药	99.7	101.8	101.2	101.5	101.1	100.8
神经系统用药	102.7	101.5	102.5	102.0	102.3	102.7
泌尿系统用药	101.1	102.0	101.4	101.3	100.8	100.3
维生素、矿物质类药	104.2	105.5	104.6	103.8	104.5	104.7
调节水、电解质及酸碱平衡药	99.4	99.2	99.1	98.0	98.1	98.2
其他西药	101.8	103.0	102.7	102.3	102.1	102.3
(3)滋补保健品	102.0	103.5	103.0	103.0	102.8	102.7
滋补保健品	102.0	103.5	103.0	103.0	102.8	102.7
(4)医疗卫生器具	91.2	98.4	85.9	81.2	85.2	88.1
医疗卫生器具	91.2	98.4	85.9	81.2	85.2	88.1
(5)保健器具	100.2	100.0	100.1	99.8	100.0	100.2
保健器具	100.2	100.0	100.1	99.8	100.0	100.2
2.医疗服务	100.6	100.9	100.7	100.7	100.6	100.4
(1)综合医疗类	102.3	104.6	103.6	103.7	103.6	102.4
一般医疗服务	102.0	104.2	102.7	102.7	102.7	102.2
一般治疗操作	102.0	104.4	103.8	104.1	103.7	102.2
护　理	104.4	107.8	106.4	106.2	106.2	104.6
其他综合医疗服务	97.9	97.1	97.1	97.1	97.1	97.1
(2)诊断类	99.7	99.7	99.7	99.7	99.7	99.8
病理学诊断	102.6	103.5	103.3	103.3	103.3	103.1
实验室诊断	99.7	99.5	99.5	99.6	99.6	99.8
影像学诊断	98.9	98.6	98.6	98.5	98.5	98.7
临床诊断	101.5	102.4	102.1	102.1	102.1	101.7
(3)治疗类	100.2	100.2	100.1	100.1	100.0	100.1
临床手术治疗	100.7	101.2	101.2	101.0	101.0	100.8
临床非手术治疗	99.1	98.3	98.2	98.5	98.1	98.7
(4)康复类	100.2	100.3	100.3	100.3	100.3	100.2
康复医疗	100.2	100.3	100.3	100.3	100.3	100.2
(5)中医医疗服务类	104.0	102.3	102.3	102.1	102.1	101.3
中医治疗	104.0	102.3	102.3	102.1	102.1	101.3
(6)其他医疗保健服务	99.9	99.7	99.7	99.7	99.4	99.4
其他医疗保健服务	99.9	99.7	99.7	99.7	99.4	99.4
八、其他用品及服务	98.2	99.7	99.3	98.5	98.3	97.9
1.其他用品	99.0	103.8	102.7	101.1	100.0	99.5
(1)首饰手表	99.5	108.7	106.9	102.5	102.9	102.0
金 饰 品	98.3	112.7	109.6	102.3	101.9	100.7
银 饰 品	101.7	103.3	104.6	104.2	103.0	102.2
铂金饰品	104.7	101.6	103.4	106.5	113.6	113.7
手 表	100.4	100.5	100.6	100.5	101.0	100.5
(2)母婴用品	98.1	97.7	98.0	101.3	97.5	99.0
母婴洗护喂养用品	99.2	98.5	98.4	101.1	99.0	101.7
其他母婴用品	95.9	95.9	96.9	101.8	94.1	93.7

6月	7月	8月	9月	10月	11月	12月
99.5	98.9	98.9	98.4	98.2	98.0	97.0
100.2	100.1	100.1	99.7	100.3	100.1	99.1
99.9	98.6	98.3	98.6	98.3	97.8	98.5
103.6	103.1	102.9	103.6	103.5	102.9	102.0
100.3	100.9	101.3	101.2	101.3	101.3	101.3
105.2	104.8	104.7	104.4	103.7	102.5	102.5
98.6	98.9	98.8	99.5	100.7	101.8	101.9
102.3	102.7	101.5	101.4	100.4	100.4	100.4
101.9	102.4	101.7	101.7	101.0	100.4	100.4
101.9	102.4	101.7	101.7	101.0	100.4	100.4
88.9	91.6	93.1	94.9	95.9	97.4	98.3
88.9	91.6	93.1	94.9	95.9	97.4	98.3
100.2	100.7	100.5	100.3	100.2	100.3	100.2
100.2	100.7	100.5	100.3	100.2	100.3	100.2
100.4	100.4	100.4	100.7	100.7	100.6	100.6
102.0	101.8	101.9	101.9	101.1	100.8	100.2
101.7	101.7	102.1	102.1	100.7	100.7	100.5
101.6	101.3	101.2	101.2	100.6	100.7	99.8
104.3	104.3	104.3	104.2	103.2	101.2	100.8
97.5	97.5	97.5	97.5	99.9	99.9	100.0
99.8	99.8	99.8	99.8	99.7	99.6	100.0
103.1	103.1	103.1	103.1	101.1	101.1	100.1
99.8	99.7	99.7	99.7	99.7	99.7	99.9
98.9	98.9	98.9	98.9	99.0	99.0	100.0
101.5	101.5	101.5	101.4	100.8	100.5	100.0
100.1	100.1	100.1	100.1	100.5	100.5	100.1
100.8	100.8	100.8	100.8	100.3	100.3	99.6
98.8	98.7	98.7	98.7	100.8	100.8	101.0
100.2	100.2	100.2	100.2	100.2	100.2	99.3
100.2	100.2	100.2	100.2	100.2	100.2	99.3
101.3	101.3	101.3	107.6	109.1	109.1	108.5
101.3	101.3	101.3	107.6	109.1	109.1	108.5
99.8	99.8	99.8	100.2	100.3	100.3	101.3
99.8	99.8	99.8	100.2	100.3	100.3	101.3
98.5	98.0	95.6	96.0	98.9	98.8	99.1
101.0	99.6	95.0	96.0	96.9	96.2	96.8
102.7	98.9	91.9	93.6	94.1	95.7	96.2
102.4	97.2	88.3	90.6	91.2	93.3	94.8
102.3	102.3	99.5	99.4	99.8	100.2	100.2
109.6	106.7	100.2	100.4	101.6	103.3	97.1
100.4	100.4	100.1	100.3	100.4	99.9	100.0
97.4	100.6	97.4	97.4	99.3	95.2	97.3
98.1	103.6	96.6	98.4	101.6	94.9	98.4
95.6	94.2	99.1	95.0	94.3	95.7	94.8

4－4 续表 8

（上年同月＝100）

类　别	年平均	1 月	2 月	3 月	4 月	5 月
(3)其他杂项用品	98.6	99.0	98.2	98.5	96.0	95.0
箱 包	98.5	99.2	98.0	98.3	94.5	93.2
眼 镜	99.0	98.5	98.6	98.9	99.0	99.0
2. 其他服务	97.4	95.6	95.9	95.9	96.7	96.2
(1)在外住宿	100.0	96.6	98.3	99.3	107.0	103.0
宾馆住宿	99.8	97.4	98.4	98.4	106.5	102.5
其他住宿	100.5	94.9	98.1	101.3	108.3	104.0
(2)美容美发洗浴	101.8	101.7	102.3	101.9	102.0	101.8
美 容	100.3	99.7	100.3	99.8	99.8	99.9
美 发	102.3	102.9	102.9	102.7	102.8	102.4
洗 浴	102.4	101.7	103.1	102.4	102.8	102.6
(3)养老服务	101.7	101.1	101.1	101.6	101.7	101.7
养老服务	101.7	101.1	101.1	101.6	101.7	101.7
(4)金融及保险服务	91.1	87.7	87.7	87.7	87.7	87.7
金融服务	100.3	100.3	100.3	100.3	100.3	100.3
车辆保险	82.9	78.4	78.4	78.4	78.4	78.4
旅行保险	100.0	100.0	100.0	100.0	100.0	100.0
其他保险	107.4	105.8	105.4	105.4	105.4	105.4
(5)中介法律及其他服务	99.4	99.9	99.9	99.9	99.0	99.1
中介服务	100.2	99.9	99.9	99.8	99.7	99.9
法律服务	98.4	100.0	100.0	100.0	97.8	97.8
其他杂项服务	99.9	100.0	100.0	100.0	100.0	100.0

6月	7月	8月	9月	10月	11月	12月
100.0	100.2	100.0	100.2	101.0	98.1	97.5
100.6	101.0	100.3	100.6	101.9	97.6	96.5
98.9	98.6	99.3	99.1	99.2	99.1	99.6
96.1	96.5	96.2	96.0	101.0	101.4	101.6
100.7	102.1	99.6	99.1	97.2	98.8	99.2
100.4	101.4	99.7	98.9	96.7	98.6	99.2
101.3	103.8	99.3	99.3	98.3	99.3	99.0
101.9	101.8	101.8	101.3	101.4	101.8	102.0
100.1	100.2	100.2	100.1	101.1	101.1	101.0
102.4	102.2	102.0	101.5	101.7	101.8	102.2
102.6	102.8	102.8	102.0	101.2	102.5	102.5
101.7	102.0	102.0	101.5	101.5	101.7	102.2
101.7	102.0	102.0	101.5	101.5	101.7	102.2
87.7	88.4	88.4	88.5	102.0	102.2	102.1
100.3	100.3	100.3	100.3	100.3	99.9	99.9
78.5	78.5	78.5	78.5	99.8	100.1	100.1
100.0	100.0	100.0	100.0	100.0	100.0	100.0
105.4	109.1	109.1	109.2	109.4	109.4	109.4
99.2	99.2	99.2	99.3	99.0	99.4	99.4
100.3	100.3	100.3	100.5	100.5	100.5	100.5
97.8	97.8	97.8	97.8	97.8	98.1	98.1
100.0	100.0	100.0	100.0	98.3	100.0	100.0

4－5 城市居民消费价格

（上年同月＝100）

类　别	年平均	1月	2月	3月	4月	5月
总指数	**101.0**	**100.0**	**100.0**	**100.3**	**100.9**	**101.5**
一、食品烟酒	100.5	101.3	100.5	99.7	100.4	101.8
1.食品	100.1	101.6	100.3	99.2	100.1	101.8
（1）粮食	101.9	101.0	101.4	101.7	101.8	101.6
大　米	100.2	100.2	99.6	100.0	100.7	100.1
面　粉	101.6	102.2	102.2	101.7	101.9	100.6
其他粮食	106.7	105.6	107.8	108.8	108.0	106.7
粮食制品	102.0	100.1	100.9	101.3	101.1	101.7
（2）薯类	103.1	108.1	107.0	100.6	94.2	94.1
薯　类	103.1	108.1	107.0	100.6	94.2	94.1
（3）豆类	104.0	105.5	105.4	104.7	104.4	103.5
干　豆	106.0	106.1	106.9	107.6	107.0	105.6
豆 制 品	103.7	105.4	105.2	104.4	104.1	103.3
（4）食用油	105.7	105.1	104.5	104.5	105.3	106.2
食用植物油	106.0	105.2	104.5	104.6	105.4	106.3
食用动物油	91.6	102.8	104.6	102.4	102.4	102.3
（5）菜及食用菌	110.1	104.8	104.0	96.8	100.9	110.1
鲜　菜	111.8	106.0	105.1	97.4	102.0	112.2
鲜　菌	97.6	91.1	89.3	84.7	87.0	97.0
干菜干菌及制品	100.4	99.6	99.7	99.5	100.0	100.1
（6）畜肉类	83.6	100.9	92.7	91.1	90.9	91.1
猪　肉	69.5	97.0	83.6	80.7	78.9	77.9
牛　肉	105.5	106.3	106.7	105.4	107.4	108.8
羊　肉	108.9	110.0	112.4	113.2	117.3	117.2
其他畜肉及副产品	88.7	107.5	106.3	104.3	102.0	99.6
畜肉制品	100.9	103.8	103.0	102.1	101.0	101.8
（7）禽肉类	98.0	93.8	96.1	95.4	94.4	97.4
鸡	97.0	91.9	95.2	94.0	92.1	96.6
鸭	95.7	90.2	93.6	94.3	95.1	95.0
其他禽肉及制品	100.2	98.4	98.4	98.5	98.6	99.4
（8）水产品	115.7	102.1	112.6	113.1	121.3	128.1
淡 水 鱼	130.9	105.9	122.9	124.3	145.3	158.2
海 水 鱼	99.6	97.7	98.2	98.3	98.1	98.5
虾 蟹 类	104.9	97.7	109.7	109.3	103.9	104.2
其他水产品及制品	101.2	101.5	100.8	100.4	100.6	101.5
（9）蛋类	113.9	99.6	102.4	104.8	109.9	121.1
鸡　蛋	115.4	100.3	103.5	105.9	111.4	123.8
其他蛋及制品	100.9	93.0	92.8	95.7	98.0	99.9
（10）奶类	100.7	101.3	100.1	100.5	101.4	101.7
鲜　奶	101.6	102.6	100.9	101.5	103.0	102.3
酸　奶	101.1	100.8	99.2	100.8	101.9	101.7
奶　粉	99.2	99.5	99.1	98.8	99.2	101.3
其他奶制品	101.7	102.4	101.8	101.1	100.8	100.3
（11）干鲜瓜果类	102.5	101.7	101.4	103.9	101.6	98.2

分月同比指数(2021 年)

6 月	7 月	8 月	9 月	10 月	11 月	12 月
101.3	**101.3**	**101.3**	**100.6**	**101.3**	**102.2**	**101.3**
100.4	99.8	100.2	98.7	100.0	102.9	100.6
99.8	98.9	99.4	97.3	99.3	103.6	100.2
101.3	101.1	101.1	101.3	101.6	103.7	104.8
100.2	100.1	100.0	99.9	100.1	100.5	100.6
100.0	100.4	100.4	100.1	100.2	104.0	105.1
106.2	106.2	106.0	105.0	105.3	106.9	107.5
101.4	100.9	101.0	101.9	102.2	104.8	106.5
96.1	98.7	108.6	107.7	108.6	112.7	106.8
96.1	98.7	108.6	107.7	108.6	112.7	106.8
103.3	102.8	102.8	102.9	103.2	104.1	104.8
105.8	105.3	105.3	104.8	104.7	106.4	106.1
103.0	102.5	102.5	102.6	103.1	103.9	104.6
106.2	106.2	106.8	106.0	105.6	106.3	105.1
106.5	106.6	107.2	106.5	106.3	106.9	105.7
94.1	88.7	86.2	82.7	77.0	78.0	77.9
105.6	106.5	111.0	110.2	124.6	136.7	115.7
106.5	107.6	112.6	111.4	127.7	141.2	117.9
100.6	99.0	101.4	103.4	108.2	113.9	96.9
100.3	100.2	100.7	100.8	100.7	101.1	101.8
81.6	76.3	75.0	72.2	73.3	80.4	77.0
63.5	57.8	56.8	52.7	54.2	65.4	61.2
108.9	107.6	104.8	103.1	102.8	103.0	102.3
112.1	107.1	106.7	105.4	104.2	103.1	98.9
90.3	82.8	80.2	76.1	71.4	73.8	75.0
101.9	100.8	100.3	99.4	98.2	99.4	99.0
100.8	99.3	99.5	100.3	100.4	99.8	99.6
101.2	98.5	98.7	100.2	100.1	99.0	98.9
96.6	99.1	98.1	96.7	96.6	97.8	96.0
100.9	100.8	101.1	101.3	101.5	101.6	101.5
126.3	123.6	119.6	114.3	110.4	108.8	108.4
153.3	147.4	138.0	126.4	118.3	114.3	114.1
99.2	100.2	100.9	100.6	101.1	101.3	101.6
102.5	102.4	104.4	106.2	106.2	106.8	104.8
101.8	100.4	100.3	100.9	101.3	102.0	102.9
124.6	121.8	120.8	116.5	115.6	122.2	113.5
127.7	124.0	122.5	117.6	116.7	123.9	114.3
101.0	103.2	105.1	106.2	106.0	106.5	106.1
100.2	101.3	100.8	100.2	100.2	100.2	101.0
101.7	101.5	101.2	100.1	100.4	100.4	103.3
100.7	101.1	101.6	101.5	101.1	101.8	100.8
98.0	101.1	99.2	99.1	99.1	98.5	97.8
100.6	102.1	102.6	102.4	101.7	102.4	102.0
101.4	107.3	108.4	99.7	98.9	102.9	104.9

4－5 续表1

（上年同月＝100）

类 别	年平均	1月	2月	3月	4月	5月
鲜 果	103.3	101.8	101.9	104.9	102.3	98.1
坚 果	99.2	102.4	100.6	100.7	99.6	98.8
瓜果制品	98.9	97.7	96.4	97.4	97.5	98.1
（12）糖果糕点类	100.9	101.4	101.4	101.0	101.5	101.6
食 糖	99.7	100.1	99.4	100.3	99.5	99.5
糖 果	101.5	103.9	103.1	101.2	102.4	103.1
糕 点	100.9	101.2	101.6	101.1	101.7	101.6
其他糖果糕点	101.0	99.8	98.9	100.9	100.3	100.5
（13）调味品	99.9	100.9	100.1	99.7	100.5	100.4
食用盐	98.9	99.8	99.8	98.7	99.2	99.4
酱 油	99.4	100.5	99.6	99.5	100.6	100.7
食 醋	99.7	104.2	101.1	98.2	101.2	101.1
增味剂	100.5	100.5	100.4	100.3	100.5	100.2
其他调味品	100.4	100.0	100.2	100.5	100.5	100.2
（14）其他食品类	100.4	101.7	100.4	100.4	100.0	100.1
方便食品	100.0	102.0	100.2	100.5	99.7	99.8
淀粉及制品	101.6	101.9	101.7	100.9	101.3	101.4
其他食品	99.9	100.1	98.8	99.3	99.2	99.0
2. 茶及饮料	100.3	100.4	99.8	99.8	100.0	100.9
茶 叶	99.3	99.8	99.0	98.8	99.2	99.9
固体咖啡	100.0	99.6	99.6	100.2	100.0	99.9
其他固体饮料	101.1	99.2	100.2	100.1	100.3	100.5
饮用水	98.5	99.3	98.6	98.5	97.8	98.0
果汁饮料	101.1	101.5	100.5	101.3	101.3	101.5
其他液体饮料	101.4	101.3	100.5	100.8	101.1	102.6
3. 烟酒	100.4	100.9	100.4	100.6	100.8	101.0
（1）卷烟	100.3	100.2	100.2	100.2	100.3	100.3
卷 烟	100.3	100.2	100.2	100.2	100.3	100.3
（2）酒类	100.4	101.5	100.5	101.1	101.3	101.7
白 酒	100.7	102.1	101.1	101.6	101.9	102.2
葡萄酒	98.1	98.4	97.3	98.1	98.7	98.5
啤 酒	100.4	100.7	99.5	100.4	100.2	101.1
其他酒类	100.6	100.3	100.0	100.4	100.6	100.9
4. 在外餐饮	102.0	100.7	101.4	101.0	101.5	102.1
餐馆餐饮	102.3	101.0	101.4	101.3	101.8	102.9
饮品店餐饮	101.6	100.4	101.5	101.9	102.0	102.4
外 卖	100.9	100.2	101.6	99.5	100.1	99.5
其他在外餐饮	102.5	100.7	101.1	102.2	102.6	103.1
二、衣着	99.4	98.3	97.9	98.7	99.3	99.4
1. 服装	99.3	98.1	97.8	98.6	99.3	99.4
（1）男式服装	98.9	98.7	98.3	98.8	98.9	98.9
男式外套	98.8	98.9	98.3	98.5	99.1	98.9
男式针织衫	96.8	97.5	97.2	96.3	96.1	96.0
男式衬衫T恤	98.9	98.1	98.1	99.2	98.6	99.1

6月	7月	8月	9月	10月	11月	12月
102.4	110.2	111.9	100.1	98.8	103.7	106.3
97.4	97.2	96.7	97.9	99.5	99.8	99.9
100.5	100.2	99.7	100.1	99.5	99.7	99.7
101.2	100.8	100.0	100.2	100.2	100.5	101.5
99.1	98.6	98.5	99.6	100.0	100.9	100.6
101.0	100.8	99.9	99.9	101.0	100.9	100.8
101.4	100.9	100.0	100.1	99.9	100.2	101.5
101.6	101.0	100.8	101.8	102.0	101.7	103.0
99.5	99.1	99.3	99.0	99.1	100.3	100.7
96.7	97.3	98.5	99.1	99.1	99.2	99.5
99.4	99.0	98.5	97.9	97.6	99.9	100.0
100.5	98.6	98.3	98.8	97.7	98.1	99.0
99.7	99.7	99.6	99.4	100.8	100.8	104.6
99.8	99.5	100.5	100.0	100.6	101.6	101.2
100.0	100.0	100.2	100.0	100.3	100.2	101.8
99.3	99.4	99.6	99.6	99.9	99.6	100.7
102.2	101.6	101.7	101.4	101.0	100.9	103.6
99.1	99.6	99.7	99.4	100.2	101.4	102.7
100.2	100.6	100.4	100.3	99.4	101.2	100.2
99.0	99.2	99.0	99.1	98.5	100.8	99.2
99.6	99.6	99.9	99.7	100.0	101.1	100.7
100.9	100.9	101.2	102.1	102.7	102.5	102.9
98.7	98.7	98.9	99.2	97.8	98.5	98.6
101.6	101.5	101.3	99.8	100.6	100.2	102.2
101.4	102.4	101.9	101.7	100.1	102.3	100.7
100.8	100.8	100.8	100.5	99.3	99.3	99.1
100.2	100.3	100.3	100.3	100.3	100.3	100.3
100.2	100.3	100.3	100.3	100.3	100.3	100.3
101.3	101.4	101.4	100.7	98.2	98.4	98.0
101.8	102.0	102.0	101.0	97.5	97.8	97.3
98.7	98.2	97.3	97.8	97.4	98.3	98.6
100.5	100.5	100.9	100.9	101.0	99.9	99.8
101.0	100.8	100.9	100.7	100.5	100.2	100.5
102.2	102.2	102.3	102.3	102.6	102.7	102.6
102.7	102.7	102.7	102.7	102.8	103.0	102.8
102.6	101.5	101.8	101.3	101.6	101.0	101.9
100.3	100.4	101.0	101.4	102.3	102.4	102.0
103.5	103.0	103.0	102.8	102.5	102.7	102.7
99.6	99.4	99.3	99.9	99.8	100.4	100.7
99.6	99.4	99.4	99.8	99.8	100.4	100.7
99.0	98.7	98.7	98.7	98.7	99.5	99.7
98.8	98.7	98.6	98.6	98.4	99.2	99.6
96.3	96.2	96.2	96.8	96.9	97.9	98.5
99.5	98.6	98.6	99.0	98.8	100.0	99.4

4-5 续表2

（上年同月 = 100）

类 别	年平均	1月	2月	3月	4月	5月
男式裤子	100.3	99.6	99.3	100.8	100.8	100.4
男式内衣	98.6	97.9	97.6	97.6	98.0	98.2
(2)女式服装	100.0	98.2	97.9	98.8	99.8	100.1
女式外套	100.4	97.8	97.6	98.7	100.1	100.7
女式针织衫	99.1	99.5	98.7	99.4	99.2	98.4
女式衬衫T恤	101.4	97.8	97.2	98.2	100.5	101.3
女式裤子	99.9	99.7	99.3	100.2	100.4	100.1
女式裙子	99.3	98.0	98.0	98.8	99.4	99.7
女式内衣	98.6	97.1	97.1	97.5	98.2	98.5
(3)儿童服装	98.2	96.3	95.9	97.2	98.7	98.7
婴儿服装	98.0	97.2	97.0	97.6	98.6	98.5
儿童上衣	97.4	95.5	95.4	96.3	97.0	97.2
儿童裤子	99.1	95.7	94.8	97.6	100.8	100.6
儿童裙子	98.6	96.6	95.9	97.2	98.8	99.1
儿童内衣	98.0	98.6	98.8	98.1	97.2	96.9
(4)衣着材料及配件	99.8	98.9	98.9	99.2	99.1	99.3
袜 子	100.0	98.9	98.8	99.6	99.4	99.8
帽 子	99.5	98.6	98.6	98.3	98.4	98.5
其他衣着材料及配件	99.6	99.2	99.6	99.4	99.3	99.4
(5)衣着服务费	101.1	101.0	101.0	100.9	101.0	100.8
衣着洗涤保养	101.4	101.2	101.2	101.1	101.1	100.9
其他衣着服务	100.5	100.4	100.4	100.4	100.7	100.7
2. 鞋类	99.5	98.8	98.6	99.2	99.2	99.1
(1)鞋	99.5	98.8	98.5	99.2	99.1	99.1
男 鞋	100.0	99.4	99.1	99.7	99.7	100.0
女 鞋	99.4	98.6	98.2	98.9	98.8	98.6
童 鞋	98.7	98.3	98.2	98.9	98.7	98.8
(2)鞋类服务	102.4	100.9	102.4	102.4	102.4	102.4
鞋类服务	102.4	100.9	102.4	102.4	102.4	102.4
三、居住	100.5	99.2	99.4	99.7	100.0	100.3
1. 租赁房房租	100.1	98.8	99.0	99.6	99.8	100.0
公房房租	102.5	103.8	103.8	103.8	103.8	103.8
私房房租	99.9	98.3	98.5	99.2	99.3	99.6
2. 住房保养维修及管理	103.3	101.7	101.8	101.9	102.3	103.3
(1)住房装潢材料	101.2	98.8	98.8	99.2	99.7	101.1
木地板	101.5	99.7	100.2	100.4	100.7	101.4
瓷 砖	99.5	98.4	98.5	98.4	98.6	99.3
水 泥	98.3	90.5	88.8	90.5	92.9	100.4
涂 料	100.9	100.2	100.4	100.4	100.3	100.4
板 材	102.8	100.4	100.4	101.2	101.6	102.0
管 材	103.0	101.1	101.2	101.6	101.9	102.6
厨卫设备	100.4	98.8	99.3	99.6	99.7	100.5
门 窗	101.0	98.9	98.9	99.0	99.2	100.2
其他住房装潢材料	108.4	102.2	102.7	103.9	105.1	108.1

6月	7月	8月	9月	10月	11月	12月
100.5	100.3	100.2	100.1	100.2	100.6	101.0
98.7	98.9	99.4	98.6	99.3	99.3	99.3
100.2	100.2	100.0	100.7	100.6	101.3	101.9
100.8	100.7	100.5	101.5	101.2	102.2	102.8
98.5	98.3	98.1	99.2	99.5	100.1	100.9
102.8	102.4	102.3	103.3	103.3	103.6	104.1
99.8	99.8	99.5	99.8	99.5	100.4	100.7
99.6	99.4	99.5	99.4	99.5	100.0	100.5
98.7	99.1	99.2	99.1	99.6	99.8	99.8
98.7	98.6	98.6	99.2	99.2	98.9	99.0
98.5	98.5	98.3	98.2	98.2	98.0	97.9
97.4	97.5	97.2	98.8	98.5	98.9	99.5
99.7	99.4	99.8	101.0	101.5	100.0	99.2
99.5	99.5	99.6	99.2	99.2	99.0	99.4
97.3	97.5	97.9	97.9	98.1	98.2	99.3
99.5	99.9	99.9	100.6	100.7	100.8	100.9
99.8	100.2	99.9	100.9	101.0	101.2	101.0
98.7	99.5	100.2	100.7	100.7	101.0	101.4
99.8	99.9	99.6	99.6	99.7	99.5	99.8
100.7	100.8	100.5	100.6	100.6	102.8	102.7
100.7	100.9	100.5	100.5	100.6	103.8	103.7
100.7	100.6	100.4	100.8	100.6	100.5	100.4
99.5	99.4	99.2	100.0	99.9	100.4	100.6
99.5	99.4	99.2	100.0	99.9	100.3	100.6
100.4	99.9	99.2	100.1	100.1	100.5	101.3
99.3	99.4	99.4	100.3	100.1	100.6	100.3
98.3	98.2	98.3	98.7	98.8	99.3	99.8
102.3	102.3	102.1	102.6	103.0	103.0	102.5
102.3	102.3	102.1	102.6	103.0	103.0	102.5
100.8	101.1	101.1	101.1	101.1	101.0	100.8
100.6	101.1	101.2	100.7	100.6	100.3	100.1
103.8	103.8	103.8	100.0	100.0	100.0	100.0
100.3	100.9	100.9	100.8	100.7	100.3	100.1
103.4	103.7	103.5	103.7	104.3	104.9	104.9
101.6	102.0	101.7	102.0	102.7	103.5	103.6
101.7	101.9	102.0	102.1	102.0	102.6	103.0
100.1	100.5	99.9	99.5	99.7	100.6	100.8
100.1	101.1	99.7	100.8	105.8	107.0	106.3
100.7	101.3	101.1	100.4	101.2	102.0	102.0
102.3	102.3	102.3	102.6	103.5	107.5	107.8
102.9	102.9	103.2	103.3	104.1	105.9	105.8
100.5	100.3	100.5	101.4	101.2	101.5	101.6
101.1	101.7	101.5	102.2	102.5	103.4	103.9
109.8	111.0	111.0	111.9	112.9	111.5	110.2

4－5 续表3

（上年同月＝100）

类　别	年平均	1月	2月	3月	4月	5月
（2）住房维修管理费用	106.4	106.3	106.4	106.1	106.3	106.6
物业管理费	101.2	102.6	103.3	100.7	100.7	100.7
装潢维修费	107.1	105.8	105.8	106.4	106.9	107.4
其他住房费用	110.2	110.4	110.4	110.4	110.4	110.8
3.水电燃料	100.2	99.4	99.4	99.5	100.0	100.1
（1）水	103.8	100.5	100.5	101.3	104.6	104.6
水	103.8	100.5	100.5	101.3	104.6	104.6
（2）电	100.0	100.0	100.0	100.0	100.0	100.0
电	100.0	100.0	100.0	100.0	100.0	100.0
（3）燃气	102.2	100.1	100.2	100.4	101.0	101.1
管道燃气	101.0	100.3	100.3	100.3	100.5	100.6
液化石油气	105.2	99.6	100.1	100.6	102.3	102.3
（4）其他水电燃料类	96.3	96.1	96.1	95.9	96.1	96.4
其他水电燃料类	96.3	96.1	96.1	95.9	96.1	96.4
4.自有住房	99.9	98.6	98.9	99.3	99.6	99.7
自有住房	99.9	98.6	98.9	99.3	99.6	99.7
四、生活用品及服务	100.0	100.0	99.5	99.9	100.1	100.1
1.家具及室内装饰品	101.4	100.8	101.1	101.2	101.5	101.4
（1）家具	101.5	100.8	101.2	101.3	101.7	101.4
柜	102.1	101.7	102.1	102.2	102.5	102.1
床	100.5	99.4	99.9	100.1	100.6	100.4
桌	104.2	103.9	104.3	104.4	104.7	104.4
椅	100.5	99.8	100.0	99.9	100.5	100.3
沙　发	100.6	99.6	100.0	100.0	100.3	100.3
其他家具	101.7	101.5	101.4	101.5	101.9	101.7
（2）室内装饰品	100.0	100.0	99.9	99.9	99.8	100.4
灯　具	100.0	100.0	100.0	99.9	99.9	100.5
其他室内装饰品	100.1	99.8	99.6	99.8	99.7	100.2
2.家用器具	100.1	98.6	99.2	99.5	99.5	100.2
（1）大型家用器具	99.7	97.9	98.5	98.9	99.1	99.6
洗衣机	100.7	99.3	100.6	102.1	101.8	101.7
电冰箱（柜）	102.3	98.8	100.5	101.2	102.0	100.6
抽油烟机	100.4	98.4	98.9	100.0	99.6	101.4
空调器	98.5	94.8	95.0	96.2	96.3	98.1
热水器	98.1	99.5	99.5	96.5	97.0	97.1
炉具灶具	99.6	102.0	102.7	101.4	101.6	101.6
吸尘器	98.5	99.8	99.4	95.6	97.1	99.3
空气净化器	96.9	99.9	98.8	97.9	97.8	98.7
净水器	95.3	97.1	99.9	99.2	96.7	95.0
其他大型家用器具	100.9	100.9	100.6	101.9	101.8	101.6
（2）小家电	102.8	103.0	103.7	102.7	102.5	104.0
厨房小家电	104.2	105.7	105.2	103.6	103.4	104.4
生活小家电	100.3	98.0	100.8	101.0	100.8	103.3
3.家用纺织品	99.5	98.5	98.5	98.8	99.4	99.5

6月	7月	8月	9月	10月	11月	12月
106.2	106.3	106.3	106.4	106.8	106.9	106.9
100.7	100.9	100.9	100.9	100.9	100.9	100.9
106.5	106.5	106.5	106.8	107.6	109.3	109.3
110.8	110.8	110.8	110.8	110.8	107.8	107.8
100.2	100.4	100.4	100.4	101.0	101.0	100.8
104.8	104.8	104.8	104.8	104.8	104.8	104.8
104.8	104.8	104.8	104.8	104.8	104.8	104.8
100.0	100.0	100.0	100.0	100.0	100.0	100.0
100.0	100.0	100.0	100.0	100.0	100.0	100.0
101.9	102.2	102.4	102.5	104.8	105.4	104.9
101.6	101.4	101.4	101.4	101.4	101.4	101.6
102.6	104.3	104.9	105.3	113.2	114.9	112.8
96.0	96.6	96.7	96.5	97.0	96.5	96.0
96.0	96.6	96.7	96.5	97.0	96.5	96.0
100.3	100.8	100.8	100.8	100.5	100.2	99.9
100.3	100.8	100.8	100.8	100.5	100.2	99.9
99.8	99.7	100.1	99.5	100.3	100.3	100.4
101.6	101.4	101.3	101.2	101.5	102.5	101.7
101.7	101.5	101.4	101.3	101.6	102.6	101.8
102.0	101.8	101.6	101.1	101.5	104.3	102.7
100.8	100.6	100.8	100.7	100.9	100.9	100.9
105.0	104.5	104.2	104.2	104.5	104.6	101.3
100.6	100.4	100.3	100.5	101.2	101.6	101.4
100.6	100.8	100.6	100.9	101.1	101.5	101.6
101.7	101.7	101.6	101.7	102.1	101.6	101.3
100.2	100.1	100.1	99.9	100.1	100.0	99.8
100.2	100.1	99.9	99.6	99.9	99.9	99.6
100.0	100.0	100.5	100.3	100.5	100.2	100.2
100.1	100.3	100.1	99.3	100.2	102.0	102.0
99.8	100.0	99.8	98.7	99.8	101.8	102.0
101.2	101.0	100.2	100.3	99.9	100.4	100.7
102.0	101.3	101.4	101.0	105.1	107.0	107.8
100.5	100.6	100.6	100.1	99.6	103.1	102.6
99.0	99.8	99.6	98.1	99.0	103.8	102.6
97.1	97.9	99.1	97.2	97.7	99.4	99.1
100.8	100.4	100.2	97.6	95.9	95.0	96.1
97.2	97.7	98.9	98.0	102.5	96.8	100.3
95.7	99.2	94.7	95.1	93.3	93.5	98.7
95.8	95.1	92.5	91.5	93.8	90.2	97.5
101.4	100.0	100.0	99.3	100.8	100.9	101.0
101.9	102.5	102.2	103.1	103.1	103.2	102.1
102.7	103.2	102.8	104.9	105.7	105.6	103.4
100.5	101.1	101.2	99.8	98.4	98.7	99.7
99.5	99.8	99.9	100.0	100.0	100.1	100.0

4－5　续表 4

（上年同月＝100）

类　别	年平均	1 月	2 月	3 月	4 月	5 月
（1）床上用品	99.4	98.3	98.2	98.5	99.3	99.4
被　　子	98.6	97.5	97.3	96.9	98.0	98.0
床单被套	100.0	98.5	98.4	99.7	100.5	100.6
其他床上用品	100.2	99.7	100.1	100.1	100.2	100.5
（2）窗帘门帘	100.1	99.0	98.9	99.3	99.3	99.7
窗帘门帘	100.1	99.0	98.9	99.3	99.3	99.7
（3）其他家用纺织品	99.5	100.2	100.2	100.8	100.1	99.8
其他家用纺织品	99.5	100.2	100.2	100.8	100.1	99.8
4. 家庭日用杂品	98.9	99.2	98.7	98.8	99.4	98.6
（1）洗涤卫生用品	99.4	100.6	100.1	100.0	100.0	99.1
清洗用品	101.2	103.6	102.5	101.6	102.7	100.0
清洁用具	99.7	99.8	99.7	100.1	98.1	97.3
清洁用纸	97.0	97.1	97.2	98.1	97.0	98.3
（2）厨具餐具茶具	97.6	96.8	96.1	96.0	98.0	96.9
厨　具	96.8	99.0	93.8	94.3	97.0	97.0
餐　具	96.6	94.5	97.9	96.8	97.5	95.3
茶　具	102.2	95.6	99.1	99.4	102.0	100.2
（3）其他家庭日用杂品	100.8	100.3	100.3	100.9	100.9	101.0
配电附件	101.3	100.4	100.3	100.7	100.9	101.1
雨　具	100.5	100.6	100.6	100.9	101.0	100.6
其他日用杂品	100.3	100.0	100.2	101.0	100.8	101.1
5. 个人护理用品	98.4	101.5	98.0	99.4	99.6	99.3
（1）化妆品	97.8	101.5	96.8	99.3	99.7	99.6
清洁化妆品	98.4	99.3	98.9	99.8	100.0	101.1
护肤化妆品	97.8	103.8	97.3	100.6	101.0	99.9
彩妆化妆品	96.9	97.8	93.0	95.1	96.6	97.0
化妆器具	97.0	97.9	95.5	97.3	95.0	98.7
（2）其他护理用品类	99.5	101.4	100.0	99.6	99.5	98.9
清洁类护理用品	99.8	102.2	100.8	99.0	99.8	99.4
护发美发用品	99.7	99.9	100.9	100.7	101.2	98.0
护理器具	98.1	100.8	96.5	99.4	96.3	98.7
其他护理用品	99.5	100.6	99.0	102.2	99.0	97.7
6. 家庭服务	103.8	103.1	103.6	103.5	103.3	103.5
家政服务	105.9	105.3	105.8	105.9	105.3	105.4
母婴护理服务	103.5	102.7	103.7	103.2	103.2	103.2
家庭维修服务	101.2	101.0	101.0	100.6	100.6	101.2
其他家庭服务	101.6	100.6	100.8	101.3	101.7	101.7
五、交通通信	103.0	95.9	98.1	101.6	103.5	104.0
1. 交通	104.2	94.7	97.4	102.3	104.7	105.3
（1）交通工具	98.7	99.0	99.0	98.5	98.5	98.5
燃油小汽车	98.7	99.2	99.2	98.4	98.5	98.4
新能源小汽车	99.6	98.1	98.1	99.1	99.1	100.0
电动自行车	97.9	98.2	98.2	98.0	97.9	97.9
自 行 车	101.6	99.9	99.9	100.3	100.9	101.6

6月	7月	8月	9月	10月	11月	12月
99.5	99.9	100.0	99.9	100.0	99.9	99.8
98.3	98.6	99.2	99.7	99.8	100.0	99.9
100.6	101.1	100.8	100.0	100.3	99.8	99.6
100.5	100.6	100.4	100.3	100.1	99.8	99.9
99.5	99.9	100.3	100.6	100.6	102.1	102.2
99.5	99.9	100.3	100.6	100.6	102.1	102.2
99.4	99.2	97.8	99.3	99.2	99.5	99.1
99.4	99.2	97.8	99.3	99.2	99.5	99.1
98.1	99.3	99.4	98.6	99.0	99.0	99.2
98.2	99.3	100.0	99.2	99.5	98.0	98.3
99.3	101.8	101.7	100.1	101.8	99.7	99.4
99.7	98.9	98.8	100.7	100.7	100.2	102.5
96.5	96.2	98.1	97.7	96.4	95.3	96.0
96.9	98.8	97.6	96.8	97.6	99.8	100.1
95.7	98.8	96.0	96.3	96.5	98.9	99.0
95.6	95.6	97.1	94.5	95.4	100.4	99.1
103.6	106.5	104.2	103.6	106.0	101.6	105.8
101.0	100.9	101.3	100.7	100.6	100.9	100.8
101.5	101.9	102.1	101.5	101.7	102.0	101.5
100.4	100.0	99.9	100.3	100.3	100.4	100.4
100.6	100.0	100.7	99.9	99.4	99.8	100.1
98.2	96.2	98.4	97.8	99.3	96.1	97.3
98.6	95.3	97.8	96.5	98.4	94.2	95.5
98.1	97.7	99.1	96.9	98.5	96.3	94.8
99.6	93.7	98.1	96.0	98.7	92.0	94.1
96.2	97.4	95.6	97.6	97.5	99.1	100.4
97.8	96.8	96.7	96.8	97.6	95.6	98.5
97.5	97.7	99.3	99.8	100.8	99.0	100.2
98.4	97.8	100.2	100.2	100.7	99.1	99.9
95.1	97.6	99.0	100.0	102.2	99.5	101.9
98.0	96.9	96.6	97.8	99.6	98.1	99.0
97.9	100.2	100.1	100.8	98.2	99.4	99.0
103.7	103.8	103.9	103.7	104.4	104.6	104.1
105.8	106.0	106.3	105.8	106.9	107.1	105.8
103.2	103.0	103.1	103.3	104.3	104.4	104.1
101.4	101.4	101.4	101.6	101.5	101.7	101.6
101.7	101.8	101.8	101.5	101.3	102.0	102.8
104.5	104.7	104.2	104.2	105.3	106.5	104.0
105.9	106.3	105.7	105.6	107.6	109.7	106.2
98.6	98.3	98.2	98.0	98.1	99.8	99.6
98.5	98.0	98.0	97.8	98.0	100.2	100.2
100.0	99.3	99.3	99.3	99.3	101.7	101.7
98.1	98.3	98.0	97.6	97.4	97.7	97.4
102.1	102.2	102.2	102.3	102.4	102.5	102.5

4－5 续表5

（上年同月＝100）

类　别	年平均	1月	2月	3月	4月	5月
其他交通工具	99.3	99.8	99.8	99.9	99.7	99.3
（2）交通工具用燃料	117.1	86.5	94.8	111.3	119.4	121.4
汽　油	117.3	86.3	94.8	111.4	119.7	121.7
柴　油	119.4	85.1	94.0	113.0	122.0	124.4
其他车用能源	100.0	99.7	99.7	99.7	99.7	99.7
（3）交通工具使用和维修	101.5	100.9	102.3	101.3	101.0	101.2
停车费	99.8	99.4	100.0	100.2	100.2	100.2
车辆使用费	101.3	101.4	101.5	101.5	101.5	101.9
交通工具零配件	99.6	98.7	98.7	98.5	98.7	99.4
车辆修理与保养	102.0	101.1	103.3	101.7	101.2	101.2
（4）交通费	101.2	90.7	90.6	98.8	104.2	104.6
市内公共交通	100.0	100.0	100.0	100.0	100.0	100.0
出租汽车	101.0	99.7	100.1	99.7	100.0	100.0
飞机票	105.5	52.3	53.0	88.9	124.5	134.9
火车票	100.2	100.0	100.0	100.0	99.8	99.8
长途汽车	101.0	99.7	99.7	101.1	104.2	100.8
网约车	101.9	101.8	102.4	102.3	102.1	101.7
交通工具租赁费	100.7	101.4	100.3	100.0	103.0	100.4
其他交通费	100.0	100.3	100.3	100.4	100.3	100.2
2.通信	99.6	99.7	100.0	99.6	100.1	100.3
（1）通信工具	101.5	100.7	101.6	102.5	103.9	104.0
电话机	101.6	100.7	101.6	102.7	104.1	104.2
其他通信工具及零配件	99.6	99.9	99.9	99.6	99.3	99.4
（2）通信服务	98.5	99.1	99.1	97.9	97.9	98.2
电话费	98.7	99.3	99.3	98.2	98.2	98.6
家庭宽带服务	97.5	98.1	98.1	96.0	96.0	95.7
其他通信服务	99.4	99.3	99.3	99.3	99.3	99.3
（3）邮递服务	99.5	99.9	100.2	99.5	99.5	99.6
邮递服务	99.5	99.9	100.2	99.5	99.5	99.6
六、教育文化娱乐	103.6	103.1	103.4	103.3	103.4	104.1
1.教育	105.0	105.4	105.4	105.6	105.5	105.9
（1）教育用品	100.8	100.8	100.8	100.9	100.7	101.0
工具书	100.9	100.7	100.7	101.0	100.6	101.3
教　材	99.7	100.4	100.4	100.6	100.6	100.5
参考资料	101.5	101.3	101.3	101.3	101.2	101.5
其他教育用品	98.9	99.0	98.9	99.0	98.6	98.1
（2）教育服务	105.1	105.6	105.6	105.8	105.7	106.1
幼儿早期教育	102.0	101.7	101.6	101.8	102.0	102.0
学前教育	106.2	104.0	104.0	104.4	104.4	104.4
小学初中教育	104.4	104.3	104.3	104.4	104.4	104.4
高中中职教育	102.0	100.7	100.7	100.7	100.7	100.7
高等教育	115.6	125.4	125.4	125.4	125.4	125.4
课外教育	103.5	103.2	103.2	103.5	103.4	103.9
专业技能培训	97.7	95.8	95.8	95.6	95.1	97.7

6月	7月	8月	9月	10月	11月	12月
99.4	99.4	99.3	98.8	98.8	98.8	98.1
123.7	124.7	122.2	122.8	131.8	136.4	122.2
124.0	125.1	122.5	123.1	132.2	136.8	122.5
126.9	128.3	125.3	125.8	136.6	141.4	125.7
100.2	99.6	99.9	99.9	100.6	100.9	100.4
101.3	101.2	101.3	101.3	101.5	101.9	102.8
99.6	99.6	99.6	99.6	99.6	99.6	99.6
101.9	101.5	101.5	101.2	101.2	100.4	100.3
99.5	100.0	100.1	100.2	100.4	100.4	100.4
101.4	101.5	101.5	101.6	102.0	102.9	104.4
104.3	105.8	105.8	105.1	102.6	102.7	101.2
100.0	100.0	100.0	100.0	100.0	100.0	100.0
101.3	101.3	101.3	101.3	101.6	102.4	102.8
131.7	141.7	141.0	137.7	114.7	120.5	107.3
100.4	100.4	100.4	100.4	100.4	100.4	100.4
100.8	101.3	101.2	102.1	101.4	99.8	99.8
102.5	102.3	102.2	101.9	101.6	101.5	100.5
101.6	100.4	99.8	100.6	100.8	99.7	100.0
100.2	100.3	100.3	99.3	99.6	99.7	99.4
100.4	100.3	100.2	100.3	98.8	97.9	97.9
103.8	103.5	103.2	103.5	99.0	96.4	96.7
104.1	103.8	103.4	103.7	98.9	96.2	96.6
99.5	99.5	99.4	100.0	99.5	99.5	99.5
98.4	98.4	98.5	98.5	98.7	98.6	98.5
98.6	98.6	98.6	98.6	98.6	98.6	98.6
97.5	97.5	98.2	98.2	99.4	98.5	97.7
99.3	99.3	99.3	99.3	99.3	100.0	99.4
99.5	99.5	99.5	99.2	99.2	99.4	99.4
99.5	99.5	99.5	99.2	99.2	99.4	99.4
104.3	104.9	105.3	102.4	102.9	102.8	103.1
106.0	106.1	106.3	102.3	103.9	103.7	103.7
100.9	100.9	100.8	100.6	100.8	100.8	100.8
101.0	100.9	100.9	100.9	100.9	100.8	100.8
100.6	100.6	100.6	97.2	98.2	98.2	98.2
101.4	101.3	101.2	101.9	101.9	102.0	102.0
98.4	99.1	99.4	99.2	99.3	99.2	98.9
106.2	106.4	106.5	102.4	104.0	103.9	103.8
102.2	102.3	102.4	101.7	102.6	101.8	101.7
104.8	104.8	104.7	103.3	111.6	111.6	111.6
104.4	104.4	104.4	104.0	104.5	104.5	104.5
100.7	100.7	100.7	104.7	104.7	104.7	104.7
125.4	125.4	125.4	100.1	100.1	100.1	100.1
103.6	104.1	104.5	103.4	103.2	103.1	102.9
98.8	98.7	98.9	99.1	99.3	98.8	98.9

4－5 续表6

（上年同月＝100）

类 别	年平均	1月	2月	3月	4月	5月
其他教育服务	100.8	100.2	100.2	100.4	100.4	100.6
2.文化娱乐	101.0	98.8	99.8	99.0	99.7	100.9
(1)文娱耐用消费品	103.4	103.7	103.4	103.2	102.2	104.2
电 视 机	106.9	112.4	110.6	109.3	105.7	108.3
照 相 机	97.2	97.5	97.4	95.4	95.3	94.9
台式计算机	106.4	95.0	94.7	96.8	98.1	106.6
笔记本电脑	105.3	103.0	103.7	101.8	102.1	104.6
平板电脑	98.9	100.0	101.2	101.8	102.5	101.5
乐 器	104.8	101.5	101.5	101.5	101.5	106.3
音 响	99.9	99.8	99.8	99.9	99.9	99.9
可穿戴智能设备	101.8	101.2	99.7	99.8	101.1	100.5
其他文娱耐用消费品	98.6	98.5	98.3	100.0	98.3	98.3
(2)其他文娱用品	100.3	99.6	100.0	100.1	100.4	100.3
书报杂志及音像制品	101.1	100.2	101.4	101.4	101.4	101.2
纸张文具	99.5	99.9	100.1	99.4	99.4	99.4
体育户外用品	100.2	100.0	100.2	100.6	100.4	100.3
游戏用品和玩具	100.1	99.3	99.4	99.8	100.6	100.4
园艺花卉及用品	100.1	97.8	98.1	98.9	99.5	99.9
宠物及用品	100.3	99.6	99.9	99.8	100.0	100.4
其他文化娱乐用品	100.7	100.3	100.3	100.3	100.5	100.9
(3)文化娱乐服务	101.2	100.1	102.5	101.8	100.8	102.1
电影及演出票	105.0	102.4	121.8	105.2	104.1	104.2
景点门票	100.6	98.7	99.4	104.2	99.3	105.1
电视服务	100.0	100.0	100.0	100.0	100.0	100.0
健身活动	101.2	99.6	99.8	99.6	100.4	100.7
宠物服务	101.1	102.0	102.9	102.0	100.7	100.5
网络文娱服务	102.5	100.2	98.2	100.8	104.5	102.8
儿童娱乐项目	99.4	99.9	99.9	99.9	99.7	99.4
其他文娱服务	102.7	102.1	104.6	102.7	102.6	102.4
(4)旅游	98.5	91.4	93.2	91.1	95.2	96.6
旅行社收费	98.2	90.3	92.3	90.1	94.3	96.1
其他旅游	100.7	100.9	100.9	99.9	102.3	101.4
七、医疗保健	100.8	101.0	100.3	100.3	100.7	100.9
1.药品及医疗器具	100.8	101.0	99.2	99.0	100.3	100.9
(1)中药	104.1	104.0	103.8	103.4	104.0	104.2
中 药 材	103.4	106.4	106.1	105.2	102.0	102.1
中 成 药	104.4	103.2	103.0	102.8	104.6	105.0
(2)西药	100.3	99.3	98.9	99.1	100.5	100.5
抗微生物药	100.6	101.3	101.3	100.3	100.3	100.6
消化系统用药	103.1	104.0	103.7	103.7	103.7	103.4
呼吸系统用药	100.3	97.0	96.6	97.6	101.7	101.7
解热镇痛药	101.7	102.1	101.9	101.6	101.3	101.6
抗肿瘤药	100.1	98.8	99.0	98.8	99.9	99.9
激素及影响内分泌药	97.8	96.8	96.5	96.4	98.5	98.5

6月	7月	8月	9月	10月	11月	12月
101.0	100.8	100.8	101.3	101.3	101.3	101.3
101.1	102.6	103.6	102.4	101.2	101.1	102.1
103.0	103.8	103.4	103.7	104.2	102.9	103.0
106.7	107.4	106.8	106.2	104.8	103.2	102.1
94.9	95.9	100.5	98.4	98.1	98.2	100.1
113.3	113.4	112.9	111.6	111.5	112.1	112.5
103.6	102.6	102.4	105.7	110.7	111.5	110.8
96.1	99.9	96.6	98.0	100.1	93.0	95.9
106.3	105.7	105.7	105.7	105.7	108.5	108.5
99.7	99.9	99.8	100.0	100.1	100.2	100.1
97.7	102.8	105.5	104.0	103.0	102.3	104.5
98.3	98.3	98.7	98.7	98.7	98.7	98.7
100.3	100.4	100.4	100.3	100.4	100.4	100.6
101.2	101.1	101.0	101.1	101.1	101.1	101.3
99.5	99.7	99.7	99.2	99.4	99.5	99.4
100.3	100.4	99.5	100.1	99.8	100.3	100.3
100.3	100.4	100.6	100.2	100.1	100.1	100.3
100.1	100.4	100.7	101.0	101.5	101.4	101.8
100.2	100.4	100.3	100.5	100.6	100.5	100.8
100.8	100.7	101.2	100.9	100.5	100.8	100.8
101.8	101.1	101.2	100.2	101.1	100.7	101.1
103.7	103.6	105.7	101.4	106.8	99.8	101.2
104.0	100.8	99.9	97.2	97.7	99.8	101.3
99.9	99.9	100.0	100.0	100.0	100.0	100.0
101.4	101.9	102.0	102.0	102.4	102.2	101.9
100.5	100.7	100.5	100.6	100.7	101.1	101.3
102.2	102.4	103.2	103.9	104.7	104.1	103.1
99.4	98.9	98.9	99.3	99.3	99.3	99.2
102.4	102.0	102.0	102.8	102.8	103.0	103.0
98.7	104.0	108.7	104.6	97.9	99.5	102.9
98.4	104.4	109.7	105.2	97.9	99.5	103.2
101.3	101.2	101.2	100.2	98.7	99.9	100.6
100.9	101.0	100.9	101.3	100.9	100.7	100.6
101.3	101.5	101.4	101.7	101.2	100.9	100.8
104.9	104.9	104.8	105.1	104.0	103.6	102.8
103.0	103.0	102.8	102.8	103.0	102.7	101.9
105.5	105.5	105.5	105.9	104.3	104.0	103.1
101.2	101.1	100.8	100.8	100.5	100.2	100.3
101.0	100.8	100.7	100.6	100.0	100.0	100.1
103.4	103.4	103.4	102.3	101.9	101.9	102.0
101.8	102.3	101.9	101.9	101.2	100.3	100.4
101.4	101.8	101.7	101.7	102.2	101.6	101.5
100.9	101.3	100.5	100.6	100.6	100.6	100.7
98.5	98.5	97.7	98.2	97.8	97.9	98.6

4-5 续表7

（上年同月=100）

类　别	年平均	1月	2月	3月	4月	5月
心血管系统用药	97.0	98.0	96.0	96.6	96.8	96.3
血液系统用药	97.8	88.0	88.1	91.6	99.9	101.0
治疗精神障碍药	99.3	101.1	100.4	101.0	101.1	101.1
神经系统用药	103.0	102.2	102.9	102.1	102.5	102.8
泌尿系统用药	102.7	101.9	102.2	102.2	102.2	102.0
维生素、矿物质类药	103.5	105.7	104.4	103.5	103.5	103.1
调节水、电解质及酸碱平衡药	102.1	100.2	99.9	100.4	100.9	101.2
其他西药	102.3	103.9	103.8	103.0	102.8	103.1
（3）滋补保健品	103.2	103.9	104.1	104.2	104.4	104.6
滋补保健品	103.2	103.9	104.1	104.2	104.4	104.6
（4）医疗卫生器具	92.8	98.3	86.0	83.4	87.5	90.7
医疗卫生器具	92.8	98.3	86.0	83.4	87.5	90.7
（5）保健器具	100.4	100.5	100.5	100.2	100.4	100.2
保健器具	100.4	100.5	100.5	100.2	100.4	100.2
2. 医疗服务	100.8	101.0	100.9	101.0	100.9	100.9
（1）综合医疗类	102.5	104.1	103.6	103.7	103.5	103.5
一般医疗服务	102.3	104.1	103.4	103.4	103.4	103.4
一般治疗操作	102.0	103.2	103.0	103.4	102.8	102.8
护　理	105.8	108.5	107.3	107.3	107.3	107.3
其他综合医疗服务	97.0	95.8	95.8	95.8	95.8	95.8
（2）诊断类	100.1	100.1	100.1	100.2	100.2	100.2
病理学诊断	103.3	104.6	104.2	104.2	104.2	104.2
实验室诊断	99.9	99.8	99.8	99.9	99.9	99.9
影像学诊断	99.5	99.2	99.3	99.3	99.3	99.3
临床诊断	101.7	102.6	102.2	102.2	102.2	102.2
（3）治疗类	100.3	100.6	100.5	100.5	100.3	100.3
临床手术治疗	101.1	101.6	101.5	101.2	101.2	101.2
临床非手术治疗	98.9	98.8	98.7	99.1	98.5	98.5
（4）康复类	99.8	99.9	99.9	99.9	99.9	99.9
康复医疗	99.8	99.9	99.9	99.9	99.9	99.9
（5）中医医疗服务类	103.2	101.1	101.1	100.9	100.9	101.0
中医治疗	103.2	101.1	101.1	100.9	100.9	101.0
（6）其他医疗保健服务	100.1	99.7	99.7	99.7	99.6	99.6
其他医疗保健服务	100.1	99.7	99.7	99.7	99.6	99.6
八、其他用品及服务	97.9	99.3	99.0	98.0	98.3	97.7
1. 其他用品	98.8	104.1	102.9	100.8	100.2	99.7
（1）首饰手表	99.1	109.4	107.4	102.1	103.4	102.4
金 饰 品	97.6	113.4	110.0	101.2	101.8	100.7
银 饰 品	102.8	106.6	107.3	106.6	103.6	103.1
铂金饰品	106.6	103.0	105.4	109.7	120.3	119.6
手　　表	100.1	100.6	100.6	100.5	100.7	100.1
（2）母婴用品	98.5	98.3	98.2	101.1	97.9	99.0
母婴洗护喂养用品	99.4	99.1	98.6	101.0	99.2	101.1
其他母婴用品	96.4	96.4	97.3	101.4	95.0	94.6

6月	7月	8月	9月	10月	11月	12月
98.2	97.2	97.3	97.2	97.0	96.7	96.6
101.7	101.4	101.4	101.4	101.0	100.5	100.5
99.8	98.0	97.4	98.1	98.1	97.6	97.8
104.3	103.5	103.2	104.0	103.5	102.8	102.3
101.9	103.3	103.2	103.3	103.4	103.4	103.6
104.6	104.5	103.9	103.7	102.5	101.6	101.7
101.3	101.8	101.6	102.3	104.1	105.9	106.0
103.0	103.8	101.9	101.8	100.3	100.1	100.3
103.6	104.1	102.9	102.7	101.8	101.1	101.1
103.6	104.1	102.9	102.7	101.8	101.1	101.1
91.1	93.2	94.6	97.6	97.9	97.9	98.4
91.1	93.2	94.6	97.6	97.9	97.9	98.4
100.3	100.6	100.4	100.5	100.5	100.6	100.1
100.3	100.6	100.4	100.5	100.5	100.6	100.1
100.8	100.7	100.7	101.1	100.8	100.7	100.5
102.6	102.6	102.5	102.5	101.3	100.7	100.3
102.3	102.4	102.3	102.4	100.0	100.1	100.1
101.9	101.9	101.8	101.7	100.9	100.9	100.1
106.4	106.3	106.3	106.3	104.5	101.3	100.8
96.5	96.5	96.5	96.5	99.8	99.8	100.0
100.2	100.2	100.2	100.2	100.0	100.0	100.0
104.2	104.2	104.2	104.2	101.0	101.0	100.2
99.9	99.9	99.8	99.8	99.8	99.8	99.9
99.5	99.5	99.6	99.6	99.7	99.7	100.0
102.0	101.9	101.9	101.8	100.8	100.8	99.9
100.4	100.4	100.3	100.3	100.3	100.3	99.8
101.3	101.3	101.2	101.2	100.5	100.5	100.0
98.7	98.6	98.6	98.6	99.8	99.8	99.5
99.9	99.9	99.9	99.9	99.8	99.8	99.0
99.9	99.9	99.9	99.9	99.8	99.8	99.0
101.0	101.0	101.0	107.4	107.7	107.7	107.8
101.0	101.0	101.0	107.4	107.7	107.7	107.8
99.9	99.9	99.9	100.3	100.5	100.5	101.4
99.9	99.9	99.9	100.3	100.5	100.5	101.4
98.3	97.7	94.9	95.6	98.6	98.7	98.9
101.2	99.2	93.9	95.5	96.4	95.9	96.3
103.4	98.5	90.0	92.6	93.3	95.1	95.4
103.0	96.3	85.7	89.3	90.1	92.6	94.0
103.2	103.3	99.4	99.8	100.6	100.6	100.6
113.3	109.2	100.3	99.9	101.6	103.8	95.4
100.0	100.1	99.6	99.9	100.0	99.3	99.5
97.6	100.5	97.6	98.8	99.6	95.7	97.5
98.2	103.1	97.0	100.2	101.7	95.5	98.4
96.3	95.0	99.0	95.6	94.9	96.2	95.5

4－5 续表 8

（上年同月＝100）

类 别	年平均	1月	2月	3月	4月	5月
(3)其他杂项用品	98.3	98.8	98.0	98.3	96.1	95.1
箱　包	98.3	99.0	97.9	98.2	95.1	93.8
眼　镜	98.3	98.3	98.3	98.3	98.3	98.1
2.其他服务	97.1	94.9	95.3	95.4	96.4	95.9
(1)在外住宿	100.2	96.5	98.1	99.3	107.7	103.4
宾馆住宿	100.1	97.5	98.2	98.3	107.1	103.0
其他住宿	100.5	94.3	97.8	101.4	109.1	104.3
(2)美容美发洗浴	101.8	101.5	102.3	101.7	101.9	101.8
美　容	100.2	99.5	100.2	99.7	99.6	99.8
美　发	102.0	102.6	103.1	102.5	102.6	102.2
洗　浴	102.8	101.6	103.2	102.6	103.1	103.2
(3)养老服务	101.7	100.9	100.9	101.5	101.6	101.7
养老服务	101.7	100.9	100.9	101.5	101.6	101.7
(4)金融及保险服务	89.6	85.6	85.6	85.6	85.6	85.6
金融服务	100.3	100.5	100.5	100.5	100.5	100.5
车辆保险	80.1	75.1	75.1	75.1	75.1	75.1
旅行保险	100.0	100.0	100.0	100.0	100.0	100.0
其他保险	108.1	105.4	105.4	105.4	105.4	105.4
(5)中介法律及其他服务	99.0	99.9	99.9	99.9	98.5	98.5
中介服务	99.9	99.7	99.7	99.7	99.4	99.6
法律服务	97.6	100.0	100.0	100.0	96.8	96.8
其他杂项服务	99.8	100.0	100.0	100.0	100.0	100.0

6月	7月	8月	9月	10月	11月	12月
99.5	99.6	99.5	99.4	100.3	97.6	97.3
100.3	100.6	100.0	100.0	101.1	97.3	96.5
97.9	97.4	98.5	98.1	98.4	98.4	99.1
95.6	96.2	95.9	95.6	100.9	101.5	101.6
101.0	102.6	99.8	99.3	97.1	99.0	99.3
100.8	101.9	100.1	99.3	96.7	98.9	99.5
101.3	104.0	99.1	99.1	98.0	99.1	98.8
101.9	101.9	101.9	101.2	101.3	101.9	101.8
100.0	100.2	100.1	100.0	101.0	101.1	101.0
102.2	102.0	101.8	101.2	101.4	101.7	101.4
103.2	103.5	103.5	102.5	101.4	103.1	103.1
101.8	102.2	102.2	101.8	101.7	101.8	102.1
101.8	102.2	102.2	101.8	101.7	101.8	102.1
85.6	86.6	86.5	86.8	102.2	102.4	102.4
100.5	100.5	100.4	100.4	100.4	99.9	99.9
75.2	75.2	75.2	75.2	99.7	100.2	100.2
100.0	100.0	100.0	100.0	100.0	100.0	100.0
105.4	110.5	110.5	111.4	110.5	110.5	110.5
98.8	98.8	98.8	98.8	98.3	98.8	98.8
100.2	100.2	100.2	100.2	100.2	100.2	100.2
96.8	96.8	96.8	96.8	96.8	96.8	96.8
100.0	100.0	100.0	100.0	97.5	100.0	100.0

4－6 农村居民消费价格

（上年同月＝100）

类　别	年平均	1月	2月	3月	4月	5月
总指数	**100.8**	**100.9**	**100.4**	**100.6**	**100.9**	**101.4**
一、食品烟酒	99.6	102.5	100.5	99.8	99.5	100.9
1.食品	98.8	102.9	100.1	99.2	98.8	100.6
(1)粮食	101.5	103.0	102.7	102.5	101.5	100.9
大　米	101.6	104.5	102.7	102.7	102.3	101.8
面　粉	101.6	102.7	103.4	103.5	101.6	99.6
其他粮食	108.3	112.7	114.3	112.5	109.4	107.3
粮食制品	100.3	100.7	100.5	100.2	99.7	99.9
(2)薯类	100.3	105.8	96.3	95.3	88.7	91.0
薯　类	100.3	105.8	96.3	95.3	88.7	91.0
(3)豆类	111.8	110.2	113.7	114.2	113.2	111.2
干　豆	111.1	115.0	118.6	117.9	115.8	111.7
豆 制 品	111.8	109.9	113.4	114.0	113.1	111.2
(4)食用油	108.8	108.4	108.6	109.2	109.2	109.7
食用植物油	109.2	108.5	108.6	109.3	109.4	109.8
食用动物油	93.2	105.6	105.9	104.0	100.5	104.1
(5)菜及食用菌	107.5	108.8	102.5	98.6	99.2	107.1
鲜　菜	108.5	109.7	103.2	99.2	99.7	108.4
鲜　菌	95.3	98.7	86.1	78.8	84.3	94.3
干菜干菌及制品	102.8	102.2	102.2	102.0	101.8	102.0
(6)畜肉类	79.0	101.3	91.1	87.9	85.5	85.4
猪　肉	67.6	99.5	85.1	80.6	76.4	74.6
牛　肉	104.5	103.6	103.8	102.4	103.3	106.1
羊　肉	106.6	104.9	107.2	107.4	109.6	112.9
其他畜肉及副产品	91.3	106.0	104.7	102.7	99.2	99.9
畜肉制品	101.5	106.2	104.4	103.1	103.3	103.8
(7)禽肉类	101.3	94.1	98.8	101.1	101.4	104.4
鸡	100.7	93.3	99.8	102.5	101.8	105.1
鸭	103.9	88.2	94.2	100.8	107.8	106.1
其他禽肉及制品	102.2	97.6	96.9	97.5	98.6	102.1
(8)水产品	112.1	99.9	103.6	108.2	116.0	122.4
淡 水 鱼	121.8	100.4	105.7	114.4	129.2	140.7
海 水 鱼	105.0	96.8	98.6	100.0	102.9	104.8
虾 蟹 类	99.3	91.5	94.6	97.1	101.3	104.9
其他水产品及制品	103.2	102.8	104.7	104.8	104.5	103.9
(9)蛋类	118.1	102.1	107.0	106.8	112.8	130.8
鸡　蛋	119.8	103.4	108.8	108.5	114.9	134.8
其他蛋及制品	103.6	89.9	93.1	93.5	96.1	101.6
(10)奶类	101.0	100.6	100.8	101.3	101.2	101.5
鲜　奶	103.8	102.5	103.8	103.9	104.1	104.6
酸　奶	100.6	101.7	100.7	101.0	101.3	101.1
奶　粉	98.1	97.6	97.1	98.3	97.9	98.4
其他奶制品	99.4	100.5	100.4	100.8	99.7	99.8
(11)干鲜瓜果类	102.8	104.5	103.6	104.2	101.1	97.5

分月同比指数(2021 年)

6 月	7 月	8 月	9 月	10 月	11 月	12 月
100.9	**100.7**	**100.7**	**99.8**	**100.5**	**101.9**	**100.8**
99.1	98.1	98.3	96.8	98.0	102.4	99.5
97.9	96.6	96.9	94.9	96.6	102.7	98.7
100.7	100.8	100.1	100.5	100.5	102.4	102.7
101.2	101.4	100.5	100.0	100.9	101.0	99.9
100.0	100.5	99.6	99.7	99.2	104.1	105.5
106.0	106.2	105.9	106.0	105.6	107.8	106.9
99.8	99.6	99.1	100.3	100.2	101.4	102.0
92.3	96.8	105.2	104.8	105.6	118.2	115.5
92.3	96.8	105.2	104.8	105.6	118.2	115.5
111.3	110.9	111.5	110.7	110.7	111.2	112.4
108.6	107.8	108.2	108.4	108.2	107.6	107.6
111.4	111.2	111.7	110.9	110.9	111.5	112.8
109.0	109.4	108.9	108.4	107.9	109.2	108.2
109.2	109.7	109.3	108.8	108.5	109.8	109.0
100.1	94.2	89.8	88.7	78.6	76.9	70.6
100.7	98.5	106.0	104.5	117.3	136.1	112.6
101.0	98.3	106.6	104.7	119.0	140.5	114.1
92.3	93.8	100.0	105.3	108.5	110.0	93.6
102.2	102.6	102.6	102.9	103.0	104.4	105.3
75.3	71.0	69.2	65.2	66.3	76.2	72.3
60.8	56.2	54.4	48.9	50.2	63.3	58.5
105.8	106.0	105.2	103.2	103.2	105.9	105.1
110.7	108.9	107.2	105.3	102.3	102.8	100.5
92.1	87.2	84.0	82.0	79.3	80.6	78.6
102.3	101.2	100.2	99.5	96.4	98.5	99.2
105.1	103.5	100.7	100.6	100.4	103.6	102.9
105.7	102.3	98.0	97.9	98.4	103.1	102.0
105.1	105.2	105.8	107.6	109.8	110.2	110.2
103.6	106.4	107.2	106.6	103.9	103.6	103.8
121.1	119.4	115.9	109.6	108.9	111.2	109.5
138.2	135.7	129.2	117.8	115.6	119.1	113.9
106.4	108.3	110.0	108.1	108.4	107.7	109.3
100.6	98.9	97.0	97.0	99.8	103.9	105.3
103.9	102.4	101.9	100.6	101.1	102.9	104.4
135.3	130.5	123.2	119.1	118.8	126.1	114.6
139.0	132.8	124.5	120.0	119.5	127.6	114.9
107.5	111.8	110.7	110.4	111.7	112.3	111.4
101.3	101.0	100.9	100.9	100.8	100.8	100.7
104.5	104.3	104.3	104.3	103.8	102.9	102.5
100.9	99.5	99.5	99.1	100.0	101.0	101.4
98.1	98.1	98.0	98.1	98.1	98.6	98.7
99.0	99.7	99.1	99.0	98.5	98.4	98.0
99.0	104.0	108.5	100.3	98.8	105.5	107.2

4－6 续表1

（上年同月＝100）

类　　别	年平均	1月	2月	3月	4月	5月
鲜　　果	103.5	104.9	104.1	104.8	101.4	97.2
坚　　果	99.4	102.9	100.6	100.6	98.8	97.2
瓜果制品	101.9	102.9	103.3	103.0	102.8	102.6
（12）糖果糕点类	101.4	101.6	101.4	101.1	101.8	101.5
食　糖	100.0	99.6	100.0	99.5	98.6	99.3
糖　果	102.3	102.5	101.6	102.7	102.6	102.2
糕　点	101.5	102.0	101.7	101.1	102.4	101.8
其他糖果糕点	100.9	100.2	100.2	100.2	100.2	100.6
（13）调味品	101.7	102.5	101.9	101.8	101.3	101.3
食 用 盐	98.8	98.2	98.2	98.2	98.2	99.2
酱　　油	100.1	101.9	100.3	100.3	100.1	99.8
食　　醋	99.7	99.7	99.5	99.5	99.6	99.5
增 味 剂	103.4	104.4	104.2	103.4	101.8	102.1
其他调味品	104.4	105.0	104.6	104.9	104.2	104.0
（14）其他食品类	99.8	101.1	100.4	100.1	99.6	99.7
方便食品	97.6	99.6	97.9	97.8	97.3	97.5
淀粉及制品	103.9	104.8	105.3	104.3	103.8	104.1
其他食品	100.2	100.2	100.4	100.4	100.5	100.1
2. 茶及饮料	101.1	100.8	100.5	100.1	100.4	100.9
茶　　叶	101.4	102.5	102.5	102.5	100.9	100.9
固体咖啡	100.7	100.4	100.4	100.5	100.5	100.5
其他固体饮料	101.2	100.9	100.9	101.2	101.2	101.1
饮 用 水	99.7	100.5	100.4	100.2	100.4	100.0
果汁饮料	100.1	99.1	98.8	98.7	99.0	99.2
其他液体饮料	101.4	100.6	100.1	99.5	100.4	101.3
3. 烟酒	101.9	101.3	101.3	101.4	101.4	101.9
（1）卷烟	100.5	100.6	100.6	100.6	100.3	100.3
卷　　烟	100.5	100.6	100.6	100.6	100.3	100.3
（2）酒类	104.4	102.6	102.6	102.8	103.2	104.7
白　　酒	105.6	104.0	104.0	104.4	104.7	105.9
葡 萄 酒	96.8	98.9	98.9	98.9	99.2	99.8
啤　　酒	101.9	99.7	99.6	99.4	100.0	102.3
其他酒类	99.5	95.5	95.5	95.6	96.6	99.2
4. 在外餐饮	101.5	101.8	102.1	101.9	101.4	101.6
餐馆餐饮	101.7	101.6	101.7	101.5	101.2	101.7
饮品店餐饮	102.1	102.1	102.1	102.1	102.1	102.4
外 卖	100.4	100.2	102.2	101.8	100.5	99.6
其他在外餐饮	101.3	103.5	103.5	103.5	102.5	102.1
二、衣着	99.5	99.0	98.9	98.5	99.5	100.2
1. 服装	99.6	98.9	98.8	98.4	99.7	100.3
（1）男式服装	99.8	98.9	99.0	98.5	99.6	100.2
男式外套	99.2	98.4	98.4	97.5	99.0	99.5
男式针织衫	101.8	100.0	100.6	100.5	102.0	102.3
男式衬衫T恤	99.5	96.7	97.4	97.5	97.8	99.3

6月	7月	8月	9月	10月	11月	12月
99.1	105.6	111.6	100.4	98.4	106.6	108.7
97.3	97.2	96.9	99.5	100.1	101.0	100.5
102.2	102.0	101.4	101.1	101.4	100.4	100.2
101.4	101.6	101.3	101.3	101.6	101.6	101.0
100.1	100.1	100.5	100.7	101.3	99.9	100.5
102.2	102.3	102.4	102.8	102.5	102.3	102.0
101.6	101.7	101.2	101.0	101.5	101.7	100.7
100.4	101.3	101.3	101.2	101.8	102.0	101.8
101.8	101.8	101.6	101.9	101.5	101.2	102.4
99.2	99.0	99.2	99.2	99.2	99.2	98.7
99.8	99.8	99.1	99.8	99.8	98.9	101.3
100.1	100.1	99.8	99.2	99.3	99.8	100.8
102.4	102.4	103.6	103.6	104.1	103.7	105.7
105.0	105.0	104.7	105.3	103.8	103.2	103.6
99.2	99.0	99.2	99.4	99.4	99.9	100.4
96.9	96.9	97.2	97.6	97.5	97.3	97.3
103.4	103.0	102.7	102.5	102.6	104.7	105.8
99.6	99.7	99.7	100.2	100.3	100.5	101.3
101.3	101.3	101.3	100.8	101.5	101.7	102.1
100.9	100.9	100.9	101.2	101.4	101.0	101.1
100.7	100.9	100.8	101.6	100.8	100.9	100.3
101.8	101.0	101.7	103.0	101.3	100.1	100.4
98.7	99.2	99.2	99.2	99.3	99.4	99.5
100.1	100.0	100.4	100.6	100.4	101.8	103.2
102.1	102.0	102.0	100.8	102.2	102.5	103.0
102.3	102.6	102.4	101.9	102.0	102.1	101.8
100.3	100.3	100.3	100.3	100.3	100.6	100.6
100.3	100.3	100.3	100.3	100.3	100.6	100.6
105.8	106.8	106.0	104.7	104.9	104.7	103.9
107.2	108.6	107.3	105.7	106.0	105.4	104.3
97.3	96.9	94.6	93.6	93.8	94.9	95.1
102.5	102.6	103.2	102.8	102.8	104.0	103.6
101.9	101.9	102.2	101.5	101.4	101.9	101.9
101.7	101.3	101.5	101.4	101.1	101.0	101.0
102.2	102.0	102.2	102.0	101.4	101.5	101.6
102.0	102.0	102.0	102.1	102.1	102.0	102.0
99.9	100.0	100.4	100.3	100.8	99.7	98.8
100.9	99.7	99.9	100.1	100.1	100.1	100.4
100.0	99.9	99.6	99.1	99.3	99.9	99.9
100.2	100.1	99.7	99.3	99.7	100.3	100.3
100.2	100.1	100.1	100.0	100.3	100.8	100.6
99.3	99.3	99.4	99.7	99.8	100.1	100.0
102.5	102.5	102.1	101.7	101.5	103.0	102.4
100.4	100.2	99.5	99.5	101.2	102.6	102.5

4-6 续表2

(上年同月=100)

类　别	年平均	1月	2月	3月	4月	5月
男式裤子	100.9	101.3	101.0	100.6	101.2	101.6
男式内衣	99.8	100.8	100.3	100.3	100.8	100.8
(2)女式服装	99.3	99.0	98.6	98.0	99.6	100.1
女式外套	98.9	99.4	98.2	97.1	99.6	100.0
女式针织衫	98.8	98.7	98.7	97.2	99.4	99.6
女式衬衫T恤	101.9	97.9	98.8	99.9	100.9	102.0
女式裤子	100.4	100.5	100.6	100.2	100.4	101.1
女式裙子	97.5	97.1	97.1	97.1	97.4	97.9
女式内衣	101.1	101.3	100.5	100.7	101.0	101.4
(3)儿童服装	100.0	98.4	98.6	98.9	100.3	101.2
婴儿服装	101.2	100.5	100.5	100.6	101.3	102.2
儿童上衣	100.1	99.1	98.6	99.2	101.6	102.5
儿童裤子	100.7	98.0	98.6	99.5	100.9	101.9
儿童裙子	97.8	95.6	96.4	96.0	96.7	97.6
儿童内衣	100.6	99.3	99.3	99.4	99.5	99.6
(4)衣着材料及配件	99.5	99.6	99.8	99.6	99.6	98.9
袜　子	99.0	99.5	99.5	99.5	99.5	98.2
帽　子	99.3	98.7	99.6	98.7	98.7	98.6
其他衣着材料及配件	101.3	101.0	101.0	101.0	101.4	101.3
(5)衣着服务费	101.8	100.2	101.5	101.5	101.3	101.3
衣着洗涤保养	104.2	100.0	104.4	104.4	104.4	104.4
其他衣着服务	100.8	100.3	100.3	100.3	100.0	100.0
2.鞋类	99.0	99.3	99.4	98.6	99.0	99.8
(1)鞋	99.0	99.3	99.4	98.6	99.0	99.8
男　鞋	99.4	100.3	100.4	99.7	99.6	100.0
女　鞋	98.0	98.4	98.4	97.3	97.8	98.9
童　鞋	101.8	99.9	100.5	100.9	101.7	103.5
(2)鞋类服务	100.3	100.3	100.3	100.3	100.3	100.3
鞋类服务	100.3	100.3	100.3	100.3	100.3	100.3
三、居住	101.3	100.3	100.3	100.7	101.2	101.1
1.租赁房房租	101.0	100.5	100.7	101.0	101.3	101.0
公房房租	100.1	100.0	100.0	100.0	100.0	100.2
私房房租	101.1	100.6	100.7	101.1	101.3	101.0
2.住房保养维修及管理	102.4	100.6	101.1	101.5	102.3	102.1
(1)住房装潢材料	102.3	99.4	100.2	100.8	101.8	102.3
木地板	101.7	98.5	98.5	98.5	100.4	100.7
瓷　砖	100.2	99.3	99.3	99.2	100.3	100.3
水　泥	97.1	92.8	93.1	95.9	94.1	96.0
涂　料	102.3	102.8	102.8	102.8	102.7	102.1
板　材	106.7	101.0	104.0	105.1	107.8	107.4
管　材	104.9	102.0	102.6	104.3	105.0	105.2
厨卫设备	101.6	99.2	99.2	99.9	100.6	101.1
门　窗	106.3	101.8	104.9	104.9	106.0	107.1
其他住房装潢材料	103.0	98.0	98.0	99.0	101.8	103.5

6月	7月	8月	9月	10月	11月	12月
101.4	101.1	101.6	100.3	100.7	100.6	100.1
99.9	99.9	99.9	99.4	98.8	98.3	98.0
100.1	100.0	99.3	98.7	99.1	99.7	99.9
99.0	99.0	98.6	98.0	98.6	99.6	100.3
100.3	98.7	98.4	98.4	98.3	99.2	99.2
103.4	104.5	103.3	101.8	102.7	103.8	103.4
101.2	101.0	100.4	100.2	100.4	99.5	99.1
98.8	99.3	97.0	96.7	96.9	97.6	97.6
101.8	102.0	102.2	101.2	100.7	100.3	100.0
100.9	100.3	100.1	99.6	100.1	101.0	100.9
102.7	102.6	102.4	101.2	100.3	100.4	100.1
100.6	99.4	99.1	99.2	99.9	100.8	100.9
101.9	101.2	100.8	100.0	101.3	102.1	102.0
98.1	98.0	97.9	97.8	98.4	100.6	100.6
101.9	102.0	102.0	100.9	101.2	101.3	101.3
99.1	99.2	99.2	99.6	99.9	99.8	99.9
98.5	98.4	98.4	99.0	99.0	99.0	99.2
98.6	99.1	99.0	99.7	100.1	100.1	100.0
101.3	101.3	101.4	101.0	101.6	101.5	101.4
102.2	102.2	102.2	102.3	102.3	102.4	102.4
104.4	104.4	104.4	104.7	104.7	105.0	105.0
101.3	101.3	101.3	101.3	101.3	101.3	101.3
99.3	99.1	99.3	98.6	98.2	98.5	98.6
99.3	99.1	99.3	98.5	98.2	98.5	98.6
99.3	99.3	99.3	98.5	98.4	98.8	98.8
98.4	98.0	98.4	97.8	97.3	97.6	97.8
103.1	103.2	103.2	101.8	101.3	101.0	101.1
100.3	100.3	100.3	100.3	100.3	100.3	100.3
100.3	100.3	100.3	100.3	100.3	100.3	100.3
101.2	101.4	101.3	101.6	102.2	102.1	102.0
101.0	101.0	100.8	101.3	101.3	101.1	101.6
100.2	100.2	100.2	100.2	100.2	100.2	100.2
101.0	101.0	100.9	101.3	101.3	101.1	101.6
102.4	102.6	102.5	103.2	103.8	103.7	102.7
102.7	102.9	102.9	103.3	104.0	104.2	103.3
102.3	102.3	102.8	102.8	103.6	105.2	104.8
100.3	100.3	100.3	100.3	100.9	101.3	101.1
96.5	96.2	96.2	99.7	101.4	102.1	102.5
102.1	102.1	102.1	101.8	102.8	102.7	101.1
107.3	108.1	108.1	108.1	109.3	107.5	106.2
105.4	106.1	106.0	105.6	105.4	105.7	105.1
101.6	102.5	102.5	103.0	103.5	103.6	102.9
107.7	107.7	107.7	107.7	108.0	108.0	104.7
103.8	103.8	103.8	104.0	105.9	107.1	107.6

4－6 续表3

（上年同月＝100）

类别	年平均	1月	2月	3月	4月	5月
(2)住房维修管理费用	102.5	102.4	102.4	102.3	102.9	101.8
物业管理费	100.0	100.0	100.0	100.0	100.0	100.0
装潢维修费	103.7	103.5	103.5	103.5	104.4	102.7
其他住房费用	99.9	100.0	100.0	99.9	99.9	99.9
3.水电燃料	101.7	99.4	98.8	99.3	100.0	100.4
(1)水	101.7	100.0	100.0	100.9	100.9	100.9
水	101.7	100.0	100.0	100.9	100.9	100.9
(2)电	100.0	100.0	100.0	100.0	100.0	100.0
电	100.0	100.0	100.0	100.0	100.0	100.0
(3)燃气	105.9	97.0	94.8	96.9	99.6	101.2
管道燃气	101.3	100.4	100.4	100.4	100.4	100.7
液化石油气	106.6	96.5	93.9	96.4	99.5	101.3
(4)其他水电燃料类	101.0	100.7	100.5	100.1	100.4	100.5
其他水电燃料类	101.0	100.7	100.5	100.1	100.4	100.5
4.自有住房	100.8	100.4	100.5	100.9	101.3	101.1
自有住房	100.8	100.4	100.5	100.9	101.3	101.1
四、生活用品及服务	100.2	99.9	99.5	99.7	100.4	100.2
1.家具及室内装饰品	100.8	100.8	100.7	100.6	100.7	100.4
(1)家具	100.8	100.7	100.6	100.4	100.6	100.4
柜	101.8	101.4	101.3	101.4	101.6	101.5
床	100.2	100.6	100.6	100.3	100.4	99.5
桌	101.4	101.0	101.0	101.2	101.4	100.7
椅	99.6	100.6	99.7	99.7	99.5	99.5
沙　　发	100.0	99.5	99.5	99.0	99.2	99.6
其他家具	100.3	100.5	100.5	100.5	100.9	99.8
(2)室内装饰品	101.3	102.1	102.1	102.1	102.3	101.0
灯　　具	101.7	103.0	103.0	102.9	102.8	101.0
其他室内装饰品	100.3	100.0	100.2	100.2	101.0	100.9
2.家用器具	101.6	98.9	99.8	100.6	101.3	102.3
(1)大型家用器具	101.2	98.1	98.9	100.0	100.9	101.8
洗 衣 机	106.6	102.5	104.4	107.9	109.1	109.0
电冰箱(柜)	106.3	100.8	103.2	104.2	105.7	103.9
抽油烟机	101.2	98.8	99.4	100.9	99.7	101.0
空 调 器	97.7	93.5	93.8	96.0	96.2	99.0
热 水 器	100.3	99.9	99.9	96.8	99.1	98.6
炉具灶具	100.9	102.7	103.6	102.6	103.5	103.4
吸 尘 器	98.7	100.4	99.5	94.9	97.5	102.3
空气净化器	94.9	99.8	97.8	97.0	97.4	100.6
净 水 器	94.5	96.8	99.8	98.7	95.5	93.8
其他大型家用器具	103.4	103.3	102.7	105.0	105.3	105.6
(2)小家电	104.0	104.1	105.8	104.3	104.3	106.0
厨房小家电	105.3	107.9	107.8	105.2	105.3	105.8
生活小家电	101.7	98.1	102.4	102.8	102.6	106.2
3.家用纺织品	100.1	99.6	99.7	99.6	100.6	100.3

6月	7月	8月	9月	10月	11月	12月
102.1	102.1	102.0	103.2	103.6	103.0	101.8
100.0	100.0	100.0	100.0	100.0	100.0	100.0
103.1	103.1	103.0	104.7	105.4	104.4	102.6
99.9	99.9	99.9	99.9	99.9	99.9	99.9
101.0	101.7	101.7	102.7	104.4	105.2	105.4
100.9	100.9	100.9	100.9	100.9	106.8	106.8
100.9	100.9	100.9	100.9	100.9	106.8	106.8
100.0	100.0	100.0	100.0	100.0	100.0	100.0
100.0	100.0	100.0	100.0	100.0	100.0	100.0
103.8	106.6	106.7	110.3	116.4	118.5	120.8
101.3	101.3	101.8	102.3	102.3	102.3	101.9
104.2	107.5	107.5	111.7	118.8	121.3	124.0
100.4	100.3	100.4	101.6	103.6	103.3	100.8
100.4	100.3	100.4	101.6	103.6	103.3	100.8
101.0	101.0	100.8	100.8	100.9	100.6	100.6
101.0	101.0	100.8	100.8	100.9	100.6	100.6
100.1	100.5	100.7	100.1	100.7	100.4	100.6
101.0	101.1	101.6	100.7	100.6	100.9	100.8
101.0	101.1	101.6	100.7	100.6	100.9	100.9
102.2	102.4	102.7	102.2	101.8	101.7	101.4
99.6	100.0	100.9	99.2	100.0	100.3	100.3
101.1	101.3	102.3	101.7	101.6	101.8	101.6
99.2	99.2	99.8	99.0	99.2	99.9	100.4
101.1	101.1	101.1	99.9	99.4	99.9	100.1
99.8	99.8	99.8	98.9	100.1	101.2	101.2
101.1	101.1	101.0	101.0	100.8	100.7	100.4
101.1	101.3	101.3	101.3	101.0	101.1	101.1
101.0	100.6	100.3	100.3	100.3	100.0	99.0
102.3	103.0	102.4	101.2	101.6	103.0	102.5
102.3	103.0	102.3	100.8	101.3	102.8	102.5
108.5	108.8	108.6	107.0	105.0	104.6	104.0
105.8	107.1	106.2	105.7	110.8	111.4	111.0
100.3	101.9	102.2	101.5	100.8	104.6	103.7
100.0	100.9	99.3	97.7	97.1	100.3	99.5
99.4	101.3	103.1	100.6	100.7	103.1	101.6
102.3	102.3	102.1	98.6	96.9	96.3	97.3
97.9	97.9	100.0	97.5	101.5	95.0	99.9
93.2	98.5	91.6	90.8	87.8	87.5	97.1
95.4	94.2	91.8	90.4	91.8	88.9	96.9
105.2	102.1	102.4	101.9	102.6	102.5	102.3
102.7	103.1	102.7	103.7	103.9	104.5	102.8
103.0	103.3	102.8	105.6	106.7	107.3	103.8
102.3	102.7	102.7	100.6	99.2	99.7	101.1
100.4	100.3	100.4	100.4	100.4	99.7	99.7

4－6 续表4

（上年同月＝100）

类　　别	年平均	1月	2月	3月	4月	5月
（1）床上用品	100.3	100.0	100.1	100.0	100.9	100.5
被　　子	100.6	100.9	100.9	100.6	101.5	100.4
床单被套	99.5	98.8	99.0	99.0	99.7	99.5
其他床上用品	101.8	101.2	101.4	101.4	102.7	103.2
（2）窗帘门帘	99.5	99.0	99.0	99.1	99.5	99.2
窗帘门帘	99.5	99.0	99.0	99.1	99.5	99.2
（3）其他家用纺织品	98.2	95.7	95.7	96.3	98.7	98.8
其他家用纺织品	98.2	95.7	95.7	96.3	98.7	98.8
4.家庭日用杂品	99.5	99.9	99.0	98.5	99.7	98.5
（1）洗涤卫生用品	100.7	101.9	101.5	100.6	101.0	99.4
清洗用品	101.6	104.1	103.0	101.4	101.9	99.1
清洁用具	100.1	99.1	99.8	101.0	98.2	97.4
清洁用纸	99.8	99.7	99.9	99.6	100.6	100.3
（2）厨具餐具茶具	96.2	95.2	92.9	92.9	96.3	95.6
厨　　具	95.9	97.5	90.1	91.3	95.8	96.7
餐　　具	94.8	91.6	97.2	94.5	95.5	91.8
茶　　具	103.8	92.9	97.6	98.4	102.5	102.6
（3）其他家庭日用杂品	101.0	100.5	100.6	100.8	100.8	100.9
配电附件	101.8	100.8	100.8	101.0	101.3	101.8
雨　　具	100.9	99.8	100.1	100.7	101.1	101.2
其他日用杂品	100.1	100.5	100.5	100.7	100.0	99.6
5.个人护理用品	98.1	101.3	97.8	98.9	99.2	98.9
（1）化妆品	96.5	100.5	95.0	98.2	99.1	99.1
清洁化妆品	97.3	97.7	98.3	99.3	100.4	102.2
护肤化妆品	96.5	103.6	95.5	99.5	100.2	99.1
彩妆化妆品	95.2	95.3	90.0	93.1	95.3	95.4
化妆器具	97.1	97.4	94.8	97.6	93.8	99.6
（2）其他护理用品类	99.7	102.1	100.5	99.5	99.3	98.8
清洁类护理用品	100.0	103.2	101.7	99.1	99.8	99.2
护发美发用品	99.0	99.3	101.1	99.6	100.6	96.3
护理器具	99.3	101.7	95.6	100.7	95.6	100.3
其他护理用品	101.4	101.6	101.1	101.1	100.1	99.4
6.家庭服务	99.9	100.0	99.7	99.8	100.0	99.9
家政服务	102.4	102.5	102.2	102.2	104.0	102.9
母婴护理服务	101.0	100.4	100.4	100.4	101.0	101.0
家庭维修服务	99.3	99.6	99.2	99.3	99.3	99.3
其他家庭服务	99.7	99.3	99.3	99.2	99.2	99.2
五、交通通信	102.5	96.5	98.3	101.5	103.1	103.5
1.交通	103.6	94.9	97.4	101.8	104.1	104.7
（1）交通工具	98.9	99.1	99.1	98.7	98.8	98.7
燃油小汽车	98.4	99.2	99.2	98.4	98.5	98.4
新能源小汽车	99.0	98.1	97.4	98.5	98.5	99.3
电动自行车	99.5	98.7	98.8	98.8	99.3	98.8
自 行 车	101.7	99.7	99.7	100.1	100.3	101.6

6月	7月	8月	9月	10月	11月	12月
100.6	100.6	100.6	100.7	100.7	99.6	99.5
100.5	100.6	100.6	100.5	100.8	100.1	99.9
99.6	99.8	99.8	100.0	100.1	99.3	99.6
103.2	102.6	102.8	102.6	102.2	99.6	98.6
99.5	99.5	99.5	99.4	99.3	100.5	100.9
99.5	99.5	99.5	99.4	99.3	100.5	100.9
98.8	98.5	98.6	98.8	99.2	99.9	100.2
98.8	98.5	98.6	98.8	99.2	99.9	100.2
98.5	100.2	99.9	99.8	100.3	99.9	100.3
99.8	101.2	101.3	101.2	101.9	99.2	100.1
100.1	102.6	102.6	100.9	103.3	99.8	100.7
99.2	99.3	99.3	101.5	101.4	100.5	104.3
99.4	99.7	100.1	101.5	100.1	98.1	98.1
94.6	97.8	96.3	96.0	96.5	100.7	100.5
94.4	98.8	95.1	96.5	96.3	99.5	99.9
92.3	93.1	95.7	92.6	93.7	101.9	99.0
105.4	109.8	107.2	106.3	109.7	104.7	110.3
100.9	101.1	101.1	101.3	101.1	101.7	101.5
101.8	102.2	102.2	102.2	101.7	103.2	103.2
101.2	100.9	101.0	101.4	101.4	100.7	100.9
99.7	99.7	99.9	100.3	100.3	100.1	99.6
97.3	95.5	98.2	97.6	99.6	96.1	97.5
97.5	93.7	96.7	94.7	97.1	92.4	93.7
97.2	95.6	98.0	93.9	97.3	94.8	92.7
98.5	92.0	97.2	94.4	97.4	89.7	91.7
94.4	96.1	93.7	96.2	95.9	97.9	100.1
98.5	96.8	96.6	97.1	98.3	95.1	99.9
97.1	97.1	99.7	100.3	102.0	99.7	101.1
97.8	97.1	100.7	100.7	101.5	99.6	100.3
92.2	95.6	98.4	99.6	102.9	99.5	103.0
99.9	98.1	97.5	99.6	102.2	99.6	101.4
101.3	101.5	101.5	101.2	102.7	102.5	102.5
99.8	99.9	100.0	99.9	99.9	99.9	99.9
102.1	102.4	102.4	102.2	102.2	101.9	101.9
101.0	101.4	101.6	101.3	101.3	101.0	101.2
99.3	99.3	99.3	99.3	99.3	99.3	99.3
99.2	99.9	99.9	99.9	100.3	100.3	100.3
103.9	104.1	103.6	103.4	104.2	105.2	103.2
105.2	105.5	104.9	105.0	106.8	108.7	105.6
98.8	98.4	98.4	98.2	98.3	99.9	100.0
98.4	97.6	97.6	97.0	97.0	99.8	99.7
99.3	98.6	98.6	98.6	98.6	101.0	101.0
99.5	100.0	100.0	99.9	100.1	100.1	100.4
101.8	102.1	102.5	102.9	103.2	103.3	103.1

4－6 续表 5

（上年同月＝100）

类　　别	年平均	1 月	2 月	3 月	4 月	5 月
其他交通工具	99.3	99.3	99.3	99.3	99.4	99.2
(2)交通工具用燃料	117.5	86.4	94.9	111.7	119.8	121.8
汽　　油	117.6	86.3	94.9	111.9	120.1	122.1
柴　　油	119.4	85.0	94.3	113.0	122.2	124.6
其他车用能源	101.8	99.5	98.9	98.7	97.1	96.8
(3)交通工具使用和维修	100.6	99.6	100.4	100.0	100.1	100.9
停 车 费	101.1	100.0	100.0	100.0	100.0	100.0
车辆使用费	99.5	98.6	98.6	98.6	98.6	100.0
交通工具零配件	99.8	99.2	99.2	99.2	99.4	99.4
车辆修理与保养	101.2	100.1	101.2	100.7	100.7	101.4
(4)交通费	99.0	91.1	91.1	96.4	101.1	101.7
市内公共交通	99.1	95.7	97.7	95.7	100.0	100.0
出租汽车	100.0	100.0	100.0	100.0	100.0	100.0
飞 机 票	105.1	51.7	51.7	88.0	125.7	135.6
火 车 票	100.2	100.0	100.0	100.0	99.8	99.8
长途汽车	96.0	95.0	94.4	94.4	96.3	96.3
网 约 车	100.3	99.7	99.8	99.8	100.2	100.5
交通工具租赁费	99.0	100.0	100.0	100.0	100.0	99.7
其他交通费	99.6	98.5	98.5	99.7	99.7	99.7
2. 通信	100.0	100.0	100.3	100.6	101.0	101.0
(1)通信工具	101.7	100.7	101.6	102.6	103.7	104.0
电 话 机	101.8	100.7	101.7	102.8	103.9	104.3
其他通信工具及零配件	99.4	99.7	99.7	99.7	99.7	99.3
(2)通信服务	99.1	99.5	99.5	99.5	99.3	99.3
电 话 费	98.9	99.4	99.4	99.4	99.2	99.2
家庭宽带服务	100.6	100.6	100.6	100.6	100.6	100.6
其他通信服务	99.8	100.0	100.0	100.0	100.0	100.0
(3)邮递服务	99.9	100.8	99.6	99.6	100.8	100.3
邮递服务	99.9	100.8	99.6	99.6	100.8	100.3
六、教育文化娱乐	103.3	104.2	104.3	104.5	104.4	104.9
1. 教育	103.6	105.3	105.3	105.5	105.3	105.6
(1)教育用品	101.9	101.5	101.5	101.4	101.6	101.6
工 具 书	102.6	103.0	103.0	103.0	103.0	103.0
教　　材	101.3	100.5	100.5	100.5	100.5	100.5
参考资料	102.6	102.0	102.0	102.0	102.2	102.0
其他教育用品	97.7	97.0	97.4	96.5	97.7	98.3
(2)教育服务	103.6	105.4	105.4	105.7	105.4	105.7
幼儿早期教育	100.5	100.0	100.0	100.7	100.7	100.7
学前教育	101.9	101.5	101.5	101.5	101.5	101.5
小学初中教育	102.1	101.8	101.8	101.8	101.8	101.8
高中中职教育	100.9	101.6	101.6	101.6	101.6	101.6
高等教育	114.6	123.6	123.6	123.6	123.6	123.6
课外教育	102.4	102.7	102.7	102.7	102.6	102.6
专业技能培训	96.8	97.4	97.4	98.9	97.2	99.8

6月	7月	8月	9月	10月	11月	12月
99.0	98.9	98.9	99.5	99.6	99.6	99.7
124.1	125.3	122.7	123.4	132.3	136.8	122.8
124.4	125.6	122.9	123.5	132.5	137.0	123.0
127.2	128.4	125.3	125.8	136.1	141.1	125.5
98.5	100.7	103.3	107.0	106.7	111.4	104.2
100.5	100.6	100.6	101.2	101.2	101.2	101.3
100.0	102.1	102.1	102.1	102.1	102.1	102.1
100.0	100.0	100.0	100.0	100.0	100.0	100.0
99.4	99.4	99.4	100.2	100.2	100.9	101.1
100.9	100.9	100.9	101.7	101.7	101.7	101.9
101.4	102.8	102.9	102.1	99.9	99.7	99.3
100.0	100.0	100.0	100.0	100.0	100.0	100.0
100.0	100.0	100.0	100.0	100.0	100.0	100.0
132.9	142.1	141.1	136.8	113.7	119.5	105.9
100.4	100.4	100.4	100.4	100.4	100.4	100.4
96.3	97.7	97.7	97.4	95.7	94.5	96.2
100.8	100.1	100.3	100.7	100.1	100.4	100.7
99.7	98.2	98.2	98.2	98.2	98.2	98.2
99.7	99.7	99.7	99.7	99.7	99.7	101.3
101.0	101.0	100.8	100.1	98.8	98.0	98.0
104.0	103.8	103.5	103.6	99.8	96.6	96.8
104.2	104.0	103.7	103.9	99.8	96.5	96.7
99.3	99.3	99.3	99.3	98.9	98.9	98.9
99.3	99.3	99.3	98.2	98.2	98.7	98.7
99.2	99.2	99.2	97.9	97.9	98.5	98.5
100.6	100.6	100.6	100.6	100.6	100.6	100.6
100.0	100.0	100.0	99.5	99.5	99.5	99.5
100.3	100.3	100.3	99.2	99.2	99.2	99.2
100.3	100.3	100.3	99.2	99.2	99.2	99.2
104.6	104.7	104.7	100.7	100.8	100.8	100.9
105.2	105.1	105.1	100.2	100.3	100.3	100.4
101.4	101.3	101.3	103.0	103.0	102.7	102.5
103.0	103.0	103.0	102.6	102.6	101.3	101.1
100.5	100.5	100.5	103.0	103.0	103.0	103.0
102.0	101.9	101.9	103.8	103.8	103.8	103.7
96.1	95.5	95.8	99.5	99.5	99.4	99.5
105.4	105.3	105.2	100.1	100.2	100.2	100.4
100.7	100.7	100.7	100.3	100.3	100.3	100.3
101.5	101.5	101.5	102.5	102.5	102.5	102.5
101.8	101.8	101.8	102.8	102.8	102.8	102.8
101.6	101.6	101.6	99.4	99.4	99.4	99.4
123.6	123.6	123.6	100.0	100.0	100.0	100.0
102.7	103.0	102.7	101.2	101.8	101.8	101.8
96.6	95.4	95.4	95.4	95.7	95.7	96.9

4－6 续表 6

（上年同月＝100）

类　　别	年平均	1 月	2 月	3 月	4 月	5 月
其他教育服务	100.0	100.0	100.0	100.0	100.0	100.0
2. 文化娱乐	102.1	100.2	100.6	100.7	101.3	102.5
（1）文娱耐用消费品	105.0	105.1	104.3	104.7	103.5	106.5
电 视 机	109.5	116.8	113.9	113.6	109.3	112.7
照 相 机	96.6	97.8	97.6	95.1	94.3	93.9
台式计算机	106.4	95.0	94.7	96.8	98.1	106.6
笔记本电脑	105.1	103.0	103.7	101.8	102.1	104.5
平板电脑	97.5	99.9	101.0	101.4	102.0	100.8
乐　　器	104.9	101.5	101.5	101.5	101.5	106.4
音　　响	99.3	99.2	98.6	98.8	99.5	99.5
可穿戴智能设备	104.0	103.2	101.3	101.4	103.1	102.3
其他文娱耐用消费品	98.6	98.5	98.3	100.0	98.3	98.3
（2）其他文娱用品	100.0	99.8	99.9	99.9	100.0	100.0
书报杂志及音像制品	101.1	101.1	101.1	101.1	101.1	101.1
纸张文具	99.4	98.9	98.9	98.7	98.7	98.9
体育户外用品	101.3	100.8	100.8	100.8	100.8	101.7
游戏用品和玩具	100.4	100.9	101.0	101.1	101.4	101.0
园艺花卉及用品	98.0	96.8	96.8	98.1	98.6	98.4
宠物及用品	98.0	97.4	97.4	97.0	96.8	99.1
其他文化娱乐用品	100.3	100.5	100.7	100.7	100.7	100.1
（3）文化娱乐服务	100.9	100.0	101.8	100.4	100.6	100.9
电影及演出票	100.7	98.0	116.7	100.7	98.7	98.1
景点门票	100.9	100.0	103.6	100.7	100.7	100.7
电视服务	100.0	100.0	100.0	100.0	100.0	100.0
健身活动	98.7	100.3	99.7	99.7	99.0	98.0
宠物服务	103.2	101.5	112.3	101.5	101.5	101.5
网络文娱服务	103.1	100.0	100.0	100.0	104.7	104.9
儿童娱乐项目	105.8	100.0	100.0	102.0	102.0	107.4
其他文娱服务	99.8	99.9	99.9	99.9	99.9	99.9
（4）旅游	100.5	91.4	93.2	94.5	99.2	99.7
旅行社收费	100.4	90.8	92.8	94.1	99.1	99.5
其他旅游	101.8	100.3	100.3	100.4	101.7	102.2
七、医疗保健	99.8	100.8	99.9	99.4	99.5	99.2
1. 药品及医疗器具	98.7	101.0	98.8	97.4	97.8	97.8
（1）中药	100.3	100.9	100.2	100.2	99.6	99.7
中 药 材	100.4	103.3	102.6	102.5	99.5	99.4
中 成 药	100.3	100.0	99.4	99.4	99.6	99.8
（2）西药	99.9	101.3	100.4	100.0	100.3	99.8
抗微生物药	100.7	100.0	99.5	99.7	100.7	99.5
消化系统用药	100.7	104.8	104.1	102.6	100.8	100.1
呼吸系统用药	101.9	102.7	102.9	102.4	101.2	102.3
解热镇痛药	95.6	98.9	96.1	95.8	96.2	96.0
抗肿瘤药	97.3	96.7	96.8	97.0	97.1	97.0
激素及影响内分泌药	96.4	95.8	95.7	95.1	95.9	95.9

6月	7月	8月	9月	10月	11月	12月
100.0	100.0	100.0	100.0	100.0	100.0	100.0
102.3	103.3	103.4	102.8	102.8	102.9	102.8
105.9	106.5	105.7	105.4	104.9	103.3	104.0
110.8	110.8	109.7	108.2	104.6	102.9	103.2
94.0	94.8	100.3	97.2	96.7	97.7	100.6
113.3	113.4	112.9	111.6	111.5	112.1	112.5
102.8	102.6	101.6	105.7	110.7	111.5	110.8
94.5	98.1	94.4	96.0	98.5	90.4	93.5
106.4	105.8	105.8	105.8	105.8	108.6	108.5
99.3	99.3	98.9	99.0	99.4	99.6	100.2
98.5	105.3	109.2	106.6	105.2	104.8	108.0
98.3	98.3	98.6	98.6	98.6	98.6	98.6
100.0	100.2	100.2	99.8	99.8	100.1	100.0
101.1	101.1	101.1	101.1	101.1	101.1	101.1
99.1	99.3	99.5	99.6	99.6	100.7	100.5
101.7	101.7	101.7	101.7	102.2	101.0	101.2
101.1	101.0	101.0	99.3	99.2	99.2	98.8
97.6	98.8	98.5	98.3	98.7	98.0	97.7
98.3	98.4	98.4	98.4	98.0	98.5	98.0
99.9	100.1	100.1	100.1	100.0	100.3	100.3
100.9	100.9	101.0	100.9	101.2	101.0	101.0
95.0	97.6	100.9	97.9	106.2	99.4	99.0
100.7	100.7	100.7	100.7	100.7	100.8	100.7
100.0	100.0	100.0	100.0	100.0	100.0	100.0
98.2	98.4	98.8	98.4	98.2	98.2	97.4
101.5	101.5	101.5	104.1	104.1	104.1	104.1
104.9	103.3	103.3	104.1	104.1	104.3	104.3
108.5	108.5	108.5	107.7	108.4	108.4	108.9
99.9	99.9	99.9	99.5	99.5	99.5	99.5
99.5	103.4	105.7	103.5	104.0	107.8	106.4
99.3	103.5	105.9	103.5	104.0	108.2	106.6
102.2	102.2	102.2	102.3	103.0	102.5	102.4
99.2	99.4	99.5	99.7	100.1	100.2	100.3
98.0	98.6	98.9	98.8	99.1	99.4	99.4
100.3	100.6	100.6	100.7	100.3	100.3	100.3
99.5	99.7	99.7	99.6	99.5	99.8	99.8
100.5	101.0	100.9	101.1	100.6	100.5	100.5
99.6	99.6	99.7	99.5	99.8	99.7	99.3
99.3	100.4	100.6	102.3	102.3	102.3	102.0
100.2	100.0	100.3	98.8	98.6	99.1	99.4
102.3	101.8	101.6	102.3	101.7	101.5	100.3
94.6	94.2	93.6	94.4	95.4	95.3	96.6
97.0	96.8	97.1	97.1	97.1	97.3	100.8
96.4	96.4	96.6	96.7	96.7	97.1	98.2

4－6 续表 7

（上年同月＝100）

类　别	年平均	1 月	2 月	3 月	4 月	5 月
心血管系统用药	101.5	104.6	102.3	102.0	103.9	101.8
血液系统用药	98.0	100.0	98.3	98.1	98.2	97.7
治疗精神障碍药	100.5	103.3	102.9	102.5	100.9	100.4
神经系统用药	102.0	99.7	101.5	101.8	101.8	102.4
泌尿系统用药	98.2	102.2	100.0	99.5	98.3	97.3
维生素、矿物质类药	105.4	105.3	105.0	104.2	106.2	107.4
调节水、电解质及酸碱平衡药	94.7	97.6	97.6	93.8	93.5	93.2
其他西药	100.9	101.4	100.9	100.9	100.9	100.9
（3）滋补保健品	99.6	102.6	100.7	100.7	99.4	98.6
滋补保健品	99.6	102.6	100.7	100.7	99.4	98.6
（4）医疗卫生器具	88.2	98.6	85.7	76.9	80.9	83.2
医疗卫生器具	88.2	98.6	85.7	76.9	80.9	83.2
（5）保健器具	99.7	99.0	99.0	99.0	99.0	100.1
保健器具	99.7	99.0	99.0	99.0	99.0	100.1
2. 医疗服务	100.2	100.8	100.4	100.3	100.3	99.8
（1）综合医疗类	101.8	105.5	103.8	103.7	103.7	100.8
一般医疗服务	101.5	104.2	101.5	101.5	101.5	100.4
一般治疗操作	102.0	106.4	105.2	105.2	105.2	101.2
护　理	102.3	106.8	104.9	104.4	104.4	100.5
其他综合医疗服务	100.0	100.0	100.0	100.0	100.0	100.0
（2）诊断类	99.1	99.0	98.9	98.8	98.8	99.1
病理学诊断	101.2	101.7	101.7	101.7	101.7	101.1
实验室诊断	99.4	99.1	99.1	99.1	99.1	99.6
影像学诊断	97.9	97.7	97.5	97.3	97.3	97.8
临床诊断	101.0	102.0	102.0	102.0	102.0	100.8
（3）治疗类	99.9	99.6	99.6	99.6	99.6	99.7
临床手术治疗	100.2	100.7	100.7	100.7	100.7	100.1
临床非手术治疗	99.4	97.5	97.5	97.5	97.5	99.0
（4）康复类	101.0	101.4	101.4	101.4	101.4	101.0
康复医疗	101.0	101.4	101.4	101.4	101.4	101.0
（5）中医医疗服务类	105.6	104.7	104.4	104.4	104.4	102.1
中医治疗	105.6	104.7	104.4	104.4	104.4	102.1
（6）其他医疗保健服务	99.7	99.6	99.7	99.6	99.1	99.1
其他医疗保健服务	99.7	99.6	99.7	99.6	99.1	99.1
八、其他用品及服务	99.0	100.7	100.2	100.0	98.6	98.2
1. 其他用品	99.5	103.1	102.3	101.9	99.3	98.9
（1）首饰手表	100.2	107.2	105.8	103.3	101.9	100.9
金 饰 品	99.8	111.1	108.7	104.8	102.3	100.6
银 饰 品	100.4	99.5	101.5	101.5	102.3	101.2
铂金饰品	100.7	98.6	99.0	99.7	99.9	101.4
手　　表	101.2	100.4	100.4	100.4	101.7	101.7
（2）母婴用品	97.1	95.8	97.2	101.8	96.3	99.1
母婴洗护喂养用品	98.4	96.6	97.8	101.4	98.4	103.4
其他母婴用品	94.3	94.2	95.8	102.9	91.6	90.8

6月	7月	8月	9月	10月	11月	12月
101.8	101.8	101.7	100.4	100.4	100.3	97.7
97.7	97.7	97.7	96.5	99.1	99.2	96.4
100.2	99.9	100.1	99.6	98.6	98.1	99.7
101.8	102.1	102.2	102.6	103.5	103.1	101.2
97.3	96.5	97.8	97.5	97.5	97.4	97.0
106.3	105.4	106.1	105.6	105.6	104.0	104.0
94.1	93.8	93.8	94.8	94.8	94.8	94.8
100.9	100.7	100.7	100.8	100.7	100.9	100.5
98.3	98.7	99.1	99.3	99.4	98.9	98.9
98.3	98.7	99.1	99.3	99.4	98.9	98.9
84.7	88.5	90.0	89.7	91.9	96.4	98.1
84.7	88.5	90.0	89.7	91.9	96.4	98.1
100.1	100.7	100.6	99.9	99.5	99.5	100.3
100.1	100.7	100.6	99.9	99.5	99.5	100.3
99.8	99.7	99.8	100.1	100.6	100.6	100.7
100.9	100.5	100.9	100.9	100.9	100.8	100.1
100.6	100.6	101.7	101.7	101.7	101.7	101.1
101.1	100.3	100.3	100.3	100.3	100.3	99.2
101.1	101.1	101.1	101.1	101.1	101.0	100.7
100.0	100.0	100.0	100.0	100.0	100.0	100.0
99.1	99.1	99.1	99.1	99.1	99.0	100.0
101.1	101.1	101.1	101.1	101.1	101.1	100.0
99.6	99.6	99.6	99.6	99.6	99.6	100.0
97.8	97.8	97.8	97.8	97.8	97.8	100.0
100.8	100.8	100.8	100.8	100.8	99.8	100.0
99.7	99.7	99.7	99.7	100.9	100.9	100.6
100.1	100.1	100.1	100.1	100.1	100.1	99.1
98.9	98.9	98.9	98.9	102.4	102.4	103.5
101.0	101.0	101.0	101.0	101.0	101.0	100.0
101.0	101.0	101.0	101.0	101.0	101.0	100.0
101.8	101.8	101.8	108.1	111.8	111.8	109.7
101.8	101.8	101.8	108.1	111.8	111.8	109.7
99.5	99.5	99.5	100.0	99.9	99.9	101.0
99.5	99.5	99.5	100.0	99.9	99.9	101.0
99.1	99.1	97.6	97.1	99.5	98.9	99.5
100.5	100.5	97.8	97.0	98.2	97.0	97.8
101.3	99.9	96.5	95.8	96.0	97.0	98.0
101.1	99.2	94.6	93.4	93.7	94.9	96.6
101.4	101.0	99.6	98.8	98.8	99.8	99.8
101.7	101.4	100.2	101.5	101.5	102.2	101.1
101.7	101.3	101.3	101.3	101.3	101.3	101.3
96.6	100.8	96.6	93.3	98.5	93.6	96.6
98.0	105.2	95.4	93.3	101.3	93.2	98.4
93.3	91.7	99.3	93.4	92.3	94.5	92.7

4－6　续表 8

（上年同月＝100）

类　　别	年平均	1 月	2 月	3 月	4 月	5 月
(3)其他杂项用品	99.4	99.4	98.5	99.2	95.7	94.7
箱　包	98.8	99.6	98.1	98.6	93.2	91.7
眼　镜	100.6	99.1	99.3	100.2	100.5	100.9
2. 其他服务	98.5	97.8	97.6	97.7	97.7	97.4
(1)在外住宿	98.4	97.7	100.2	99.5	100.4	98.9
宾馆住宿	97.2	96.7	99.8	99.1	100.1	98.0
其他住宿	101.0	100.3	101.1	100.3	100.9	101.2
(2)美容美发洗浴	101.9	102.5	102.0	102.2	102.3	101.7
美　容	100.7	100.6	100.6	100.6	100.6	100.6
美　发	103.0	103.7	102.3	103.3	103.4	103.0
洗　浴	101.1	102.1	102.7	101.8	101.8	100.6
(3)养老服务	101.6	101.9	101.9	102.1	102.1	101.5
养老服务	101.6	101.9	101.9	102.1	102.1	101.5
(4)金融及保险服务	94.9	93.1	92.9	92.9	92.9	92.9
金融服务	100.0	100.0	100.0	100.0	100.0	100.0
车辆保险	89.8	86.8	86.8	86.8	86.8	86.8
旅行保险	100.0	100.0	100.0	100.0	100.0	100.0
其他保险	105.8	106.8	105.3	105.3	105.3	105.3
(5)中介法律及其他服务	100.3	100.1	100.1	100.0	100.2	100.2
中介服务	100.6	100.3	100.3	100.0	100.4	100.4
法律服务	100.1	100.0	100.0	100.0	100.0	100.0
其他杂项服务	100.0	100.0	100.0	100.0	100.0	100.0

6月	7月	8月	9月	10月	11月	12月
101.2	101.6	101.1	102.0	102.8	99.2	97.9
101.4	101.8	101.1	102.3	103.9	98.3	96.5
100.9	101.1	101.1	101.2	100.9	100.8	100.8
97.4	97.4	97.4	97.1	101.2	101.2	101.8
98.1	97.8	97.6	97.0	97.7	97.8	97.7
96.7	96.4	96.1	95.3	96.3	96.3	96.1
101.2	101.2	101.1	101.1	101.1	101.3	101.3
101.7	101.6	101.6	101.6	101.7	101.4	102.7
100.6	100.6	100.6	100.7	101.2	101.2	101.2
103.0	102.7	102.7	102.7	102.7	102.1	104.7
100.6	100.6	100.6	100.6	100.6	100.6	100.6
101.5	101.5	101.5	100.6	100.6	101.4	102.5
101.5	101.5	101.5	100.6	100.6	101.4	102.5
92.9	93.0	93.0	92.6	101.5	101.5	101.5
100.0	100.0	100.0	100.0	100.0	100.0	100.0
86.8	86.8	86.8	86.8	100.0	100.0	99.9
100.0	100.0	100.0	100.0	100.0	100.0	100.0
105.3	105.9	105.9	104.0	106.6	106.7	106.7
100.2	100.2	100.2	100.5	100.5	100.8	100.8
100.4	100.4	100.4	101.2	101.2	101.2	101.2
100.0	100.0	100.0	100.0	100.0	100.8	100.8
100.0	100.0	100.0	100.0	100.0	100.0	100.0

4－7 居民消费价格

（上月＝100）

类　　别	1月	2月	3月	4月	5月
总指数	**101.2**	**100.4**	**99.3**	**99.6**	**99.6**
一、食品烟酒	103.9	101.0	97.0	98.1	98.4
1.食品	105.5	101.3	95.7	97.1	97.5
(1)粮食	100.7	100.4	100.1	100.1	99.8
大　　米	100.2	99.7	100.2	100.5	99.9
面　　粉	101.1	100.5	99.8	100.0	99.1
其他粮食	102.2	102.2	100.5	100.0	99.9
粮食制品	100.6	100.3	100.2	100.1	100.0
(2)薯类	115.6	111.7	97.0	96.7	98.3
薯　　类	115.6	111.7	97.0	96.7	98.3
(3)豆类	101.7	103.0	100.9	99.8	100.0
干　　豆	101.8	101.4	100.6	100.3	100.1
豆 制 品	101.7	103.1	100.9	99.7	100.0
(4)食用油	101.6	100.0	100.3	100.2	100.4
食用植物油	101.5	100.0	100.4	100.2	100.4
食用动物油	104.1	101.2	98.0	96.3	97.7
(5)菜及食用菌	119.3	107.1	82.4	90.3	92.1
鲜　　菜	121.9	107.9	81.1	89.0	90.5
鲜　　菌	100.3	99.1	87.8	102.4	110.5
干菜干菌及制品	100.4	100.6	99.8	100.1	100.0
(6)畜肉类	104.4	96.6	94.0	93.5	94.1
猪　　肉	105.8	93.4	90.3	88.8	89.4
牛　　肉	101.5	102.1	98.7	99.7	100.0
羊　　肉	104.5	103.7	100.0	100.6	99.1
其他畜肉及副产品	102.6	100.0	97.2	97.3	97.3
畜肉制品	101.2	100.2	99.4	99.0	99.8
(7)禽肉类	102.9	103.6	98.0	98.3	99.0
鸡	104.5	105.3	96.8	97.3	98.5
鸭	101.5	102.8	99.5	100.0	98.1
其他禽肉及制品	99.9	100.2	100.2	100.0	100.0
(8)水产品	103.8	111.0	100.3	106.2	106.5
淡 水 鱼	104.2	116.9	100.9	114.2	112.8
海 水 鱼	99.7	101.8	99.7	99.8	100.0
虾 蟹 类	109.5	113.2	99.7	95.4	97.4
其他水产品及制品	100.5	100.6	99.9	99.9	100.1
(9)蛋类	113.5	92.7	95.6	103.0	103.6
鸡　　蛋	114.7	91.8	95.2	103.2	104.0
其他蛋及制品	102.1	101.4	100.0	100.4	99.8
(10)奶类	100.4	99.6	100.1	100.4	99.9
鲜　　奶	101.1	99.5	100.1	100.8	99.6
酸　　奶	101.3	99.1	100.5	100.5	100.0
奶　　粉	98.9	99.8	100.0	99.9	100.3
其他奶制品	100.1	99.8	99.8	99.7	99.9
(11)干鲜瓜果类	103.9	106.1	100.4	95.2	93.5

分月环比指数(2021 年)

6 月	7 月	8 月	9 月	10 月	11 月	12 月
99.5	**100.3**	**100.4**	**99.8**	**100.5**	**100.7**	**99.9**
97.8	100.5	101.7	99.2	100.8	102.1	99.9
96.8	100.6	102.5	98.8	101.3	103.1	99.8
99.9	99.9	99.8	100.3	100.1	102.0	100.9
99.8	99.8	99.7	99.7	100.2	100.7	99.9
99.8	100.1	99.6	100.1	100.0	104.1	101.0
100.0	100.1	99.9	99.9	99.9	102.1	100.5
99.9	99.7	99.9	100.8	100.2	101.8	101.5
94.8	101.7	105.6	95.0	96.0	99.2	100.1
94.8	101.7	105.6	95.0	96.0	99.2	100.1
99.9	99.8	100.4	99.9	100.1	100.7	101.0
99.9	99.7	100.0	99.9	100.2	101.9	100.5
99.9	99.8	100.4	99.9	100.1	100.6	101.0
100.4	100.2	100.5	99.9	100.2	101.7	100.8
100.6	100.3	100.6	100.0	100.4	101.7	100.8
92.2	95.6	97.7	97.7	92.5	100.0	99.5
95.7	106.1	114.2	101.6	112.0	105.9	93.8
94.7	107.0	115.8	101.8	113.9	106.9	93.5
104.5	102.2	108.9	100.4	97.6	93.9	90.9
100.2	100.0	100.4	100.1	100.0	100.7	100.5
91.3	99.7	99.4	95.2	97.9	106.6	100.4
84.9	100.9	99.3	90.6	96.2	114.3	100.4
99.8	99.7	99.9	100.0	100.5	100.9	100.2
96.5	97.2	99.3	99.0	99.3	99.5	100.8
91.7	95.4	98.5	97.3	95.0	99.8	101.1
99.1	99.8	99.8	99.9	99.5	101.0	100.3
99.3	99.3	100.3	100.4	99.4	99.7	100.6
99.1	98.6	100.3	100.5	98.9	99.5	101.0
98.1	99.5	100.1	100.4	100.5	100.1	99.6
100.0	100.6	100.3	100.2	100.3	100.2	100.2
98.3	97.8	97.2	95.1	96.8	97.4	99.2
99.4	97.2	94.8	90.8	93.2	94.8	97.8
99.6	100.2	100.4	100.1	100.5	100.5	100.5
91.4	96.6	100.9	102.1	101.3	98.7	100.3
100.3	99.2	99.9	99.9	100.7	101.5	100.9
98.8	102.1	109.3	98.2	97.2	103.5	97.4
98.6	102.3	110.1	98.0	96.8	103.9	97.1
99.8	100.4	101.5	100.9	100.8	100.3	100.2
99.6	100.1	100.2	99.8	100.0	100.2	100.8
99.9	99.9	100.3	99.6	100.1	100.1	102.2
99.5	99.6	99.7	99.9	100.5	100.6	99.7
99.0	100.3	100.3	100.0	99.7	100.2	99.7
100.3	101.1	100.2	99.9	99.6	100.2	99.7
94.0	99.5	101.7	98.6	103.3	105.7	104.7

4－7 续表1

（上月＝100）

类　　别	1月	2月	3月	4月	5月
鲜　　果	104.6	107.8	100.4	94.2	92.1
坚　　果	101.1	99.0	100.2	99.8	99.2
瓜果制品	101.2	99.3	100.2	99.9	100.4
（12）糖果糕点类	100.1	100.1	99.9	100.4	99.9
食　　糖	100.1	100.0	99.9	99.6	100.2
糖　　果	99.6	99.3	99.6	101.9	100.4
糕　　点	100.2	100.4	99.9	100.2	99.6
其他糖果糕点	100.5	99.3	100.4	99.9	100.4
（13）调味品	100.2	99.7	100.0	100.4	100.1
食 用 盐	99.9	100.0	99.6	99.8	100.2
酱　　油	100.3	99.1	100.3	100.5	100.0
食　　醋	100.3	99.4	98.7	101.8	100.2
增 味 剂	101.2	99.9	99.9	100.0	100.2
其他调味品	99.8	100.1	100.5	100.1	100.1
（14）其他食品类	100.7	99.4	100.2	99.9	100.3
方便食品	100.1	98.8	100.4	99.8	100.4
淀粉及制品	102.1	100.5	99.6	100.1	100.4
其他食品	100.1	99.6	100.4	100.0	99.9
2. 茶及饮料	99.8	99.7	100.0	100.4	100.7
茶　　叶	99.9	99.8	99.8	100.6	99.9
固体咖啡	100.1	100.0	100.1	99.9	100.1
其他固体饮料	100.8	100.5	99.7	99.9	100.5
饮 用 水	100.3	99.7	99.8	99.4	99.8
果汁饮料	100.3	99.5	100.3	100.1	100.3
其他液体饮料	99.4	99.6	100.0	100.6	101.5
3. 烟酒	100.4	99.8	100.2	100.1	100.2
（1）卷烟	100.2	100.0	100.0	100.0	100.0
卷　　烟	100.2	100.0	100.0	100.0	100.0
（2）酒类	100.6	99.5	100.5	100.2	100.4
白　　酒	100.6	99.5	100.5	100.3	100.4
葡 萄 酒	99.8	99.1	100.7	100.2	99.3
啤　　酒	101.0	99.5	100.5	99.7	101.0
其他酒类	100.3	99.9	100.1	100.1	100.3
4. 在外餐饮	100.2	100.7	99.8	100.4	100.5
餐馆餐饮	100.2	100.4	100.0	100.4	100.9
饮品店餐饮	101.1	100.7	100.4	100.0	100.3
外　　卖	100.3	101.8	98.1	100.6	99.7
其他在外餐饮	100.1	100.3	100.8	100.3	100.1
二、衣着	99.7	99.5	100.2	100.1	99.9
1. 服装	99.7	99.4	100.1	100.2	100.0
（1）男式服装	99.7	99.4	100.1	100.2	99.8
男式外套	99.6	99.1	99.7	100.3	99.7
男式针织衫	99.4	99.1	99.1	100.0	99.9
男式衬衫T恤	100.0	100.1	100.7	100.2	100.6

6月	7月	8月	9月	10月	11月	12月
92.6	99.3	102.2	98.0	104.2	107.3	105.9
99.0	100.0	99.7	100.9	100.7	100.4	100.1
100.3	100.5	99.8	99.9	99.6	98.9	99.9
99.8	100.0	100.0	100.1	100.1	100.1	100.6
99.6	100.0	100.2	100.2	100.2	100.3	100.2
100.1	100.0	99.8	100.3	100.4	99.9	99.9
99.7	100.0	100.1	100.1	100.0	100.2	100.8
100.6	100.5	99.9	100.0	100.4	99.8	100.7
99.6	99.8	100.3	99.8	100.1	100.4	101.0
98.7	100.2	100.7	100.4	99.7	100.1	99.9
99.3	99.7	100.1	99.7	99.8	100.1	101.7
99.1	99.9	100.0	99.5	100.1	100.2	100.7
99.9	100.0	100.4	99.9	100.6	100.2	102.8
100.2	99.6	100.6	99.8	100.2	101.0	100.1
99.7	100.1	100.1	99.9	99.9	100.4	100.7
99.5	100.0	100.2	99.9	99.9	100.2	100.2
99.9	100.0	100.1	99.9	99.8	100.6	101.4
99.8	100.4	100.0	100.0	100.1	100.7	101.2
100.0	100.3	100.0	99.3	99.8	101.0	100.0
100.0	100.4	99.7	99.8	99.7	100.2	99.9
99.7	99.9	100.3	100.2	100.2	100.2	99.9
100.0	99.8	99.6	100.4	100.3	100.2	100.1
99.8	100.2	100.1	100.3	99.1	100.2	100.2
100.3	100.0	100.0	99.5	100.3	100.4	101.7
100.0	100.3	100.1	98.6	99.9	102.0	99.8
100.1	100.1	99.9	99.8	99.4	100.2	99.9
100.0	100.0	100.0	100.0	100.0	100.1	100.0
100.0	100.0	100.0	100.0	100.0	100.1	100.0
100.1	100.3	99.8	99.6	98.7	100.3	99.9
100.2	100.5	99.7	99.4	98.2	100.6	99.7
100.1	99.9	98.9	100.0	99.3	100.6	100.3
99.6	99.7	100.3	99.9	100.5	99.2	100.3
100.3	100.2	99.9	100.0	99.9	99.6	100.2
100.1	100.1	100.2	100.0	100.1	99.9	100.2
100.1	100.1	100.1	100.1	100.0	100.1	100.2
100.2	99.6	99.8	99.6	100.2	99.2	100.8
100.1	100.4	100.6	99.9	100.5	99.5	100.0
100.1	100.0	100.1	99.9	100.0	100.2	100.1
100.0	99.8	99.7	100.6	100.2	100.5	100.4
100.0	99.8	99.7	100.6	100.2	100.5	100.4
100.0	99.7	99.8	100.4	100.2	100.3	100.3
99.9	100.0	100.0	100.6	100.0	100.4	100.5
99.8	99.9	100.0	100.7	100.3	101.0	100.3
100.3	99.0	99.1	100.0	100.3	99.9	100.1

4－7 续表 2

（上月＝100）

类　　别	1 月	2 月	3 月	4 月	5 月
男式裤子	100.0	99.6	101.1	100.0	99.5
男式内衣	99.1	99.7	99.9	100.0	99.5
(2)女式服装	99.7	99.3	100.1	100.2	100.1
女式外套	99.6	99.0	100.0	100.5	99.9
女式针织衫	99.2	98.9	99.8	99.7	99.6
女式衬衫 T 恤	100.0	99.9	100.8	101.3	101.0
女式裤子	100.1	99.5	100.1	99.5	99.7
女式裙子	100.3	99.7	100.1	99.9	100.6
女式内衣	99.0	99.8	100.1	99.9	100.0
(3)儿童服装	99.6	99.4	100.3	99.9	99.9
婴儿服装	99.7	99.7	99.9	99.7	99.8
儿童上衣	99.5	99.2	100.2	99.5	99.9
儿童裤子	99.5	99.2	100.9	100.3	99.7
儿童裙子	99.7	99.4	100.4	100.5	100.3
儿童内衣	100.0	100.1	99.5	99.1	99.7
(4)衣着材料及配件	100.0	100.0	100.0	100.0	99.6
袜　　子	99.8	99.9	100.2	100.0	99.3
帽　　子	100.3	100.0	99.8	100.0	100.0
其他衣着材料及配件	100.1	100.2	99.9	100.1	100.0
(5)衣着服务费	100.3	100.3	100.0	100.1	100.1
衣着洗涤保养	100.4	100.5	100.0	100.0	100.1
其他衣着服务	100.0	100.0	100.0	100.2	100.0
2. 鞋类	99.8	99.7	100.2	99.7	99.7
(1)鞋	99.8	99.7	100.2	99.7	99.7
男　　鞋	99.8	99.7	100.0	99.9	99.8
女　　鞋	99.8	99.7	100.3	99.5	99.5
童　　鞋	99.7	99.7	100.6	99.8	100.0
(2)鞋类服务	100.4	100.9	100.0	100.0	100.0
鞋类服务	100.4	100.9	100.0	100.0	100.0
三、居住	100.1	100.2	100.1	100.2	100.1
1. 租赁房房租	99.9	100.2	100.1	100.1	100.1
公房房租	100.0	100.0	100.0	100.0	100.0
私房房租	99.9	100.2	100.2	100.1	100.1
2. 住房保养维修及管理	101.2	100.2	100.1	100.2	100.3
(1)住房装潢材料	100.1	100.3	100.1	100.0	100.5
木 地 板	100.1	100.4	99.9	100.1	100.7
瓷　　砖	100.1	100.0	100.0	100.1	100.3
水　　泥	100.6	98.8	98.6	98.3	100.1
涂　　料	100.1	99.9	100.0	100.1	99.9
板　　材	100.3	100.9	100.9	100.9	100.3
管　　材	100.2	100.2	101.1	100.4	100.5
厨卫设备	99.7	100.3	100.4	99.8	100.5
门　　窗	100.1	101.6	100.0	100.1	100.8
其他住房装潢材料	100.9	100.2	100.7	100.8	101.6

6月	7月	8月	9月	10月	11月	12月
100.1	99.7	100.0	100.1	100.2	100.1	100.4
100.0	100.0	99.8	100.0	100.7	100.2	100.1
100.1	99.8	99.6	100.6	100.3	100.8	100.6
99.9	100.0	99.8	100.8	100.2	101.3	101.0
99.8	99.9	100.0	101.0	100.4	101.2	100.9
101.2	99.4	99.2	100.5	100.5	100.0	100.1
99.8	99.8	99.7	101.2	100.2	100.4	100.3
100.2	99.4	99.1	99.7	100.2	100.1	100.2
100.0	100.0	99.8	100.1	100.6	100.4	100.0
99.7	99.7	99.7	100.8	100.2	100.2	100.0
99.8	100.0	100.0	99.9	100.0	100.2	99.8
99.7	99.6	99.8	101.7	99.8	100.6	100.5
99.1	99.7	100.0	101.6	101.2	99.4	99.5
100.2	99.3	99.1	100.2	100.0	100.3	100.3
100.2	100.4	100.2	100.0	100.2	100.3	100.1
100.3	100.0	99.9	100.5	100.1	100.2	100.0
100.4	100.0	99.8	100.7	100.1	100.3	99.9
100.3	100.0	99.9	100.5	99.8	100.1	100.2
100.0	99.9	99.9	99.9	100.2	100.0	100.0
100.1	100.1	99.8	100.1	100.0	101.7	100.1
99.8	100.2	99.7	100.0	100.0	102.8	100.2
100.5	100.0	100.0	100.1	99.9	100.0	100.1
100.0	99.7	99.8	100.6	100.2	100.1	100.3
100.0	99.7	99.8	100.7	100.2	100.1	100.3
100.3	99.7	99.5	100.6	100.3	100.1	100.6
100.0	99.7	99.9	100.7	100.2	100.2	100.0
99.5	99.8	99.9	100.5	100.2	100.1	100.4
100.0	100.0	100.0	100.1	100.2	100.0	100.0
100.0	100.0	100.0	100.1	100.2	100.0	100.0
100.2	100.2	100.0	100.1	100.2	100.0	99.9
100.3	100.1	100.1	100.1	99.9	99.7	99.9
100.0	100.0	100.0	100.0	100.0	100.0	100.0
100.3	100.1	100.1	100.1	99.9	99.7	99.8
100.1	100.1	100.0	100.3	100.7	100.8	100.1
100.1	100.2	100.0	100.3	100.8	100.9	100.2
100.5	100.1	100.1	99.9	100.4	100.8	100.3
100.0	100.0	99.7	99.8	100.5	100.6	100.0
98.8	99.4	100.0	102.3	104.0	103.4	100.7
100.2	100.1	99.9	99.8	100.6	101.1	100.1
100.1	100.3	100.0	100.0	101.0	102.1	100.3
100.3	100.3	100.2	100.1	100.7	101.2	100.2
100.1	100.2	100.1	100.2	100.3	100.3	100.1
100.4	100.2	99.9	100.2	100.3	100.5	100.2
100.9	101.2	100.4	101.2	101.4	99.9	99.9

4－7 续表3

（上月＝100）

类　　别	1月	2月	3月	4月	5月
（2）住房维修管理费用	102.7	100.1	100.1	100.4	100.1
物业管理费	100.0	100.6	100.0	100.0	100.0
装潢维修费	102.7	100.0	100.3	100.6	100.0
其他住房费用	104.7	100.0	100.0	100.0	100.2
3.水电燃料	99.8	100.0	100.0	100.3	100.0
（1）水	100.4	100.0	100.9	102.5	100.0
水	100.4	100.0	100.9	102.5	100.0
（2）电	100.0	100.0	100.0	100.0	100.0
电	100.0	100.0	100.0	100.0	100.0
（3）燃气	101.0	100.1	99.8	100.5	100.1
管道燃气	100.0	100.0	100.0	100.2	100.2
液化石油气	101.9	100.2	99.6	100.9	100.0
（4）其他水电燃料类	97.2	100.0	99.7	99.9	100.0
其他水电燃料类	97.2	100.0	99.7	99.9	100.0
4.自有住房	100.0	100.2	100.1	100.1	100.0
自有住房	100.0	100.2	100.1	100.1	100.0
四、生活用品及服务	100.3	100.0	100.3	100.2	99.7
1.家具及室内装饰品	100.0	100.2	100.1	99.9	100.0
（1）家具	99.9	100.2	100.1	99.9	100.0
柜	99.9	100.2	100.0	99.9	99.9
床	99.8	100.3	100.2	100.0	100.0
桌	100.1	100.3	100.2	100.0	100.0
椅	100.1	99.8	100.0	99.9	100.6
沙　　发	100.0	100.2	100.0	100.0	100.1
其他家具	100.0	100.0	100.1	100.1	99.8
（2）室内装饰品	100.8	100.0	100.0	99.9	99.7
灯　　具	101.0	100.0	100.1	99.9	99.5
其他室内装饰品	100.3	100.1	99.9	99.9	100.3
2.家用器具	100.5	100.5	101.2	100.4	99.9
（1）大型家用器具	100.5	100.5	101.4	100.5	100.0
洗 衣 机	99.0	101.2	102.1	100.5	99.7
电冰箱（柜）	105.3	102.0	100.8	101.1	99.8
抽油烟机	98.1	100.2	103.1	100.4	100.9
空 调 器	99.9	99.7	103.2	100.2	100.1
热 水 器	101.1	100.0	97.0	101.3	99.8
炉具灶具	96.9	100.7	99.3	100.9	100.0
吸 尘 器	99.5	103.4	99.5	100.8	102.5
空气净化器	102.6	99.8	99.4	99.9	101.1
净 水 器	100.1	100.8	99.0	98.7	96.3
其他大型家用器具	99.8	99.6	101.8	100.1	99.9
（2）小家电	100.3	100.8	100.0	99.9	99.6
厨房小家电	100.5	100.9	100.0	99.6	98.2
生活小家电	100.0	100.7	99.9	100.7	102.2
3.家用纺织品	99.8	100.1	100.0	99.9	100.0

6月	7月	8月	9月	10月	11月	12月
100.0	100.0	100.0	100.4	100.5	100.6	100.0
100.0	100.2	100.0	100.0	100.0	100.0	100.0
100.0	100.0	100.0	100.7	100.8	101.0	100.0
100.0	100.0	100.0	100.0	100.0	100.0	100.0
100.2	100.2	100.1	100.4	100.9	100.4	100.0
100.2	100.0	100.0	100.0	100.0	101.2	100.0
100.2	100.0	100.0	100.0	100.0	101.2	100.0
100.0	100.0	100.0	100.0	100.0	100.0	100.0
100.0	100.0	100.0	100.0	100.0	100.0	100.0
100.8	100.7	100.4	101.5	103.4	101.2	100.7
101.0	100.0	100.1	100.1	100.0	100.0	100.2
100.6	101.4	100.8	102.8	106.6	102.3	101.1
99.9	100.1	100.1	100.4	100.9	100.0	99.2
99.9	100.1	100.1	100.4	100.9	100.0	99.2
100.2	100.2	100.0	100.0	99.9	99.7	99.8
100.2	100.2	100.0	100.0	99.9	99.7	99.8
99.7	100.4	100.0	99.7	100.3	99.5	100.4
99.9	100.1	100.0	99.9	100.3	101.0	100.1
99.9	100.1	100.0	99.9	100.3	101.0	100.1
99.8	100.1	99.9	100.0	100.3	102.2	100.0
100.0	100.1	100.2	99.6	100.2	100.2	100.1
100.1	100.0	100.0	100.0	100.5	100.2	100.0
99.8	99.9	99.9	100.1	100.4	100.6	100.0
100.0	100.1	99.9	99.8	100.2	100.7	100.1
100.0	99.9	100.0	99.6	100.5	100.4	100.9
100.0	100.0	99.8	99.6	100.2	100.0	99.8
100.1	100.1	99.9	99.7	100.1	100.1	99.8
99.8	99.9	99.8	99.4	100.5	100.0	99.8
99.7	100.4	99.7	100.0	99.8	99.3	100.6
99.8	100.3	99.7	99.8	99.9	99.3	100.4
99.8	100.2	99.8	100.0	100.2	99.0	100.3
100.3	100.4	99.7	99.7	100.1	99.7	99.9
100.3	100.3	99.9	100.1	100.0	99.4	100.1
99.8	100.1	99.8	99.9	99.2	99.4	100.5
100.2	100.4	100.0	100.1	100.3	99.7	100.2
99.7	99.7	99.8	99.9	99.7	99.5	100.3
97.8	101.1	99.9	98.9	103.8	93.1	100.4
96.5	102.7	98.8	97.1	100.7	96.8	103.0
98.3	105.0	95.5	100.3	100.1	97.8	105.9
100.0	100.1	100.0	99.8	100.1	100.1	100.0
98.5	101.2	99.6	101.2	99.5	99.8	101.9
98.7	101.9	99.6	102.4	99.9	99.5	102.5
98.1	100.0	99.7	99.1	98.8	100.2	100.8
99.8	100.0	99.9	100.2	100.1	100.1	100.0

4－7 续表 4

（上月＝100）

类　　别	1 月	2 月	3 月	4 月	5 月
(1)床上用品	99.8	100.1	99.9	99.9	100.0
被　　子	99.8	99.9	99.9	99.9	100.0
床单被套	99.6	100.1	99.9	99.9	99.9
其他床上用品	100.1	100.3	100.0	100.0	100.1
(2)窗帘门帘	100.0	99.9	100.3	100.0	100.4
窗帘门帘	100.0	99.9	100.3	100.0	100.4
(3)其他家用纺织品	99.9	100.0	100.4	99.5	99.9
其他家用纺织品	99.9	100.0	100.4	99.5	99.9
4.家庭日用杂品	100.7	100.0	99.9	100.2	99.4
(1)洗涤卫生用品	100.4	100.1	100.1	100.1	98.8
清洗用品	101.7	99.9	99.6	100.7	98.1
清洁用具	101.1	100.3	100.9	99.9	99.9
清洁用纸	98.6	100.4	100.6	99.3	99.5
(2)厨具餐具茶具	101.5	99.8	99.2	100.4	100.3
厨　　具	101.7	98.3	99.4	100.8	100.4
餐　　具	100.7	101.4	98.3	99.3	101.2
茶　　具	102.7	101.0	100.4	101.8	98.1
(3)其他家庭日用杂品	100.1	100.0	100.4	100.1	100.0
配电附件	99.8	100.0	100.4	100.3	100.2
雨　　具	100.0	100.2	100.3	100.0	99.8
其他日用杂品	100.4	100.0	100.5	99.9	99.7
5.个人护理用品	99.6	98.8	99.9	100.4	99.0
(1)化妆品	99.0	98.4	99.5	101.0	98.9
清洁化妆品	100.1	100.3	100.3	100.3	99.4
护肤化妆品	98.5	97.7	98.7	101.6	98.1
彩妆化妆品	99.1	98.5	100.7	101.3	99.1
化妆器具	99.7	98.2	101.8	95.9	105.1
(2)其他护理用品类	100.6	99.4	100.5	99.7	99.0
清洁类护理用品	100.7	99.1	99.7	100.6	98.8
护发美发用品	100.6	101.1	99.8	99.4	98.8
护理器具	100.3	98.2	104.2	97.3	99.9
其他护理用品	99.7	99.1	100.9	98.6	99.3
6.家庭服务	101.3	100.2	100.2	100.1	100.1
家政服务	102.5	100.2	100.6	99.9	100.1
母婴护理服务	101.9	100.8	99.6	100.3	100.1
家庭维修服务	99.9	99.8	100.0	100.2	100.3
其他家庭服务	100.5	100.2	100.4	100.0	100.0
五、交通通信	100.6	100.8	101.1	100.2	100.2
1.交通	100.8	101.1	101.7	100.3	100.3
(1)交通工具	99.7	100.0	100.0	100.0	99.8
燃油小汽车	99.6	100.0	100.0	100.1	99.6
新能源小汽车	99.4	99.8	100.0	100.0	100.8
电动自行车	99.8	100.0	99.9	99.6	99.9
自 行 车	100.1	100.0	100.5	100.5	100.7

6月	7月	8月	9月	10月	11月	12月
99.8	100.0	100.0	100.1	100.1	100.0	100.0
99.9	100.0	100.1	100.1	100.1	100.3	99.9
99.8	100.1	99.9	100.2	100.2	99.8	100.1
99.8	99.8	99.9	99.8	99.7	99.7	100.1
99.6	100.2	100.0	100.0	100.1	101.2	100.1
99.6	100.2	100.0	100.0	100.1	101.2	100.1
99.9	99.9	99.1	101.0	99.9	100.1	99.7
99.9	99.9	99.1	101.0	99.9	100.1	99.7
99.6	101.7	99.0	99.7	100.2	98.7	100.5
100.0	101.3	99.6	99.1	100.1	99.4	99.7
100.1	102.6	98.8	99.7	99.9	100.1	98.9
102.0	99.5	100.0	100.1	99.9	99.5	99.9
99.5	100.1	100.7	98.1	100.4	98.6	100.9
98.7	103.3	97.4	100.6	100.6	96.7	102.0
97.2	105.4	96.1	101.2	101.1	96.2	101.8
99.3	100.6	99.3	99.7	100.0	97.6	101.8
102.4	102.3	97.7	100.5	100.3	96.3	103.2
99.9	100.0	100.2	99.8	100.0	100.4	100.2
100.0	100.4	100.1	100.0	100.1	100.6	100.0
100.0	100.0	100.1	100.2	100.0	100.0	100.0
99.9	99.4	100.3	99.5	99.7	100.2	100.4
99.4	99.2	101.8	99.0	100.9	98.7	100.7
100.1	98.0	102.4	97.6	101.1	98.3	100.8
96.4	101.3	100.9	98.2	100.4	98.1	98.6
101.7	95.8	103.8	96.6	101.9	97.6	101.8
99.9	101.0	100.5	100.2	99.4	101.0	99.8
98.1	99.9	99.7	99.2	101.1	98.2	102.1
98.4	100.8	101.0	100.8	100.6	99.2	100.6
98.5	100.9	100.9	100.4	100.5	99.3	100.7
96.5	102.5	100.9	102.5	101.3	98.5	100.5
99.8	98.5	101.2	100.1	100.4	99.3	100.5
101.5	100.5	100.7	100.5	98.1	100.8	100.3
100.3	100.1	100.1	100.0	100.5	100.1	100.1
100.6	100.2	100.3	99.9	100.9	100.1	100.1
100.0	99.9	100.1	100.1	100.9	100.0	100.0
100.1	100.0	100.0	100.0	100.1	100.1	100.0
100.0	100.0	100.0	100.0	100.0	100.6	100.7
100.3	100.7	99.7	99.5	100.9	101.0	98.7
100.5	101.0	99.6	99.5	101.4	101.5	98.3
100.0	99.5	99.9	99.4	100.1	101.5	99.9
100.0	99.2	100.0	99.2	100.2	102.3	100.0
100.0	99.4	100.0	100.0	100.0	102.2	100.0
100.0	100.0	99.7	99.8	99.8	99.9	99.8
100.3	100.1	100.2	100.2	100.1	100.1	99.9

4－7 续表 5

（上月＝100）

类　　别	1 月	2 月	3 月	4 月	5 月
其他交通工具	100.0	100.0	100.1	99.8	99.8
(2)交通工具用燃料	104.1	103.3	106.4	99.3	101.7
汽　　油	104.2	103.3	106.5	99.3	101.7
柴　　油	104.6	103.7	107.5	99.1	101.9
其他车用能源	98.7	99.8	99.9	99.5	99.6
(3)交通工具使用和维修	100.1	101.3	99.5	99.9	100.2
停 车 费	99.4	100.6	100.2	100.0	100.0
车辆使用费	99.9	100.1	100.0	100.0	100.3
交通工具零配件	99.6	100.0	100.0	100.0	100.2
车辆修理与保养	100.3	101.9	99.1	99.9	100.2
(4)交通费	99.1	100.5	100.3	105.1	99.3
市内公共交通	100.0	100.6	99.4	100.0	100.0
出租汽车	100.0	100.3	99.7	100.0	100.0
飞 机 票	94.0	104.4	103.7	142.1	98.3
火 车 票	100.0	100.0	100.0	99.9	100.0
长途汽车	98.8	99.7	100.0	102.0	98.3
网 约 车	100.5	100.5	99.9	99.8	99.8
交通工具租赁费	99.5	99.6	99.7	102.4	97.9
其他交通费	99.9	100.0	100.3	100.0	100.0
2.通信	100.1	100.0	99.4	100.1	99.8
(1)通信工具	100.2	100.0	99.7	100.3	99.6
电 话 机	100.2	100.0	99.7	100.3	99.6
其他通信工具及零配件	100.1	100.0	99.8	99.9	99.9
(2)通信服务	100.0	100.0	99.2	99.9	99.8
电 话 费	100.0	100.0	99.3	99.9	99.9
家庭宽带服务	100.2	100.0	98.4	100.0	99.7
其他通信服务	100.0	100.0	100.0	100.0	100.0
(3)邮递服务	100.3	99.9	99.5	100.0	99.9
邮递服务	100.3	99.9	99.5	100.0	99.9
六、教育文化娱乐	100.2	100.3	99.9	100.4	100.4
1.教育	100.1	100.0	100.1	100.0	100.2
(1)教育用品	100.2	100.0	100.1	100.0	100.1
工 具 书	100.3	100.0	100.3	100.0	100.3
教　　材	100.3	100.0	100.1	100.0	100.0
参考资料	100.4	100.0	100.1	100.0	100.1
其他教育用品	99.3	100.2	99.8	100.0	99.3
(2)教育服务	100.1	100.0	100.1	100.0	100.2
幼儿早期教育	100.6	100.0	100.3	100.1	100.0
学前教育	100.4	100.0	100.3	100.0	100.0
小学初中教育	100.0	100.0	100.0	100.0	100.0
高中中职教育	100.0	100.0	100.0	100.0	100.0
高等教育	100.0	100.0	100.0	100.0	100.0
课外教育	100.4	100.0	100.3	99.9	100.5
专业技能培训	99.2	100.0	99.1	100.6	101.0

6月	7月	8月	9月	10月	11月	12月
99.9	99.9	99.9	99.8	99.9	100.0	99.8
102.1	103.5	98.7	99.6	104.8	103.1	94.4
102.1	103.5	98.7	99.6	104.9	103.1	94.4
102.3	103.8	98.5	99.4	105.4	103.3	94.1
100.4	100.2	100.6	101.0	100.3	101.5	100.0
99.9	100.0	100.0	100.2	100.2	100.4	100.6
99.4	100.1	100.0	100.0	100.0	100.0	100.0
100.0	100.0	100.0	100.0	100.0	100.0	100.0
100.0	100.1	100.1	100.3	100.1	100.4	100.0
99.9	100.0	100.0	100.3	100.3	100.6	101.0
98.7	102.2	100.6	98.5	99.6	97.5	99.5
100.0	100.0	100.0	100.0	100.0	100.0	100.0
101.0	100.0	100.0	100.0	100.2	100.6	100.3
89.0	116.0	104.0	89.1	98.5	84.0	95.3
100.6	100.0	100.0	100.0	100.0	100.0	100.0
100.0	100.3	100.0	101.0	98.8	98.6	100.6
100.7	99.7	100.0	99.9	100.2	99.9	99.7
101.3	99.4	99.5	101.5	99.6	99.3	100.0
100.0	100.0	100.0	99.9	99.9	100.0	99.8
100.0	100.0	99.8	99.6	99.6	99.6	100.0
100.1	100.0	99.4	99.5	98.9	98.8	100.1
100.1	100.0	99.4	99.5	98.9	98.8	100.1
100.0	100.0	100.0	100.1	99.6	100.1	99.8
100.0	100.0	100.0	99.6	100.0	100.0	100.0
100.0	100.0	100.0	99.5	100.0	100.0	100.0
100.0	100.0	100.0	100.0	100.2	100.0	100.0
100.0	100.0	100.0	99.8	100.0	100.0	99.6
100.0	100.0	100.0	99.8	99.9	100.0	100.0
100.0	100.0	100.0	99.8	99.9	100.0	100.0
99.8	100.4	99.9	100.5	100.8	99.7	100.2
99.9	100.1	100.0	101.0	101.1	100.0	100.0
100.0	100.0	100.0	100.8	100.1	100.0	100.0
100.0	99.9	100.0	100.1	100.0	100.0	100.0
100.0	100.0	100.0	98.6	100.7	100.0	100.0
100.0	100.1	100.0	101.8	100.0	100.0	100.0
99.6	100.1	100.2	101.1	100.1	99.9	99.6
99.9	100.1	100.0	101.0	101.1	100.0	100.0
100.2	100.1	100.0	99.9	100.7	99.5	100.0
100.2	100.0	100.0	102.3	105.9	100.0	100.0
100.0	100.0	100.0	103.6	100.3	100.0	100.0
100.0	100.0	100.0	101.3	100.0	100.0	100.0
100.0	100.0	100.0	100.1	100.0	100.0	100.0
100.1	100.7	100.2	100.4	100.2	100.0	100.0
98.3	99.4	99.9	100.3	100.4	99.8	100.0

4－7 续表6

（上月＝100）

类　　别	1月	2月	3月	4月	5月
其他教育服务	100.0	100.0	100.2	100.0	100.1
2.文化娱乐	100.5	101.0	99.5	101.3	100.7
（1）文娱耐用消费品	100.4	100.0	100.8	100.3	101.0
电视机	102.8	100.3	101.0	100.5	100.4
照相机	100.1	99.9	99.5	98.0	100.6
台式计算机	99.2	99.3	100.6	100.2	109.5
笔记本电脑	98.7	100.5	99.8	102.0	102.4
平板电脑	98.1	99.6	102.2	100.7	95.8
乐器	100.9	100.0	100.0	100.0	104.8
音响	99.9	100.0	100.2	100.0	99.8
可穿戴智能设备	99.8	98.9	101.1	99.5	99.9
其他文娱耐用消费品	100.0	99.8	100.5	98.4	100.0
（2）其他文娱用品	100.2	100.3	100.0	100.0	100.0
书报杂志及音像制品	100.3	100.9	100.0	100.0	99.8
纸张文具	100.2	100.1	99.5	100.0	100.1
体育户外用品	99.9	100.2	100.3	99.9	99.9
游戏用品和玩具	100.2	100.1	100.2	100.0	100.1
园艺花卉及用品	100.2	100.3	100.6	100.0	99.7
宠物及用品	100.0	100.3	99.9	100.2	100.0
其他文化娱乐用品	100.2	100.1	99.9	100.1	100.3
（3）文化娱乐服务	100.4	102.1	98.5	100.5	99.7
电影及演出票	101.4	119.0	86.4	98.9	100.1
景点门票	101.0	100.8	99.8	101.0	99.1
电视服务	100.0	100.0	100.0	100.0	100.0
健身活动	100.0	100.2	99.8	100.6	100.2
宠物服务	100.7	101.2	98.8	100.0	99.8
网络文娱服务	100.0	98.6	102.3	103.6	98.7
儿童娱乐项目	99.5	100.0	100.4	99.8	100.8
其他文娱服务	100.0	101.5	100.2	99.9	99.9
（4）旅游	101.2	102.1	98.1	104.7	101.8
旅行社收费	101.3	102.4	98.0	105.0	102.1
其他旅游	100.3	100.0	99.1	102.1	99.3
七、医疗保健	100.0	99.9	99.9	100.1	100.0
1.药品及医疗器具	100.1	99.8	99.8	100.4	100.1
（1）中药	100.3	99.8	100.1	100.8	100.2
中药材	100.2	99.9	100.1	100.0	100.3
中成药	100.4	99.8	100.1	101.1	100.2
（2）西药	99.9	99.7	100.1	100.2	100.0
抗微生物药	100.0	100.0	100.0	100.0	100.1
消化系统用药	99.7	99.9	100.6	100.2	99.9
呼吸系统用药	100.2	100.0	100.4	100.2	100.1
解热镇痛药	98.4	99.5	100.1	100.4	100.5
抗肿瘤药	100.1	100.0	100.0	100.1	100.0
激素及影响内分泌药	99.8	99.7	99.6	99.5	100.0

6月	7月	8月	9月	10月	11月	12月
100.2	100.0	100.0	100.3	100.0	100.0	100.0
99.5	101.0	99.7	99.3	100.0	99.1	100.7
99.6	100.7	98.9	100.6	101.4	98.6	100.9
99.6	100.0	99.8	99.4	100.0	98.5	100.1
101.1	101.2	97.3	100.4	100.5	100.0	101.7
105.2	99.8	99.5	99.4	100.0	99.8	99.9
98.4	99.7	99.8	104.7	104.8	100.3	99.4
96.3	104.6	94.8	101.3	104.4	92.8	105.5
100.0	100.0	100.0	100.0	100.0	102.6	100.0
100.1	100.0	99.9	100.2	100.2	99.9	100.0
98.0	101.8	100.0	100.4	100.0	101.8	104.1
100.0	100.0	100.0	100.0	100.0	100.0	100.0
99.9	99.9	99.9	100.0	100.1	100.0	100.0
100.0	100.0	99.9	100.1	100.0	100.0	100.1
100.0	100.1	100.0	99.9	100.1	100.0	99.8
99.8	100.0	99.6	100.5	100.1	100.0	100.0
100.0	99.9	99.9	99.4	100.2	100.0	99.8
99.5	99.6	100.2	100.6	100.5	99.8	100.2
100.0	100.1	99.7	100.2	100.2	99.9	100.3
99.9	99.9	100.2	100.1	99.8	100.1	100.0
100.0	100.0	100.0	99.4	100.8	99.8	99.8
99.3	100.3	100.1	98.4	106.3	93.4	100.6
100.0	100.1	99.6	98.1	100.4	101.9	99.4
99.9	100.0	100.1	100.0	100.0	100.0	100.0
100.8	99.8	100.0	99.9	100.5	99.9	99.8
100.1	100.2	99.8	100.2	100.0	100.4	100.3
99.4	100.0	100.8	100.6	100.7	99.4	99.2
100.2	99.9	100.0	100.2	100.1	100.0	100.0
100.0	100.1	100.0	100.6	100.0	100.1	100.0
98.5	103.0	100.4	96.7	97.3	98.4	101.7
98.3	103.3	100.4	96.4	97.0	98.2	101.9
100.1	99.9	100.0	100.0	100.1	99.9	100.0
100.0	100.0	100.0	100.3	100.2	99.9	100.0
100.1	100.1	100.0	100.0	100.0	99.8	100.1
100.2	100.2	100.1	100.2	99.9	100.0	100.1
100.3	100.1	100.0	99.9	100.4	100.0	100.0
100.2	100.2	100.1	100.3	99.8	100.0	100.1
100.1	99.9	100.1	99.9	100.0	100.0	100.1
100.0	100.1	100.0	100.4	100.0	100.0	100.1
100.1	99.9	100.5	100.0	100.1	100.2	100.0
100.1	100.3	99.9	100.0	99.8	99.5	100.0
100.1	100.0	100.0	100.0	100.3	99.9	100.0
100.0	100.2	100.1	100.1	100.0	100.0	100.2
99.9	100.2	99.6	99.9	100.0	100.0	100.2

4－7 续表7

（上月＝100）

类　　别	1月	2月	3月	4月	5月
心血管系统用药	99.6	98.8	100.0	100.5	99.7
血液系统用药	99.8	99.4	99.8	100.2	100.1
治疗精神障碍药	99.6	99.6	99.9	100.1	100.2
神经系统用药	100.2	100.7	100.1	100.6	100.3
泌尿系统用药	101.0	99.4	100.0	99.8	99.7
维生素、矿物质类药	100.0	99.9	100.5	101.1	100.8
调节水、电解质及酸碱平衡药	99.8	100.0	98.9	100.0	100.1
其他西药	99.9	100.0	100.0	99.9	100.0
（3）滋补保健品	100.0	99.8	100.2	100.2	100.1
滋补保健品	100.0	99.8	100.2	100.2	100.1
（4）医疗卫生器具	101.3	100.0	97.6	100.6	99.7
医疗卫生器具	101.3	100.0	97.6	100.6	99.7
（5）保健器具	100.0	100.0	100.0	100.1	100.0
保健器具	100.0	100.0	100.0	100.1	100.0
2. 医疗服务	99.9	100.0	100.0	99.9	100.0
（1）综合医疗类	100.0	100.0	100.0	99.8	100.0
一般医疗服务	100.1	100.0	100.0	100.0	100.0
一般治疗操作	100.0	100.0	100.0	99.7	100.0
护　　理	100.0	100.0	100.0	100.0	100.0
其他综合医疗服务	100.0	100.0	100.0	100.0	100.0
（2）诊断类	100.0	100.0	100.0	100.0	100.0
病理学诊断	100.0	100.0	100.0	100.0	100.0
实验室诊断	100.0	100.0	100.0	100.0	100.0
影像学诊断	100.0	100.0	100.0	100.0	100.0
临床诊断	99.9	100.0	100.0	100.0	100.0
（3）治疗类	99.8	100.0	100.0	99.9	100.0
临床手术治疗	99.7	100.0	100.0	100.0	100.0
临床非手术治疗	100.0	100.0	100.0	99.7	100.0
（4）康复类	100.0	100.0	100.0	100.0	100.0
康复医疗	100.0	100.0	100.0	100.0	100.0
（5）中医医疗服务类	100.0	100.0	100.0	100.0	100.0
中医治疗	100.0	100.0	100.0	100.0	100.0
（6）其他医疗保健服务	100.0	100.0	100.0	99.8	100.0
其他医疗保健服务	100.0	100.0	100.0	99.8	100.0
八、其他用品及服务	100.5	99.4	99.2	100.2	99.9
1. 其他用品	100.5	98.6	98.6	99.9	100.3
（1）首饰手表	100.6	98.4	97.5	101.2	100.7
金 饰 品	100.7	97.4	96.2	101.1	101.2
银 饰 品	99.1	101.2	99.8	100.0	99.4
铂金饰品	101.3	101.7	100.9	103.4	100.0
手　　表	100.2	100.0	100.0	100.5	99.5
（2）母婴用品	100.4	99.4	100.9	99.2	97.4
母婴洗护喂养用品	100.9	100.8	100.3	99.0	96.1
其他母婴用品	99.3	96.3	102.2	99.7	100.6

6月	7月	8月	9月	10月	11月	12月
100.0	99.3	100.1	99.3	99.9	99.8	100.0
100.3	99.9	100.0	99.7	99.9	99.8	100.1
99.2	99.4	100.0	100.6	100.1	99.7	100.2
100.0	99.4	99.9	100.4	100.0	100.1	100.2
100.1	100.7	100.0	100.2	100.3	100.2	100.0
101.0	99.8	100.0	99.9	99.8	99.6	100.0
99.9	100.3	100.0	100.2	101.2	101.5	100.1
100.0	100.5	100.4	100.0	99.6	100.1	100.0
100.2	100.4	100.0	100.0	100.0	99.6	100.1
100.2	100.4	100.0	100.0	100.0	99.6	100.1
99.9	100.2	100.0	99.6	99.9	99.2	100.2
99.9	100.2	100.0	99.6	99.9	99.2	100.2
99.9	100.0	100.1	100.1	100.0	100.0	100.0
99.9	100.0	100.1	100.1	100.0	100.0	100.0
100.0	100.0	100.0	100.4	100.3	100.0	100.0
100.1	99.9	100.1	100.0	100.2	100.0	100.1
100.0	100.0	100.4	100.0	100.0	100.0	100.0
100.1	99.7	100.0	100.0	100.4	100.0	100.0
100.3	100.0	100.0	100.0	100.0	100.0	100.4
100.0	100.0	100.0	100.0	100.0	100.0	100.0
100.0	100.0	100.0	100.0	100.0	100.0	100.0
100.0	100.0	100.0	100.0	100.0	100.0	100.1
100.0	100.0	100.0	100.0	100.0	100.0	100.0
100.0	100.0	100.0	100.0	100.0	100.0	100.0
100.0	100.0	100.0	100.0	100.0	100.0	100.1
100.0	100.0	100.0	100.0	100.5	100.0	100.0
100.0	100.0	100.0	100.0	100.0	100.0	100.0
100.0	100.0	100.0	100.0	101.4	100.0	100.0
100.0	100.0	100.0	100.0	100.0	100.0	99.3
100.0	100.0	100.0	100.0	100.0	100.0	99.3
100.0	100.0	100.0	106.2	101.8	100.0	100.2
100.0	100.0	100.0	106.2	101.8	100.0	100.2
100.0	100.0	100.0	100.4	100.1	100.0	101.0
100.0	100.0	100.0	100.4	100.1	100.0	101.0
100.5	100.0	99.2	100.3	100.2	99.5	100.1
101.3	99.6	98.5	100.5	99.9	99.1	100.0
101.5	98.2	98.6	100.5	99.3	100.6	99.1
102.5	97.6	98.5	100.8	99.0	100.9	99.1
100.5	100.2	99.7	100.1	100.2	99.9	100.1
98.0	97.8	97.0	99.0	100.4	101.1	96.7
100.1	100.2	99.6	100.2	99.9	99.5	100.3
99.7	101.3	99.0	100.9	99.1	98.3	101.7
100.7	102.0	97.5	102.5	99.1	97.5	102.1
97.2	99.9	102.3	97.2	99.1	100.4	100.6

4－7 续表 8

（上月＝100）

类　　别	1 月	2 月	3 月	4 月	5 月
（3）其他杂项用品	100.4	98.4	99.2	97.8	101.4
箱　　包	100.5	97.6	98.7	96.6	102.1
眼　　镜	100.1	100.1	100.3	100.2	100.0
2. 其他服务	100.5	100.3	99.9	100.6	99.5
（1）在外住宿	100.2	101.5	100.4	106.1	95.7
宾馆住宿	100.2	100.7	99.9	107.6	96.2
其他住宿	100.4	103.2	101.4	102.8	94.4
（2）美容美发洗浴	101.0	100.5	99.5	100.1	99.9
美　　容	100.4	100.6	99.6	100.1	100.1
美　　发	101.5	100.1	99.7	100.1	100.0
洗　　浴	100.9	101.1	99.2	100.0	99.7
（3）养老服务	100.3	100.0	100.4	100.0	100.2
养老服务	100.3	100.0	100.4	100.0	100.2
（4）金融及保险服务	100.2	100.0	100.0	100.0	100.0
金融服务	100.0	100.0	100.0	100.0	100.0
车辆保险	100.1	100.0	100.0	100.0	100.0
旅行保险	100.0	100.0	100.0	100.0	100.0
其他保险	100.7	100.0	100.0	100.0	100.0
（5）中介法律及其他服务	100.0	100.0	100.0	99.1	100.0
中介服务	100.0	100.0	100.0	100.0	100.1
法律服务	100.0	100.0	100.0	97.8	100.0
其他杂项服务	100.0	100.0	100.0	100.0	100.0

6月	7月	8月	9月	10月	11月	12月
101.9	101.5	98.0	100.2	101.4	96.7	100.8
102.9	102.3	97.1	100.5	102.1	95.5	101.0
99.9	99.7	100.0	99.6	100.0	99.5	100.3
99.7	100.4	99.9	100.1	100.5	100.0	100.2
96.9	100.4	99.3	100.1	101.0	97.5	100.4
97.0	99.8	99.3	100.0	100.2	98.1	100.5
96.8	101.9	99.1	100.1	102.8	96.2	100.3
100.0	99.9	99.9	99.9	100.5	100.5	100.3
100.0	99.9	99.7	99.9	100.9	100.0	99.9
100.0	99.9	99.9	99.8	100.4	100.2	100.6
100.0	100.0	100.0	100.1	100.3	101.3	100.0
100.3	100.2	100.0	99.5	100.0	100.4	100.7
100.3	100.2	100.0	99.5	100.0	100.4	100.7
100.0	100.8	100.0	100.5	100.6	100.0	100.0
100.0	100.0	99.9	100.0	100.0	100.0	100.0
100.1	100.0	100.0	100.0	100.0	100.0	100.0
100.0	100.0	100.0	100.0	100.0	100.0	100.0
100.0	103.7	100.0	102.1	102.6	100.0	100.0
100.1	100.0	100.0	100.1	100.0	100.1	100.0
100.1	100.0	100.0	100.3	100.0	100.0	100.0
100.0	100.0	100.0	100.0	100.0	100.3	100.0
100.0	100.0	100.0	100.0	100.0	100.0	100.0

4－8　城市居民消费价格

（上月＝100）

类　　别	1月	2月	3月	4月	5月
总指数	**101.2**	**100.5**	**99.3**	**99.7**	**99.7**
一、食品烟酒	103.9	101.4	96.9	98.3	98.6
1. 食品	105.6	101.8	95.5	97.3	97.7
(1)粮食	100.9	100.4	100.2	100.3	99.8
大　　米	100.2	99.5	100.4	100.7	100.0
面　　粉	101.1	100.2	99.7	100.4	99.2
其他粮食	102.7	102.4	100.6	100.1	99.9
粮食制品	100.8	100.6	100.3	100.2	100.1
(2)薯类	114.0	112.8	96.8	96.8	97.7
薯　　类	114.0	112.8	96.8	96.8	97.7
(3)豆类	101.0	101.7	100.6	100.0	100.0
干　　豆	101.8	101.0	100.6	100.5	100.4
豆 制 品	100.9	101.8	100.5	99.9	99.9
(4)食用油	101.6	99.7	100.3	100.4	100.4
食用植物油	101.6	99.7	100.3	100.5	100.5
食用动物油	103.7	101.7	98.4	96.9	97.8
(5)菜及食用菌	119.1	107.9	81.8	90.6	93.2
鲜　　菜	121.7	108.7	80.5	89.3	91.5
鲜　　菌	99.9	100.5	88.3	102.8	111.9
干菜干菌及制品	100.0	100.5	99.7	100.2	100.0
(6)畜肉类	104.5	97.1	94.4	94.3	94.6
猪　　肉	106.3	93.7	90.4	89.7	89.8
牛　　肉	101.7	102.1	98.8	99.7	100.0
羊　　肉	105.2	103.8	100.4	100.8	98.9
其他畜肉及副产品	101.5	100.1	97.2	97.7	97.3
畜肉制品	100.8	100.1	99.5	98.7	100.2
(7)禽肉类	103.0	103.6	97.3	97.7	98.9
鸡	105.0	105.6	95.8	96.4	98.3
鸭	101.0	102.2	98.4	98.5	98.7
其他禽肉及制品	100.0	100.2	100.2	100.0	99.9
(8)水产品	104.3	112.6	99.7	106.3	106.3
淡 水 鱼	104.2	119.3	99.8	115.3	112.8
海 水 鱼	99.6	101.7	99.6	99.8	99.9
虾 蟹 类	111.0	114.5	99.2	94.3	96.9
其他水产品及制品	100.0	100.0	100.1	99.9	100.2
(9)蛋类	112.4	93.2	96.2	103.0	103.2
鸡　　蛋	113.6	92.5	95.8	103.3	103.6
其他蛋及制品	100.5	100.5	100.8	100.7	99.8
(10)奶类	100.8	99.2	99.9	100.5	99.7
鲜　　奶	101.4	98.7	100.1	101.0	99.2
酸　　奶	101.6	99.2	100.5	100.5	100.0
奶　　粉	99.7	99.8	99.4	100.0	100.1
其他奶制品	100.2	99.6	99.5	100.1	99.8
(11)干鲜瓜果类	103.8	106.3	100.1	94.9	94.0

分月环比指数(2021年)

6月	7月	8月	9月	10月	11月	12月
99.5	**100.3**	**100.4**	**99.8**	**100.5**	**100.6**	**99.8**
97.9	100.5	101.6	99.2	100.8	101.9	99.9
96.8	100.7	102.4	98.9	101.3	102.8	99.8
99.8	99.8	100.0	100.1	100.2	102.0	101.2
99.8	99.7	99.9	99.7	100.1	100.5	100.1
99.6	100.2	99.9	99.9	100.1	103.5	101.3
100.0	100.0	99.8	99.8	99.9	101.4	100.8
99.9	99.7	100.1	100.5	100.3	102.3	101.8
95.3	100.5	105.7	95.1	95.8	99.3	99.0
95.3	100.5	105.7	95.1	95.8	99.3	99.0
99.9	99.7	100.3	100.1	100.1	100.7	100.7
100.1	99.6	100.0	99.6	100.0	102.0	100.4
99.8	99.8	100.3	100.1	100.1	100.5	100.8
100.3	100.1	100.6	99.7	100.4	101.0	100.5
100.5	100.1	100.7	99.8	100.5	100.9	100.5
90.9	95.6	97.6	96.6	94.1	101.7	101.0
96.2	106.6	113.1	101.4	111.7	105.1	94.3
95.2	107.5	114.5	101.7	113.7	106.2	94.1
105.4	102.1	108.8	98.9	96.6	93.2	91.3
100.2	100.0	100.6	99.9	99.7	100.4	100.5
91.6	99.3	99.4	96.0	97.9	105.7	100.3
84.9	100.3	99.4	91.7	95.9	113.2	100.1
99.8	99.5	99.5	100.1	100.3	100.6	100.2
95.7	96.7	99.4	99.1	99.4	99.2	100.7
91.4	94.3	98.7	97.1	94.7	100.0	101.9
99.3	100.0	99.7	99.9	99.5	101.0	100.0
99.6	99.2	100.2	100.4	99.4	99.7	100.7
99.4	98.5	100.4	100.6	98.8	99.3	101.2
98.6	100.0	99.6	99.3	99.7	100.2	99.9
100.0	100.3	100.1	100.2	100.5	100.2	100.0
97.9	97.5	96.9	95.0	96.4	97.1	99.5
99.0	96.9	94.2	90.4	92.6	94.8	98.7
99.5	100.1	100.2	100.1	100.5	100.4	100.3
91.6	96.6	101.5	102.1	101.3	97.8	100.2
100.6	99.3	99.8	100.4	100.6	101.3	100.6
98.8	102.2	109.0	98.1	97.4	103.4	97.5
98.7	102.4	109.8	97.8	97.1	103.7	97.2
99.8	100.3	101.1	101.3	100.4	100.7	100.0
99.3	100.2	100.3	99.7	99.9	100.1	101.2
99.8	99.9	100.4	99.3	100.1	100.1	103.4
99.2	100.0	99.7	100.0	100.3	100.5	99.4
98.5	100.5	100.6	100.0	99.6	99.9	99.7
100.9	101.8	100.3	100.0	99.7	100.4	99.8
94.0	100.3	101.5	98.6	103.0	105.1	104.2

4－8 续表1

（上月＝100）

类　　别	1月	2月	3月	4月	5月
鲜　　果	104.5	108.1	100.1	93.8	92.6
坚　　果	101.3	99.0	100.2	99.8	99.3
瓜果制品	101.2	99.0	100.3	100.1	100.6
(12)糖果糕点类	100.0	100.2	99.9	100.3	99.8
食　　糖	100.1	99.5	100.1	99.8	100.2
糖　　果	98.5	99.5	98.6	103.3	100.7
糕　　点	100.1	100.6	100.1	99.8	99.5
其他糖果糕点	100.8	99.0	100.7	99.9	100.4
(13)调味品	99.9	99.7	99.8	100.7	100.1
食 用 盐	100.4	100.0	99.4	99.7	100.4
酱　　油	100.0	99.2	100.4	100.8	99.9
食　　醋	100.9	99.1	97.9	102.8	100.4
增 味 剂	100.6	100.0	99.8	100.1	100.2
其他调味品	98.9	100.3	100.4	100.2	100.0
(14)其他食品类	100.8	99.4	100.4	100.0	100.4
方便食品	100.3	99.1	100.6	100.0	100.6
淀粉及制品	102.3	100.2	99.6	100.2	100.4
其他食品	100.3	99.3	100.6	99.9	99.7
2.茶及饮料	99.6	99.7	100.1	100.2	100.7
茶　　叶	99.8	99.8	99.8	100.3	99.8
固体咖啡	100.2	100.0	100.2	99.9	100.1
其他固体饮料	101.1	100.9	99.5	99.8	100.8
饮 用 水	100.5	99.6	99.8	99.0	99.8
果汁饮料	100.2	99.3	100.5	100.0	100.7
其他液体饮料	98.9	99.6	100.5	100.4	101.8
3.烟酒	100.2	99.7	100.3	100.1	100.1
(1)卷烟	100.1	100.0	100.0	100.1	100.0
卷　　烟	100.1	100.0	100.0	100.1	100.0
(2)酒类	100.2	99.3	100.6	100.0	100.2
白　　酒	100.2	99.3	100.6	100.1	100.2
葡 萄 酒	99.7	99.0	100.8	100.2	99.2
啤　　酒	100.6	99.3	101.0	99.6	100.7
其他酒类	100.4	99.8	100.1	100.0	100.3
4.在外餐饮	100.2	100.8	99.8	100.6	100.7
餐馆餐饮	100.1	100.5	100.1	100.5	101.1
饮品店餐饮	100.9	100.9	100.5	100.1	100.4
外　　卖	100.3	101.7	97.9	100.8	99.8
其他在外餐饮	99.9	100.4	101.2	100.4	100.1
二、衣着	99.6	99.4	100.4	100.1	99.8
1.服装	99.6	99.3	100.4	100.2	99.9
(1)男式服装	99.6	99.3	100.4	100.2	99.7
男式外套	99.6	99.0	100.1	100.5	99.6
男式针织衫	99.2	98.8	98.8	99.7	99.9
男式衬衫T恤	100.0	99.9	100.9	100.0	100.2

6月	7月	8月	9月	10月	11月	12月
92.7	100.3	101.9	98.1	103.8	106.6	105.2
98.7	100.0	99.8	100.6	100.7	100.2	100.3
100.4	100.7	99.8	99.8	99.2	98.7	100.0
100.0	99.9	100.0	100.1	100.2	100.1	100.9
99.6	99.8	99.9	100.2	101.0	100.6	99.7
100.1	99.9	99.6	100.3	100.6	99.9	100.0
99.9	99.9	100.1	100.1	100.0	100.2	101.2
101.0	100.2	99.9	100.0	100.5	99.6	101.1
99.1	99.7	100.4	99.6	100.3	100.6	100.8
97.8	100.4	101.0	100.7	99.5	100.1	100.1
99.0	99.6	100.1	99.5	99.7	100.5	101.4
98.0	99.8	100.0	99.1	100.1	100.3	100.5
99.6	100.0	99.9	99.8	101.0	100.1	103.5
100.0	99.4	100.8	99.7	100.8	101.1	99.6
99.7	100.1	100.0	99.8	99.9	100.4	100.8
99.5	100.1	100.1	99.8	100.0	100.4	100.3
100.2	99.9	99.9	99.8	99.6	99.8	101.6
99.9	100.5	100.0	99.7	100.0	101.1	101.5
99.7	100.4	100.0	99.2	99.3	101.5	99.7
100.0	100.5	99.7	99.6	99.9	100.3	99.8
99.5	99.8	100.4	100.0	100.3	100.3	100.0
100.2	99.6	99.5	100.6	100.4	100.4	100.1
100.2	99.8	100.2	100.5	98.5	100.4	100.3
100.0	100.0	99.9	99.2	100.5	100.0	101.8
99.2	100.7	100.3	98.4	98.7	103.4	99.0
99.9	100.1	100.0	99.7	99.1	100.1	99.9
100.0	100.0	100.0	100.0	100.0	100.0	100.0
100.0	100.0	100.0	100.0	100.0	100.0	100.0
99.8	100.3	100.0	99.4	98.1	100.3	99.8
99.7	100.5	100.1	99.2	97.3	100.7	99.5
100.4	99.9	99.0	100.0	99.2	100.7	100.4
99.4	99.5	100.1	99.7	100.8	98.7	100.4
100.1	100.3	99.7	100.0	99.9	99.5	100.3
100.1	100.1	100.1	100.0	100.1	99.9	100.2
100.0	100.0	100.0	100.1	100.0	100.1	100.2
100.2	99.5	99.7	99.5	100.3	98.9	101.0
100.1	100.5	100.6	99.9	100.5	99.6	100.1
100.3	100.2	100.1	99.7	100.1	100.3	100.1
100.0	99.8	99.8	100.7	100.1	100.5	100.4
99.9	99.8	99.8	100.7	100.0	100.5	100.5
99.9	99.7	99.8	100.3	100.0	100.3	100.4
99.8	100.0	100.0	100.5	99.8	100.3	100.6
99.8	99.9	100.0	100.3	100.0	101.4	100.6
100.1	99.0	99.5	100.1	99.9	99.9	100.1

4－8 续表 2

（上月＝100）

类　　别	1 月	2 月	3 月	4 月	5 月
男式裤子	100.0	99.7	101.6	100.0	99.3
男式内衣	98.8	99.7	99.9	100.0	99.6
(2)女式服装	99.6	99.3	100.5	100.4	100.0
女式外套	99.4	99.1	100.8	100.8	100.0
女式针织衫	99.0	98.9	100.1	99.9	99.6
女式衬衫T恤	100.1	99.4	100.6	101.3	100.6
女式裤子	100.1	99.5	100.2	99.5	99.6
女式裙子	100.4	99.6	100.2	99.9	100.4
女式内衣	98.7	100.1	100.1	99.9	100.0
(3)儿童服装	99.4	99.2	100.3	99.9	99.7
婴儿服装	99.6	99.6	99.9	99.6	99.7
儿童上衣	99.0	99.3	100.4	99.3	99.6
儿童裤子	99.2	98.9	101.0	100.5	99.3
儿童裙子	99.7	99.0	100.2	100.5	100.5
儿童内衣	99.9	100.1	99.3	98.9	99.7
(4)衣着材料及配件	100.2	99.9	100.0	99.9	99.8
袜　　子	100.2	99.8	100.3	100.0	99.6
帽　　子	100.5	99.9	99.6	100.0	100.0
其他衣着材料及配件	100.1	100.4	99.9	99.7	100.0
(5)衣着服务费	100.3	100.0	100.0	100.1	100.1
衣着洗涤保养	100.4	100.0	100.0	100.0	100.1
其他衣着服务	100.1	100.0	100.0	100.3	99.9
2.鞋类	99.7	99.6	100.6	99.8	99.7
(1)鞋	99.7	99.6	100.6	99.8	99.7
男　　鞋	99.8	99.7	100.3	100.1	99.9
女　　鞋	99.8	99.6	100.8	99.6	99.5
童　　鞋	99.5	99.5	100.6	99.6	99.8
(2)鞋类服务	100.4	101.5	100.0	100.0	100.0
鞋类服务	100.4	101.5	100.0	100.0	100.0
三、居住	100.1	100.2	100.1	100.2	100.1
1.租赁房房租	99.9	100.2	100.1	100.1	100.1
公房房租	100.0	100.0	100.0	100.0	100.0
私房房租	99.8	100.2	100.1	100.1	100.1
2.住房保养维修及管理	101.8	100.1	100.1	100.1	100.5
(1)住房装潢材料	100.2	100.0	99.9	100.1	100.6
木 地 板	100.1	100.5	99.9	100.1	100.8
瓷　　砖	100.1	100.1	99.7	100.1	100.5
水　　泥	100.8	98.4	97.8	98.9	99.7
涂　　料	100.1	99.9	100.0	100.1	99.9
板　　材	100.4	100.0	100.8	100.4	100.4
管　　材	100.2	100.1	100.8	100.2	100.7
厨卫设备	99.5	100.5	100.1	99.9	100.8
门　　窗	100.1	100.0	100.1	100.1	100.8
其他住房装潢材料	101.3	100.3	100.6	100.7	101.7

6月	7月	8月	9月	10月	11月	12月
100.1	99.7	99.9	100.1	100.0	100.1	100.5
100.2	100.0	99.7	100.0	100.9	100.4	100.2
100.0	99.8	99.9	100.9	100.1	100.8	100.7
99.9	100.0	99.9	101.0	99.8	101.2	101.0
99.7	99.9	99.9	101.3	100.3	101.3	101.1
101.2	99.2	99.7	101.1	100.3	100.1	100.3
99.6	99.8	99.8	101.5	99.9	100.6	100.5
99.9	99.3	100.1	99.9	100.3	100.3	100.3
99.9	100.0	99.8	100.1	100.7	100.5	100.1
99.7	99.8	99.9	101.1	100.1	100.0	100.0
99.7	100.0	99.9	99.9	100.0	100.1	99.7
99.9	100.0	99.6	102.2	99.4	100.4	100.5
99.1	99.8	100.2	102.0	101.0	99.0	99.3
99.8	99.1	99.6	100.1	100.1	100.4	100.4
100.2	100.5	100.3	100.0	100.0	100.3	100.1
100.2	100.0	99.8	100.6	100.0	100.2	100.0
100.2	100.0	99.8	100.7	100.2	100.4	99.9
100.4	100.0	99.9	100.8	99.8	100.2	100.3
100.1	99.9	99.9	100.0	100.0	99.9	100.1
99.9	100.1	99.7	100.1	100.0	102.2	100.2
99.8	100.2	99.6	100.0	100.0	103.2	100.2
100.0	99.9	100.0	100.2	99.8	100.0	100.1
100.3	99.7	99.7	100.9	100.3	100.2	100.3
100.3	99.7	99.7	100.9	100.3	100.2	100.3
100.5	99.6	99.4	101.0	100.2	100.1	100.9
100.4	99.7	99.8	100.9	100.3	100.2	99.8
99.5	99.7	99.9	100.8	100.0	100.2	100.6
100.0	100.0	100.0	100.2	100.4	100.0	100.0
100.0	100.0	100.0	100.2	100.4	100.0	100.0
100.3	100.2	99.9	100.0	100.0	99.9	99.8
100.3	100.2	99.9	100.1	99.9	99.7	99.7
100.0	100.0	100.0	100.0	100.0	100.0	100.0
100.4	100.2	99.9	100.1	99.8	99.6	99.7
100.1	100.1	100.0	100.1	100.7	101.1	100.1
100.1	100.2	100.0	100.2	100.8	101.2	100.2
100.2	100.1	100.1	99.9	100.3	100.6	100.4
100.1	100.0	99.5	99.7	100.4	100.7	100.0
98.7	99.9	100.3	101.7	104.8	104.4	101.2
100.2	100.2	99.9	99.8	100.5	101.2	100.1
100.2	100.1	100.0	100.0	100.9	103.9	100.4
100.4	100.1	100.3	100.2	100.9	101.7	100.2
99.8	99.9	100.2	100.1	100.1	100.4	100.1
100.6	100.3	99.8	100.4	100.2	101.0	100.5
101.3	101.6	100.6	101.4	101.0	99.4	99.8

4－8 续表3

（上月＝100）

类　　别	1月	2月	3月	4月	5月
（2）住房维修管理费用	104.3	100.2	100.2	100.2	100.3
物业管理费	100.0	100.7	100.0	100.0	100.0
装潢维修费	104.7	100.0	100.5	100.4	100.5
其他住房费用	107.4	100.0	100.0	100.0	100.4
3.水电燃料	99.4	100.0	100.0	100.3	100.0
（1）水	100.5	100.0	100.8	103.1	100.0
水	100.5	100.0	100.8	103.1	100.0
（2）电	100.0	100.0	100.0	100.0	100.0
电	100.0	100.0	100.0	100.0	100.0
（3）燃气	100.4	100.0	100.0	100.2	100.1
管道燃气	100.0	100.0	100.0	100.2	100.2
液化石油气	101.2	99.9	99.9	100.2	100.0
（4）其他水电燃料类	96.0	100.0	99.8	99.9	100.0
其他水电燃料类	96.0	100.0	99.8	99.9	100.0
4.自有住房	100.0	100.2	100.0	100.1	100.0
自有住房	100.0	100.2	100.0	100.1	100.0
四、生活用品及服务	100.2	100.0	100.3	100.2	99.6
1.家具及室内装饰品	100.0	100.3	100.1	100.0	100.0
（1）家具	100.0	100.3	100.1	100.0	100.0
柜	99.9	100.4	100.1	99.8	99.9
床	99.7	100.4	100.3	100.0	100.0
桌	100.2	100.4	100.2	100.0	99.9
椅	100.2	100.2	100.0	100.1	100.1
沙　　发	100.2	100.3	100.0	100.0	100.0
其他家具	100.0	100.0	100.1	100.1	99.8
（2）室内装饰品	100.1	99.9	100.1	99.8	100.3
灯　　具	100.1	100.0	100.1	99.8	100.2
其他室内装饰品	100.0	99.9	100.0	99.9	100.6
2.家用器具	100.4	100.5	101.0	100.3	99.9
（1）大型家用器具	100.4	100.4	101.2	100.3	99.9
洗 衣 机	99.1	101.1	101.4	99.9	99.6
电冰箱（柜）	104.6	101.7	100.6	100.9	99.5
抽油烟机	98.2	100.2	102.9	100.5	101.1
空 调 器	99.9	99.7	102.8	100.3	100.0
热 水 器	101.0	100.0	97.0	100.6	100.0
炉具灶具	97.1	100.7	99.2	100.6	100.0
吸 尘 器	99.6	103.2	99.5	100.7	102.2
空气净化器	102.2	99.9	99.4	99.8	100.9
净 水 器	100.1	100.8	99.1	98.8	96.3
其他大型家用器具	99.9	99.6	101.6	100.1	99.8
（2）小家电	100.4	100.8	100.0	99.9	99.6
厨房小家电	100.6	100.9	100.1	99.5	98.4
生活小家电	99.9	100.6	99.9	100.6	101.9
3.家用纺织品	99.9	100.1	100.0	99.9	100.0

6月	7月	8月	9月	10月	11月	12月
100.0	100.1	100.0	100.0	100.5	100.9	100.0
100.0	100.3	100.0	100.0	100.0	100.0	100.0
100.0	100.0	100.0	100.0	101.0	101.8	100.0
100.0	100.0	100.0	100.0	100.0	100.0	100.0
100.1	100.1	100.0	100.1	100.6	100.1	99.9
100.3	100.0	100.0	100.0	100.0	100.0	100.0
100.3	100.0	100.0	100.0	100.0	100.0	100.0
100.0	100.0	100.0	100.0	100.0	100.0	100.0
100.0	100.0	100.0	100.0	100.0	100.0	100.0
100.7	100.3	100.2	100.3	102.4	100.6	99.8
101.0	100.0	100.0	100.0	100.0	100.0	100.2
99.8	100.9	100.6	100.9	108.0	102.0	99.0
99.9	100.2	100.1	100.1	100.4	99.9	99.7
99.9	100.2	100.1	100.1	100.4	99.9	99.7
100.4	100.2	99.9	99.9	99.8	99.6	99.7
100.4	100.2	99.9	99.9	99.8	99.6	99.7
99.7	100.2	100.1	99.6	100.3	99.7	100.5
100.0	100.1	100.0	99.6	100.3	101.3	100.1
100.0	100.1	100.0	99.6	100.3	101.4	100.1
99.8	100.2	99.8	99.3	100.3	103.2	100.0
100.0	100.0	100.3	99.7	100.1	100.3	100.1
100.1	100.0	99.9	99.8	100.6	100.2	100.0
100.1	99.9	99.9	100.0	100.5	100.5	100.0
100.0	100.1	99.9	99.7	100.2	100.9	100.2
100.0	100.0	100.0	99.4	100.5	100.2	101.2
100.0	100.0	99.8	99.4	100.3	100.1	99.8
100.1	100.0	99.8	99.5	100.2	100.1	99.7
99.8	100.1	99.9	99.2	100.7	100.0	100.0
99.6	100.3	99.7	100.0	100.0	99.7	100.6
99.8	100.2	99.8	99.8	100.1	99.7	100.4
99.5	100.0	99.5	100.2	100.4	99.3	100.6
100.1	99.8	99.8	99.7	100.2	100.2	100.4
100.2	100.0	99.8	100.1	99.9	99.6	100.1
100.0	100.0	100.0	99.8	99.8	100.3	100.1
99.9	100.1	99.9	100.0	100.5	99.7	100.4
99.8	99.6	99.8	100.0	99.6	99.3	100.4
98.0	101.1	99.8	99.1	103.7	93.5	100.4
97.0	102.6	98.9	97.7	100.6	97.2	102.7
98.2	105.1	95.5	100.3	100.1	97.8	105.8
100.0	100.1	100.0	99.7	100.0	100.1	100.0
98.6	101.2	99.6	101.1	99.5	99.6	101.9
98.8	101.8	99.5	102.1	99.8	99.4	102.5
98.3	100.1	99.8	99.2	98.8	100.0	100.7
99.7	100.0	99.9	100.1	100.1	100.2	100.0

4－8 续表4

（上月＝100）

类　　别	1月	2月	3月	4月	5月
（1）床上用品	99.9	100.1	99.9	100.0	100.0
被　　子	99.8	100.0	99.9	99.9	100.0
床单被套	100.0	100.1	99.9	100.0	99.9
其他床上用品	100.1	100.5	100.0	100.0	100.1
（2）窗帘门帘	100.1	99.9	100.4	100.1	100.6
窗帘门帘	100.1	99.9	100.4	100.1	100.6
（3）其他家用纺织品	99.9	100.0	100.3	99.5	99.7
其他家用纺织品	99.9	100.0	100.3	99.5	99.7
4. 家庭日用杂品	100.5	100.0	100.1	100.1	99.3
（1）洗涤卫生用品	100.1	100.0	100.4	99.9	98.8
清洗用品	101.8	99.8	99.7	100.9	98.2
清洁用具	100.9	100.1	100.8	99.9	99.9
清洁用纸	97.8	100.1	101.2	98.7	99.4
（2）厨具餐具茶具	101.3	99.9	99.4	100.4	100.0
厨　　具	101.5	98.5	99.6	100.7	100.0
餐　　具	100.6	101.3	98.8	99.4	101.1
茶　　具	102.5	101.0	100.3	101.6	97.8
（3）其他家庭日用杂品	100.1	100.0	100.5	100.1	99.9
配电附件	99.7	100.0	100.3	100.3	100.1
雨　　具	100.0	100.1	100.3	100.0	99.5
其他日用杂品	100.6	100.0	100.7	100.0	99.7
5. 个人护理用品	99.6	98.8	99.9	100.4	99.0
（1）化妆品	99.1	98.4	99.5	100.9	98.9
清洁化妆品	100.2	100.1	100.4	100.0	99.4
护肤化妆品	98.7	97.8	98.7	101.5	98.2
彩妆化妆品	99.2	98.6	100.6	101.2	99.2
化妆器具	99.7	98.1	101.6	96.4	104.5
（2）其他护理用品类	100.5	99.4	100.5	99.8	99.1
清洁类护理用品	100.6	99.2	99.7	100.7	98.9
护发美发用品	100.5	101.0	99.9	99.5	98.9
护理器具	100.0	98.4	103.7	97.7	99.7
其他护理用品	99.6	98.8	101.2	98.1	98.7
6. 家庭服务	101.7	100.3	100.3	100.0	100.2
家政服务	102.7	100.2	100.7	99.8	100.1
母婴护理服务	102.1	100.9	99.6	100.2	100.1
家庭维修服务	100.1	100.0	100.0	100.4	100.6
其他家庭服务	100.5	100.2	100.5	100.0	100.0
五、交通通信	100.7	100.9	101.0	100.3	100.1
1. 交通	100.9	101.1	101.7	100.3	100.3
（1）交通工具	99.7	100.0	100.0	99.9	99.7
燃油小汽车	99.6	100.0	100.0	100.1	99.6
新能源小汽车	99.4	100.0	100.0	100.0	100.8
电动自行车	99.6	100.0	99.9	99.4	99.9
自 行 车	100.1	100.0	100.5	100.5	100.7

6月	7月	8月	9月	10月	11月	12月
99.8	100.0	99.9	100.0	100.1	100.0	100.1
99.8	100.0	100.1	100.1	100.1	100.4	99.9
99.8	100.0	99.9	100.1	100.3	99.7	100.1
99.7	100.0	99.8	99.8	99.7	99.8	100.2
99.2	100.4	100.0	100.0	100.2	101.3	100.2
99.2	100.4	100.0	100.0	100.2	101.3	100.2
99.8	100.0	98.8	101.4	99.8	100.2	99.6
99.8	100.0	98.8	101.4	99.8	100.2	99.6
99.5	101.5	99.2	99.5	100.1	98.9	100.5
99.7	101.1	99.9	98.9	99.9	99.5	99.9
99.4	102.5	98.9	99.7	99.6	100.1	98.9
102.1	99.2	100.0	100.2	99.8	99.6	99.9
99.6	99.9	101.3	97.6	100.3	98.8	101.3
99.1	102.6	97.7	100.4	100.5	97.2	101.7
97.7	104.6	96.6	101.0	100.8	96.8	101.4
99.3	100.3	99.2	99.6	100.2	98.0	101.4
102.5	102.2	97.8	100.4	100.2	96.5	103.1
99.9	99.9	100.2	99.7	100.0	100.3	100.2
100.0	100.4	100.1	99.9	100.2	100.3	100.1
100.0	99.9	100.1	100.3	100.1	100.1	100.0
99.8	99.2	100.4	99.3	99.6	100.3	100.6
99.5	99.1	101.7	99.0	100.8	98.7	100.8
100.2	98.0	102.3	97.8	101.1	98.3	100.9
96.8	101.3	100.8	98.5	100.1	98.2	98.8
101.6	95.9	103.7	96.7	101.9	97.7	101.8
99.9	100.9	100.4	100.3	99.4	100.9	99.8
98.2	99.9	99.7	99.3	101.0	98.4	101.9
98.5	100.7	100.8	100.8	100.4	99.2	100.6
98.7	100.8	100.8	100.3	100.4	99.3	100.6
96.8	102.2	100.7	102.3	101.1	98.6	100.5
99.7	98.8	101.0	100.1	100.4	99.3	100.4
101.4	100.5	101.0	100.8	97.4	101.2	100.4
100.3	100.1	100.2	100.0	100.7	100.2	100.2
100.6	100.2	100.3	99.9	101.0	100.1	100.1
100.0	99.9	100.1	100.1	101.0	100.0	100.0
100.3	100.1	100.0	100.0	100.1	100.1	100.0
100.0	100.0	100.0	100.0	100.0	100.7	100.8
100.4	100.8	99.7	99.5	101.0	101.0	98.7
100.5	101.0	99.6	99.4	101.5	101.5	98.2
100.0	99.5	99.9	99.4	100.1	101.5	99.9
100.0	99.3	100.0	99.2	100.2	102.1	99.9
100.0	99.4	100.0	100.0	100.0	102.1	100.0
100.0	100.0	99.6	99.7	99.7	99.9	99.7
100.4	100.0	100.1	100.1	100.1	100.1	100.0

4－8 续表5

（上月＝100）

类　　别	1月	2月	3月	4月	5月
其他交通工具	100.1	100.0	100.2	99.7	99.5
（2）交通工具用燃料	104.1	103.2	106.3	99.3	101.7
汽　　油	104.2	103.3	106.4	99.3	101.7
柴　　油	104.6	103.7	107.7	99.0	101.9
其他车用能源	99.8	100.0	100.0	100.0	100.0
（3）交通工具使用和维修	100.1	101.5	99.4	99.9	100.1
停车费	99.4	100.6	100.2	100.0	100.0
车辆使用费	99.9	100.1	100.0	100.0	100.4
交通工具零配件	99.3	100.0	100.0	100.0	100.2
车辆修理与保养	100.4	102.3	99.0	99.8	100.0
（4）交通费	99.3	100.6	100.3	105.7	99.1
市内公共交通	100.0	100.0	100.0	100.0	100.0
出租汽车	100.0	100.4	99.6	100.0	100.0
飞机票	94.1	104.8	103.4	141.5	98.4
火车票	100.0	100.0	100.0	99.9	100.0
长途汽车	100.2	100.0	100.0	103.8	96.7
网约车	100.5	100.6	99.9	99.8	99.7
交通工具租赁费	99.7	99.5	99.7	103.0	97.5
其他交通费	99.8	100.0	100.0	100.0	100.0
2.通信	100.1	100.0	99.1	100.1	99.7
（1）通信工具	100.2	100.0	99.7	100.3	99.6
电话机	100.2	100.0	99.7	100.3	99.6
其他通信工具及零配件	100.0	100.1	99.6	99.8	100.1
（2）通信服务	100.0	100.0	98.8	100.0	99.8
电话费	100.0	100.0	98.9	100.0	99.8
家庭宽带服务	100.0	100.0	97.8	100.0	99.6
其他通信服务	100.0	100.0	100.0	100.0	100.0
（3）邮递服务	100.3	100.3	99.3	100.0	100.0
邮递服务	100.3	100.3	99.3	100.0	100.0
六、教育文化娱乐	100.3	100.4	99.9	100.4	100.4
1.教育	100.2	100.0	100.2	100.0	100.2
（1）教育用品	100.1	100.0	100.2	99.9	100.1
工具书	100.0	100.0	100.4	100.0	100.4
教　　材	100.0	100.0	100.2	100.0	100.0
参考资料	100.1	100.0	100.2	99.9	100.2
其他教育用品	100.1	99.9	100.1	99.5	99.1
（2）教育服务	100.2	100.0	100.2	100.0	100.2
幼儿早期教育	100.9	100.0	100.2	100.1	100.0
学前教育	100.2	100.0	100.4	100.0	100.0
小学初中教育	100.0	100.0	100.0	100.0	100.0
高中中职教育	100.0	100.0	100.0	100.0	100.0
高等教育	100.0	100.0	100.0	100.0	100.0
课外教育	100.5	100.0	100.4	99.9	100.6
专业技能培训	99.4	100.0	99.4	99.8	100.2

6月	7月	8月	9月	10月	11月	12月
100.2	100.0	99.9	99.5	99.9	99.9	99.4
102.1	103.4	98.7	99.6	104.9	103.1	94.4
102.1	103.5	98.7	99.6	104.9	103.1	94.3
102.2	103.9	98.6	99.4	105.5	103.4	94.0
100.5	99.3	100.3	100.0	100.3	100.3	99.8
100.0	100.0	100.0	100.1	100.3	100.5	100.9
99.4	100.0	100.0	100.0	100.0	100.0	100.0
100.0	100.0	100.0	100.0	100.0	100.0	100.0
100.0	100.1	100.1	100.2	100.2	100.3	100.0
100.1	100.0	100.0	100.1	100.4	100.8	101.4
98.6	102.4	100.6	98.4	99.7	97.3	99.4
100.0	100.0	100.0	100.0	100.0	100.0	100.0
101.3	100.0	100.0	100.0	100.3	100.8	100.4
88.9	116.1	104.0	89.2	98.6	84.0	95.4
100.6	100.0	100.0	100.0	100.0	100.0	100.0
100.0	100.5	100.0	101.0	99.3	98.4	100.0
100.8	99.8	99.9	99.7	100.5	99.9	99.5
101.6	99.3	99.4	101.8	99.5	99.1	100.0
100.0	100.0	100.0	99.9	99.9	100.0	99.7
100.0	100.0	99.8	99.8	99.6	99.6	100.0
100.1	100.0	99.5	99.5	98.8	98.9	100.1
100.1	100.0	99.4	99.5	98.8	98.8	100.1
99.9	100.0	100.0	100.1	99.6	100.2	100.0
100.0	100.0	100.0	100.0	100.0	100.0	100.0
100.0	100.0	100.0	100.0	100.0	100.0	100.0
100.0	100.0	100.0	100.0	100.3	100.0	99.9
100.0	100.0	100.0	100.0	100.0	100.0	99.4
99.9	100.0	100.0	99.7	99.8	100.0	100.0
99.9	100.0	100.0	99.7	99.8	100.0	100.0
99.9	100.5	99.9	100.5	101.0	99.7	100.3
100.1	100.2	100.1	101.2	101.6	99.9	100.0
100.0	100.1	100.0	100.3	100.2	100.0	100.0
100.0	99.9	100.0	100.1	100.0	100.0	100.0
100.0	100.0	100.0	97.0	101.0	100.0	100.0
100.0	100.1	100.0	101.5	100.0	100.0	100.0
100.2	100.4	100.1	99.8	100.1	99.9	99.8
100.1	100.2	100.1	101.3	101.7	99.9	100.0
100.3	100.1	100.0	100.0	100.9	99.3	100.0
100.3	100.0	100.0	102.4	108.0	100.0	100.0
100.0	100.0	100.0	104.0	100.5	100.0	100.0
100.0	100.0	100.0	104.7	100.0	100.0	100.0
100.0	100.0	100.0	100.1	100.0	100.0	100.0
100.0	100.7	100.2	100.4	100.1	100.0	100.0
99.7	99.9	99.8	100.6	100.6	99.6	100.0

4－8 续表6

（上月＝100）

类　　别	1月	2月	3月	4月	5月
其他教育服务	100.0	100.0	100.3	100.0	100.2
2. 文化娱乐	100.5	101.1	99.3	101.4	100.7
(1)文娱耐用消费品	100.3	100.0	100.8	100.3	100.8
电视机	102.5	100.2	101.0	100.6	100.4
照相机	100.0	99.9	99.4	98.2	100.5
台式计算机	99.2	99.3	100.6	100.2	109.5
笔记本电脑	98.7	100.5	99.8	102.0	102.4
平板电脑	98.2	99.7	102.2	100.8	96.0
乐　　器	100.9	100.0	100.0	100.0	104.8
音　　响	99.9	100.0	100.2	100.0	99.8
可穿戴智能设备	99.6	98.9	101.1	99.5	99.9
其他文娱耐用消费品	100.0	99.8	100.5	98.4	100.0
(2)其他文娱用品	100.2	100.4	100.0	100.0	100.0
书报杂志及音像制品	100.1	101.2	100.0	100.0	99.8
纸张文具	100.3	100.2	99.3	100.0	100.1
体育户外用品	99.9	100.2	100.3	99.9	99.8
游戏用品和玩具	100.2	100.1	100.3	100.0	100.1
园艺花卉及用品	100.2	100.3	100.4	100.0	99.8
宠物及用品	100.0	100.3	99.9	100.2	100.0
其他文化娱乐用品	100.2	100.0	99.9	100.2	100.4
(3)文化娱乐服务	100.5	102.2	98.5	100.6	99.6
电影及演出票	101.4	119.0	86.4	99.0	100.1
景点门票	101.3	99.8	100.8	101.3	98.8
电视服务	100.0	100.0	100.0	100.0	100.0
健身活动	100.0	100.3	99.8	100.7	100.3
宠物服务	100.6	100.8	99.1	100.0	99.8
网络文娱服务	100.0	98.4	102.7	103.5	98.4
儿童娱乐项目	99.4	100.0	100.0	99.8	99.8
其他文娱服务	100.0	101.8	100.3	99.9	99.8
(4)旅游	101.2	102.2	97.6	104.8	101.9
旅行社收费	101.3	102.4	97.4	105.1	102.3
其他旅游	100.3	100.0	99.0	102.2	99.2
七、医疗保健	100.1	99.9	100.0	100.1	100.1
1. 药品及医疗器具	100.3	99.8	99.9	100.4	100.2
(1)中药	100.7	100.0	100.0	101.2	100.3
中药材	100.3	100.1	100.1	100.2	100.4
中成药	100.9	100.0	100.0	101.5	100.2
(2)西药	99.9	99.7	100.2	100.3	100.1
抗微生物药	100.1	100.0	100.1	100.0	100.1
消化系统用药	99.8	100.0	100.8	100.2	99.9
呼吸系统用药	100.1	99.9	100.6	100.3	100.0
解热镇痛药	99.2	100.0	100.0	100.6	100.6
抗肿瘤药	100.0	100.0	100.0	100.1	99.9
激素及影响内分泌药	99.7	99.9	99.9	99.5	100.0

6月	7月	8月	9月	10月	11月	12月
100.3	100.0	100.0	100.5	100.1	100.0	100.0
99.4	101.0	99.7	99.2	99.8	99.1	100.8
99.4	100.8	98.9	100.7	101.5	98.7	100.9
99.4	100.0	99.7	99.5	100.1	98.7	100.1
101.0	101.2	97.5	100.4	100.5	99.9	101.6
105.2	99.8	99.5	99.4	100.0	99.8	99.9
98.4	99.7	99.8	104.7	104.8	100.3	99.4
96.5	104.5	95.0	101.3	104.3	93.0	105.4
100.0	100.0	100.0	100.0	100.0	102.6	100.0
100.1	100.0	99.9	100.2	100.2	99.9	99.9
98.1	101.8	99.9	100.4	100.1	101.6	103.8
100.0	100.0	100.0	100.0	100.0	100.0	100.0
100.0	99.9	99.9	100.1	100.2	100.0	100.0
100.0	100.0	99.8	100.2	100.0	100.0	100.2
99.9	100.0	99.9	99.7	100.2	100.1	99.7
99.8	100.0	99.6	100.6	100.1	100.1	100.0
100.0	99.9	99.9	99.7	100.3	99.9	99.9
100.0	99.4	100.3	100.5	100.6	99.9	100.3
100.0	100.1	99.7	100.2	100.2	99.8	100.3
99.9	99.9	100.2	100.2	99.8	100.1	100.0
100.0	100.1	100.0	99.3	101.0	99.8	99.8
99.5	100.2	100.1	98.4	106.1	93.5	100.7
100.0	100.1	99.5	97.3	100.5	102.7	99.2
99.9	100.0	100.1	100.0	100.0	100.0	100.0
100.9	99.8	100.0	99.9	100.5	99.8	99.8
100.1	100.2	99.8	100.1	100.0	100.4	100.3
99.3	100.3	100.9	100.6	100.8	99.3	99.1
100.0	99.9	100.0	100.4	100.0	100.0	99.9
100.0	100.1	100.0	100.8	100.0	100.2	100.0
98.6	103.0	100.3	96.7	96.5	98.3	102.1
98.5	103.4	100.4	96.3	96.0	98.1	102.4
100.1	99.9	100.0	100.0	100.0	100.0	100.0
100.1	100.0	100.0	100.3	100.1	99.9	100.0
100.2	100.1	100.1	100.1	100.0	99.7	100.1
100.2	100.3	100.1	100.2	99.9	99.9	100.0
100.3	100.2	100.1	99.9	100.6	99.9	99.9
100.1	100.3	100.1	100.3	99.6	100.0	100.1
100.2	99.9	100.1	100.0	100.0	99.9	100.0
100.0	99.8	100.0	100.0	100.0	100.0	100.1
100.1	100.2	100.6	100.1	100.2	100.0	100.0
100.1	100.4	100.0	100.0	99.6	99.3	100.0
100.0	100.6	100.0	100.0	100.5	99.9	100.0
100.1	100.3	100.1	100.1	100.0	100.0	100.1
100.0	100.3	99.6	99.7	100.0	100.1	100.0

4-8 续表7

（上月=100）

类　　别	1月	2月	3月	4月	5月
心血管系统用药	99.6	98.1	100.0	100.7	99.8
血液系统用药	99.9	100.1	99.9	100.3	100.4
治疗精神障碍药	99.4	99.6	99.9	100.1	100.3
神经系统用药	100.6	100.3	100.1	100.9	100.3
泌尿系统用药	101.0	100.0	100.2	100.1	100.1
维生素、矿物质类药	99.7	100.0	100.5	100.1	100.2
调节水、电解质及酸碱平衡药	99.9	100.0	100.4	100.0	100.4
其他西药	100.0	100.0	100.0	99.8	100.0
(3)滋补保健品	100.0	100.1	100.2	100.2	100.2
滋补保健品	100.0	100.1	100.2	100.2	100.2
(4)医疗卫生器具	101.4	99.9	97.7	100.1	100.3
医疗卫生器具	101.4	99.9	97.7	100.1	100.3
(5)保健器具	100.0	100.0	100.0	100.1	100.0
保健器具	100.0	100.0	100.0	100.1	100.0
2.医疗服务	100.0	100.0	100.0	99.9	100.0
(1)综合医疗类	100.0	100.0	100.0	99.7	100.0
一般医疗服务	100.2	100.0	100.0	100.0	100.0
一般治疗操作	100.0	100.0	100.0	99.4	100.0
护　　理	100.0	100.0	100.0	100.0	100.0
其他综合医疗服务	100.0	100.0	100.0	100.0	100.0
(2)诊断类	100.0	100.0	100.0	100.0	100.0
病理学诊断	100.0	100.0	100.0	100.0	100.0
实验室诊断	100.0	100.0	100.0	100.0	100.0
影像学诊断	100.0	100.0	100.0	100.0	100.0
临床诊断	99.8	100.0	100.0	100.0	100.0
(3)治疗类	100.0	100.0	100.0	99.8	100.0
临床手术治疗	100.0	100.0	100.0	100.0	100.0
临床非手术治疗	100.0	100.0	100.0	99.4	100.0
(4)康复类	100.0	100.0	100.0	100.0	100.0
康复医疗	100.0	100.0	100.0	100.0	100.0
(5)中医医疗服务类	100.0	100.0	100.0	100.0	100.1
中医治疗	100.0	100.0	100.0	100.0	100.1
(6)其他医疗保健服务	100.0	100.0	100.0	99.9	100.0
其他医疗保健服务	100.0	100.0	100.0	99.9	100.0
八、其他用品及服务	100.4	99.5	99.1	100.6	99.8
1.其他用品	100.4	98.5	98.3	100.3	100.3
(1)首饰手表	100.4	98.2	97.0	101.9	100.9
金 饰 品	100.3	97.0	95.3	102.0	101.6
银 饰 品	99.9	100.6	99.7	99.4	99.8
铂金饰品	101.8	102.3	101.1	105.2	99.7
手　　表	100.3	100.0	100.0	100.2	99.4
(2)母婴用品	100.4	99.5	100.8	99.3	97.5
母婴洗护喂养用品	100.9	100.6	100.3	99.1	96.2
其他母婴用品	99.4	96.9	101.9	99.8	100.5

6月	7月	8月	9月	10月	11月	12月
100.0	98.9	100.1	99.8	99.8	99.7	99.9
100.4	99.8	100.0	100.0	99.9	99.8	100.0
98.8	99.1	100.0	100.9	100.1	99.5	100.1
100.3	99.2	99.8	100.6	100.0	100.1	100.1
99.8	101.4	100.1	100.3	100.4	100.3	100.0
102.1	100.1	100.0	99.9	99.7	99.4	100.0
100.0	100.6	100.0	100.3	101.8	102.3	100.2
100.1	100.7	100.7	100.0	99.3	99.8	100.0
100.3	100.6	99.9	100.0	100.0	99.4	100.1
100.3	100.6	99.9	100.0	100.0	99.4	100.1
99.9	100.3	100.0	100.0	99.9	98.8	100.2
99.9	100.3	100.0	100.0	99.9	98.8	100.2
99.9	100.0	100.1	100.1	100.0	100.0	99.9
99.9	100.0	100.1	100.1	100.0	100.0	99.9
100.0	100.0	100.0	100.4	100.1	100.0	100.0
100.1	100.0	100.0	100.0	100.3	100.0	100.1
100.0	100.0	100.0	100.0	100.0	100.0	99.9
100.1	100.0	100.0	100.0	100.6	100.0	100.0
100.0	100.0	100.0	100.1	100.1	100.0	100.7
100.0	100.0	100.0	100.0	100.0	100.0	100.0
100.0	100.0	100.0	100.0	100.0	100.0	100.0
100.0	100.0	100.0	100.0	100.0	100.0	100.2
99.9	100.0	100.0	100.0	100.0	100.0	100.0
100.0	100.0	100.0	100.0	100.0	100.0	100.0
100.0	100.0	100.0	100.0	100.0	100.0	100.1
100.0	100.0	100.0	100.0	100.0	100.0	100.0
100.0	100.0	100.0	100.0	100.0	100.0	99.9
100.0	100.0	100.0	100.0	100.0	100.0	100.0
100.0	100.0	100.0	100.0	100.0	100.0	99.0
100.0	100.0	100.0	100.0	100.0	100.0	99.0
100.1	100.0	100.0	106.3	101.0	100.0	100.3
100.1	100.0	100.0	106.3	101.0	100.0	100.3
100.0	100.0	100.0	100.3	100.2	100.0	100.9
100.0	100.0	100.0	100.3	100.2	100.0	100.9
100.5	99.9	99.0	100.4	100.2	99.6	100.0
101.4	99.3	98.2	100.6	99.8	99.4	99.8
101.7	97.8	97.9	100.8	99.2	101.0	98.6
103.0	97.1	97.7	101.2	98.8	101.5	98.6
100.9	99.9	99.5	100.7	100.3	99.8	100.2
97.1	96.9	95.7	98.8	100.5	101.4	95.2
100.2	100.2	99.5	100.3	99.9	99.3	100.4
100.0	101.1	99.1	100.9	99.2	98.4	101.4
101.0	101.7	97.9	102.3	99.2	97.7	101.8
97.7	99.8	101.8	97.7	99.3	100.3	100.5

4－8 续表 8

（上月＝100）

类　　别	1 月	2 月	3 月	4 月	5 月
（3）其他杂项用品	100.5	98.5	99.2	98.0	101.1
箱　　包	100.7	97.9	98.9	97.0	101.7
眼　　镜	100.1	100.0	100.0	100.2	99.8
2. 其他服务	100.4	100.4	99.9	100.8	99.4
（1）在外住宿	100.3	101.4	100.5	106.7	95.4
宾馆住宿	100.2	100.6	100.0	108.4	96.1
其他住宿	100.5	103.4	101.6	103.0	93.9
（2）美容美发洗浴	100.7	100.7	99.4	100.1	100.0
美　　容	100.3	100.7	99.5	100.1	100.1
美　　发	101.0	100.3	99.5	100.1	100.0
洗　　浴	100.6	101.2	99.1	100.0	100.0
（3）养老服务	100.3	100.0	100.5	100.1	100.2
养老服务	100.3	100.0	100.5	100.1	100.2
（4）金融及保险服务	100.2	100.0	100.0	100.0	100.0
金融服务	100.0	100.0	100.0	100.0	100.0
车辆保险	100.1	100.0	100.0	100.0	100.0
旅行保险	100.0	100.0	100.0	100.0	100.0
其他保险	100.5	100.0	100.0	100.0	100.0
（5）中介法律及其他服务	100.0	100.0	100.0	98.6	100.1
中介服务	100.0	100.0	100.0	99.8	100.2
法律服务	100.0	100.0	100.0	96.8	100.0
其他杂项服务	100.0	100.0	100.0	100.0	100.0

6月	7月	8月	9月	10月	11月	12月
101.7	101.3	98.1	99.9	101.4	96.9	100.8
102.5	102.0	97.2	100.2	101.9	95.9	101.0
99.9	99.5	100.1	99.4	100.2	99.3	100.5
99.6	100.5	99.8	100.1	100.5	99.9	100.2
96.7	100.5	99.2	100.1	101.1	97.3	100.5
96.8	99.8	99.2	100.1	100.2	98.0	100.5
96.5	102.1	99.1	100.1	103.1	95.8	100.4
100.0	99.9	99.8	99.9	100.6	100.6	100.0
100.0	99.8	99.6	100.0	101.0	100.0	99.9
100.1	99.9	99.8	99.7	100.6	100.3	100.1
100.0	100.0	100.0	100.1	100.4	101.7	100.0
100.4	100.3	100.0	99.4	100.0	100.3	100.6
100.4	100.3	100.0	99.4	100.0	100.3	100.6
100.0	101.1	100.0	100.7	100.4	100.0	100.0
100.0	100.0	99.9	100.0	100.0	100.0	100.0
100.1	100.0	100.0	100.0	100.0	100.0	100.0
100.0	100.0	100.0	100.0	100.0	100.0	100.0
100.0	105.0	100.0	103.0	101.6	100.0	100.0
100.1	100.0	100.0	100.0	100.0	100.0	100.0
100.2	100.0	100.0	100.0	100.0	100.0	100.0
100.0	100.0	100.0	100.0	100.0	100.0	100.0
100.0	100.0	100.0	100.0	100.0	100.0	100.0

4－9 农村居民消费价格

（上月＝100）

类　　别	1月	2月	3月	4月	5月
总指数	**101.2**	**100.2**	**99.3**	**99.5**	**99.5**
一、食品烟酒	104.0	100.3	97.2	97.7	98.0
1.食品	105.3	100.3	96.2	96.8	97.2
(1)粮食	100.4	100.3	100.0	99.8	99.7
大　　米	100.0	100.1	100.0	100.1	99.7
面　　粉	101.1	100.8	100.0	99.4	99.0
其他粮食	101.2	101.7	100.3	99.7	100.0
粮食制品	100.2	99.9	99.9	99.8	99.9
(2)薯类	118.7	109.7	97.4	96.4	99.6
薯　　类	118.7	109.7	97.4	96.4	99.6
(3)豆类	103.1	105.5	101.6	99.4	100.1
干　　豆	101.9	102.9	100.5	99.8	99.2
豆 制 品	103.2	105.7	101.7	99.3	100.2
(4)食用油	101.6	100.4	100.3	99.8	100.2
食用植物油	101.5	100.4	100.4	99.9	100.3
食用动物油	104.8	100.2	97.4	95.2	97.5
(5)菜及食用菌	120.0	105.2	83.8	89.4	89.5
鲜　　菜	122.4	106.0	82.7	88.1	87.9
鲜　　菌	101.9	94.9	86.0	101.2	105.5
干菜干菌及制品	101.3	100.9	100.1	99.9	100.0
(6)畜肉类	104.0	95.7	93.2	91.8	93.0
猪　　肉	105.0	92.9	90.3	87.4	88.7
牛　　肉	100.7	101.9	98.2	99.6	100.2
羊　　肉	102.4	103.2	98.5	99.6	100.0
其他畜肉及副产品	105.6	99.8	97.2	96.1	97.3
畜肉制品	101.9	100.4	99.1	99.4	99.1
(7)禽肉类	102.6	103.7	99.4	99.5	99.1
鸡	103.7	104.9	98.9	98.9	98.9
鸭	102.8	104.1	102.2	103.4	96.8
其他禽肉及制品	99.7	100.2	100.4	100.1	100.2
(8)水产品	102.6	106.1	102.3	106.0	107.1
淡 水 鱼	104.3	110.2	104.2	111.1	113.0
海 水 鱼	100.3	102.6	100.2	100.0	100.5
虾 蟹 类	100.5	104.2	103.0	103.2	100.7
其他水产品及制品	101.2	101.6	99.7	99.9	99.9
(9)蛋类	115.5	91.7	94.5	102.8	104.4
鸡　　蛋	116.6	90.7	94.1	103.2	104.9
其他蛋及制品	105.3	103.0	98.5	99.9	100.0
(10)奶类	99.5	100.2	100.4	100.1	100.4
鲜　　奶	100.4	101.1	100.1	100.3	100.3
酸　　奶	100.9	99.0	100.4	100.7	100.0
奶　　粉	97.6	99.7	100.9	99.8	100.7
其他奶制品	99.9	100.2	100.2	99.1	100.1
(11)干鲜瓜果类	104.1	105.5	101.0	95.9	92.3

分月环比指数(2021 年)

6 月	7 月	8 月	9 月	10 月	11 月	12 月
99.4	**100.2**	**100.5**	**99.8**	**100.6**	**100.8**	**99.9**
97.8	100.4	101.9	99.1	100.9	102.7	99.8
96.8	100.5	102.6	98.7	101.2	103.8	99.7
100.1	100.0	99.4	100.6	100.0	102.0	100.4
99.8	100.1	99.4	99.8	100.4	101.1	99.6
100.3	100.1	99.0	100.4	99.8	105.0	100.6
100.2	100.2	100.3	100.1	99.9	103.6	99.6
100.1	99.8	99.5	101.3	100.0	100.7	100.9
93.8	104.0	105.4	94.8	96.4	98.9	102.0
93.8	104.0	105.4	94.8	96.4	98.9	102.0
100.0	99.8	100.7	99.7	99.9	100.7	101.4
99.1	99.8	100.1	101.1	100.6	101.7	100.7
100.0	99.8	100.7	99.6	99.9	100.7	101.5
100.5	100.5	100.4	100.2	100.0	102.8	101.2
100.6	100.6	100.5	100.2	100.1	102.8	101.2
94.4	95.5	97.9	99.6	89.8	97.1	97.0
94.2	104.9	117.1	102.0	112.8	107.7	92.7
93.2	105.6	119.3	102.0	114.5	108.7	92.3
101.2	102.8	109.3	106.2	101.3	96.3	89.6
100.2	100.0	99.9	100.4	100.4	101.3	100.6
90.7	100.8	99.4	93.7	98.1	108.6	100.7
84.7	101.8	99.1	88.6	96.6	116.1	100.9
100.1	100.3	101.0	99.9	101.1	101.8	100.2
99.2	99.1	98.6	98.9	99.1	100.8	101.3
92.4	98.3	97.9	97.8	95.9	99.2	99.0
98.8	99.5	99.8	99.8	99.4	101.1	100.9
98.8	99.4	100.4	100.4	99.4	99.9	100.5
98.6	98.7	100.2	100.2	99.0	99.8	100.5
97.0	98.5	101.2	102.9	102.3	99.9	99.1
99.8	101.6	100.8	100.1	99.8	100.3	100.7
99.6	98.6	98.0	95.4	97.7	98.4	98.2
100.7	98.3	96.7	92.0	95.0	95.0	95.2
100.3	100.7	101.1	100.2	100.5	101.3	101.4
90.8	97.2	97.4	101.9	101.7	104.6	100.9
100.0	99.0	100.2	99.1	100.8	101.8	101.4
98.7	102.0	109.8	98.4	96.9	103.8	97.3
98.6	102.2	110.6	98.3	96.4	104.2	97.0
99.7	100.5	102.2	100.4	101.5	99.5	100.4
99.9	99.8	99.9	99.9	100.1	100.3	100.0
100.2	100.0	100.0	100.2	100.0	100.0	100.1
99.9	98.9	99.8	99.6	101.1	100.9	100.3
99.9	100.0	99.9	99.9	100.0	100.6	99.8
99.4	100.0	100.1	99.9	99.6	99.8	99.7
93.9	97.4	102.3	98.5	104.1	107.2	106.1

4－9 续表1

（上月＝100）

类　　别	1月	2月	3月	4月	5月
鲜　　果	104.9	106.9	101.1	95.2	90.8
坚　　果	100.7	98.8	100.4	99.6	99.0
瓜果制品	101.1	100.4	99.9	99.3	99.8
（12）糖果糕点类	100.4	99.9	99.9	100.6	100.0
食　　糖	100.1	100.4	99.7	99.5	100.3
糖　　果	101.2	99.1	101.1	100.0	100.0
糕　　点	100.2	100.0	99.7	101.0	99.8
其他糖果糕点	100.0	100.0	100.0	100.0	100.5
（13）调味品	100.9	99.5	100.2	99.9	100.1
食用盐	99.2	100.0	100.0	100.0	99.9
酱　　油	101.0	98.8	100.0	99.7	100.3
食　　醋	99.4	99.8	100.0	100.1	99.9
增味剂	102.0	99.8	100.0	99.9	100.2
其他调味品	101.5	99.8	100.8	99.8	100.2
（14）其他食品类	100.3	99.4	99.9	99.7	100.1
方便食品	99.8	98.4	100.0	99.4	100.0
淀粉及制品	101.7	101.0	99.6	99.9	100.3
其他食品	99.7	100.3	100.0	100.2	100.1
2.茶及饮料	100.0	99.7	99.6	100.8	100.7
茶　　叶	100.0	100.0	100.0	101.8	100.3
固体咖啡	99.9	100.0	100.0	99.9	100.1
其他固体饮料	100.5	100.0	100.0	100.1	100.1
饮用水	100.0	99.9	99.9	100.0	99.9
果汁饮料	100.3	99.8	99.8	100.2	99.5
其他液体饮料	100.0	99.5	99.4	100.9	101.1
3.烟酒	100.7	100.0	100.1	100.2	100.3
（1）卷烟	100.3	100.0	100.0	100.0	100.0
卷　　烟	100.3	100.0	100.0	100.0	100.0
（2）酒类	101.4	100.0	100.3	100.4	100.9
白　　酒	101.4	100.0	100.4	100.6	100.8
葡萄酒	100.5	100.0	100.0	100.0	100.0
啤　　酒	101.7	99.8	99.8	99.8	101.5
其他酒类	100.0	100.0	100.3	100.3	100.2
4.在外餐饮	100.5	100.4	99.8	99.8	100.1
餐馆餐饮	100.5	100.2	99.8	99.8	100.3
饮品店餐饮	101.8	100.0	100.0	100.0	100.1
外　　卖	99.9	102.0	99.6	98.8	99.1
其他在外餐饮	100.4	100.0	100.0	100.0	100.0
二、衣着	100.0	99.6	99.5	99.9	100.1
1.服装	100.0	99.5	99.5	100.0	100.2
（1）男式服装	99.9	99.6	99.4	100.1	100.3
男式外套	99.8	99.4	98.8	99.7	99.9
男式针织衫	100.0	99.8	99.7	100.7	99.9
男式衬衫T恤	100.1	100.6	100.0	100.7	101.9

6月	7月	8月	9月	10月	11月	12月
92.5	96.7	103.0	97.8	105.0	108.9	107.6
99.7	100.0	99.5	101.7	100.8	100.9	99.6
100.0	99.9	99.6	100.1	100.6	99.6	99.9
99.5	100.2	100.0	100.1	100.0	100.1	100.2
99.6	100.2	100.4	100.2	99.5	100.0	100.5
100.0	100.2	100.0	100.4	100.1	100.0	99.9
99.4	100.2	100.0	100.0	100.0	100.2	100.3
99.8	100.9	100.0	100.0	100.3	100.2	100.1
100.4	100.0	100.2	100.0	99.7	100.0	101.4
100.0	99.9	100.2	100.0	100.0	100.0	99.5
100.0	100.0	100.0	100.0	100.0	99.1	102.4
100.7	100.0	99.9	100.0	100.0	100.0	101.1
100.4	100.0	101.1	100.0	100.1	100.3	101.9
100.6	100.0	100.1	100.0	99.0	100.7	101.0
99.6	100.0	100.4	100.1	99.9	100.4	100.5
99.6	99.9	100.4	100.1	99.8	99.8	100.1
99.6	100.1	100.5	100.0	100.1	101.6	101.2
99.6	100.2	100.0	100.4	100.2	100.0	100.6
100.5	100.0	100.0	99.4	100.6	100.2	100.6
100.0	100.0	100.0	100.3	98.9	99.7	100.1
100.1	100.3	99.9	100.7	99.8	100.1	99.5
99.9	100.0	99.7	100.1	100.1	99.9	100.1
99.1	100.8	100.0	100.0	100.0	100.0	100.0
100.7	100.0	100.2	100.0	99.8	101.3	101.4
100.9	99.9	100.0	98.8	101.4	100.3	100.8
100.3	100.1	99.8	100.0	100.0	100.3	100.0
100.0	100.0	100.0	100.0	100.0	100.3	100.0
100.0	100.0	100.0	100.0	100.0	100.3	100.0
100.8	100.3	99.4	100.0	100.0	100.3	100.0
101.2	100.4	99.1	99.9	100.0	100.3	100.0
97.5	99.6	97.6	99.9	100.0	100.0	100.0
100.0	100.0	100.6	100.3	100.0	100.0	100.1
100.8	100.1	100.2	100.0	100.0	100.0	100.0
100.2	100.0	100.3	100.0	100.0	99.9	100.1
100.4	100.1	100.3	99.9	99.9	100.1	100.2
100.1	100.0	100.0	100.0	100.0	100.0	100.0
100.2	100.2	100.4	99.9	100.5	98.9	99.2
99.7	99.6	100.2	100.2	100.0	100.0	100.2
100.1	99.8	99.5	100.2	100.6	100.4	100.2
100.2	99.8	99.4	100.3	100.7	100.6	100.2
100.2	99.7	99.6	100.6	100.8	100.3	100.0
100.2	100.0	100.0	101.0	100.4	100.7	100.2
100.0	100.0	100.0	101.7	101.1	100.0	99.5
100.9	99.0	97.7	99.8	101.6	100.1	100.0

4－9 续表2

（上月＝100）

类　　别	1月	2月	3月	4月	5月
男式裤子	100.0	99.2	99.9	100.1	99.9
男式内衣	100.0	99.5	99.9	100.0	99.5
(2)女式服装	100.0	99.2	99.2	99.9	100.2
女式外套	100.1	98.6	98.3	99.8	99.8
女式针织衫	99.7	98.7	99.1	99.2	99.6
女式衬衫T恤	99.7	100.9	101.1	101.2	101.8
女式裤子	100.1	99.5	99.8	99.3	99.9
女式裙子	100.0	100.0	99.8	100.0	101.0
女式内衣	100.0	99.3	100.2	100.0	100.2
(3)儿童服装	100.2	99.8	100.3	100.0	100.2
婴儿服装	100.0	100.0	100.0	99.8	100.0
儿童上衣	100.6	98.9	99.9	100.0	100.5
儿童裤子	100.1	100.0	100.8	99.8	100.5
儿童裙子	99.7	100.5	100.7	100.3	99.9
儿童内衣	100.0	100.0	100.1	99.7	99.8
(4)衣着材料及配件	99.5	100.0	100.0	100.1	99.3
袜　　子	99.1	100.0	100.0	100.0	98.7
帽　　子	100.0	100.0	100.0	100.0	100.0
其他衣着材料及配件	100.0	100.0	100.0	100.7	99.9
(5)衣着服务费	100.0	101.4	100.0	100.0	100.0
衣着洗涤保养	100.0	104.7	100.0	100.0	100.0
其他衣着服务	100.0	100.0	100.0	100.0	100.0
2.鞋类	99.9	99.8	99.5	99.5	99.8
(1)鞋	99.9	99.8	99.5	99.4	99.8
男　　鞋	100.0	99.8	99.5	99.4	99.8
女　　鞋	99.8	99.8	99.3	99.3	99.7
童　　鞋	100.0	100.3	100.7	100.1	100.4
(2)鞋类服务	100.3	100.0	100.0	100.0	100.0
鞋类服务	100.3	100.0	100.0	100.0	100.0
三、居住	100.1	100.2	100.1	100.2	100.0
1.租赁房房租	100.0	100.2	100.2	100.2	99.9
公房房租	100.0	100.0	100.0	100.0	100.2
私房房租	100.0	100.2	100.2	100.2	99.9
2.住房保养维修及管理	100.0	100.4	100.3	100.3	100.0
(1)住房装潢材料	100.0	100.8	100.5	100.0	100.3
木 地 板	100.0	100.0	100.0	100.0	100.3
瓷　　砖	100.0	100.0	100.3	100.1	100.0
水　　泥	100.1	99.6	100.1	97.3	100.8
涂　　料	100.0	100.0	100.0	99.9	100.0
板　　材	100.0	102.9	101.1	102.0	100.0
管　　材	100.3	100.5	101.7	100.7	100.0
厨卫设备	100.0	100.0	100.9	99.7	100.0
门　　窗	100.0	103.1	100.0	100.2	100.8
其他住房装潢材料	100.0	100.0	101.0	101.3	101.2

6月	7月	8月	9月	10月	11月	12月
100.0	99.7	100.5	100.1	100.7	100.0	100.0
99.4	100.0	100.0	100.0	100.2	99.6	99.8
100.3	99.9	99.2	100.0	100.8	100.8	100.4
100.1	100.0	99.5	100.2	101.2	101.6	100.9
100.0	100.0	100.1	100.6	100.6	101.0	100.5
101.2	99.8	98.3	99.1	100.7	99.9	99.6
100.1	99.8	99.6	100.5	101.0	99.8	99.7
100.8	99.7	97.1	99.2	100.1	99.8	100.0
100.1	100.0	100.0	100.0	100.5	100.0	99.8
99.9	99.4	99.5	100.3	100.6	100.5	100.1
100.2	99.9	100.1	99.8	99.9	100.4	99.9
99.3	98.9	100.0	100.4	100.8	100.9	100.7
99.2	99.3	99.6	100.7	101.7	100.4	99.8
101.1	99.8	97.9	100.6	99.8	100.3	100.0
100.3	100.2	100.0	100.1	100.7	100.4	100.0
100.4	100.0	100.0	100.3	100.1	100.0	100.0
100.8	100.0	100.0	100.7	100.0	100.0	100.0
100.0	100.0	99.9	100.0	100.0	100.0	100.1
100.0	100.0	100.1	99.8	100.7	100.2	99.9
100.9	100.0	100.0	100.1	100.0	100.0	100.0
100.0	100.0	100.0	100.3	100.0	100.0	100.0
101.3	100.0	100.0	100.0	100.0	100.0	100.0
99.6	99.8	99.9	100.1	100.2	100.0	100.3
99.6	99.8	99.9	100.1	100.2	100.0	100.3
100.0	100.0	99.9	99.9	100.4	100.1	100.1
99.3	99.6	100.0	100.4	100.0	100.0	100.5
99.3	100.1	99.9	99.9	100.5	99.8	100.0
100.0	100.0	100.0	100.0	100.0	100.0	100.0
100.0	100.0	100.0	100.0	100.0	100.0	100.0
99.9	100.1	100.2	100.3	100.5	100.2	100.2
100.0	100.0	100.6	100.0	100.0	100.0	100.6
100.0	100.0	100.0	100.0	100.0	100.0	100.0
100.0	100.0	100.6	100.0	100.0	100.0	100.6
100.0	100.1	100.0	100.7	100.7	100.2	100.0
100.1	100.1	100.0	100.4	100.8	100.3	100.0
101.6	100.0	100.5	100.0	100.7	101.6	100.0
99.7	100.0	100.0	100.0	100.6	100.4	100.0
98.9	98.5	99.4	103.4	102.7	101.7	100.0
100.0	100.0	100.0	100.0	101.0	100.3	100.0
100.0	100.7	100.0	100.0	101.1	98.3	100.0
100.2	100.7	100.2	100.0	100.2	100.3	100.2
100.6	100.8	100.0	100.5	100.5	100.1	100.0
100.2	100.0	100.0	100.0	100.3	100.0	100.0
100.0	100.0	100.0	100.5	102.4	101.1	100.0

4－9 续表3

（上月＝100）

类　　别	1月	2月	3月	4月	5月
（2）住房维修管理费用	100.1	100.0	100.0	100.6	99.5
物业管理费	100.0	100.0	100.0	100.0	100.0
装潢维修费	100.1	100.0	100.0	100.9	99.3
其他住房费用	100.0	100.0	99.9	100.0	100.0
3.水电燃料	100.5	100.1	99.9	100.3	100.0
（1）水	100.0	100.0	100.9	100.0	100.0
水	100.0	100.0	100.9	100.0	100.0
（2）电	100.0	100.0	100.0	100.0	100.0
电	100.0	100.0	100.0	100.0	100.0
（3）燃气	102.0	100.4	99.5	101.2	100.0
管道燃气	100.0	100.0	100.0	100.0	100.3
液化石油气	102.3	100.5	99.4	101.4	100.0
（4）其他水电燃料类	100.1	100.0	99.4	100.0	99.9
其他水电燃料类	100.1	100.0	99.4	100.0	99.9
4.自有住房	100.0	100.1	100.2	100.1	100.0
自有住房	100.0	100.1	100.2	100.1	100.0
四、生活用品及服务	100.4	100.0	100.3	100.3	99.8
1.家具及室内装饰品	100.0	99.9	100.0	99.9	100.1
（1）家具	99.9	99.9	100.0	99.9	100.2
柜	100.0	99.9	99.9	99.9	99.9
床	100.0	100.0	100.0	100.1	100.0
桌	100.0	100.1	100.0	100.0	100.3
椅	100.0	99.1	100.0	99.6	101.5
沙　　发	99.4	100.0	100.0	99.9	100.3
其他家具	100.0	100.0	100.0	100.0	100.0
（2）室内装饰品	102.1	100.1	99.9	99.9	98.7
灯　　具	102.7	100.0	100.0	99.9	98.2
其他室内装饰品	100.9	100.5	99.7	100.0	99.7
2.家用器具	100.8	100.6	101.7	100.8	100.1
（1）大型家用器具	100.9	100.6	101.9	100.9	100.2
洗 衣 机	98.8	101.5	103.6	101.7	99.8
电冰箱（柜）	106.5	102.4	101.2	101.5	100.2
抽油烟机	97.6	100.3	104.0	100.1	100.3
空 调 器	99.8	99.7	103.9	100.0	100.3
热 水 器	101.3	100.0	96.9	102.4	99.5
炉具灶具	96.3	100.9	99.7	101.4	99.9
吸 尘 器	99.5	104.3	99.6	101.2	103.3
空气净化器	104.0	99.8	99.5	100.4	102.0
净 水 器	100.1	100.9	98.7	98.2	96.1
其他大型家用器具	99.8	99.4	102.3	100.3	100.3
（2）小家电	100.2	100.9	99.9	100.1	99.6
厨房小家电	100.2	101.0	99.8	99.7	97.9
生活小家电	100.1	100.9	99.9	100.8	102.7
3.家用纺织品	99.6	100.1	100.0	99.8	100.0

6月	7月	8月	9月	10月	11月	12月
100.0	100.0	100.0	101.1	100.5	100.0	100.0
100.0	100.0	100.0	100.0	100.0	100.0	100.0
100.0	100.0	100.0	101.7	100.7	100.0	100.0
100.0	100.0	100.0	100.0	100.0	100.0	100.0
100.2	100.3	100.2	101.0	101.6	100.9	100.3
100.0	100.0	100.0	100.0	100.0	105.8	100.0
100.0	100.0	100.0	100.0	100.0	105.8	100.0
100.0	100.0	100.0	100.0	100.0	100.0	100.0
100.0	100.0	100.0	100.0	100.0	100.0	100.0
101.0	101.5	100.8	103.5	105.1	102.2	102.0
100.6	100.0	100.5	100.5	100.0	100.0	100.0
101.1	101.7	100.9	103.9	105.9	102.5	102.3
99.9	99.8	100.1	101.1	102.0	100.3	98.2
99.9	99.8	100.1	101.1	102.0	100.3	98.2
99.8	100.0	100.2	100.0	100.1	99.9	100.1
99.8	100.0	100.2	100.0	100.1	99.9	100.1
99.7	100.8	99.8	99.9	100.1	99.1	100.3
99.9	100.0	100.0	100.4	100.3	100.3	100.0
99.9	100.0	100.0	100.4	100.4	100.3	100.0
99.9	100.0	100.0	101.3	100.3	100.3	100.0
100.0	100.3	100.0	99.3	100.6	100.1	100.0
100.1	100.0	100.0	100.5	100.5	100.1	100.0
99.3	99.9	100.0	100.3	100.3	100.7	100.0
99.9	100.0	100.0	99.9	100.3	100.4	100.0
100.0	99.9	100.0	100.3	100.4	100.7	100.0
100.0	100.0	99.9	100.0	100.0	100.0	99.8
100.1	100.2	100.0	100.0	100.0	100.0	100.0
99.7	99.5	99.6	100.0	100.0	100.0	99.4
99.7	100.7	99.6	100.1	99.3	98.6	100.5
99.9	100.7	99.6	99.8	99.3	98.4	100.3
100.2	100.8	100.4	99.6	99.7	98.4	99.6
100.6	101.5	99.5	99.6	99.9	98.9	99.0
100.8	101.5	100.1	100.3	100.3	98.5	100.0
99.6	100.1	99.3	100.1	98.0	97.8	101.1
100.7	100.9	100.0	100.3	100.1	99.6	100.0
99.7	100.0	99.8	99.9	99.9	99.9	99.9
97.1	101.0	100.5	98.2	104.0	91.7	100.3
94.6	103.3	98.6	94.9	101.0	95.4	104.2
98.8	104.9	95.6	100.1	100.3	97.6	106.3
100.1	100.0	100.2	100.1	100.2	99.8	99.8
98.3	101.2	99.6	101.5	99.6	100.0	102.0
98.6	102.0	99.6	102.9	99.9	99.7	102.5
97.7	99.9	99.6	99.0	99.0	100.5	101.0
100.1	99.9	100.0	100.2	100.0	100.1	100.0

4-9 续表4

（上月=100）

类　　别	1月	2月	3月	4月	5月
(1)床上用品	99.5	100.1	100.0	99.8	100.0
被　　子	99.9	99.9	100.0	99.9	100.0
床单被套	99.0	100.2	100.0	99.6	100.0
其他床上用品	100.0	100.0	100.0	100.0	100.0
(2)窗帘门帘	100.0	100.0	99.9	99.9	100.0
窗帘门帘	100.0	100.0	99.9	99.9	100.0
(3)其他家用纺织品	99.9	100.0	100.7	99.5	100.2
其他家用纺织品	99.9	100.0	100.7	99.5	100.2
4.家庭日用杂品	101.1	100.1	99.4	100.4	99.6
(1)洗涤卫生用品	100.9	100.4	99.6	100.3	98.9
清洗用品	101.6	100.0	99.3	100.4	98.1
清洁用具	101.3	100.7	101.1	100.0	100.0
清洁用纸	100.0	100.8	99.6	100.3	99.8
(2)厨具餐具茶具	101.9	99.5	98.6	100.6	101.0
厨　　具	102.1	98.0	99.2	101.2	101.0
餐　　具	100.9	101.9	97.2	98.9	101.7
茶　　具	103.8	101.2	100.7	102.7	99.2
(3)其他家庭日用杂品	100.0	100.0	100.4	100.1	100.2
配电附件	100.0	100.0	100.5	100.5	100.5
雨　　具	100.0	100.3	100.4	100.0	100.3
其他日用杂品	100.1	100.0	100.2	99.6	99.7
5.个人护理用品	99.7	98.8	100.0	100.3	98.8
(1)化妆品	98.4	98.2	99.4	101.4	98.7
清洁化妆品	99.9	101.0	100.0	101.1	99.3
护肤化妆品	97.7	97.1	98.4	102.1	97.8
彩妆化妆品	98.7	98.0	101.1	101.7	98.5
化妆器具	99.8	98.2	102.7	93.7	107.8
(2)其他护理用品类	100.9	99.4	100.6	99.4	99.0
清洁类护理用品	100.8	99.1	99.7	100.3	98.6
护发美发用品	101.0	101.6	99.2	99.1	98.5
护理器具	101.2	97.6	105.7	96.4	100.3
其他护理用品	99.9	100.0	100.0	99.7	100.9
6.家庭服务	99.8	99.7	100.0	100.3	100.0
家政服务	100.0	100.0	100.1	101.8	100.0
母婴护理服务	100.0	100.0	100.0	100.6	100.0
家庭维修服务	99.6	99.6	100.1	100.0	100.0
其他家庭服务	100.0	100.0	99.9	100.0	100.0
五、交通通信	100.6	100.7	101.1	100.1	100.2
1.交通	100.8	101.0	101.6	100.1	100.4
(1)交通工具	99.8	100.0	100.0	100.0	99.8
燃油小汽车	99.6	100.0	100.0	100.0	99.6
新能源小汽车	99.4	99.3	100.0	100.0	100.8
电动自行车	100.2	100.1	100.0	100.0	100.0
自 行 车	100.1	100.0	100.4	100.5	100.7

6月	7月	8月	9月	10月	11月	12月
100.0	99.9	100.0	100.2	100.0	99.9	100.0
100.1	100.0	100.0	100.1	100.1	100.0	100.0
100.0	100.1	100.0	100.5	100.1	100.0	100.0
100.0	99.4	100.0	99.8	99.7	99.7	100.0
100.3	100.0	100.0	99.9	99.9	100.9	100.0
100.3	100.0	100.0	99.9	99.9	100.9	100.0
100.0	99.7	100.0	100.0	100.0	100.0	100.0
100.0	99.7	100.0	100.0	100.0	100.0	100.0
99.7	102.3	98.6	99.9	100.5	98.4	100.4
100.5	101.6	99.2	99.5	100.4	99.3	99.5
101.2	102.7	98.6	99.8	100.4	100.0	98.9
101.9	100.1	100.1	100.0	100.0	99.2	99.9
99.3	100.5	99.7	98.9	100.5	98.3	100.3
97.7	104.7	96.7	100.9	100.9	95.5	102.7
96.3	106.9	95.2	101.6	101.6	95.0	102.4
99.2	101.3	99.4	99.8	99.7	96.5	102.8
101.9	103.0	97.4	100.6	100.5	95.6	103.7
100.0	100.2	100.1	100.0	100.0	100.6	100.0
100.0	100.4	100.0	100.0	100.0	101.3	100.0
100.0	100.0	100.1	100.0	100.0	99.8	100.0
100.0	100.0	100.2	100.0	100.0	100.0	100.0
98.9	99.5	102.1	99.0	101.1	98.7	100.5
99.8	98.0	102.9	96.9	101.4	98.2	100.4
94.7	101.1	101.5	96.7	101.7	97.8	97.9
101.9	95.7	104.4	95.9	102.0	97.4	101.4
100.0	101.2	100.8	99.9	99.3	101.4	99.6
97.6	99.9	99.6	99.1	101.6	97.5	103.1
98.1	101.0	101.4	100.9	100.9	99.1	100.6
98.1	101.2	101.3	100.4	100.7	99.4	100.7
95.6	103.1	101.6	103.1	101.7	98.2	100.5
100.2	97.8	101.7	100.3	100.7	99.1	100.7
101.9	100.2	100.0	99.7	100.2	100.0	100.0
100.0	100.1	100.0	100.0	100.0	100.0	100.0
100.0	100.4	100.0	99.8	100.0	100.0	100.0
100.0	100.3	100.2	99.9	100.0	100.0	100.2
100.0	100.0	100.0	100.0	100.0	100.0	100.0
100.0	100.0	100.0	100.0	100.4	100.0	100.0
100.3	100.6	99.7	99.5	100.8	100.9	98.9
100.4	100.8	99.7	99.6	101.3	101.5	98.4
99.9	99.4	100.0	99.4	100.0	101.6	100.0
100.0	99.0	100.0	98.9	100.0	102.7	100.0
100.0	99.3	100.0	100.0	100.0	102.2	100.0
100.0	100.0	100.0	100.1	100.0	100.0	100.0
100.1	100.2	100.4	100.6	100.0	100.1	99.8

4-9 续表5

（上月=100）

类　　别	1月	2月	3月	4月	5月
其他交通工具	100.0	100.0	100.0	100.0	100.0
(2)交通工具用燃料	104.1	103.4	106.6	99.3	101.7
汽　　油	104.2	103.4	106.7	99.3	101.7
柴　　油	104.6	103.7	107.4	99.2	101.9
其他车用能源	96.3	99.4	99.6	98.4	98.9
(3)交通工具使用和维修	100.0	100.8	99.6	100.0	100.5
停 车 费	100.0	100.0	100.0	100.0	100.0
车辆使用费	100.0	100.0	100.0	100.0	100.0
交通工具零配件	100.0	100.0	100.0	100.0	100.0
车辆修理与保养	100.0	101.2	99.5	100.0	100.7
(4)交通费	98.6	100.3	100.1	103.7	99.7
市内公共交通	100.0	102.1	97.9	100.0	100.0
出租汽车	100.0	100.0	100.0	100.0	100.0
飞 机 票	93.9	102.7	104.9	144.4	97.7
火 车 票	100.0	100.0	100.0	99.9	100.0
长途汽车	97.4	99.4	100.0	100.0	100.0
网 约 车	100.5	100.1	100.0	100.0	100.0
交通工具租赁费	98.5	100.0	100.0	100.0	99.7
其他交通费	100.0	100.0	101.3	100.0	100.0
2.通信	100.1	100.0	99.9	100.0	99.9
(1)通信工具	100.2	100.0	99.7	100.3	99.7
电 话 机	100.2	100.0	99.7	100.3	99.7
其他通信工具及零配件	100.2	100.0	100.0	100.0	99.6
(2)通信服务	100.1	100.0	100.0	99.8	100.0
电 话 费	100.0	100.0	100.0	99.8	100.0
家庭宽带服务	100.6	100.0	100.0	100.0	100.0
其他通信服务	100.0	100.0	100.0	100.0	100.0
(3)邮递服务	100.4	99.2	100.0	100.0	99.6
邮递服务	100.4	99.2	100.0	100.0	99.6
六、教育文化娱乐	100.1	100.1	100.0	100.3	100.3
1.教育	100.0	100.0	99.9	100.2	100.2
(1)教育用品	100.6	100.1	99.9	100.2	100.0
工 具 书	101.0	100.0	100.0	100.0	100.0
教　　材	100.9	100.0	100.0	100.0	100.0
参考资料	100.9	100.0	100.0	100.2	100.0
其他教育用品	97.4	100.9	99.1	101.2	99.9
(2)教育服务	100.0	100.0	99.9	100.2	100.2
幼儿早期教育	100.0	100.0	100.7	100.0	100.0
学前教育	100.8	100.0	100.0	100.0	100.0
小学初中教育	100.0	100.0	100.0	100.0	100.0
高中中职教育	100.0	100.0	100.0	100.0	100.0
高等教育	100.0	100.0	100.0	100.0	100.0
课外教育	100.0	100.0	100.0	100.0	100.0
专业技能培训	99.1	100.0	98.8	101.5	101.8

6月	7月	8月	9月	10月	11月	12月
99.7	99.9	100.0	100.0	100.0	100.0	100.2
102.0	103.5	98.7	99.6	104.8	103.1	94.6
102.0	103.5	98.7	99.6	104.8	103.0	94.5
102.3	103.8	98.5	99.4	105.3	103.3	94.1
100.1	102.2	101.2	103.2	100.5	104.1	100.2
99.7	100.0	100.0	100.6	100.0	100.0	100.0
100.0	102.1	100.0	100.0	100.0	100.0	100.0
100.0	100.0	100.0	100.0	100.0	100.0	100.0
100.0	100.0	100.0	100.4	100.0	100.6	100.0
99.6	100.0	100.0	100.9	100.0	100.0	100.0
98.9	101.6	100.5	99.0	99.2	97.9	100.0
100.0	100.0	100.0	100.0	100.0	100.0	100.0
100.0	100.0	100.0	100.0	100.0	100.0	100.0
89.1	115.7	103.8	88.5	98.2	84.1	94.9
100.6	100.0	100.0	100.0	100.0	100.0	100.0
100.0	100.0	100.0	101.1	98.3	98.7	101.3
100.3	99.3	100.2	100.4	99.5	100.1	100.3
100.0	100.0	100.0	100.0	100.0	100.0	100.0
100.0	100.0	100.0	100.0	100.0	100.0	100.0
100.1	100.0	99.8	99.1	99.6	99.6	100.0
100.2	100.1	99.4	99.5	99.0	98.8	100.0
100.2	100.1	99.3	99.4	99.0	98.8	100.0
100.0	100.0	100.0	100.0	99.6	100.0	99.5
100.0	100.0	100.0	98.8	100.0	100.0	100.0
100.0	100.0	100.0	98.7	100.0	100.0	100.0
100.0	100.0	100.0	100.0	100.0	100.0	100.0
100.0	100.0	100.0	99.5	100.0	100.0	100.0
100.0	100.0	100.0	100.0	100.0	100.0	100.0
100.0	100.0	100.0	100.0	100.0	100.0	100.0
99.6	100.1	99.9	100.3	100.2	99.8	100.0
99.6	99.9	100.0	100.5	100.1	100.0	100.0
99.8	99.9	100.0	102.0	100.0	100.0	99.9
100.0	100.0	100.0	100.1	100.0	100.0	100.0
100.0	100.0	100.0	102.1	100.0	100.0	100.0
100.0	100.0	100.0	102.6	100.0	100.0	100.0
98.5	99.4	100.3	103.9	100.0	99.9	99.2
99.6	99.9	100.0	100.4	100.1	100.0	100.0
100.0	100.0	100.0	99.6	100.0	100.0	100.0
100.0	100.0	100.0	101.8	100.0	100.0	100.0
100.0	100.0	100.0	102.8	100.0	100.0	100.0
100.0	100.0	100.0	99.4	100.0	100.0	100.0
100.0	100.0	100.0	100.0	100.0	100.0	100.0
100.1	100.5	100.0	100.6	100.6	100.0	100.0
96.8	98.8	100.0	100.0	100.3	100.0	100.0

4－9 续表6

（上月＝100）

类 别	1月	2月	3月	4月	5月
其他教育服务	100.0	100.0	100.0	100.0	100.0
2.文化娱乐	100.5	100.7	100.2	100.9	100.9
(1)文娱耐用消费品	100.8	99.9	100.9	100.2	101.5
电 视 机	103.6	100.3	101.1	100.4	100.4
照 相 机	100.6	99.8	99.7	96.8	101.0
台式计算机	99.2	99.3	100.6	100.2	109.5
笔记本电脑	98.7	100.5	99.8	102.0	102.4
平板电脑	97.8	99.4	102.1	100.6	95.3
乐 器	100.9	100.0	100.0	100.0	104.8
音 响	99.9	99.8	100.0	99.9	100.0
可穿戴智能设备	100.4	98.6	101.3	99.4	99.8
其他文娱耐用消费品	100.0	99.8	100.5	98.4	100.0
(2)其他文娱用品	100.3	100.0	100.1	100.1	100.0
书报杂志及音像制品	101.1	100.0	100.0	100.0	100.0
纸张文具	100.0	100.0	100.0	100.0	100.0
体育户外用品	99.6	100.0	100.0	100.0	100.9
游戏用品和玩具	100.1	100.0	100.1	100.2	100.0
园艺花卉及用品	100.0	100.0	101.3	100.2	98.9
宠物及用品	100.5	100.0	99.3	99.9	99.7
其他文化娱乐用品	100.3	100.1	100.0	100.0	100.0
(3)文化娱乐服务	100.0	101.8	98.6	100.2	100.3
电影及演出票	100.9	119.0	86.3	98.0	99.4
景点门票	100.0	103.7	97.2	100.0	100.0
电视服务	100.0	100.0	100.0	100.0	100.0
健身活动	100.0	99.4	100.0	99.3	99.1
宠物服务	101.5	110.7	90.4	100.0	100.0
网络文娱服务	100.0	100.0	100.0	104.7	100.1
儿童娱乐项目	100.0	100.0	102.0	100.0	105.2
其他文娱服务	100.0	100.0	100.0	100.0	100.0
(4)旅游	100.8	102.0	100.7	104.4	101.3
旅行社收费	100.9	102.2	100.8	104.6	101.4
其他旅游	100.2	100.1	100.1	101.2	100.5
七、医疗保健	99.9	99.9	99.9	100.1	100.0
1.药品及医疗器具	99.9	99.7	99.8	100.3	99.9
(1)中药	99.6	99.5	100.2	100.3	100.1
中 药 材	100.0	99.5	100.1	99.7	100.1
中 成 药	99.5	99.5	100.2	100.5	100.0
(2)西药	99.8	99.8	99.9	100.1	100.0
抗微生物药	99.9	99.9	100.0	100.0	100.2
消化系统用药	99.5	99.6	100.2	100.1	99.9
呼吸系统用药	100.3	100.0	100.0	100.0	100.2
解热镇痛药	97.5	99.0	100.2	100.2	100.3
抗肿瘤药	100.2	100.0	100.0	100.0	100.0
激素及影响内分泌药	100.0	99.5	99.1	99.5	100.0

6月	7月	8月	9月	10月	11月	12月
100.0	100.0	100.0	100.0	100.0	100.0	100.0
99.7	100.8	99.7	99.5	100.7	99.0	100.2
100.3	100.6	99.0	100.3	101.1	98.3	101.0
100.2	99.9	99.9	99.3	99.9	98.1	100.3
101.5	101.1	96.7	100.6	100.6	100.2	102.3
105.2	99.8	99.5	99.4	100.0	99.8	99.9
98.4	99.7	99.8	104.7	104.8	100.3	99.4
95.9	104.8	94.2	101.3	104.7	92.3	106.1
100.0	100.0	100.0	100.0	100.0	102.6	100.0
100.0	100.0	99.9	100.0	100.4	100.0	100.3
97.6	102.2	100.4	100.2	99.9	102.8	105.4
100.0	100.0	100.0	100.0	100.0	100.0	100.0
99.9	100.1	100.0	99.8	100.0	99.9	99.8
100.0	100.0	100.0	100.0	100.0	100.0	100.0
100.3	100.2	100.1	100.1	100.0	100.0	99.9
100.0	100.0	100.0	100.0	100.5	100.0	100.2
100.2	100.0	100.0	98.6	100.0	100.0	99.6
97.2	100.4	99.8	101.0	100.3	99.1	99.6
99.1	99.8	100.0	100.0	99.6	100.4	99.5
100.0	100.0	100.0	100.0	99.9	100.0	100.0
100.0	100.0	100.0	100.0	100.3	99.8	100.0
96.8	102.8	99.9	99.5	108.4	92.2	99.2
100.0	100.0	100.0	100.0	100.0	100.0	100.0
100.0	100.0	100.0	100.0	100.0	100.0	100.0
100.0	100.2	100.0	100.0	99.8	100.0	99.6
100.0	100.0	100.0	102.6	100.0	100.0	100.0
100.0	98.5	100.0	100.8	100.0	100.2	100.0
101.0	100.0	100.0	99.3	100.6	100.0	100.5
100.0	100.0	100.0	99.5	100.0	100.0	100.0
97.6	102.9	100.5	97.0	101.2	98.5	99.5
97.4	103.1	100.5	96.8	101.2	98.4	99.5
100.0	100.0	100.0	100.1	100.7	99.5	100.0
100.0	99.9	100.1	100.2	100.3	100.0	100.0
100.0	99.9	100.0	99.8	100.0	100.0	100.1
100.3	100.1	100.0	100.3	100.0	100.0	100.1
100.2	99.9	100.0	100.0	100.0	100.2	100.2
100.3	100.1	100.1	100.3	100.0	100.0	100.1
99.9	99.9	100.0	99.8	100.0	100.0	100.1
100.0	100.7	100.0	101.2	100.0	100.0	100.1
100.0	99.4	100.3	99.8	100.0	100.6	100.0
100.0	99.9	99.8	100.0	100.0	100.0	100.0
100.2	99.3	100.0	99.9	100.0	100.0	100.0
100.0	100.0	100.0	100.3	100.0	100.0	100.3
99.8	100.0	99.7	100.4	100.0	99.7	100.4

4－9 续表7

（上月＝100）

类　　别	1月	2月	3月	4月	5月
心血管系统用药	99.7	100.0	100.0	100.0	99.5
血液系统用药	99.6	98.3	99.7	100.0	99.4
治疗精神障碍药	100.0	99.5	99.8	100.0	100.0
神经系统用药	99.3	101.9	100.3	100.0	100.2
泌尿系统用药	101.1	98.3	99.6	99.2	99.0
维生素、矿物质类药	100.6	99.6	100.3	102.8	101.9
调节水、电解质及酸碱平衡药	99.6	100.0	96.1	100.0	99.7
其他西药	99.7	100.0	100.0	100.0	100.1
（3）滋补保健品	99.8	99.3	100.1	100.0	99.8
滋补保健品	99.8	99.3	100.1	100.0	99.8
（4）医疗卫生器具	101.2	100.4	97.6	101.7	98.7
医疗卫生器具	101.2	100.4	97.6	101.7	98.7
（5）保健器具	100.0	100.0	100.0	100.0	100.2
保健器具	100.0	100.0	100.0	100.0	100.2
2. 医疗服务	99.9	100.0	100.0	100.0	100.0
（1）综合医疗类	100.0	100.0	100.0	100.0	100.0
一般医疗服务	100.0	100.0	100.0	100.0	100.0
一般治疗操作	100.0	100.0	100.0	100.0	100.0
护　　理	100.0	100.0	100.0	100.0	100.0
其他综合医疗服务	100.0	100.0	100.0	100.0	100.0
（2）诊断类	100.0	100.0	100.0	100.0	100.0
病理学诊断	100.0	100.0	100.0	100.0	100.0
实验室诊断	100.0	100.0	100.0	100.0	100.0
影像学诊断	100.0	100.0	100.0	100.0	100.0
临床诊断	100.0	100.0	100.0	100.0	100.0
（3）治疗类	99.4	100.0	100.0	100.0	100.0
临床手术治疗	99.1	100.0	100.0	100.0	100.0
临床非手术治疗	100.0	100.0	100.0	100.0	100.0
（4）康复类	100.0	100.0	100.0	100.0	100.0
康复医疗	100.0	100.0	100.0	100.0	100.0
（5）中医医疗服务类	100.0	100.0	100.0	100.0	100.0
中医治疗	100.0	100.0	100.0	100.0	100.0
（6）其他医疗保健服务	100.0	100.0	100.0	99.5	100.0
其他医疗保健服务	100.0	100.0	100.0	99.5	100.0
八、其他用品及服务	100.8	99.3	99.5	99.4	100.1
1. 其他用品	100.7	98.7	99.2	98.8	100.3
（1）首饰手表	101.1	98.9	98.8	99.5	100.3
金 饰 品	101.7	98.1	98.1	99.0	100.4
银 饰 品	98.2	101.9	100.0	100.8	98.9
铂金饰品	100.3	100.5	100.6	99.4	100.6
手　　表	100.0	100.0	100.0	101.3	100.0
（2）母婴用品	100.4	99.2	101.1	99.1	97.4
母婴洗护喂养用品	101.1	101.2	100.2	99.0	95.9
其他母婴用品	98.8	94.5	103.3	99.4	100.9

6月	7月	8月	9月	10月	11月	12月
100.0	100.0	100.0	98.6	100.0	99.8	100.1
100.0	100.0	100.0	99.0	100.0	100.0	100.3
100.0	99.9	100.1	100.0	100.0	100.0	100.4
99.2	99.8	100.1	99.9	100.0	100.2	100.5
100.6	99.2	100.0	100.0	100.0	99.9	100.0
99.3	99.4	100.0	100.0	100.0	100.0	100.0
99.7	99.7	100.0	100.0	100.0	100.0	100.0
100.0	100.0	100.0	100.1	100.0	100.4	100.1
100.0	99.8	100.0	100.0	100.0	100.0	100.0
100.0	99.8	100.0	100.0	100.0	100.0	100.0
99.8	100.0	100.0	98.7	100.0	100.0	100.1
99.8	100.0	100.0	98.7	100.0	100.0	100.1
100.0	100.1	100.0	100.0	100.0	100.0	100.0
100.0	100.1	100.0	100.0	100.0	100.0	100.0
100.0	99.9	100.1	100.3	100.5	100.0	100.0
100.1	99.6	100.4	100.0	100.0	100.0	100.0
100.0	100.0	101.1	100.0	100.0	100.0	100.0
100.0	99.2	100.0	100.0	100.0	100.0	100.0
100.7	100.0	100.0	100.0	100.0	100.0	100.0
100.0	100.0	100.0	100.0	100.0	100.0	100.0
100.0	100.0	100.0	100.0	100.0	100.0	100.0
100.0	100.0	100.0	100.0	100.0	100.0	100.0
100.0	100.0	100.0	100.0	100.0	100.0	100.0
100.0	100.0	100.0	100.0	100.0	100.0	100.0
100.0	100.0	100.0	100.0	100.0	100.0	100.0
100.0	100.0	100.0	100.0	101.2	100.0	100.0
100.0	100.0	100.0	100.0	100.0	100.0	100.0
100.0	100.0	100.0	100.0	103.5	100.0	100.0
100.0	100.0	100.0	100.0	100.0	100.0	100.0
100.0	100.0	100.0	100.0	100.0	100.0	100.0
100.0	100.0	100.0	106.1	103.4	100.0	100.0
100.0	100.0	100.0	106.1	103.4	100.0	100.0
100.0	100.0	100.0	100.4	100.0	100.0	101.0
100.0	100.0	100.0	100.4	100.0	100.0	101.0
100.6	100.2	99.6	100.1	100.3	99.2	100.5
101.0	100.3	99.2	100.3	100.0	98.5	100.6
101.0	99.1	100.1	99.9	99.6	99.7	100.1
101.4	98.6	100.1	100.0	99.4	99.5	100.2
100.2	100.6	100.0	99.2	100.0	100.0	100.0
100.2	99.8	100.0	99.4	100.0	100.2	100.0
100.0	100.0	100.0	100.0	100.0	100.0	100.0
98.7	102.0	98.6	100.9	98.8	98.0	102.5
100.1	102.8	96.4	103.1	98.9	96.9	103.2
95.7	100.3	103.9	96.0	98.7	100.6	100.7

4－9 续表 8

（上月＝100）

类　　别	1月	2月	3月	4月	5月
(3)其他杂项用品	100.2	98.0	99.2	97.3	102.2
箱　　包	100.3	97.0	98.3	95.7	103.1
眼　　镜	100.0	100.2	100.9	100.3	100.5
2.其他服务	100.8	100.0	99.9	100.1	99.8
(1)在外住宿	100.1	101.6	99.1	100.4	98.2
宾馆住宿	100.1	101.9	98.9	100.3	97.4
其他住宿	100.0	100.8	99.4	100.6	100.3
(2)美容美发洗浴	102.1	99.9	99.8	100.1	99.6
美　　容	100.9	100.0	100.0	100.0	100.0
美　　发	102.9	99.3	100.0	100.2	100.0
洗　　浴	101.8	100.6	99.4	100.0	98.8
(3)养老服务	100.4	100.0	100.2	100.0	100.0
养老服务	100.4	100.0	100.2	100.0	100.0
(4)金融及保险服务	100.2	100.0	100.0	100.0	100.0
金融服务	100.0	100.0	100.0	100.0	100.0
车辆保险	100.0	100.0	100.0	100.0	100.0
旅行保险	100.0	100.0	100.0	100.0	100.0
其他保险	101.0	100.0	100.0	100.0	100.0
(5)中介法律及其他服务	100.0	100.0	100.0	100.2	100.0
中介服务	100.0	100.0	100.0	100.4	100.0
法律服务	100.0	100.0	100.0	100.0	100.0
其他杂项服务	100.0	100.0	100.0	100.0	100.0

6月	7月	8月	9月	10月	11月	12月
102.5	101.9	97.7	100.7	101.4	96.4	100.6
103.9	102.9	96.7	101.1	102.4	94.6	101.0
99.9	100.0	99.6	100.0	99.6	99.8	100.0
100.0	100.0	100.0	100.0	100.6	100.1	100.5
99.0	99.9	100.0	99.5	100.6	99.4	100.0
98.6	99.9	100.0	99.2	100.6	99.3	100.0
100.0	100.0	99.9	100.0	100.6	99.6	100.0
100.0	100.0	100.0	100.0	100.1	100.0	101.1
100.0	100.0	100.0	99.8	100.5	100.0	100.0
100.0	100.0	100.0	100.0	100.0	100.0	102.3
100.0	100.0	100.0	100.0	100.0	100.0	100.0
100.0	100.0	100.0	100.0	100.0	100.7	101.1
100.0	100.0	100.0	100.0	100.0	100.7	101.1
100.0	100.1	100.0	100.0	101.2	100.0	100.0
100.0	100.0	100.0	100.0	100.0	100.0	100.0
100.0	100.0	100.0	100.0	100.0	100.0	99.9
100.0	100.0	100.0	100.0	100.0	100.0	100.0
100.0	100.5	100.0	100.0	105.2	100.0	100.0
100.0	100.0	100.0	100.3	100.0	100.3	100.0
100.0	100.0	100.0	100.8	100.0	100.0	100.0
100.0	100.0	100.0	100.0	100.0	100.8	100.0
100.0	100.0	100.0	100.0	100.0	100.0	100.0

4-10　商品零售价格分类指数(2021年)

(上年=100)

类　别	全　省	城　市	农　村
总指数	**101.5**	**101.5**	**101.6**
一、食品	100.7	100.9	100.1
1. 粮食	101.7	101.8	101.2
2. 薯类	102.9	103.1	101.8
3. 豆类	104.8	103.7	112.0
4. 食用油	106.4	105.5	108.4
5. 菜及食用菌	109.3	109.6	107.4
6. 畜肉类	83.0	84.0	78.9
7. 禽肉类	98.3	97.7	101.1
8. 水产品	115.8	116.1	113.7
9. 蛋类	114.6	113.9	117.1
10. 奶类	101.0	101.0	101.2
11. 干鲜瓜果类	103.1	103.2	103.0
12. 糖果糕点类	101.0	100.9	101.2
13. 调味品	100.3	100.0	101.5
14. 其他食品类	100.6	100.8	99.4
15. 餐饮业零售	102.0	102.2	101.5
二、饮料、烟酒	100.9	100.3	102.8
1. 茶及饮料	100.4	100.4	100.9
2. 卷烟	100.3	100.3	100.5
3. 酒类	101.6	100.4	105.6
三、服装、鞋帽	99.5	99.5	99.3
1. 服装	99.5	99.4	99.5
2. 鞋帽袜	99.5	99.7	98.7
3. 其他衣着配件	99.9	99.7	101.3
四、纺织品	99.7	99.7	100.1
1. 服装材料	100.4	100.5	99.5
2. 床上用品	99.6	99.5	100.3
五、家用电器及音像器材	101.7	101.4	103.1
1. 家庭设备	100.3	99.9	101.6
2. 文娱用耐用消费品	104.3	103.8	107.1
3. 专业音像器材	101.7	101.7	101.7
六、文化办公用品	102.1	102.0	102.4
七、日用品	99.4	99.3	99.8

4－10 续表

（上年＝100）

类　　别	全　　省	城　　市	农　　村
1. 日用百货	98.8	98.2	99.8
2. 厨具餐具茶具	97.6	97.8	96.4
3. 清洗用品	101.3	101.3	101.2
4. 其他日用品	99.3	99.2	99.7
八、体育娱乐用品	100.8	100.8	100.6
1. 体育户外用品	100.3	100.3	100.7
2. 娱乐用品	101.3	101.5	100.4
九、交通、通信用品	99.6	99.6	99.7
1. 交通运输机械	98.6	98.6	98.4
2. 通信器材	101.7	101.7	101.8
十、家具	101.6	101.7	100.6
十一、化妆品	98.6	98.7	97.8
十二、金银饰品	98.8	98.5	100.2
十三、中西药品及医疗保健用品	100.7	100.9	99.7
1. 医疗卫生器具	90.8	91.1	86.4
2. 中药	103.6	104.4	100.4
3. 西药	100.1	100.2	99.8
4. 保健器具及用品	102.9	103.3	99.7
十四、书报杂志及电子出版物	100.6	100.5	101.3
1. 教材及参考书	100.8	100.6	101.9
2. 书报杂志及音像制品	101.1	101.0	101.4
3. 计算机办公软件	97.6	97.6	97.6
十五、燃料	113.1	112.9	114.0
1. 煤炭及制品	106.1	105.9	106.6
2. 石油及制品	113.7	113.5	115.1
十六、建筑材料及五金电料	101.5	101.3	102.2
1. 建筑装潢材料	101.4	101.2	101.8
2. 五金水暖	101.7	101.3	103.1

4－11 商品零售价格

（上年同月＝100）

类　　别	年平均	1月	2月	3月	4月	5月
商品零售价格指数	**101.5**	**99.7**	**99.8**	**100.6**	**101.6**	**102.2**
一、食品	100.7	102.0	100.8	99.8	100.5	102.0
1. 粮食	101.7	101.4	101.6	101.7	101.5	101.2
2. 薯类	102.9	107.8	105.3	99.9	93.9	94.1
3. 豆类	104.8	105.9	106.4	105.9	105.2	104.1
4. 食用油	106.4	106.0	105.7	105.7	106.1	106.8
5. 菜及食用菌	109.3	105.5	103.7	96.3	100.1	108.6
6. 畜肉类	83.0	101.1	92.5	90.7	90.2	90.3
7. 禽肉类	98.3	94.1	96.5	96.1	95.5	98.5
8. 水产品	115.8	102.0	112.0	112.9	121.1	127.9
9. 蛋类	114.6	99.9	102.8	104.9	110.4	122.7
10. 奶类	101.0	101.6	100.5	100.9	101.5	101.8
11. 干鲜瓜果类	103.1	103.0	102.2	104.8	102.8	99.3
12. 糖果糕点类	101.0	101.4	101.3	100.9	101.6	101.4
13. 调味品	100.3	101.3	100.6	100.2	100.9	100.7
14. 其他食品类	100.6	102.2	101.0	100.9	100.3	100.3
15. 餐饮业零售	102.0	100.9	101.5	101.3	101.7	102.3
二、饮料、烟酒	100.9	101.0	100.6	100.7	101.0	101.5
1. 茶及饮料	100.4	100.4	99.8	99.8	100.1	101.1
2. 卷烟	100.3	100.3	100.3	100.3	100.3	100.3
3. 酒类	101.6	101.9	101.3	101.7	102.1	102.8
三、服装、鞋帽	99.5	98.4	98.1	98.7	99.4	99.6
1. 服装	99.5	98.1	97.9	98.5	99.5	99.7
（1）男士服装	99.1	98.7	98.5	98.7	99.0	99.1
（2）女士服装	100.0	98.4	98.1	98.8	99.9	100.2
（3）儿童服装	98.6	96.2	95.9	97.3	99.0	99.2
2. 鞋帽袜	99.5	99.1	98.9	99.2	99.2	99.3
（1）鞋	99.4	99.1	98.9	99.2	99.2	99.3
（2）袜子	99.8	99.4	99.4	99.8	99.6	99.5
（3）帽子	99.7	98.7	98.8	98.6	98.7	98.7
3. 其他衣着配件	99.9	99.6	99.8	99.8	99.8	99.8
四、纺织品	99.7	99.0	99.0	99.1	99.7	99.8
1. 服装材料	100.4	99.7	100.0	100.0	100.2	100.3
2. 床上用品	99.6	98.8	98.8	98.9	99.6	99.7

分月同比指数(2021 年)

6 月	7 月	8 月	9 月	10 月	11 月	12 月
102.0	**101.9**	**101.6**	**101.3**	**102.0**	**103.3**	**102.0**
100.4	99.7	100.2	98.4	100.0	103.8	100.9
101.1	100.9	100.8	101.0	101.1	103.3	104.2
96.2	99.0	107.9	106.7	107.7	113.9	108.3
104.1	103.7	103.7	103.7	104.0	104.9	105.6
106.8	107.0	107.1	106.6	106.2	107.0	106.0
104.3	104.7	109.8	108.7	122.8	135.8	115.1
80.8	75.7	74.3	71.3	72.3	79.8	76.4
101.2	99.7	99.5	100.1	100.0	100.0	99.8
126.2	123.8	119.9	114.2	110.6	109.3	108.9
126.6	123.5	121.4	116.9	116.1	122.8	113.5
100.6	101.6	101.0	100.4	100.3	100.5	101.4
101.7	107.0	109.0	100.7	99.4	103.4	105.3
101.3	100.9	100.2	100.4	100.5	100.7	101.3
100.0	99.5	99.8	99.7	99.6	100.6	101.1
100.0	99.9	100.2	100.0	100.4	100.4	101.5
102.4	102.3	102.4	102.3	102.5	102.5	102.4
101.3	101.5	101.4	101.0	100.0	100.5	99.8
100.5	100.8	100.6	100.3	99.9	101.7	100.3
100.3	100.3	100.3	100.3	100.3	100.4	100.4
102.7	103.0	102.9	102.1	99.8	99.6	99.1
99.8	99.7	99.6	99.8	99.9	100.3	100.5
99.9	99.7	99.6	99.8	99.9	100.4	100.6
99.2	99.0	99.0	99.0	99.1	99.7	99.8
100.5	100.4	100.1	100.4	100.6	101.2	101.6
99.4	99.3	99.2	99.4	99.5	99.4	99.4
99.4	99.4	99.4	99.8	99.7	100.0	100.2
99.4	99.3	99.3	99.6	99.5	99.9	100.1
99.6	99.8	99.7	100.3	100.3	100.4	100.4
98.8	99.5	100.0	100.9	101.0	101.1	101.4
100.1	100.2	100.0	99.9	100.1	100.0	100.2
99.8	100.1	100.1	100.1	100.2	100.0	100.0
100.3	100.3	100.4	100.5	100.6	100.9	101.3
99.7	100.0	100.1	100.0	100.1	99.7	99.7

4－11 续表

（上年同月＝100）

类　　别	年平均	1月	2月	3月	4月	5月
五、家用电器及音像器材	101.7	101.7	101.7	101.6	101.1	102.1
1. 家庭设备	100.3	98.6	99.1	99.5	99.8	100.5
2. 文娱用耐用消费品	104.3	107.7	106.4	105.5	103.2	104.8
3. 专业音像器材	101.7	100.8	100.9	100.7	102.2	102.2
六、文化办公用品	102.1	100.6	100.9	100.5	101.0	102.6
七、日用品	99.4	99.9	99.1	99.2	99.4	98.9
1. 日用百货	98.8	98.6	98.1	98.7	98.3	99.2
2. 厨具餐具茶具	97.6	96.8	95.7	95.7	97.9	97.0
3. 清洗用品	101.3	103.7	102.5	101.5	102.5	99.8
4. 其他日用品	99.3	99.4	99.1	99.9	98.4	98.5
八、体育娱乐用品	100.8	99.9	100.1	100.3	100.4	101.1
1. 体育户外用品	100.3	100.0	100.2	100.5	100.4	100.4
2. 娱乐用品	101.3	99.8	99.9	100.1	100.4	101.9
九、交通、通信用品	99.6	99.5	99.8	99.8	100.2	100.3
1. 交通运输机械	98.6	98.8	98.8	98.3	98.4	98.4
2. 通信器材	101.7	100.8	101.7	102.6	103.9	104.1
十、家具	101.6	101.1	101.3	101.4	101.6	101.4
十一、化妆品	98.6	101.7	98.4	99.6	100.2	99.7
十二、金银饰品	98.8	111.0	108.6	102.4	103.5	102.4
十三、中西药品及医疗保健用品	100.7	100.8	99.5	99.3	100.6	100.9
1. 医疗卫生器具	90.8	96.3	83.7	80.3	85.2	88.1
2. 中药	103.6	103.8	103.5	103.2	103.4	103.6
3. 西药	100.1	99.4	98.9	99.1	100.6	100.5
4. 保健器具及用品	102.9	103.8	103.8	103.9	104.0	104.3
十四、书报杂志及电子出版物	100.6	100.3	100.7	100.7	100.6	100.6
1. 教材及参考书	100.8	100.8	100.8	100.8	100.7	100.9
2. 书报杂志及音像制品	101.1	100.3	101.3	101.3	101.3	101.1
3. 计算机办公软件	97.6	97.5	97.5	97.5	97.4	97.4
十五、燃料	113.1	90.1	96.0	107.7	113.5	115.2
1. 煤炭及制品	106.1	101.0	98.7	98.2	100.5	102.1
2. 石油及制品	113.7	89.3	95.8	108.6	114.8	116.4
十六、建筑材料及五金电料	101.5	99.6	99.7	100.0	100.5	101.5
1. 建筑装潢材料	101.4	99.0	99.2	99.6	100.1	101.3
2. 五金水暖	101.7	101.0	100.7	100.9	101.2	101.8

6月	7月	8月	9月	10月	11月	12月
101.7	102.2	102.1	101.4	101.5	102.0	101.9
100.4	100.8	100.5	99.7	100.5	102.0	102.0
103.7	104.6	105.1	104.2	103.2	102.0	101.7
102.2	102.2	101.8	101.8	101.8	101.9	101.9
101.8	102.5	101.7	102.6	104.4	102.9	103.4
98.9	100.1	99.7	99.3	100.0	99.0	99.3
98.9	98.9	99.1	99.2	99.1	98.5	99.0
96.7	98.9	97.6	97.0	97.7	100.2	100.3
99.7	102.1	101.9	100.4	102.2	99.8	99.6
99.6	100.9	99.3	99.6	100.6	98.0	98.6
101.1	101.1	100.8	100.9	100.8	101.4	101.4
100.5	100.5	100.0	100.4	100.1	100.5	100.6
101.8	101.8	101.8	101.7	101.7	102.5	102.6
100.3	99.9	99.8	99.8	98.4	98.8	98.8
98.5	98.0	98.0	97.8	97.9	99.9	99.8
104.1	103.8	103.4	103.7	99.3	96.6	97.0
101.7	101.6	101.5	101.3	101.5	102.8	101.8
98.4	96.2	98.8	97.7	99.5	95.8	96.9
103.6	97.9	88.3	91.3	92.0	94.2	94.7
101.1	101.3	101.2	101.5	101.0	100.7	100.5
88.7	91.5	92.9	96.2	96.6	96.8	97.4
104.1	104.2	104.1	104.3	103.3	103.1	102.3
100.9	100.7	100.6	100.5	100.3	100.1	100.0
103.2	103.8	102.7	102.6	101.7	100.9	100.9
100.7	100.7	100.4	100.3	100.2	100.9	101.0
100.8	100.8	100.8	100.7	100.9	100.9	100.9
101.1	101.1	101.0	101.0	101.0	101.0	101.2
98.9	98.9	96.1	95.5	93.4	100.6	100.6
116.9	118.1	116.7	117.4	124.5	128.4	119.0
102.1	102.9	106.5	109.5	112.2	119.4	120.6
118.3	119.5	117.6	118.1	125.7	129.3	118.9
101.8	102.1	101.9	102.0	102.5	103.0	103.0
101.7	102.0	101.8	102.0	102.7	103.6	103.5
102.0	102.2	102.1	102.0	102.0	101.9	102.0

4－12 城市商品零售价格

（上年同月＝100）

类　　别	年平均	1月	2月	3月	4月	5月
总指数	**101.5**	**99.6**	**99.8**	**100.6**	**101.6**	**102.2**
一、食品	100.9	101.8	100.7	99.8	100.7	102.2
1. 粮食	101.8	101.1	101.4	101.6	101.6	101.4
2. 薯类	103.1	108.2	107.1	100.7	94.4	94.3
3. 豆类	103.7	105.3	105.3	104.6	104.0	103.0
4. 食用油	105.5	105.2	104.7	104.5	105.1	106.0
5. 菜及食用菌	109.6	105.0	104.0	96.2	100.5	109.1
6. 畜肉类	84.0	101.0	92.9	91.3	91.3	91.6
7. 禽肉类	97.7	94.1	95.9	95.3	94.3	97.2
8. 水产品	116.1	102.2	113.0	113.5	121.5	128.4
9. 蛋类	113.9	99.4	101.7	104.6	109.8	120.8
10. 奶类	101.0	101.7	100.5	100.8	101.5	101.9
11. 干鲜瓜果类	103.2	102.6	101.9	104.8	103.0	99.6
12. 糖果糕点类	100.9	101.4	101.3	100.9	101.6	101.4
13. 调味品	100.0	101.0	100.3	99.8	100.8	100.6
14. 其他食品类	100.8	102.3	101.1	101.1	100.4	100.4
15. 餐饮业零售	102.2	100.7	101.3	101.2	101.7	102.5
二、饮料、烟酒	100.3	100.8	100.2	100.4	100.6	101.1
1. 茶及饮料	100.4	100.4	99.8	99.8	100.0	101.1
2. 卷烟	100.3	100.3	100.3	100.3	100.3	100.3
3. 酒类	100.4	101.5	100.6	101.1	101.4	101.8
三、服装、鞋帽	99.5	98.2	98.0	98.7	99.4	99.5
1. 服装	99.4	98.0	97.7	98.6	99.5	99.6
(1)男士服装	98.9	98.7	98.4	98.7	99.0	98.9
(2)女士服装	100.2	98.2	98.0	99.0	100.1	100.3
(3)儿童服装	98.3	95.8	95.4	97.0	98.8	98.9
2. 鞋帽袜	99.7	99.0	98.8	99.3	99.3	99.3
(1)鞋	99.7	98.9	98.7	99.4	99.3	99.3
(2)袜子	100.0	99.3	99.3	99.8	99.6	99.9
(3)帽子	99.8	98.7	98.7	98.5	98.6	98.6
3. 其他衣着配件	99.7	99.3	99.6	99.6	99.5	99.5
四、纺织品	99.7	98.8	98.8	99.0	99.6	99.7
1. 服装材料	100.5	99.6	100.0	100.1	100.4	100.5
2. 床上用品	99.5	98.6	98.5	98.7	99.4	99.5

分月同比指数(2021 年)

6 月	7 月	8 月	9 月	10 月	11 月	12 月
102.0	**101.9**	**101.6**	**101.3**	**102.0**	**103.3**	**101.9**
100.6	99.9	100.5	98.7	100.4	103.9	101.1
101.2	101.0	101.0	101.2	101.4	103.6	104.7
96.3	98.8	108.2	107.1	108.1	112.8	107.0
103.0	102.6	102.5	102.6	103.0	103.9	104.6
105.9	105.9	106.3	105.7	105.4	105.8	104.7
104.8	105.6	110.3	109.4	123.7	135.6	115.5
82.1	76.7	75.5	72.7	73.7	80.7	77.3
100.4	98.9	99.1	99.9	99.8	99.3	99.2
126.6	124.1	120.2	114.6	110.6	109.0	108.6
124.6	121.9	121.1	116.7	115.6	122.3	113.7
100.4	101.7	101.0	100.3	100.2	100.5	101.5
102.1	107.5	109.0	100.8	99.5	103.0	105.1
101.4	100.8	100.0	100.2	100.4	100.5	101.4
99.6	99.0	99.4	99.2	99.2	100.5	100.8
100.2	100.1	100.4	100.2	100.6	100.5	101.7
102.6	102.5	102.6	102.6	102.8	102.9	102.7
100.7	100.9	100.8	100.5	99.1	99.7	99.1
100.3	100.8	100.5	100.4	99.6	101.7	100.0
100.3	100.3	100.3	100.3	100.3	100.3	100.3
101.4	101.5	101.5	100.8	97.8	97.7	97.4
99.8	99.7	99.6	99.9	100.0	100.5	100.7
99.8	99.7	99.6	99.9	99.9	100.4	100.7
99.0	98.8	98.8	98.8	98.8	99.5	99.7
100.5	100.5	100.3	100.8	100.9	101.5	102.0
99.1	99.1	99.1	99.4	99.5	99.1	99.1
99.6	99.7	99.6	100.3	100.3	100.7	100.9
99.7	99.6	99.5	100.1	100.2	100.6	100.8
99.8	100.1	99.9	100.6	100.6	100.8	100.7
98.8	99.6	100.2	101.2	101.2	101.3	101.7
99.9	99.9	99.7	99.7	99.8	99.6	99.8
99.7	100.0	100.1	100.1	100.1	100.1	100.1
100.4	100.5	100.6	100.9	100.9	101.0	101.5
99.6	99.9	100.0	99.9	99.9	99.8	99.8

4－12 续表

（上年同月＝100）

类　别	年平均	1月	2月	3月	4月	5月
五、家用电器及音像器材	101.4	101.6	101.5	101.3	100.7	101.6
1. 家庭设备	99.9	98.5	99.0	99.2	99.4	100.0
2. 文娱用耐用消费品	103.8	106.9	105.8	104.7	102.5	104.0
3. 专业音像器材	101.7	100.8	100.9	100.7	102.2	102.2
六、文化办公用品	102.0	100.8	101.2	100.7	101.2	102.5
七、日用品	99.3	99.8	99.1	99.1	99.4	98.8
1. 日用百货	98.2	98.2	97.7	98.3	97.8	98.8
2. 厨具餐具茶具	97.8	97.0	96.2	96.2	98.1	97.2
3. 清洗用品	101.3	103.6	102.4	101.5	102.7	100.2
4. 其他日用品	99.2	99.5	98.9	99.7	98.4	98.4
八、体育娱乐用品	100.8	99.9	100.1	100.4	100.5	101.1
1. 体育户外用品	100.3	100.0	100.2	100.6	100.5	100.4
2. 娱乐用品	101.5	99.8	99.9	100.1	100.5	102.0
九、交通、通信用品	99.6	99.5	99.8	99.7	100.2	100.3
1. 交通运输机械	98.6	98.8	98.8	98.3	98.4	98.4
2. 通信器材	101.7	100.8	101.7	102.6	103.9	104.1
十、家具	101.7	101.1	101.4	101.5	101.8	101.6
十一、化妆品	98.7	101.8	98.5	99.7	100.3	99.8
十二、金银饰品	98.5	111.3	108.8	102.0	103.7	102.6
十三、中西药品及医疗保健用品	100.9	100.8	99.4	99.3	100.9	101.2
1. 医疗卫生器具	91.1	96.4	83.8	80.7	85.7	88.6
2. 中药	104.4	104.6	104.4	103.9	104.3	104.5
3. 西药	100.2	99.0	98.5	98.9	100.7	100.7
4. 保健器具及用品	103.3	104.2	104.4	104.4	104.6	104.9
十四、书报杂志及电子出版物	100.5	100.2	100.6	100.6	100.5	100.5
1. 教材及参考书	100.6	100.7	100.7	100.7	100.5	100.7
2. 书报杂志及音像制品	101.0	100.2	101.3	101.3	101.3	101.1
3. 计算机办公软件	97.6	97.5	97.5	97.5	97.4	97.4
十五、燃料	112.9	90.2	96.2	107.9	113.5	115.1
1. 煤炭及制品	105.9	100.9	98.6	98.1	100.3	102.0
2. 石油及制品	113.5	89.4	96.0	108.6	114.6	116.1
十六、建筑材料及五金电料	101.3	99.4	99.4	99.7	100.1	101.3
1. 建筑装潢材料	101.2	98.9	98.9	99.3	99.7	101.2
2. 五金水暖	101.3	100.5	100.3	100.5	100.8	101.5

6月	7月	8月	9月	10月	11月	12月
101.2	101.7	101.7	101.1	101.4	101.8	101.7
99.9	100.2	100.0	99.3	100.2	101.8	101.8
103.0	104.0	104.6	103.8	103.1	102.0	101.5
102.2	102.2	101.8	101.8	101.8	101.9	101.9
101.4	102.2	101.4	102.3	104.3	102.6	103.2
98.7	100.0	99.6	99.0	99.7	98.9	99.0
98.3	98.3	98.6	98.3	98.1	97.8	98.2
97.1	99.0	97.8	97.1	97.9	100.1	100.3
99.7	102.1	101.9	100.4	102.1	99.9	99.5
99.4	100.5	99.2	99.8	100.3	98.0	98.5
101.1	101.1	100.8	101.0	100.8	101.4	101.5
100.4	100.5	99.9	100.3	99.9	100.4	100.5
102.0	101.9	102.0	102.0	102.0	102.8	103.0
100.3	99.9	99.8	99.7	98.4	98.8	98.9
98.5	98.0	98.0	97.9	98.0	99.9	99.9
104.0	103.7	103.4	103.7	99.2	96.6	97.0
101.8	101.7	101.6	101.4	101.7	103.1	102.0
98.6	96.4	98.9	97.9	99.6	95.9	97.0
103.9	97.6	87.2	90.7	91.5	93.9	94.3
101.5	101.8	101.6	101.9	101.3	101.0	100.8
89.1	91.8	93.1	96.6	97.0	96.8	97.4
105.0	105.1	105.0	105.3	104.1	103.8	102.8
101.2	101.1	100.9	100.8	100.5	100.2	100.2
103.6	104.2	103.1	103.0	101.9	101.1	101.0
100.7	100.6	100.3	100.1	100.0	100.8	100.8
100.7	100.7	100.6	100.4	100.6	100.7	100.6
101.1	101.0	100.9	101.0	101.0	101.0	101.1
98.9	98.9	96.1	95.5	93.4	100.6	100.6
116.9	117.9	116.5	117.1	124.1	127.9	118.4
102.2	103.0	106.3	109.3	111.8	118.8	120.2
118.0	119.1	117.2	117.7	125.1	128.6	118.2
101.6	101.9	101.7	101.8	102.2	103.0	103.1
101.6	102.0	101.7	101.9	102.5	103.6	103.6
101.6	101.9	101.7	101.6	101.7	101.8	102.1

4－13 农村商品零售价格

(上年同月＝100)

类　　别	年平均	1 月	2 月	3 月	4 月	5 月
总指数	**101.6**	**100.1**	**100.0**	**100.8**	**101.4**	**102.2**
一、食品	100.1	103.0	100.9	100.0	99.8	101.2
1. 粮食	101.2	102.5	102.4	102.1	101.3	100.6
2. 薯类	101.8	106.0	97.8	96.2	91.6	93.1
3. 豆类	112.0	109.8	113.8	114.8	113.5	111.8
4. 食用油	108.4	107.6	107.7	108.1	108.0	108.6
5. 菜及食用菌	107.4	108.2	102.0	97.1	97.9	105.7
6. 畜肉类	78.9	101.5	91.1	88.0	85.5	84.9
7. 禽肉类	101.1	94.3	98.8	100.2	100.6	104.2
8. 水产品	113.7	100.8	104.7	109.2	118.0	124.7
9. 蛋类	117.1	101.7	106.9	105.7	112.2	129.9
10. 奶类	101.2	100.8	101.1	101.5	101.3	101.7
11. 干鲜瓜果类	103.0	104.8	103.9	104.5	101.4	97.7
12. 糖果糕点类	101.2	101.6	101.3	100.8	101.5	101.2
13. 调味品	101.5	102.3	101.5	101.5	101.1	101.2
14. 其他食品类	99.4	101.0	100.0	99.7	99.2	99.4
15. 餐饮业零售	101.5	101.9	102.2	101.9	101.6	101.6
二、饮料、烟酒	102.8	101.9	101.8	101.8	102.2	103.1
1. 茶及饮料	100.9	100.7	100.3	99.8	100.6	101.0
2. 卷烟	100.5	100.6	100.6	100.6	100.4	100.4
3. 酒类	105.6	103.4	103.4	103.8	104.5	106.3
三、服装、鞋帽	99.3	99.0	98.9	98.4	99.3	99.8
1. 服装	99.5	98.8	98.6	98.1	99.3	100.0
(1)男士服装	99.8	98.9	98.9	98.4	99.3	100.1
(2)女士服装	99.3	99.0	98.5	97.8	99.2	99.8
(3)儿童服装	99.7	98.2	98.1	98.6	99.8	100.5
2. 鞋帽袜	98.7	99.4	99.4	98.8	98.9	99.3
(1)鞋	98.5	99.4	99.3	98.6	98.8	99.4
(2)袜子	99.5	99.7	99.7	99.7	99.7	98.7
(3)帽子	99.3	98.9	99.7	98.9	98.9	98.8
3. 其他衣着配件	101.3	100.7	100.7	100.7	101.5	101.4
四、纺织品	100.1	100.0	100.1	100.0	100.5	100.3
1. 服装材料	99.5	100.0	100.0	100.0	99.1	99.3
2. 床上用品	100.3	100.0	100.1	100.0	100.8	100.5

分月同比指数(2021年)

6月	7月	8月	9月	10月	11月	12月
102.0	**101.9**	**101.7**	**101.2**	**102.1**	**103.4**	**102.1**
99.5	98.6	98.9	97.0	98.4	103.5	100.1
100.5	100.6	99.8	100.2	100.1	102.1	102.3
95.8	100.0	106.8	104.9	106.1	119.0	114.6
111.4	111.1	111.7	111.1	111.0	111.3	112.7
108.6	109.1	108.8	108.4	108.0	109.5	108.7
101.3	99.9	107.2	104.8	117.6	136.6	113.0
75.2	71.1	69.2	65.1	66.0	76.0	72.4
104.9	103.5	101.1	100.7	100.6	103.2	102.5
123.7	121.8	117.6	111.6	110.0	111.8	110.6
134.0	129.7	122.3	117.7	117.8	124.4	112.9
101.5	101.1	101.0	101.1	101.0	101.1	101.0
99.4	103.8	108.7	100.6	98.8	105.5	106.8
101.0	101.3	101.0	100.8	101.1	101.4	100.9
101.4	101.4	101.4	101.5	101.3	100.9	102.0
98.8	98.6	98.6	98.8	98.9	99.5	99.9
101.6	101.2	101.4	101.3	101.1	101.0	101.0
103.5	103.8	103.6	103.0	103.4	103.2	102.7
101.2	101.2	101.2	100.1	101.5	101.7	101.9
100.4	100.4	100.4	100.4	100.4	100.7	100.7
107.1	107.9	107.4	106.4	106.6	105.9	104.8
99.9	99.7	99.4	99.1	99.3	99.7	99.6
100.3	100.1	99.6	99.3	99.8	100.2	100.1
100.4	100.2	100.1	100.1	100.5	100.6	100.4
100.1	100.0	99.3	98.8	99.3	99.8	99.8
100.6	100.1	99.9	99.4	99.9	100.7	100.6
98.8	98.6	98.7	98.3	98.1	98.2	98.3
98.7	98.4	98.6	98.0	97.7	97.9	97.9
99.4	99.2	99.2	99.7	99.7	99.7	99.9
98.8	99.2	99.0	99.6	100.0	100.0	99.9
101.4	101.3	101.5	100.9	101.8	101.8	101.6
100.4	100.4	100.4	100.3	100.4	99.5	99.5
99.5	99.5	99.1	98.5	99.0	100.2	100.2
100.6	100.6	100.7	100.7	100.7	99.3	99.3

4－13 续表

（上年同月＝100）

类　　别	年平均	1 月	2 月	3 月	4 月	5 月
五、家用电器及音像器材	103.1	102.4	102.5	103.0	102.8	104.3
1. 家庭设备	101.6	98.9	99.8	100.5	101.3	102.4
2. 文娱用耐用消费品	107.1	112.1	110.0	109.8	106.8	109.3
3. 专业音像器材	101.7	100.8	100.8	100.7	102.2	102.2
六、文化办公用品	102.4	99.1	99.2	99.4	100.0	102.8
七、日用品	99.8	99.9	99.2	99.4	99.3	99.1
1. 日用百货	99.8	99.3	98.8	99.4	99.2	99.9
2. 厨具餐具茶具	96.4	95.3	93.1	93.1	96.5	95.7
3. 清洗用品	101.2	104.2	103.0	101.3	101.4	98.4
4. 其他日用品	99.7	99.4	99.4	100.7	98.4	99.0
八、体育娱乐用品	100.6	99.8	99.9	100.0	100.0	101.2
1. 体育户外用品	100.7	100.0	100.0	100.0	100.0	101.0
2. 娱乐用品	100.4	99.7	99.7	99.9	100.1	101.3
九、交通、通信用品	99.7	99.6	99.9	100.0	100.5	100.7
1. 交通运输机械	98.4	98.9	98.8	98.3	98.4	98.4
2. 通信器材	101.8	100.7	101.6	102.7	103.8	104.3
十、家具	100.6	100.7	100.5	100.4	100.1	100.0
十一、化妆品	97.8	101.1	97.7	98.7	99.7	99.1
十二、金银饰品	100.2	109.1	107.4	104.7	102.4	100.8
十三、中西药品及医疗保健用品	99.7	100.8	99.8	99.3	99.5	99.3
1. 医疗卫生器具	86.4	94.8	82.4	74.3	78.6	80.7
2. 中药	100.4	100.9	100.4	100.4	99.8	99.9
3. 西药	99.8	100.9	100.2	99.8	100.1	99.7
4. 保健器具及用品	99.7	100.4	99.7	99.7	99.3	99.6
十四、书报杂志及电子出版物	101.3	101.1	101.1	101.1	101.2	101.1
1. 教材及参考书	101.9	101.6	101.6	101.6	101.7	101.7
2. 书报杂志及音像制品	101.4	101.4	101.4	101.4	101.4	101.4
3. 计算机办公软件	97.6	97.5	97.5	97.5	97.4	97.4
十五、燃料	114.0	89.8	95.3	107.0	113.4	115.5
1. 煤炭及制品	106.6	101.2	99.0	98.4	101.0	102.6
2. 石油及制品	115.1	88.3	94.7	108.4	115.5	117.6
十六、建筑材料及五金电料	102.2	100.5	100.7	101.1	101.8	102.3
1. 建筑装潢材料	101.8	99.5	100.1	100.5	101.4	101.9
2. 五金水暖	103.1	103.2	102.6	102.8	103.0	103.4

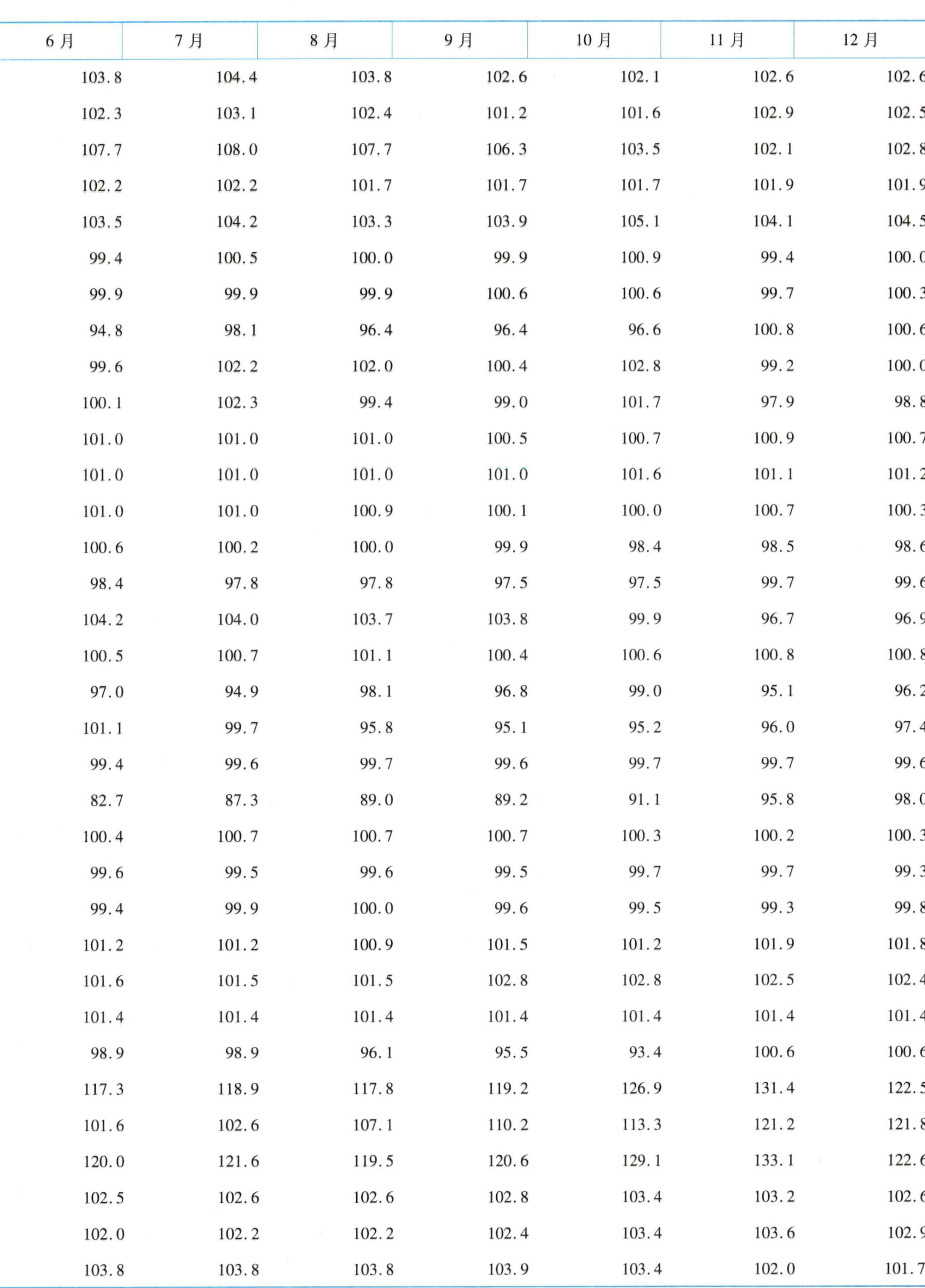

6月	7月	8月	9月	10月	11月	12月
103.8	104.4	103.8	102.6	102.1	102.6	102.6
102.3	103.1	102.4	101.2	101.6	102.9	102.5
107.7	108.0	107.7	106.3	103.5	102.1	102.8
102.2	102.2	101.7	101.7	101.7	101.9	101.9
103.5	104.2	103.3	103.9	105.1	104.1	104.5
99.4	100.5	100.0	99.9	100.9	99.4	100.0
99.9	99.9	99.9	100.6	100.6	99.7	100.3
94.8	98.1	96.4	96.4	96.6	100.8	100.6
99.6	102.2	102.0	100.4	102.8	99.2	100.0
100.1	102.3	99.4	99.0	101.7	97.9	98.8
101.0	101.0	101.0	100.5	100.7	100.9	100.7
101.0	101.0	101.0	101.0	101.6	101.1	101.2
101.0	101.0	100.9	100.1	100.0	100.7	100.3
100.6	100.2	100.0	99.9	98.4	98.5	98.6
98.4	97.8	97.8	97.5	97.5	99.7	99.6
104.2	104.0	103.7	103.8	99.9	96.7	96.9
100.5	100.7	101.1	100.4	100.6	100.8	100.8
97.0	94.9	98.1	96.8	99.0	95.1	96.2
101.1	99.7	95.8	95.1	95.2	96.0	97.4
99.4	99.6	99.7	99.6	99.7	99.7	99.6
82.7	87.3	89.0	89.2	91.1	95.8	98.0
100.4	100.7	100.7	100.7	100.3	100.2	100.3
99.6	99.5	99.6	99.5	99.7	99.7	99.3
99.4	99.9	100.0	99.6	99.5	99.3	99.8
101.2	101.2	100.9	101.5	101.2	101.9	101.8
101.6	101.5	101.5	102.8	102.8	102.5	102.4
101.4	101.4	101.4	101.4	101.4	101.4	101.4
98.9	98.9	96.1	95.5	93.4	100.6	100.6
117.3	118.9	117.8	119.2	126.9	131.4	122.5
101.6	102.6	107.1	110.2	113.3	121.2	121.8
120.0	121.6	119.5	120.6	129.1	133.1	122.6
102.5	102.6	102.6	102.8	103.4	103.2	102.6
102.0	102.2	102.2	102.4	103.4	103.6	102.9
103.8	103.8	103.8	103.9	103.4	102.0	101.7

4－14 商品零售价格

（上月＝100）

类　别	1月	2月	3月	4月	5月
总指数	**101.3**	**100.5**	**99.6**	**99.7**	**99.7**
一、食品	104.7	101.7	96.3	97.8	98.1
1. 粮食	100.7	100.3	100.1	100.2	99.8
2. 薯类	114.3	111.9	97.1	97.1	97.9
3. 豆类	101.2	102.2	100.6	99.9	100.0
4. 食用油	101.6	99.9	100.2	100.2	100.5
5. 菜及食用菌	119.0	107.6	82.1	90.5	92.7
6. 畜肉类	104.3	97.0	94.3	94.0	94.4
7. 禽肉类	102.8	103.5	97.7	98.1	98.9
8. 水产品	104.2	111.9	100.0	106.4	106.4
9. 蛋类	112.9	92.9	95.8	103.0	103.4
10. 奶类	101.1	99.4	99.9	100.3	99.7
11. 干鲜瓜果类	104.2	106.1	100.4	95.3	93.8
12. 糖果糕点类	99.9	100.0	99.9	100.5	99.8
13. 调味品	100.0	99.7	99.9	100.7	100.0
14. 其他食品类	100.7	99.4	100.4	99.9	100.3
15. 餐饮业零售	100.3	100.7	99.9	100.4	100.7
二、饮料、烟酒	100.2	99.8	100.2	100.2	100.4
1. 茶及饮料	99.5	99.8	100.0	100.3	100.9
2. 卷烟	100.2	100.0	100.0	100.1	100.0
3. 酒类	100.6	99.6	100.5	100.3	100.4
三、服装、鞋帽	99.7	99.5	100.2	100.1	99.9
1. 服装	99.7	99.4	100.2	100.2	99.9
(1)男士服装	99.7	99.5	100.1	100.2	99.8
(2)女士服装	99.7	99.4	100.2	100.3	100.1
(3)儿童服装	99.7	99.4	100.3	100.0	99.8
2. 鞋帽袜	99.9	99.7	100.2	99.8	99.7
(1)鞋	99.8	99.7	100.3	99.7	99.7
(2)袜子	99.8	99.9	100.1	99.9	99.5
(3)帽子	100.4	100.0	99.8	100.0	100.0
3. 其他衣着配件	100.1	100.3	99.9	100.0	100.0
四、纺织品	99.8	100.1	99.9	100.0	100.0
1. 服装材料	99.7	100.4	100.0	100.3	100.0
2. 床上用品	99.8	100.1	99.9	99.9	100.0

分月环比指数(2021 年)

6 月	7 月	8 月	9 月	10 月	11 月	12 月
99.6	**100.3**	**100.2**	**99.7**	**100.7**	**101.0**	**99.7**
97.4	100.5	102.2	99.1	101.1	102.5	99.9
99.9	99.9	99.8	100.2	100.1	102.1	101.0
95.3	100.8	106.0	95.0	95.8	99.6	99.3
99.9	99.8	100.3	100.0	100.2	100.7	100.8
100.4	100.2	100.5	100.0	100.2	101.4	100.8
95.9	106.3	113.9	101.3	111.6	105.6	94.2
91.5	99.4	99.5	95.6	97.8	106.2	100.4
99.4	99.2	100.2	100.3	99.4	99.7	100.7
98.1	97.6	97.0	95.0	96.4	97.3	99.5
98.8	102.2	109.2	98.1	97.2	103.6	97.3
99.6	100.2	100.3	99.5	99.9	100.4	101.2
93.8	99.6	102.0	98.7	102.8	105.1	104.4
100.0	99.9	100.1	100.1	100.2	100.1	100.7
99.2	99.7	100.5	99.7	100.2	100.5	100.8
99.8	100.1	100.1	99.9	99.9	100.4	100.7
100.1	100.1	100.1	100.0	100.1	100.0	100.2
99.9	100.2	99.9	99.5	99.2	100.5	99.8
99.6	100.4	100.0	99.0	99.7	101.5	99.5
100.0	100.0	100.0	100.0	100.0	100.1	100.0
100.0	100.2	99.9	99.5	98.2	100.1	99.9
100.0	99.8	99.8	100.5	100.2	100.4	100.4
100.0	99.8	99.8	100.5	100.2	100.5	100.4
100.0	99.7	99.8	100.3	100.1	100.3	100.3
100.1	99.8	99.7	100.6	100.3	100.8	100.6
99.8	99.8	99.8	100.7	100.2	100.1	100.0
100.1	99.8	99.8	100.6	100.2	100.2	100.2
100.0	99.7	99.8	100.6	100.3	100.2	100.2
100.4	100.0	99.9	100.5	100.0	100.2	99.9
100.2	100.0	99.9	101.0	99.9	100.1	100.2
100.0	99.9	99.9	99.9	100.1	100.0	100.0
99.8	100.0	100.0	100.1	100.1	100.0	100.1
99.9	100.0	100.1	100.2	100.1	100.2	100.4
99.8	100.0	100.0	100.0	100.1	100.0	100.0

4－14 续表

(上月＝100)

类 别	1月	2月	3月	4月	5月
五、家用电器及音像器材	100.8	100.3	100.9	100.4	100.1
1. 家庭设备	100.5	100.5	101.1	100.5	99.9
2. 文娱用耐用消费品	101.6	100.1	100.7	100.0	100.4
3. 专业音像器材	100.0	100.0	100.0	102.2	100.0
六、文化办公用品	99.4	99.8	100.5	100.8	100.8
七、日用品	100.6	99.7	100.0	99.8	99.6
1. 日用百货	99.6	99.8	100.6	99.2	100.5
2. 厨具餐具茶具	101.4	99.8	99.4	100.4	100.2
3. 清洗用品	101.8	99.8	99.6	100.8	98.1
4. 其他日用品	100.5	99.6	99.9	98.9	99.4
八、体育娱乐用品	100.1	100.2	100.2	100.0	100.6
1. 体育户外用品	99.9	100.2	100.3	99.9	100.0
2. 娱乐用品	100.4	100.1	100.1	100.0	101.3
九、交通、通信用品	99.6	100.0	99.9	100.1	99.7
1. 交通运输机械	99.3	100.0	100.0	100.0	99.8
2. 通信器材	100.2	100.1	99.7	100.3	99.7
十、家具	100.0	100.2	100.1	99.9	100.0
十一、化妆品	99.6	98.9	99.5	100.9	98.8
十二、金银饰品	100.5	98.0	96.5	102.0	101.2
十三、中西药品及医疗保健用品	100.1	99.8	99.9	100.5	100.1
1. 医疗卫生器具	101.2	99.9	97.0	100.2	100.2
2. 中药	100.5	99.9	100.1	101.0	100.2
3. 西药	99.9	99.6	100.1	100.3	100.0
4. 保健器具及用品	100.0	100.0	100.2	100.2	100.2
十四、书报杂志及电子出版物	100.2	100.4	100.1	100.0	100.0
1. 教材及参考书	100.1	100.0	100.2	99.9	100.0
2. 书报杂志及音像制品	100.3	100.9	100.0	100.0	99.8
3. 计算机办公软件	100.0	100.0	100.0	99.9	100.0
十五、燃料	103.0	102.3	104.3	99.6	101.2
1. 煤炭及制品	100.6	100.6	97.3	100.6	99.6
2. 石油及制品	103.2	102.5	105.0	99.5	101.3
十六、建筑材料及五金电料	100.2	100.0	100.2	100.1	100.5
1. 建筑装潢材料	100.2	100.1	100.1	100.0	100.5
2. 五金水暖	100.1	99.8	100.3	100.3	100.5

6月	7月	8月	9月	10月	11月	12月
99.7	100.3	99.6	99.9	99.9	99.3	100.5
99.6	100.4	99.7	100.0	99.8	99.4	100.6
99.8	100.3	99.4	99.7	100.1	99.1	100.5
100.0	100.0	99.6	100.0	100.0	100.1	100.0
99.4	101.0	98.6	101.4	102.3	98.3	101.0
99.9	101.3	99.1	99.9	100.1	99.0	100.2
99.7	100.0	100.1	99.4	100.1	99.5	100.4
98.9	102.9	97.7	100.5	100.6	97.1	101.8
99.9	102.4	98.8	99.7	99.9	100.1	98.9
101.0	101.0	98.6	100.5	100.2	98.3	100.8
99.9	100.0	99.9	100.2	100.2	100.3	100.0
99.9	100.0	99.7	100.4	100.2	100.0	100.0
99.9	99.9	100.0	99.9	100.1	100.7	100.0
100.1	99.6	99.8	99.4	99.7	100.8	100.0
100.0	99.4	100.0	99.4	100.1	101.9	100.0
100.2	100.0	99.4	99.5	98.9	98.8	100.1
99.9	100.1	99.9	99.7	100.3	101.5	100.1
99.4	99.0	101.9	98.7	101.0	98.6	100.6
101.8	97.4	97.8	100.7	99.1	101.3	98.3
100.1	100.1	100.1	100.1	100.0	99.8	100.1
99.9	100.4	100.0	100.0	99.9	98.6	100.2
100.2	100.2	100.1	100.2	99.9	99.9	100.0
100.1	99.9	100.1	100.0	100.0	100.0	100.1
100.2	100.7	100.0	100.1	100.0	99.3	100.1
100.0	100.0	100.0	100.2	99.9	100.3	100.0
100.0	100.0	100.0	100.4	100.1	100.0	100.0
100.0	100.0	99.9	100.1	100.0	100.0	100.1
100.0	100.0	100.0	99.5	97.8	103.6	100.0
101.7	102.7	99.2	100.0	104.5	103.2	96.1
100.8	101.2	101.5	102.6	103.6	108.5	102.3
101.7	102.8	99.0	99.8	104.5	102.7	95.6
100.1	100.2	100.0	100.1	100.6	100.9	100.3
100.1	100.1	100.0	100.2	100.8	101.2	100.2
100.1	100.2	100.0	100.0	100.2	100.2	100.4

4－15 城市商品零售价格

（上月＝100）

类　别	1月	2月	3月	4月	5月
总指数	**101.3**	**100.5**	**99.5**	**99.7**	**99.7**
一、食品	104.8	101.9	96.2	97.8	98.2
1.粮食	100.8	100.3	100.2	100.3	99.9
2.薯类	113.6	112.5	96.9	97.0	97.8
3.豆类	101.0	101.7	100.5	99.9	100.0
4.食用油	101.7	99.7	100.1	100.3	100.5
5.菜及食用菌	118.9	108.0	81.8	90.7	93.2
6.畜肉类	104.4	97.3	94.5	94.5	94.7
7.禽肉类	102.8	103.5	97.3	97.9	98.9
8.水产品	104.4	112.8	99.7	106.3	106.3
9.蛋类	112.3	93.2	96.3	103.0	103.2
10.奶类	101.3	99.2	99.8	100.3	99.6
11.干鲜瓜果类	104.1	106.3	100.2	95.1	94.0
12.糖果糕点类	99.9	100.1	99.8	100.5	99.8
13.调味品	99.8	99.8	99.8	100.9	100.0
14.其他食品类	100.8	99.4	100.5	100.0	100.3
15.餐饮业零售	100.2	100.7	100.0	100.6	100.8
二、饮料、烟酒	100.0	99.7	100.2	100.1	100.4
1.茶及饮料	99.4	99.8	100.1	100.2	100.9
2.卷烟	100.2	100.0	100.0	100.1	100.0
3.酒类	100.3	99.4	100.5	100.1	100.2
三、服装、鞋帽	99.7	99.5	100.3	100.2	99.8
1.服装	99.6	99.5	100.3	100.3	99.8
（1）男士服装	99.7	99.5	100.2	100.2	99.7
（2）女士服装	99.6	99.5	100.4	100.4	100.0
（3）儿童服装	99.5	99.4	100.3	100.0	99.8
2.鞋帽袜	99.9	99.7	100.5	99.9	99.7
（1）鞋	99.8	99.7	100.6	99.8	99.7
（2）袜子	100.1	99.8	100.2	99.9	99.8
（3）帽子	100.4	99.9	99.8	100.0	100.0
3.其他衣着配件	100.1	100.3	99.9	99.8	100.0
四、纺织品	99.9	100.2	99.9	100.0	100.0
1.服装材料	99.8	100.5	100.0	100.4	100.0
2.床上用品	99.9	100.1	99.9	100.0	100.0

分月环比指数(2021 年)

6 月	7 月	8 月	9 月	10 月	11 月	12 月
99.6	**100.3**	**100.2**	**99.7**	**100.7**	**101.0**	**99.6**
97.4	100.5	102.2	99.1	101.2	102.3	99.9
99.8	99.8	100.0	100.1	100.1	102.1	101.1
95.5	100.3	106.2	95.2	95.6	99.7	98.7
99.9	99.8	100.2	100.0	100.2	100.6	100.7
100.2	100.0	100.5	99.8	100.3	100.8	100.6
96.1	106.4	113.3	101.2	111.4	105.2	94.5
91.7	99.1	99.6	96.0	97.9	105.6	100.3
99.5	99.2	100.2	100.4	99.4	99.6	100.7
97.9	97.5	97.0	94.9	96.4	97.1	99.6
98.8	102.2	109.2	97.9	97.3	103.5	97.4
99.5	100.3	100.4	99.5	99.9	100.4	101.4
93.7	100.1	101.9	98.8	102.7	104.8	104.2
100.2	99.8	100.1	100.1	100.3	100.1	100.9
99.0	99.7	100.6	99.6	100.3	100.6	100.7
99.8	100.1	100.0	99.8	99.9	100.4	100.7
100.1	100.1	100.1	100.0	100.1	100.0	100.2
99.8	100.2	100.0	99.4	98.9	100.6	99.7
99.5	100.4	100.0	99.1	99.5	101.8	99.3
100.0	100.0	100.0	100.0	100.0	100.0	100.0
99.8	100.2	100.0	99.3	97.7	100.1	99.8
100.0	99.8	99.8	100.6	100.1	100.4	100.4
99.9	99.8	99.9	100.6	100.1	100.5	100.5
99.9	99.8	99.9	100.2	100.0	100.3	100.4
100.0	99.8	99.9	100.8	100.1	100.9	100.7
99.8	99.8	99.9	100.8	100.1	100.0	99.9
100.2	99.8	99.7	100.8	100.3	100.3	100.2
100.2	99.7	99.7	100.7	100.3	100.3	100.2
100.1	100.0	99.8	100.5	100.0	100.4	99.9
100.3	100.0	99.9	101.2	99.8	100.1	100.2
100.1	99.9	99.9	100.0	100.0	99.9	100.1
99.8	100.0	100.0	100.1	100.1	100.0	100.1
99.9	100.0	100.1	100.3	100.0	100.1	100.4
99.8	100.0	100.0	100.0	100.1	100.0	100.0

4－15 续表

（上月＝100）

类　　别	1月	2月	3月	4月	5月
五、家用电器及音像器材	100.7	100.3	100.8	100.4	100.0
1.家庭设备	100.4	100.4	101.0	100.4	99.9
2.文娱用耐用消费品	101.5	100.1	100.7	100.0	100.3
3.专业音像器材	100.0	100.0	100.0	102.2	100.0
六、文化办公用品	99.4	99.9	100.5	100.8	100.6
七、日用品	100.6	99.7	100.0	99.9	99.5
1.日用百货	99.2	99.7	100.7	99.1	100.4
2.厨具餐具茶具	101.3	99.8	99.5	100.4	100.1
3.清洗用品	101.8	99.7	99.7	101.0	98.2
4.其他日用品	100.4	99.5	99.9	99.0	99.5
八、体育娱乐用品	100.1	100.2	100.2	100.0	100.5
1.体育户外用品	99.9	100.2	100.3	99.9	99.8
2.娱乐用品	100.4	100.1	100.1	100.0	101.4
九、交通、通信用品	99.6	100.0	99.9	100.1	99.7
1.交通运输机械	99.3	100.0	100.0	100.1	99.8
2.通信器材	100.2	100.1	99.7	100.3	99.6
十、家具	100.0	100.3	100.2	99.9	99.9
十一、化妆品	99.6	98.9	99.5	100.8	98.8
十二、金银饰品	100.4	97.8	96.1	102.6	101.4
十三、中西药品及医疗保健用品	100.2	99.8	99.9	100.5	100.1
1.医疗卫生器具	101.2	99.9	96.9	100.1	100.3
2.中药	100.7	100.0	100.0	101.2	100.2
3.西药	99.9	99.6	100.2	100.3	100.0
4.保健器具及用品	100.0	100.0	100.2	100.2	100.2
十四、书报杂志及电子出版物	100.1	100.4	100.1	99.9	99.9
1.教材及参考书	100.1	100.0	100.2	99.9	100.1
2.书报杂志及音像制品	100.1	101.1	100.0	100.0	99.8
3.计算机办公软件	100.0	100.0	100.0	99.9	100.0
十五、燃料	103.0	102.3	104.4	99.5	101.2
1.煤炭及制品	100.6	100.6	97.3	100.6	99.6
2.石油及制品	103.2	102.4	104.9	99.5	101.3
十六、建筑材料及五金电料	100.1	100.0	100.1	100.1	100.6
1.建筑装潢材料	100.2	100.0	100.0	100.1	100.6
2.五金水暖	100.0	99.9	100.3	100.2	100.6

6月	7月	8月	9月	10月	11月	12月
99.7	100.3	99.6	99.8	100.1	99.5	100.5
99.6	100.3	99.7	99.9	100.0	99.6	100.6
99.7	100.3	99.4	99.7	100.2	99.2	100.5
100.0	100.0	99.6	100.0	100.0	100.1	100.0
99.1	101.1	98.6	101.5	102.5	98.3	101.1
99.8	101.3	99.1	99.8	100.1	99.1	100.2
99.8	99.9	100.2	99.2	100.1	99.5	100.4
99.1	102.6	97.8	100.4	100.5	97.3	101.6
99.6	102.3	98.9	99.6	99.7	100.1	98.9
101.0	100.8	98.8	100.4	100.2	98.4	100.7
99.9	99.9	99.8	100.2	100.2	100.3	100.1
99.9	100.0	99.7	100.4	100.1	100.0	100.0
100.0	99.9	100.0	100.0	100.2	100.7	100.1
100.1	99.6	99.8	99.4	99.7	100.9	100.0
100.0	99.4	100.0	99.4	100.1	101.9	100.0
100.2	100.0	99.4	99.5	98.9	98.9	100.1
100.0	100.1	99.9	99.7	100.2	101.7	100.2
99.5	99.0	101.9	98.7	100.9	98.6	100.7
102.0	97.2	97.4	100.9	99.0	101.6	98.0
100.2	100.1	100.1	100.1	100.0	99.7	100.0
99.9	100.4	100.0	100.0	99.9	98.6	100.2
100.1	100.2	100.1	100.2	99.9	99.9	100.0
100.2	99.9	100.1	100.1	100.0	99.9	100.0
100.2	100.7	100.0	100.1	100.0	99.2	100.1
100.0	100.0	99.9	100.1	99.9	100.3	100.1
100.0	100.1	100.0	100.2	100.2	100.0	100.0
100.0	100.0	99.8	100.2	100.0	100.0	100.2
100.0	100.0	100.0	99.5	97.8	103.6	100.0
101.7	102.7	99.2	99.9	104.4	103.0	96.0
100.7	101.2	101.5	102.6	103.5	108.3	102.4
101.7	102.8	99.0	99.7	104.5	102.7	95.5
100.1	100.2	100.0	100.1	100.5	101.0	100.3
100.1	100.2	100.0	100.2	100.7	101.4	100.3
100.0	100.2	100.0	100.0	100.2	100.2	100.5

4-16 农村商品零售价格

(上月=100)

类别	1月	2月	3月	4月	5月
总指数	**101.4**	**100.2**	**99.7**	**99.5**	**99.7**
一、食品	104.5	100.4	96.9	97.5	97.7
1.粮食	100.4	100.3	100.0	99.8	99.6
2.薯类	117.6	109.4	97.8	97.6	98.5
3.豆类	103.2	105.3	101.6	99.7	100.2
4.食用油	101.4	100.4	100.3	99.8	100.5
5.菜及食用菌	119.7	105.3	83.9	89.3	89.6
6.畜肉类	103.9	95.6	93.5	91.8	92.9
7.禽肉类	103.0	103.8	99.0	99.4	99.0
8.水产品	102.5	105.7	102.9	107.1	107.0
9.蛋类	114.9	92.0	94.3	102.9	104.0
10.奶类	99.8	100.3	100.3	100.0	100.3
11.干鲜瓜果类	104.8	105.0	101.1	96.1	92.7
12.糖果糕点类	100.3	99.9	99.9	100.5	100.0
13.调味品	100.9	99.3	100.2	99.9	100.2
14.其他食品类	100.3	99.2	99.8	99.6	100.0
15.餐饮业零售	100.4	100.5	99.7	99.9	100.1
二、饮料、烟酒	100.9	99.9	100.1	100.5	100.6
1.茶及饮料	100.1	99.6	99.5	101.1	100.6
2.卷烟	100.4	100.0	100.0	100.0	100.0
3.酒类	101.8	100.0	100.4	100.7	101.1
三、服装、鞋帽	100.0	99.4	99.5	99.8	100.2
1.服装	100.1	99.2	99.4	99.9	100.4
(1)男士服装	100.0	99.5	99.3	100.0	100.5
(2)女士服装	100.0	99.0	99.1	99.8	100.4
(3)儿童服装	100.3	99.6	100.3	100.0	100.2
2.鞋帽袜	99.8	99.8	99.6	99.5	99.7
(1)鞋	99.9	99.7	99.5	99.4	99.8
(2)袜子	99.3	100.0	100.0	100.0	99.1
(3)帽子	100.0	100.0	100.0	100.0	100.0
3.其他衣着配件	100.0	100.0	100.0	101.1	100.0
四、纺织品	99.3	100.0	100.0	99.8	100.0
1.服装材料	99.1	100.0	100.0	100.0	100.0
2.床上用品	99.3	100.0	100.0	99.8	100.0

分月环比指数(2021 年)

6 月	7 月	8 月	9 月	10 月	11 月	12 月
99.7	**100.4**	**100.2**	**99.8**	**100.8**	**101.0**	**99.7**
97.7	100.5	102.2	99.0	100.9	103.2	99.8
100.1	100.0	99.3	100.5	100.0	102.0	100.4
94.4	103.3	105.1	94.5	96.9	99.2	102.0
99.9	99.8	100.6	99.7	99.9	100.7	101.5
100.8	100.6	100.5	100.3	99.9	102.7	101.1
94.9	105.4	117.1	101.8	112.7	107.5	92.5
90.8	100.9	99.3	93.5	97.8	108.9	101.0
98.6	99.3	100.3	100.1	99.4	100.1	100.5
99.7	98.3	97.5	95.6	97.1	98.5	99.1
98.7	102.0	109.2	98.4	96.9	103.8	97.1
100.1	99.7	99.9	100.0	100.2	100.4	100.0
94.3	96.9	102.5	98.3	103.5	106.9	105.8
99.4	100.3	100.0	100.1	100.0	100.3	100.1
100.2	100.0	100.2	100.0	99.8	100.0	101.3
99.7	100.0	100.2	100.1	100.0	100.5	100.6
100.1	100.0	100.2	100.0	100.0	99.9	100.1
100.3	100.1	99.8	99.8	100.3	100.2	100.1
100.3	100.0	100.0	98.9	101.4	100.2	100.4
100.0	100.0	100.0	100.0	100.0	100.3	100.0
100.6	100.3	99.6	100.0	100.0	100.2	100.0
100.2	99.8	99.5	100.2	100.5	100.4	100.2
100.4	99.8	99.3	100.2	100.7	100.5	100.2
100.4	99.6	99.6	100.5	100.7	100.2	100.0
100.5	100.0	99.2	100.0	100.8	100.7	100.3
100.0	99.5	99.5	100.2	100.5	100.5	100.1
99.7	99.8	99.9	100.2	100.1	100.0	100.2
99.4	99.7	99.9	100.2	100.2	100.0	100.2
101.0	100.0	100.0	100.5	100.0	100.0	100.0
100.0	100.0	99.8	100.0	100.0	100.0	100.1
100.0	100.0	100.2	99.6	100.7	100.2	99.8
100.0	100.0	100.0	100.1	100.1	100.1	100.0
100.0	100.0	100.0	100.0	100.5	100.6	100.0
100.0	100.0	100.0	100.2	100.0	99.9	100.0

4－16 续表

（上月＝100）

类　别	1月	2月	3月	4月	5月
五、家用电器及音像器材	101.3	100.5	101.4	100.6	100.3
1. 家庭设备	100.8	100.6	101.6	100.8	100.2
2. 文娱用耐用消费品	102.7	100.2	101.0	100.1	100.5
3. 专业音像器材	100.0	100.0	100.0	102.2	100.0
六、文化办公用品	99.2	99.6	100.6	100.5	102.3
七、日用品	100.7	99.9	100.0	99.5	99.9
1. 日用百货	100.2	99.9	100.6	99.4	100.6
2. 厨具餐具茶具	101.9	99.5	98.7	100.6	101.0
3. 清洗用品	101.6	100.0	99.1	100.0	97.9
4. 其他日用品	100.8	99.6	99.8	98.6	99.3
八、体育娱乐用品	100.0	100.0	100.1	100.1	100.9
1. 体育户外用品	99.6	100.0	100.0	100.0	101.0
2. 娱乐用品	100.3	100.0	100.2	100.1	100.8
九、交通、通信用品	99.7	100.0	99.9	100.1	99.8
1. 交通运输机械	99.3	100.0	100.0	100.0	99.8
2. 通信器材	100.2	100.0	99.8	100.3	99.7
十、家具	99.9	99.8	99.9	99.8	100.2
十一、化妆品	99.4	98.9	99.4	101.1	98.5
十二、金银饰品	101.4	98.8	98.6	99.0	100.3
十三、中西药品及医疗保健用品	99.7	99.8	99.9	100.2	100.0
1. 医疗卫生器具	101.0	100.7	97.9	101.0	98.6
2. 中药	99.6	99.6	100.2	100.2	100.1
3. 西药	99.7	99.8	99.8	100.3	100.0
4. 保健器具及用品	99.9	99.8	100.0	100.0	100.0
十四、书报杂志及电子出版物	100.8	100.0	100.0	100.1	100.0
1. 教材及参考书	100.5	100.0	99.9	100.2	100.0
2. 书报杂志及音像制品	101.4	100.0	100.0	100.0	100.0
3. 计算机办公软件	100.0	100.0	100.0	99.9	100.0
十五、燃料	103.2	102.5	104.1	99.9	101.1
1. 煤炭及制品	100.6	100.7	97.3	100.7	99.5
2. 石油及制品	103.7	102.8	105.2	99.8	101.4
十六、建筑材料及五金电料	100.2	100.2	100.4	100.1	100.2
1. 建筑装潢材料	100.0	100.5	100.4	100.0	100.2
2. 五金水暖	100.8	99.5	100.4	100.5	100.2

6月	7月	8月	9月	10月	11月	12月
99.8	100.6	99.6	99.9	99.5	98.6	100.6
99.7	100.8	99.5	100.1	99.3	98.6	100.6
100.0	100.2	99.7	99.5	99.8	98.6	100.7
100.0	100.0	99.6	100.0	100.0	100.1	100.0
100.9	100.7	98.8	100.8	101.5	98.8	100.8
100.1	101.2	99.1	100.1	100.3	99.0	100.3
99.7	100.0	100.1	99.9	100.2	99.4	100.3
97.8	104.9	96.6	100.9	100.9	95.6	102.6
101.3	102.9	98.4	99.8	100.5	100.0	98.7
101.0	101.6	98.1	101.1	100.2	97.7	101.1
99.6	100.0	100.0	99.7	100.2	100.3	99.9
100.0	100.0	100.0	100.0	100.6	100.0	100.1
99.3	100.0	99.9	99.5	100.0	100.5	99.7
100.1	99.6	99.7	99.3	99.6	100.8	100.0
100.0	99.2	100.0	99.2	100.0	102.1	100.0
100.2	100.1	99.4	99.4	99.1	98.7	100.0
99.8	100.1	100.0	100.3	100.5	100.3	100.0
98.6	99.5	102.3	98.4	101.3	98.6	100.3
100.9	99.0	100.0	99.8	99.6	99.6	100.3
100.0	99.9	100.0	100.0	100.0	100.0	100.1
99.8	100.0	100.0	98.9	100.0	100.0	100.1
100.2	100.1	100.0	100.2	100.0	100.0	100.1
99.9	99.9	100.0	99.9	100.0	100.0	100.1
100.0	100.0	100.0	100.0	100.0	100.0	100.0
100.0	100.0	100.0	100.9	99.8	100.4	100.0
99.9	99.9	100.0	101.9	100.0	100.0	99.9
100.0	100.0	100.0	100.0	100.0	100.0	100.0
100.0	100.0	100.0	99.5	97.8	103.6	100.0
101.7	102.8	99.4	100.5	104.9	103.7	96.8
100.9	101.3	101.7	102.7	103.9	109.3	101.8
101.8	103.1	99.1	100.2	105.0	102.9	96.0
100.1	100.0	100.0	100.2	100.8	100.3	100.0
100.1	100.0	100.0	100.3	101.1	100.3	100.0
100.2	100.1	100.0	100.0	99.8	100.2	100.0

4－17　27个调查市县居民

（上年＝100）

市　县	居民消费价格总指数	食品烟酒	粮食	鲜菜	畜肉类	蛋类	衣着
全省平均	**100.9**	**100.2**	**101.7**	**110.8**	**82.0**	**115.4**	**99.4**
城市平均	**101.0**	**100.5**	**101.9**	**111.8**	**83.6**	**113.9**	**99.4**
郑州市	101.1	101.4	101.5	107.8	86.8	114.3	100.3
开封市	101.0	100.5	100.2	124.8	82.5	115.1	100.3
洛阳市	101.1	100.5	103.2	114.3	81.9	109.4	97.5
平顶山市	101.4	99.1	103.3	103.5	80.5	102.8	100.0
安阳市	101.4	100.2	101.9	115.4	85.7	111.1	100.4
鹤壁市	100.8	102.3	102.0	116.6	82.1	115.7	94.5
新乡市	100.5	101.0	109.5	122.8	83.1	115.1	98.5
焦作市	100.8	99.4	99.2	108.3	81.8	114.6	99.6
濮阳市	100.2	98.2	103.8	106.6	81.0	110.6	97.3
许昌市	101.1	99.9	100.0	110.8	81.4	111.9	99.3
漯河市	100.6	99.5	100.7	106.6	81.1	114.8	100.0
三门峡市	100.4	99.5	100.7	111.9	82.5	113.0	96.6
南阳市	101.0	99.7	102.6	108.7	82.6	113.8	100.8
商丘市	101.3	102.0	100.1	121.5	86.6	126.6	100.5
信阳市	100.5	99.5	100.0	108.5	79.3	117.5	97.8
周口市	101.3	100.2	100.0	114.0	81.3	125.6	100.6
驻马店市	100.7	100.4	101.6	103.2	80.4	117.8	98.3
济源市	102.0	100.1	100.7	116.7	82.2	111.8	98.7
农村平均	**100.8**	**99.6**	**101.5**	**108.5**	**79.0**	**118.1**	**99.5**
滑县	101.2	101.1	103.8	113.6	78.3	115.8	99.9
辉县市	100.9	100.1	100.9	116.2	76.5	129.0	98.4
襄城县	100.8	98.9	101.3	108.8	81.1	115.4	100.5
灵宝市	100.9	99.3	102.1	109.7	80.6	116.1	99.1
镇平县	100.2	98.5	101.9	105.3	77.4	124.0	100.4
永城市	101.0	101.1	102.7	113.7	79.5	115.5	99.2
固始县	101.1	98.3	100.6	99.6	79.2	125.6	100.3
淮阳县	99.9	98.7	99.5	103.5	77.3	114.3	98.7
汝南县	100.3	99.3	99.1	105.9	81.4	105.8	99.0

消费价格指数(2021 年)

居住		生活用品及服务	交通和通讯	教育文化和娱乐	医疗保健	其他用品和服务
	水、电、燃料					
100.7	**100.7**	**100.0**	**102.8**	**103.5**	**100.4**	**98.2**
100.5	**100.2**	**100.0**	**103.0**	**103.6**	**100.8**	**97.9**
100.5	98.1	100.2	102.3	103.5	99.8	94.8
99.6	101.0	100.4	103.5	102.4	101.6	103.0
100.7	103.2	99.8	103.1	104.6	101.0	99.3
100.9	100.4	100.7	104.7	106.9	100.0	101.8
100.9	101.4	100.0	103.1	103.8	103.6	98.5
99.2	100.4	100.6	105.3	100.3	101.0	98.5
99.6	99.8	99.1	102.1	102.6	100.6	95.8
100.3	101.3	100.6	102.9	104.1	101.3	99.4
100.8	100.9	98.4	103.8	104.3	100.3	96.0
100.8	102.3	99.2	103.2	104.8	101.5	99.2
100.9	100.3	100.1	103.3	101.5	99.8	99.0
100.4	102.4	99.3	103.3	103.2	100.5	98.8
99.8	99.9	100.1	103.4	105.2	100.7	100.0
100.0	100.3	100.3	102.8	102.0	101.2	101.3
100.2	99.6	99.1	103.5	103.8	100.1	98.1
100.7	103.5	99.4	103.1	105.0	102.4	98.2
100.3	99.9	99.3	102.4	101.6	102.2	99.8
103.4	101.2	101.2	103.2	103.5	105.0	101.0
101.3	**101.7**	**100.2**	**102.5**	**103.3**	**99.8**	**99.0**
102.2	103.0	100.2	102.5	101.8	100.1	96.3
101.0	102.4	100.7	102.9	103.7	100.7	95.9
100.5	102.1	99.0	102.4	105.5	101.1	97.7
102.1	102.4	99.5	102.5	103.1	100.8	100.2
99.3	100.3	100.4	102.8	103.6	100.0	100.1
100.9	100.2	101.0	103.0	103.7	98.0	98.8
103.4	102.2	101.0	101.8	104.8	99.6	99.4
100.2	101.1	99.8	102.3	101.3	98.6	103.9
99.8	101.1	99.4	102.6	102.3	100.9	99.2

4－18　27个调查市县商品

（上年＝100）

市　县	商品零售价格总指数	食品类	饮料、烟酒	服装、鞋帽类	纺织品类	家用电器及音像器材	文化办公用品	日用品
全省平均	**101.5**	**100.7**	**100.9**	**99.5**	**99.7**	**101.7**	**102.1**	**99.4**
城市平均	**101.5**	**100.9**	**100.3**	**99.5**	**99.7**	**101.4**	**102.0**	**99.3**
郑州市	101.3	101.5	100.4	100.3	100.0	99.7	102.2	99.4
开封市	102.1	100.9	101.3	100.2	102.1	102.3	102.2	99.3
洛阳市	101.8	101.2	99.2	97.4	99.3	101.2	101.2	98.8
平顶山市	101.6	98.4	101.6	99.9	101.4	104.5	101.3	99.3
安阳市	101.5	100.7	98.9	100.3	98.5	102.4	102.0	99.9
鹤壁市	101.7	102.7	101.3	94.9	99.7	102.6	100.8	100.1
新乡市	101.3	101.4	100.8	98.5	98.0	100.7	102.5	98.7
焦作市	101.3	99.9	100.5	99.7	99.6	101.7	102.3	97.7
濮阳市	100.5	98.3	98.1	97.3	96.1	102.1	101.5	97.8
许昌市	101.5	100.0	99.9	99.3	100.2	100.9	101.6	99.2
漯河市	101.8	99.7	101.3	100.0	101.8	104.6	101.8	99.4
三门峡市	100.7	100.6	98.0	96.3	92.6	103.5	101.6	99.8
南阳市	101.7	99.8	102.1	100.8	102.8	103.5	101.7	100.7
商丘市	102.1	102.7	100.0	100.4	97.5	104.8	104.3	98.7
信阳市	101.4	99.6	101.5	97.8	98.3	102.7	101.0	99.5
周口市	101.5	100.4	101.0	100.4	99.5	102.4	101.6	99.5
驻马店市	101.5	100.0	100.3	98.5	99.2	101.4	101.9	99.8
济源市	101.9	100.5	99.1	98.9	98.0	103.6	101.8	99.1
农村平均	**101.6**	**100.1**	**102.8**	**99.3**	**100.1**	**103.1**	**102.4**	**99.8**
滑　县	102.8	103.1	101.4	99.9	101.2	102.5	102.3	101.3
辉县市	101.8	100.9	100.9	98.5	100.3	104.7	103.8	99.6
襄城县	101.3	99.7	102.8	100.5	100.8	101.6	102.2	98.2
灵宝市	100.9	100.2	99.8	99.1	100.0	101.6	101.9	99.6
镇平县	101.0	98.8	100.0	100.4	101.1	103.6	102.2	99.5
永城市	101.6	101.8	100.4	99.2	99.9	103.6	102.8	100.0
固始县	101.6	97.7	103.5	100.1	99.1	103.4	101.2	99.9
淮阳县	101.3	98.6	108.0	98.8	94.9	103.2	102.3	99.9
汝南县	101.3	99.5	103.8	99.1	106.6	103.0	102.6	98.7

零售价格指数(2021 年)

体 育 娱乐用品	交通、 通信用品	家具	化妆品类	金银饰品类	中西药品 及医疗保 健用品类	书报杂志 及电子 出版物类	燃料类	建筑材料 及五金 电料类
100.8	**99.6**	**101.6**	**98.6**	**98.8**	**100.7**	**100.6**	**113.1**	**101.5**
100.8	**99.6**	**101.7**	**98.7**	**98.5**	**100.9**	**100.5**	**112.9**	**101.3**
101.0	99.4	103.8	99.6	96.0	100.1	99.8	112.1	100.1
101.7	99.8	98.8	98.4	117.0	100.6	100.2	113.5	101.2
99.5	100.2	103.6	98.0	99.2	103.0	104.7	114.2	101.8
100.2	100.2	98.8	98.0	105.8	99.5	98.9	113.2	105.7
100.1	99.7	100.2	97.6	97.0	102.0	99.9	114.1	98.6
100.2	99.3	102.0	98.8	97.7	102.4	100.5	113.2	100.0
101.0	99.5	100.3	98.7	96.3	98.9	100.2	114.2	99.1
99.0	99.5	104.0	99.2	97.3	99.5	102.0	114.8	99.9
100.1	99.5	100.9	96.0	95.6	101.2	100.6	113.5	101.7
100.0	99.5	97.4	98.9	100.4	104.0	99.1	112.9	103.9
101.2	99.8	101.0	97.5	97.6	100.3	101.6	113.0	105.1
101.7	99.5	97.0	97.5	97.3	100.4	100.1	112.4	99.6
100.3	100.3	99.5	97.6	102.7	100.9	99.5	112.2	100.7
100.0	99.2	100.2	98.4	99.2	102.3	100.7	112.7	100.1
100.8	99.7	96.2	98.5	96.5	100.2	100.2	113.1	108.2
100.6	99.7	100.5	97.3	97.2	99.9	100.3	112.8	102.8
104.2	99.5	98.9	97.9	99.3	102.3	100.3	113.2	103.0
106.8	99.5	110.0	97.5	91.9	105.1	101.5	113.2	100.8
100.6	**99.7**	**100.6**	**97.8**	**100.2**	**99.7**	**101.3**	**114.0**	**102.2**
99.8	99.9	97.7	97.6	99.9	100.6	99.0	115.3	107.6
100.4	99.8	102.8	96.9	101.1	100.1	102.4	113.6	103.8
100.6	99.7	100.0	96.7	94.1	101.9	100.4	114.0	101.4
98.3	99.6	100.5	98.4	100.5	97.8	102.2	114.7	100.4
100.3	99.7	100.8	96.8	102.5	100.2	100.2	113.1	100.4
103.4	99.5	103.9	98.4	100.2	97.8	103.4	112.9	99.8
101.4	99.5	103.0	98.3	95.6	102.0	100.8	114.4	105.4
100.4	99.8	98.6	98.0	109.0	98.1	100.5	113.6	100.3
98.7	100.2	98.5	97.8	92.5	100.5	101.4	113.9	100.6

主要统计指标解释

居民消费价格指数　是反映一定时期内城乡居民购买并用于日常生活消费的商品和服务项目价格水平变动趋势和程度的相对数。居民消费价格水平的变动率在一定程度上反映了通货膨胀(或紧缩)的程度。编制居民消费价格指数(CPI)的目的,是为了了解市场价格变动的基本情况,分析研究价格变动对社会经济和居民生活支出的影响,满足各级政府制定政策和计划、进行宏观调控的需要;同时居民消费价格指数也是国民经济核算和社会担保实际支付调整的重要指标。

城市居民消费价格指数　是反映城市居民家庭所购买用于日常生活消费的商品和服务项目价格变动趋势和程度的相对数。城市居民消费价格指数可以用以观察分析消费商品和服务项目价格变动对职工货币工资的影响,作为研究职工生活和确定工资政策以及相关社会保障政策的依据。

农村居民消费价格指数　是反映农村居民家庭所购买用于日常生活消费的商品和服务项目价格变动趋势和程度的相对数。农村居民消费价格指数可以用以观察分析农村消费商品和服务项目价格变动对农村居民生活消费支出的影响,直接反映农民生活水平的实际变化情况,为分析和研究农村居民生活问题和制定相关惠农政策提供依据。

商品零售价格指数　商品零售价格是工业、商业、餐饮和其他零售企业向城乡居民、机关团体出售生活消费品和办公用品的价格,不包括服务项目价格。商品零售价格的变动直接影响到城乡居民的生活支出和国家的财政收入,影响居民购买力和市场供需平衡,影响消费与积累的比例。编制商品零售价格指数(RPI),以此反映市场商品零售价格变动趋势和变动程度,从另一个侧面对上述经济活动进行观察和分析。

五 生产价格

资料整理：王　燕　朱毓瑞

5-1 历年工业生产者出厂及购进价格指数

（上年=100）

年份	工业生产者出厂价格总指数	按轻、重工业分		按部类分		工业生产者购进价格总指数
		轻工业	重工业	生产资料	生活资料	
1989	119.7	116.6	122.6	121.4	117.5	130.0
1990	105.5	105.3	105.5	105.4	105.4	105.5
1991	104.3	102.0	106.2	105.7	102.1	104.4
1992	106.2	104.1	108.0	107.3	104.6	110.0
1993	118.1	108.8	125.9	124.4	108.4	133.0
1994	124.1	129.5	119.4	119.4	131.1	122.0
1995	115.0	119.9	110.9	114.3	116.2	114.1
1996	104.1	102.8	105.1	104.8	103.0	106.0
1997	100.6	98.5	102.1	101.2	99.5	100.6
1998	95.3	94.2	96.0	95.8	94.2	94.8
1999	95.4	93.9	96.5	96.0	94.4	94.3
2000	104.0	99.6	106.5	106.0	98.0	105.1
2001	100.5	98.7	101.5	101.1	98.6	101.9
2002	98.6	96.8	99.7	98.8	98.2	97.6
2003	105.0	103.2	106.9	105.7	102.7	107.8
2004	110.2	106.4	113.9	111.4	106.4	115.7
2005	106.1	102.6	109.2	107.3	101.9	108.3
2006	104.3	101.3	106.7	105.3	100.7	105.3
2007	105.2	105.7	104.9	104.5	107.7	106.4
2008	112.1	107.9	115.4	113.3	108.1	111.9
2009	94.9	98.4	92.2	93.3	101.1	97.1
2010	107.8	104.3	110.7	108.8	103.9	110.2
2011	107.2	106.9	107.3	107.7	105.5	110.1
2012	99.4	100.1	99.2	98.6	102.5	99.2
2013	98.5	101.8	97.3	97.5	102.2	99.3
2014	98.1	100.9	96.9	97.2	100.9	98.4
2015	95.4	99.8	93.6	93.9	100.4	95.4
2016	99.0	99.1	99.0	99.2	98.6	99.2
2017	106.8	101.9	108.9	109.7	99.6	107.3
2018	103.6	101.3	104.5	104.9	99.9	104.0
2019	100.2	101.0	99.8	100.0	100.5	101.2
2020	99.2	101.3	98.2	98.4	101.2	99.4
2021	107.8	101.6	110.4	111.7	97.8	109.5

5－2 主要年份分类工业生产者出厂价格指数

（上年＝100）

项目名称	1990年	1995年	2000年	2005年	2010年	2015年	2017年	2018年	2019年	2020年	2021年
总指数	**105.5**	**115.0**	**104.0**	**106.1**	**107.8**	**95.4**	**106.8**	**103.6**	**100.2**	**99.2**	**107.8**
核心指数						96.4	106.5	103.5	99.8	98.6	108.0
高技术						101.2	97.5	99.5	95.6	95.7	98.1
能源						87.4	120.0	107.9	98.1	93.5	116.3
按轻重工业分											
轻工业	105.3	119.9	99.6	102.6	104.3	99.8	101.9	101.3	101.0	101.3	101.6
以农产品为原料	106.5	120.8	99.6	101.1	106.0	99.6	101.8	101.7	101.5	102.4	101.2
以非农产品为原料	101.8	116.0	99.5	104.4	102.4	100.5	102.3	99.9	99.0	97.5	102.4
重工业	105.5	110.9	106.5	109.2	110.7	93.6	108.9	104.5	99.8	98.2	110.4
采掘	108.5	108.8	116.3	125.6	116.7	82.1	116.0	106.7	103.1	98.8	131.5
原料	107.1	106.5	108.8	107.1	112.9	93.4	115.7	105.2	98.7	98.3	116.5
加工	102.8	117.2	99.6	104.2	105.0	96.9	105.5	103.9	99.8	98.1	106.2
按两大部类分											
生产资料	105.4	114.3	106.0	107.3	108.8	93.9	109.7	104.9	100.0	98.4	111.7
采掘	108.5	108.8	115.3	123.6	116.8	82.1	116.0	106.7	103.1	98.8	131.5
原料	106.8	112.0	108.2	106.3	112.0	94.1	116.1	105.1	98.3	98.0	115.8
加工	103.1	119.2	100.2	103.3	104.6	96.7	106.5	104.6	100.2	98.5	108.3
生活资料	105.4	116.2	98.0	101.9	103.9	100.4	99.6	99.9	100.5	101.2	97.8
食品	102.7	115.4	94.3	102.1	103.7	100.4	99.9	100.6	103.8	105.8	98.7
衣着	112.1	118.0	104.0	102.8	105.6	100.8	100.3	99.7	99.8	99.3	100.0
一般日用品	100.0	116.8	101.0	101.7	103.7	100.1	101.4	100.5	99.4	97.9	98.2
耐用消费品	96.2	107.1	97.9	99.7	103.9	100.0	96.5	97.8	93.6	93.4	95.5
按初级中间最终产品分											
初级产品						82.1	116.0	106.7	103.1	98.8	131.7
矿产品						82.1	116.0	106.7	103.1	98.8	131.5
中间产品						96.3	107.9	104.1	100.3	99.4	108.9
最终产品						98.9	101.7	102.2	100.2	99.7	102.0
最终投资品						98.3	102.6	103.3	99.3	97.9	103.3
最终消费品						99.6	100.5	100.5	101.5	102.3	100.1
按工业部门分											
冶金工业	116.4	103.9	109.6	104.8	116.4	90.5	117.3	105.0	101.0	102.2	121.3
电力工业	102.3	105.9	105.4	105.0	103.6	96.9	101.1	101.4	98.4	100.1	101.2
煤炭及炼焦工业	103.5	108.9	96.9	124.5	113.1	83.1	140.9	112.0	98.1	90.3	139.5
石油工业	114.8	104.3	146.8	125.8	127.9	77.6	113.4	113.1	96.5	83.8	120.2
化学工业	106.8	124.8	100.6	106.4	107.3	96.8	107.4	104.7	97.7	97.0	116.1
机械工业	100.8	112.2	99.0	101.5	101.4	99.0	100.1	100.7	98.9	98.2	100.7
建筑材料工业	96.8	110.8	100.4	108.4	101.1	98.9	105.4	104.7	104.2	99.1	100.4
森林工业	95.7	108.9	101.4	99.5	99.9	100.7	101.0	101.7	100.5	100.2	100.0
食品工业	102.4	115.4	94.3	101.9	103.7	99.9	99.8	100.5	103.8	105.9	99.5
纺织工业	109.1	119.3	107.7	95.4	116.4	95.9	105.4	104.2	99.2	94.3	108.9
缝纫工业	130.9	129.1	105.7	103.3	105.3	99.5	101.0	99.9	99.0	99.4	100.9
皮革工业	99.9	126.8	100.9	104.0	102.7	109.3	102.1	101.5	101.1	99.4	99.4
造纸工业	98.4	140.5	101.2	102.3	103.4	98.8	111.7	107.2	93.5	96.5	103.5
文教艺术用品工业	97.7	100.4	97.6	101.7	101.8	98.6	100.0	102.5	100.2	93.7	88.6
其它工业	100.9	144.7	100.5	101.9	103.5	99.6	106.4	107.6	96.9	93.0	105.6

5－3 主要年份分类工业生产者购进价格指数

（上年＝100）

项目名称	1990年	1995年	2000年	2005年	2010年	2015年	2017年	2018年	2019年	2020年	2021年
总 指 数	**105.5**	**114.1**	**105.1**	**108.3**	**110.2**	**95.4**	**107.3**	**104.0**	**101.2**	**99.4**	**109.5**
按初级中间最终产品分											
初级产品						91.7	109.1	104.3	102.4	99.5	116.7
农产品						97.0	99.4	100.1	102.9	104.4	103.8
矿产品						86.1	119.4	107.8	101.7	94.1	125.8
废料						90.7	104.5	110.3	103.9	103.4	123.0
中间产品						97.0	106.5	103.9	100.7	99.4	107.5
九大类原材料购进价格指数											
燃料、动力类	105.1	109.2	107.9	115.2	108.9	91.0	113.1	106.1	98.2	93.0	125.8
黑色金属材料类	107.7	95.0	102.2	106.0	108.4	85.4	117.4	107.1	105.0	100.7	121.9
钢材		95.7	104.2	106.7	105.9	91.9	113.1	106.1	98.9	99.6	120.1
其它		94.2	99.3	105.1	113.1	71.8	122.9	108.3	112.9	102.3	124.9
有色金属材料及电线类	98.6	126.7	111.6	115.4	123.2	95.4	118.3	104.9	98.1	97.6	116.5
化工原料类	89.9	123.8	111.2	107.5	116.8	92.7	107.2	103.9	96.6	93.3	112.0
木材及纸浆类	111.5	108.3	100.6	103.1	104.7	98.2	105.4	106.5	98.4	97.6	105.5
建筑材料及非金属类	104.3		99.6	114.9	103.9	98.7	106.6	107.7	111.1	104.7	104.6
建筑材料类		100.4									
非金属矿类		109.3									
其它工业原材料及半成品类			99.9	112.5	107.4	100.5	101.4	101.9	101.1	101.8	101.8
农副产品类	106.2	135.1	98.2	102.5	108.3	97.0	99.4	100.0	102.9	104.4	97.9
纺织原料类	123.6	116.3	107.4	100.6	118.1	93.4	103.9	99.9	98.3	97.4	110.6

5－4 各月分类工业生产者

（上年同期＝100）

项目名称	全年	1月	2月	3月	4月	5月
总指数	**107.8**	**100.6**	**101.2**	**103.5**	**105.7**	**108.9**
核心指数	108.0	100.1	100.7	103.5	106.5	109.8
高技术	98.1	94.4	94.5	92.8	96.8	97.9
能源	116.3	102.3	104.5	107.0	107.2	112.9
按轻重工业分						
轻工业	101.6	99.7	99.4	99.7	100.5	101.6
以农产品为原料	101.2	100.5	100.0	100.4	100.3	101.0
以非农产品为原料	102.4	97.9	98.0	98.2	100.9	102.8
重工业	110.4	101.0	101.9	105.1	107.9	112.0
采掘	131.5	107.4	108.7	111.4	112.7	120.2
原材料	116.5	104.5	106.9	112.3	115.1	119.8
加工	106.2	99.0	99.4	101.6	104.7	108.3
按生产生活资料分						
生产资料	111.7	101.8	102.8	106.1	109.0	113.4
采掘	131.5	107.4	108.7	111.4	112.7	120.2
原材料	115.8	104.1	106.4	111.6	114.2	118.8
加工	108.3	100.4	100.8	103.3	106.5	110.6
生活资料	97.8	97.5	97.0	96.8	97.4	97.5
食品	98.7	101.8	100.7	99.8	99.2	99.1
衣着	100.0	99.1	98.6	99.3	99.1	99.3
一般日用品	98.2	97.6	97.5	97.2	98.0	98.1
耐用消费品	95.5	91.1	91.2	91.8	94.0	94.5
按初级中间最终产品分						
初级产品	131.7	107.3	108.9	112.1	113.8	122.3
矿产品	131.5	107.4	108.7	111.4	112.7	120.2
中间产品	108.9	101.4	102.0	104.8	107.5	111.1
最终产品	102.0	98.9	98.9	99.7	100.6	101.9
最终投资品	103.3	98.2	98.4	99.7	101.3	103.2
最终消费品	100.1	100.0	99.6	99.7	99.7	100.1
按工业部门分						
冶金工业	121.3	106.5	109.0	117.4	124.1	132.6
电力工业	101.2	99.9	99.8	101.2	100.9	101.1
煤炭及炼焦工业	139.5	112.5	116.6	115.7	111.0	125.1
石油工业	120.2	92.2	97.2	108.5	120.2	129.0
化学工业	116.1	102.7	103.4	108.2	111.9	115.9
机械工业	100.7	97.3	97.1	96.8	99.0	100.5
建筑材料工业	100.4	96.3	95.9	97.5	100.0	100.0
森林工业	100.0	98.9	98.8	99.1	99.0	98.7
食品工业	99.5	102.2	101.3	100.6	100.0	100.1
纺织工业	108.9	95.8	97.3	100.9	102.1	104.8
缝纫工业	100.9	100.9	99.9	100.9	101.0	101.3
皮革工业	99.4	97.1	97.3	98.8	98.4	98.2
造纸工业	103.5	97.4	97.5	100.7	103.8	105.8
文教艺术用品工业	88.6	84.0	83.8	83.9	84.5	85.6
其它工业	105.6	98.7	99.2	99.9	99.9	102.9

出厂价格同比指数(2021 年)

6 月	7 月	8 月	9 月	10 月	11 月	12 月
108.4	**108.0**	**108.9**	**110.6**	**114.1**	**113.8**	**110.3**
109.5	109.0	109.6	110.8	113.9	112.7	109.9
98.3	97.5	98.8	100.3	102.8	102.3	101.1
112.3	113.0	116.6	123.8	134.6	136.9	125.3
101.6	101.4	101.8	102.0	103.0	104.4	103.8
100.5	100.3	100.9	101.3	101.7	103.8	103.2
104.0	103.6	103.9	103.4	105.7	105.7	105.3
111.2	110.8	111.9	114.2	118.8	117.7	113.0
122.8	127.0	134.1	144.6	168.7	172.3	146.9
118.1	116.4	116.7	119.0	124.7	124.8	119.8
107.5	107.2	108.1	109.7	112.2	110.2	107.3
112.8	112.4	113.4	115.6	120.1	119.1	114.3
122.8	127.0	134.1	144.6	168.7	172.3	146.9
117.3	115.7	116.1	118.3	123.7	124.0	119.4
110.0	109.7	110.4	112.0	114.5	112.5	109.2
97.2	96.9	97.5	97.6	98.6	99.8	99.8
97.4	96.8	96.8	96.6	97.6	100.0	99.2
99.7	99.7	100.1	100.2	99.7	102.4	102.4
99.0	98.4	98.4	97.6	99.8	98.2	99.2
95.3	95.6	97.3	98.0	98.9	99.6	100.2
124.4	128.1	134.6	144.5	166.9	169.8	147.0
122.8	127.0	134.1	144.6	168.7	172.3	146.9
110.2	109.4	109.9	111.4	114.7	114.0	110.5
102.1	102.1	102.7	102.9	104.4	105.3	105.0
103.9	104.1	104.9	105.3	107.4	107.5	106.5
99.5	99.2	99.3	99.3	100.0	102.0	102.8
126.6	123.5	122.6	125.2	129.1	123.6	116.0
100.6	100.4	100.2	100.5	100.9	102.3	106.2
125.4	128.9	141.0	163.4	192.7	191.4	148.9
125.6	122.8	123.4	124.2	131.6	140.0	137.8
118.1	118.0	119.3	119.2	127.4	127.0	122.0
100.9	101.0	101.8	102.9	103.8	103.9	103.4
101.0	101.4	101.9	101.4	105.1	103.3	102.1
99.7	100.2	99.3	100.3	101.5	102.2	101.9
98.5	97.8	97.9	97.6	98.1	100.3	99.4
108.6	110.9	114.0	117.1	118.6	120.3	119.1
101.3	101.0	101.5	101.7	101.0	100.7	100.1
98.7	98.9	98.9	99.1	98.9	104.1	104.8
107.0	105.0	105.4	105.2	104.6	104.7	105.3
90.3	93.4	90.2	89.4	90.8	94.5	95.4
104.7	104.9	107.3	109.2	114.0	113.9	113.1

5－5 各月分大中类工业生产者

（上年同期＝100）

大中类行业名称	全年	1月	2月	3月	4月	5月
煤炭开采和洗选业	142.6	108.1	110.5	111.8	109.4	119.6
烟煤和无烟煤开采洗选	142.6	108.1	110.5	111.8	109.4	119.6
石油和天然气开采业	135.9	76.8	79.8	99.0	147.8	217.9
石油开采	138.5	74.8	78.6	99.0	151.3	236.1
天然气开采	104.5	110.8	97.1	98.6	110.7	96.7
黑色金属矿采选业	125.6	128.9	129.5	128.8	137.7	152.6
铁矿采选	125.6	128.9	129.5	128.8	137.7	152.6
有色金属矿采选业	115.5	109.8	109.2	112.5	115.2	117.3
常用有色金属矿采选	124.2	125.7	124.5	134.4	138.1	136.4
贵金属矿采选	99.5	106.8	104.9	104.7	101.6	101.4
稀有稀土金属矿采选	131.1	97.1	99.4	102.6	113.1	122.4
非金属矿采选业	104.1	110.1	108.8	107.8	106.1	99.0
土砂石开采	104.0	110.2	108.9	107.9	106.2	99.0
采盐	122.6	81.1	83.0	83.1	92.6	94.6
农副食品加工业	98.1	102.6	100.9	100.1	99.3	99.6
谷物磨制	103.5	102.7	106.0	103.9	102.8	101.6
饲料加工	111.1	107.7	109.1	111.4	110.4	113.1
植物油加工	106.2	105.5	104.6	110.2	108.0	109.7
屠宰及肉类加工	82.6	98.7	90.3	86.0	85.6	86.1
蔬菜、菌类、水果和坚果加工	97.8	93.9	95.6	96.0	95.1	94.4
其他农副食品加工	119.4	117.7	121.0	130.8	128.1	123.5
食品制造业	103.3	102.6	103.1	101.6	101.0	102.1
焙烤食品制造	103.8	107.1	107.4	104.5	102.8	103.1
糖果、巧克力及蜜饯制造	100.0	100.0	100.0	100.0	100.0	100.0
方便食品制造	99.6	101.9	101.9	101.2	100.6	96.9
乳制品制造	104.8	105.0	104.9	103.9	102.3	106.8
罐头食品制造	101.4	96.0	95.5	96.2	90.3	97.7
调味品、发酵制品制造	105.7	109.9	110.0	105.5	106.1	104.8
其他食品制造	105.7	99.4	101.0	99.5	99.6	104.5
酒、饮料及精制茶制造业	99.9	98.8	97.8	98.7	98.7	100.3
酒的制造	100.3	99.7	98.8	98.9	99.0	99.8
饮料制造	99.7	97.9	96.9	98.6	98.4	101.1
精制茶加工	97.4	98.9	96.9	97.3	97.7	97.0
烟草制品业	100.0	99.9	99.9	99.9	99.9	99.9
卷烟制造	100.0	100.0	100.0	100.0	100.0	100.0

出厂价格同比指数(2021 年)

6 月	7 月	8 月	9 月	10 月	11 月	12 月
124.4	132.8	144.6	164.4	206.1	213.1	169.0
124.4	132.8	144.6	164.4	206.1	213.1	169.0
192.3	150.4	146.6	141.5	150.4	170.9	171.8
202.7	154.6	150.1	144.2	154.0	176.3	177.3
103.3	101.4	102.0	107.1	107.1	110.7	110.7
146.9	152.2	136.1	113.6	108.4	92.0	92.4
146.9	152.2	136.1	113.6	108.4	92.0	92.4
118.2	118.3	119.6	119.5	118.6	113.7	114.0
130.6	129.1	118.8	116.4	120.5	112.6	111.4
101.2	95.6	95.3	95.2	95.1	97.4	97.5
131.5	145.2	165.5	167.7	156.4	142.4	144.5
98.9	99.9	104.3	104.4	104.5	103.7	102.9
98.9	99.9	104.2	104.4	104.4	103.4	102.6
100.0	104.6	112.5	133.6	174.7	230.0	231.8
96.5	95.4	95.4	94.5	95.6	99.3	98.0
100.6	102.6	102.1	101.9	102.0	107.3	109.1
112.3	112.4	112.7	110.9	112.0	111.5	109.8
108.6	108.2	107.5	102.1	104.0	103.7	102.6
79.0	75.6	75.7	75.9	76.0	82.3	78.7
94.6	96.7	98.9	98.1	103.2	103.1	104.8
123.5	119.0	116.7	114.2	114.3	113.8	112.5
102.5	102.7	102.7	103.1	104.1	106.1	107.5
103.3	103.6	103.8	104.0	101.9	102.3	102.5
100.0	100.0	100.0	100.0	100.0	100.0	100.0
97.6	97.9	98.5	99.7	99.4	98.5	101.1
105.1	104.9	106.4	109.3	103.3	103.6	101.6
104.1	107.3	106.9	106.9	106.8	104.8	104.1
105.0	105.3	102.5	103.1	103.6	106.4	106.6
105.1	105.4	104.7	103.7	110.4	116.5	119.2
100.3	100.3	101.2	102.3	99.8	101.5	99.0
100.6	100.6	102.2	104.8	99.8	102.3	97.7
100.3	100.4	100.4	100.1	100.1	101.0	100.8
97.6	96.8	96.8	96.8	97.3	97.5	97.9
100.0	100.0	100.0	100.0	100.0	100.0	100.0
100.0	100.0	100.0	100.0	100.0	100.0	100.0

5－5 续表1

（上年同期＝100）

大中类行业名称	全年	1月	2月	3月	4月	5月
其他烟草制品制造	98.3	96.1	96.1	96.0	96.0	96.0
纺织业	108.9	95.8	97.3	100.9	102.1	104.8
棉纺织及印染精加工	109.3	95.4	96.9	100.3	101.5	104.4
毛纺织及染整精加工	101.7	91.8	92.3	96.9	99.3	102.3
家用纺织制成品制造	107.2	98.3	98.8	105.6	105.1	106.4
产业用纺织制成品制造	107.4	100.3	101.7	104.4	107.4	108.8
纺织服装、服饰业	100.9	100.9	99.9	100.9	101.0	101.3
机织服装制造	100.7	100.9	99.6	100.7	100.8	101.4
针织或钩针编织服装制造	102.8	102.1	102.2	103.1	103.3	103.4
服饰制造	99.8	99.1	98.9	99.3	98.8	98.4
皮革、毛皮、羽毛及其制品和制鞋业	99.5	97.5	97.8	99.1	98.4	98.3
皮革鞣制加工	101.9	99.6	99.6	103.6	103.9	103.1
皮革制品制造	92.6	94.5	94.4	94.8	92.6	91.3
毛皮鞣制及制品加工	98.6	91.3	91.9	92.8	91.6	92.5
羽毛（绒）加工及制品制造	99.9	102.2	103.4	102.1	98.6	99.9
制鞋业	100.1	100.1	100.1	100.1	100.1	100.1
木材加工和木、竹、藤、棕、草制品业	99.9	98.2	98.2	98.9	98.7	98.4
人造板制造	100.0	97.4	97.6	98.2	98.4	97.9
木制品制造	99.8	100.5	99.8	100.8	99.9	99.8
家具制造业	106.7	100.3	99.3	102.1	105.8	108.2
木质家具制造	100.0	100.8	100.8	99.8	99.8	99.6
金属家具制造	113.8	100.0	97.9	104.6	112.1	117.7
其他家具制造	101.3	99.7	99.7	99.7	100.1	101.9
造纸和纸制品业	103.5	97.4	97.5	100.7	103.8	105.8
纸浆制造	107.2	100.6	100.7	102.6	103.9	104.5
造纸	106.9	92.5	94.3	102.1	109.7	112.6
纸制品制造	100.4	101.6	100.2	99.3	98.9	100.1
印刷和记录媒介复制业	87.1	81.6	81.2	81.4	82.0	83.3
印刷	87.1	81.6	81.2	81.4	82.0	83.3
文教、工美、体育和娱乐用品制造业	98.4	98.0	97.8	96.7	96.7	95.7
乐器制造	93.6	93.2	92.8	91.0	90.8	91.7
工艺美术及礼仪用品制造	98.5	98.1	97.7	96.6	96.5	95.6
游艺器材及娱乐用品制造	97.7	99.5	101.7	101.5	101.8	101.2
石油、煤炭及其他燃料加工业	130.5	105.6	112.9	119.0	121.3	139.6
精炼石油产品制造	127.5	89.1	95.5	113.4	129.3	142.1

6月	7月	8月	9月	10月	11月	12月
100.0	100.0	100.0	100.0	99.9	99.9	99.9
108.6	110.9	114.0	117.1	118.6	120.3	119.1
109.0	111.6	114.7	118.4	120.1	122.1	120.5
104.3	106.5	107.9	108.4	105.8	103.0	104.3
107.1	104.6	111.3	111.6	111.6	112.0	114.4
106.7	110.6	109.3	109.4	109.9	111.0	110.1
101.3	101.0	101.5	101.7	101.0	100.7	100.1
101.4	100.8	101.3	101.4	100.5	100.3	99.5
103.4	103.3	103.2	103.2	103.0	102.2	101.6
98.3	99.5	100.4	101.2	100.9	101.1	101.1
98.6	98.7	99.1	99.2	99.0	103.8	104.0
102.5	102.2	101.8	102.0	102.0	101.5	101.2
91.2	92.9	93.0	91.8	91.1	91.1	91.7
95.5	95.7	96.3	97.5	96.9	120.3	123.6
97.5	97.2	101.8	100.8	99.8	99.8	95.3
100.1	100.1	100.0	100.0	100.0	100.0	100.0
99.6	100.2	99.0	100.5	102.1	103.0	102.6
99.4	100.5	99.0	100.9	103.1	104.3	103.7
100.3	99.4	99.2	99.5	99.5	99.4	99.7
108.4	107.0	109.9	110.6	110.7	109.3	108.6
100.0	100.0	100.1	99.9	99.8	99.8	99.8
117.7	114.4	120.8	122.6	122.7	119.6	117.9
101.9	102.0	102.0	102.0	102.0	102.3	102.3
107.0	105.0	105.4	105.2	104.6	104.7	105.3
103.4	102.4	112.2	114.0	112.1	118.5	111.8
115.5	110.3	110.6	110.0	109.2	108.5	110.4
100.5	100.9	100.9	100.9	100.5	100.7	100.8
89.1	92.9	89.0	88.4	90.2	94.6	95.4
89.1	92.9	89.0	88.4	90.2	94.6	95.4
96.3	97.1	98.3	98.7	102.8	99.1	103.8
92.9	93.6	94.5	93.9	94.3	96.2	98.3
96.3	97.2	98.4	99.0	103.5	99.5	104.4
98.3	97.4	96.5	94.8	93.0	93.3	94.1
131.5	126.7	133.9	149.6	157.2	151.4	123.1
136.6	133.7	134.3	135.3	145.6	153.6	140.0

5－5 续表2

（上年同期＝100）

大中类行业名称	全年	1月	2月	3月	4月	5月
煤炭加工	133.0	121.9	129.6	123.9	114.7	137.5
化学原料和化学制品制造业	126.9	105.0	105.8	114.2	120.2	126.2
基础化学原料制造	138.8	112.4	112.9	123.7	131.5	136.5
肥料制造	114.2	100.2	101.6	100.7	101.3	109.3
农药制造	129.7	101.6	104.0	104.7	112.1	118.6
涂料、油墨、颜料及类似产品制造	106.7	98.0	98.3	101.1	102.3	104.2
合成材料制造	132.2	95.9	98.3	124.5	131.9	145.1
专用化学产品制造	124.0	104.6	103.9	111.6	123.6	128.9
炸药、火工及焰火产品制造	96.9	101.3	102.3	94.7	94.3	93.6
日用化学产品制造	109.1	101.8	102.1	104.8	105.8	107.6
医药制造业	99.0	101.3	102.0	100.3	100.5	99.6
化学药品原料药制造	102.0	105.4	104.1	100.8	101.5	98.2
化学药品制剂制造	97.6	99.7	100.1	99.3	99.9	100.1
中药饮片加工	114.0	102.3	102.3	102.3	102.3	102.3
中成药生产	103.1	104.4	106.4	104.4	104.2	101.1
兽用药品制造	98.9	100.1	100.3	98.7	97.5	101.1
生物药品制品制造	96.1	99.0	104.0	98.1	99.2	100.5
卫生材料及医药用品制造	89.3	96.8	96.8	96.8	96.8	96.8
化学纤维制造业	125.1	88.5	96.3	108.5	123.4	129.8
纤维素纤维原料及纤维制造	92.9	87.7	88.1	91.0	88.1	88.1
合成纤维制造	139.4	88.9	99.8	116.0	138.5	149.1
橡胶和塑料制品业	103.9	101.6	100.8	102.8	103.0	104.2
橡胶制品业	103.8	105.3	105.4	104.4	104.1	104.0
塑料制品业	103.9	100.4	99.4	102.3	102.7	104.2
非金属矿物制品业	102.1	95.9	96.0	97.6	99.4	101.1
水泥、石灰和石膏制造	100.3	91.1	91.6	96.2	101.2	99.5
石膏、水泥制品及类似制品制造	97.4	96.6	95.9	96.1	96.2	95.6
砖瓦、石材等建筑材料制造	97.7	91.0	91.2	92.5	95.1	97.0
玻璃制造	137.2	125.2	118.1	125.2	157.0	170.4
玻璃制品制造	83.6	109.6	107.4	103.2	80.0	98.4
玻璃纤维和玻璃纤维增强塑料制品制造	123.1	107.7	105.1	117.1	120.9	123.9
陶瓷制品制造	98.3	97.9	98.1	99.1	98.1	96.9
耐火材料制品制造	97.1	94.3	94.2	92.8	96.3	97.6
石墨及其他非金属矿物制品制造	111.3	95.3	97.1	99.1	101.4	104.8
黑色金属冶炼和压延加工业	130.9	107.5	108.2	118.3	130.9	152.3

6月	7月	8月	9月	10月	11月	12月
127.3	121.0	133.5	161.2	166.1	149.7	109.9
130.0	130.7	132.8	133.6	145.5	144.2	136.2
143.8	143.5	146.6	145.7	160.5	161.5	146.9
113.4	117.8	117.9	118.1	133.9	128.3	128.7
130.5	132.1	134.8	138.3	151.3	165.4	164.7
107.9	110.1	111.6	112.2	113.8	112.7	109.8
141.1	141.2	143.6	146.9	155.7	143.4	133.4
127.2	123.5	126.4	129.3	137.3	139.9	133.1
93.2	92.8	92.5	89.6	99.9	103.0	106.2
110.4	112.0	112.4	111.6	109.8	114.8	116.6
99.4	97.1	97.3	95.3	100.1	98.6	97.0
101.1	101.8	102.7	98.7	109.6	98.4	102.0
100.5	98.1	97.2	94.2	95.5	94.0	92.7
102.3	102.3	102.3	102.3	150.1	150.1	146.7
102.3	100.8	101.3	101.5	103.0	104.5	102.9
98.8	98.5	99.4	100.7	98.6	98.5	94.6
96.6	96.2	97.4	87.4	88.0	94.4	92.8
93.3	84.9	84.9	84.9	82.0	82.0	75.9
132.3	133.6	142.2	141.0	136.0	139.9	137.9
92.8	92.4	96.2	100.2	89.2	94.8	108.0
150.1	152.9	163.5	159.6	157.5	160.5	150.6
104.8	104.9	104.1	103.8	107.1	106.1	103.2
104.8	103.5	103.9	102.2	103.0	102.4	102.0
104.8	105.4	104.2	104.2	108.4	107.2	103.6
102.7	103.1	104.0	104.2	108.5	107.7	105.9
98.1	97.9	98.0	96.0	117.3	109.5	108.6
97.9	98.4	97.9	97.8	97.8	98.8	99.3
97.8	99.2	101.5	102.5	103.8	102.9	99.9
165.5	166.2	148.2	138.8	132.8	116.8	107.6
81.1	77.9	74.8	74.5	73.5	68.1	59.9
132.5	132.2	135.8	131.6	128.5	131.7	111.6
97.4	97.4	96.7	98.1	99.1	100.6	100.3
98.8	97.6	99.4	98.7	99.0	97.5	99.3
111.0	112.1	115.8	119.0	125.9	129.6	127.1
139.2	136.1	136.6	138.9	144.4	138.7	121.4

5－5 续表3

（上年同期＝100）

大中类行业名称	全年	1月	2月	3月	4月	5月
炼铁	126.2	111.5	116.0	120.6	124.2	135.3
炼钢	142.1	110.0	121.5	134.8	145.9	170.5
钢压延加工	130.7	107.5	107.1	117.1	130.9	153.6
铁合金冶炼	113.1	89.2	84.0	95.4	99.9	99.2
有色金属冶炼和压延加工业	119.1	106.5	110.8	120.3	125.1	127.7
常用有色金属冶炼	119.3	103.4	109.4	118.0	122.5	126.6
贵金属冶炼	102.3	115.1	112.4	110.3	108.1	107.8
有色金属合金制造	114.9	111.8	117.3	118.0	122.2	124.8
有色金属压延加工	125.9	105.3	110.7	126.2	134.4	136.8
金属制品业	106.7	102.0	102.2	103.2	104.0	107.1
结构性金属制品制造	106.3	99.3	100.1	103.4	103.6	105.5
金属工具制造	98.5	99.0	99.0	99.0	99.0	100.0
集装箱及金属包装容器制造	101.3	100.9	100.9	101.2	101.0	101.0
金属丝绳及其制品制造	118.5	111.0	112.2	117.3	121.9	125.7
建筑、安全用金属制品制造	92.6	98.8	98.8	87.7	89.2	92.6
金属制日用品制造	103.4	100.1	100.1	100.1	101.4	101.3
铸造及其他金属制品制造	108.8	104.4	103.8	104.2	104.8	109.8
通用设备制造业	100.9	99.3	98.2	99.5	99.4	99.6
锅炉及原动设备制造	98.9	100.2	96.9	98.7	97.2	98.6
金属加工机械制造	97.3	99.2	99.0	97.5	97.1	97.1
物料搬运设备制造	102.8	99.0	99.5	99.4	100.0	100.8
泵、阀门、压缩机及类似机械制造	100.8	100.4	101.4	102.4	101.5	101.9
轴承、齿轮和传动部件制造	99.6	100.0	94.3	101.3	100.9	97.2
烘炉、风机、包装等设备制造	100.1	99.1	99.1	99.4	99.4	100.8
通用零部件制造	102.2	98.4	97.4	98.4	98.9	98.9
专用设备制造业	101.9	101.6	101.7	101.1	101.0	101.9
采矿、冶金、建筑专用设备制造	102.1	100.2	100.7	102.2	102.5	102.6
化工、木材、非金属加工专用设备制造	100.0	98.7	98.7	98.6	98.2	102.4
食品、饮料、烟草及饲料生产专用设备制造	99.8	99.9	100.2	99.9	100.4	99.8
印刷、制药、日化及日用品生产专用设备制造	99.6	98.3	98.3	98.6	99.2	99.7
纺织、服装和皮革加工专用设备制造	96.2	98.7	93.7	95.5	92.7	94.5
农、林、牧、渔专用机械制造	102.8	99.6	99.7	100.0	100.3	104.2
医疗仪器设备及器械制造	100.4	99.2	99.0	99.2	98.8	100.5
环保、邮政、社会公共服务及其他专用设备制造	103.5	114.8	114.8	102.1	100.1	99.5
汽车制造业	101.7	99.7	99.8	100.1	100.3	100.9

6月	7月	8月	9月	10月	11月	12月
131.8	131.8	128.8	127.9	137.4	133.3	117.4
146.2	140.9	142.8	145.0	155.8	152.8	139.9
140.0	136.4	137.0	139.5	144.1	137.4	119.3
107.8	121.0	123.2	129.0	135.9	148.5	139.4
123.5	119.1	117.1	121.2	125.6	119.0	114.0
121.4	117.1	116.3	120.7	128.9	126.3	121.3
107.6	104.5	95.4	90.3	91.7	95.8	95.4
117.6	114.2	113.7	112.9	112.3	109.1	107.8
132.1	126.8	127.1	135.9	138.5	123.9	116.2
107.7	108.9	109.2	109.1	109.2	109.1	108.8
106.0	107.5	109.0	109.2	110.6	110.4	111.1
99.8	99.8	97.1	96.8	97.0	97.7	97.7
101.1	101.0	101.4	101.0	102.0	102.5	101.5
131.5	129.1	121.4	115.9	114.1	115.7	108.3
93.5	93.4	93.1	92.0	90.9	90.5	90.1
102.7	106.2	106.2	106.2	105.7	105.7	105.7
109.4	110.8	111.6	112.4	111.6	111.2	111.2
100.4	101.1	101.0	101.5	103.5	103.2	103.7
99.5	99.3	99.3	99.5	99.5	99.3	99.3
97.0	94.8	94.2	97.6	98.3	96.8	99.1
103.1	104.6	104.6	105.7	105.8	105.5	105.4
101.3	99.9	100.3	100.1	98.9	99.8	101.1
99.7	101.4	100.6	100.3	100.6	98.4	100.6
99.7	99.8	99.8	100.7	101.0	101.0	102.0
98.7	101.1	100.8	100.6	111.7	111.7	111.2
101.5	101.9	102.6	102.3	102.3	102.5	102.1
102.1	102.6	102.7	102.3	102.7	102.9	102.0
101.3	101.6	102.1	99.0	99.0	99.3	100.6
98.9	99.0	99.0	99.8	100.1	100.6	100.4
99.6	99.9	100.4	100.5	100.1	100.4	100.0
94.8	95.5	95.3	98.7	98.3	98.8	97.9
104.0	103.9	104.5	104.4	104.3	104.5	103.9
100.5	100.9	100.8	100.9	101.5	101.9	101.7
99.5	99.7	104.0	103.8	102.0	101.8	102.9
101.3	101.6	102.5	102.9	103.3	103.7	103.7

5－5 续表4

（上年同期＝100）

大中类行业名称	全年	1月	2月	3月	4月	5月
汽车整车制造	99.9	100.6	100.6	100.2	100.0	99.6
汽车用发动机制造	100.8	99.5	99.7	100.3	100.4	100.2
改装汽车制造	101.6	93.5	93.2	96.0	98.9	102.9
电车制造	96.7	97.7	96.1	96.6	96.5	96.4
汽车车身、挂车制造	100.0	100.0	99.9	100.6	100.2	100.2
汽车零部件及配件制造	103.8	100.4	100.9	101.1	101.0	101.9
铁路、船舶、航空航天和其他运输设备制造业	101.1	101.7	101.0	101.1	100.4	101.8
铁路运输设备制造	105.8	104.9	104.9	105.7	103.2	108.6
摩托车制造	99.4	100.6	99.6	99.5	99.3	99.4
电气机械和器材制造业	103.5	98.8	98.3	98.3	102.8	106.1
电机制造	101.1	93.6	94.3	95.3	97.5	99.3
输配电及控制设备制造	105.2	98.1	98.4	99.8	100.8	107.1
电线、电缆、光缆及电工器材制造	101.4	103.6	103.6	102.4	104.2	105.7
电池制造	103.7	106.3	105.2	95.7	109.4	112.0
家用电力器具制造	103.1	88.3	85.8	93.2	101.4	101.7
非电力家用器具制造	102.2	97.8	95.0	98.8	99.2	100.7
照明器具制造	101.4	102.3	102.8	100.2	102.1	102.3
计算机、通信和其他电子设备制造业	96.8	91.0	90.9	89.4	93.9	95.8
计算机制造	92.1	90.7	89.9	90.1	91.5	89.7
通信设备制造	92.6	88.8	89.2	89.0	90.8	91.3
电子器件制造	92.2	75.8	73.8	73.8	94.2	94.2
电子元件及电子专用材料制造	119.1	112.2	110.7	99.7	108.8	118.3
仪器仪表制造业	101.4	100.2	100.3	102.1	102.5	101.1
通用仪器仪表制造	103.2	101.5	101.6	104.2	104.6	102.6
专用仪器仪表制造	97.8	100.0	100.0	100.0	100.0	100.0
光学仪器制造	91.7	89.1	89.1	89.1	89.2	89.2
衡器制造	97.7	92.2	92.2	90.3	93.9	93.9
其他仪器仪表制造业	98.7	97.4	99.1	98.7	98.7	99.0
其他制造业	100.3	103.7	103.2	101.3	100.3	100.5
日用杂品制造	100.3	103.7	103.2	101.3	100.3	100.5
废弃资源综合利用业	134.4	106.2	112.2	121.9	128.2	146.2
金属废料和碎屑加工处理	134.4	106.2	112.2	121.9	128.2	146.2
电力、热力生产和供应业	101.2	99.9	99.8	101.2	100.9	101.1
电力生产	102.3	100.2	99.5	103.1	101.6	102.0
电力供应	100.5	99.7	100.1	100.0	100.5	100.6

6月	7月	8月	9月	10月	11月	12月
99.6	99.6	99.6	99.6	99.6	99.8	99.8
100.6	100.7	101.5	101.8	101.6	101.6	101.6
105.3	105.5	104.4	105.7	103.5	104.6	107.0
96.7	96.9	96.5	96.5	97.6	96.7	96.6
100.1	96.2	100.6	101.1	101.0	100.7	99.6
102.3	103.4	105.4	106.1	107.4	108.0	107.4
101.9	101.8	100.1	100.5	100.3	100.9	101.2
108.7	106.0	102.9	105.2	104.1	107.3	108.2
99.5	100.3	99.1	98.7	99.0	98.6	98.6
106.1	104.9	105.1	105.3	105.5	105.9	105.0
102.7	103.3	104.2	104.0	106.5	108.8	106.0
108.0	107.6	107.4	108.2	109.8	110.1	107.5
100.8	98.6	99.6	100.9	99.2	99.1	99.2
108.9	101.2	101.6	100.0	103.0	100.4	101.6
107.3	111.8	111.8	111.8	106.7	110.2	110.2
101.6	103.3	102.8	101.2	101.8	112.1	112.7
102.3	101.6	100.8	100.2	100.5	100.7	101.3
96.6	96.7	98.6	101.5	103.3	103.6	102.4
87.5	91.4	92.7	94.4	95.4	95.2	98.1
91.7	91.7	93.8	94.7	96.4	97.0	97.9
94.5	97.1	101.8	107.7	109.2	105.2	100.0
121.0	120.1	119.7	130.3	131.6	132.3	122.7
101.4	101.9	101.8	101.8	104.0	100.1	99.7
102.9	103.4	103.3	103.3	105.2	103.2	102.6
100.0	100.0	100.0	100.0	100.7	86.4	86.4
89.2	89.2	89.2	89.2	100.1	100.1	100.1
97.8	102.4	103.3	103.3	103.3	101.2	100.4
97.3	96.3	102.5	99.7	98.6	98.5	99.2
101.0	99.0	97.9	98.5	100.5	100.8	97.1
101.0	99.0	97.9	98.5	100.5	100.8	97.1
142.9	140.6	141.6	143.1	144.6	138.1	147.7
142.9	140.6	141.6	143.1	144.6	138.1	147.7
100.6	100.4	100.2	100.5	100.9	102.3	106.2
100.3	100.1	99.8	100.3	101.9	104.7	114.3
100.8	100.6	100.5	100.7	100.3	100.9	101.1

5－5　续表5

（上年同期＝100）

大中类行业名称	全年	1月	2月	3月	4月	5月
热力生产和供应	99.9	99.6	99.6	100.0	100.0	100.0
燃气生产和供应业	108.1	101.0	104.6	105.2	104.9	104.0
燃气生产和供应业	108.1	101.0	104.6	105.2	104.9	104.0
水的生产和供应业	102.8	102.3	102.2	103.5	104.3	103.1
自来水生产和供应	103.4	101.3	101.3	103.3	104.5	104.5
污水处理及其再生利用	101.6	104.1	103.9	103.9	103.9	100.5

6月	7月	8月	9月	10月	11月	12月
100.0	100.0	100.0	100.0	100.0	100.0	100.0
103.2	104.2	105.5	107.3	111.5	117.5	128.4
103.2	104.2	105.5	107.3	111.5	117.5	128.4
103.1	102.7	102.5	102.4	102.4	102.4	102.3
104.5	103.9	103.6	103.5	103.5	103.5	103.2
100.5	100.5	100.5	100.5	100.5	100.5	100.5

5－6　各月分类工业生产者

（上月＝100）

项目名称	全年	1月	2月	3月	4月	5月
总指数	**110.3**	**100.5**	**100.4**	**101.5**	**101.0**	**102.4**
核心指数	109.9	100.1	100.2	101.9	101.8	102.9
高技术	101.1	99.4	99.7	99.3	102.5	101.0
能源	125.3	102.6	102.6	100.4	97.5	102.5
按轻重工业分						
轻工业	103.8	100.3	99.9	100.5	100.5	100.1
以农产品为原料	103.2	100.9	99.7	100.5	99.5	99.6
以非农产品为原料	105.3	99.2	100.3	100.5	102.7	101.1
重工业	113.0	100.6	100.6	101.8	101.1	103.4
采掘	146.9	105.0	102.2	101.1	99.0	103.8
原材料	119.8	101.7	101.9	102.7	100.4	103.4
加工	107.3	99.8	99.9	101.5	101.7	103.3
按生产生活资料分						
生产资料	114.3	100.6	100.8	102.0	101.2	103.5
采掘	146.9	105.0	102.2	101.1	99.0	103.8
原材料	119.4	101.5	101.9	102.8	100.5	103.3
加工	109.2	99.9	100.1	101.8	101.8	103.5
生活资料	99.8	100.3	99.4	99.9	100.2	99.5
食品	99.2	101.3	99.3	99.3	99.0	99.0
衣着	102.4	99.6	99.5	100.4	99.9	100.0
一般日用品	99.2	99.1	100.0	100.3	100.6	99.6
耐用消费品	100.2	99.6	99.2	100.4	101.8	100.0
按初级中间最终产品分						
初级产品	147.0	105.0	102.4	101.7	99.5	104.7
矿产品	146.9	105.0	102.2	101.1	99.0	103.8
中间产品	110.5	100.5	100.5	101.7	101.1	102.9
最终产品	105.0	100.3	100.1	100.4	100.5	100.6
最终投资品	106.5	100.3	100.2	100.7	100.9	101.3
最终消费品	102.8	100.2	99.9	100.1	99.9	99.6
按工业部门分						
冶金工业	116.0	99.8	100.7	104.6	103.7	108.3
电力工业	106.2	99.2	100.7	100.5	99.7	99.1
煤炭及炼焦工业	148.9	107.6	104.3	98.6	93.2	108.7
石油工业	137.8	103.6	104.5	103.5	99.7	101.0
化学工业	122.0	101.2	101.0	104.2	102.4	102.3
机械工业	103.4	100.0	99.7	100.1	101.5	101.2
建筑材料工业	102.1	99.8	99.5	99.5	99.5	99.9
森林工业	101.9	99.8	99.9	100.3	99.7	99.9
食品工业	99.4	101.3	99.5	99.5	99.1	99.3
纺织工业	119.1	100.7	101.3	103.7	100.8	100.0
缝纫工业	100.1	99.6	99.3	100.9	100.4	100.4
皮革工业	104.8	99.8	100.0	100.9	99.3	99.2
造纸工业	105.3	100.6	100.6	104.4	100.4	100.3
文教艺术用品工业	95.4	96.7	99.5	100.3	99.9	99.8
其它工业	113.1	100.2	100.6	100.4	100.3	101.6

出厂价格环比指数(2021年)

6月	7月	8月	9月	10月	11月	12月
99.7	**100.2**	**101.0**	**101.8**	**103.1**	**100.4**	**98.2**
99.7	99.9	100.8	101.3	102.7	99.6	98.7
100.2	99.4	99.9	100.9	101.4	99.3	98.1
100.7	102.2	102.8	106.4	108.8	103.5	93.6
99.5	100.0	100.4	100.2	100.6	101.8	99.9
99.3	100.0	100.4	100.5	100.0	102.5	100.1
99.9	100.0	100.2	99.5	101.8	100.5	99.5
99.7	100.2	101.2	102.3	104.0	99.9	97.5
102.5	105.6	105.8	108.4	117.3	103.5	87.4
99.8	100.1	101.2	102.9	104.6	101.1	98.5
99.4	99.8	100.7	101.5	102.3	98.9	98.4
99.8	100.2	101.3	102.4	104.1	100.2	97.5
102.5	105.6	105.8	108.4	117.3	103.5	87.4
99.8	100.1	101.2	102.7	104.3	101.4	98.6
99.5	99.8	100.9	101.6	102.5	99.2	98.3
99.5	100.0	100.1	99.9	100.1	101.1	100.1
98.8	100.0	99.9	99.9	100.1	102.5	100.2
100.2	99.8	100.6	100.1	99.7	102.8	99.9
99.7	99.2	100.0	99.4	101.1	98.9	101.2
100.1	100.4	100.1	100.1	99.6	99.6	99.5
102.1	105.0	105.4	107.8	116.1	103.0	88.6
102.5	105.6	105.8	108.4	117.3	103.5	87.4
99.4	99.9	100.9	101.7	102.8	100.3	98.5
100.0	100.1	100.3	100.2	101.1	101.2	100.2
100.5	100.2	100.4	100.4	101.7	100.5	99.3
99.3	100.0	100.1	100.0	100.2	102.2	101.5
97.7	99.9	101.5	102.8	102.7	96.7	97.2
99.8	100.2	100.1	100.5	99.8	102.0	104.5
101.4	105.2	107.4	116.6	120.1	102.7	80.6
101.7	101.8	100.5	100.1	104.6	109.3	102.6
101.3	99.8	101.2	100.6	107.7	100.8	98.0
100.2	100.1	100.2	100.8	100.6	99.9	99.2
99.8	98.9	100.8	100.9	103.7	100.2	99.8
100.7	100.4	99.2	101.0	100.6	100.7	99.8
98.8	100.0	100.0	99.8	99.6	102.4	100.2
100.9	101.0	101.9	102.8	102.2	102.9	99.4
100.2	99.6	100.4	100.2	99.7	99.9	99.5
100.0	99.9	100.4	100.0	99.8	105.2	100.3
99.4	97.9	100.4	100.4	99.7	101.0	100.4
98.9	99.7	99.8	100.1	99.7	100.8	100.2
100.5	100.4	101.2	101.0	104.1	102.1	99.9

5－7 各月分大中类工业生产者

（上月＝100）

大中类行业名称	全年	1月	2月	3月	4月	5月
煤炭开采和洗选业	169.0	106.0	103.2	101.0	97.4	104.8
烟煤和无烟煤开采洗选	169.0	106.0	103.2	101.0	97.4	104.8
石油和天然气开采业	171.8	113.6	107.3	108.5	107.6	97.1
石油开采	177.3	114.1	107.8	109.2	108.2	97.7
天然气开采	110.7	108.9	101.6	100.0	100.0	87.4
黑色金属矿采选业	92.4	110.1	98.9	100.6	102.8	111.8
铁矿采选	92.4	110.1	98.9	100.6	102.8	111.8
有色金属矿采选业	114.0	102.4	100.4	100.9	100.9	102.0
常用有色金属矿采选	111.4	106.6	99.0	99.3	101.2	101.9
贵金属矿采选	97.5	98.8	98.6	99.4	99.9	101.4
稀有稀土金属矿采选	144.5	102.5	105.2	105.3	102.1	102.9
非金属矿采选业	102.9	100.0	98.9	99.0	99.0	103.0
土砂石开采	102.6	100.0	98.9	99.0	99.0	103.0
采盐	231.8	103.3	102.4	100.1	98.7	100.0
农副食品加工业	98.0	102.1	98.8	99.2	98.5	98.7
谷物磨制	109.1	101.6	103.5	98.0	99.5	99.2
饲料加工	109.8	101.3	101.3	101.9	100.3	102.6
植物油加工	102.6	100.1	99.9	105.0	98.3	100.7
屠宰及肉类加工	78.7	102.9	92.5	95.4	96.7	95.7
蔬菜、菌类、水果和坚果加工	104.8	100.5	101.0	99.8	99.3	99.0
其他农副食品加工	112.5	106.2	103.0	108.3	98.0	98.6
食品制造业	107.5	100.3	100.1	99.9	100.2	101.4
焙烤食品制造	102.5	100.3	100.3	99.9	100.1	100.3
糖果、巧克力及蜜饯制造	100.0	100.0	100.0	100.0	100.0	100.0
方便食品制造	101.1	100.7	100.0	100.1	100.4	96.6
乳制品制造	101.6	101.8	99.8	97.6	98.5	105.2
罐头食品制造	104.1	98.9	99.2	100.2	93.9	108.2
调味品、发酵制品制造	106.6	99.9	100.1	100.2	100.4	100.8
其他食品制造	119.2	99.6	100.3	100.4	101.0	105.0
酒、饮料及精制茶制造业	99.0	99.9	99.5	100.1	99.9	100.5
酒的制造	97.7	99.8	99.2	99.9	100.1	100.7
饮料制造	100.8	100.1	100.0	100.2	99.7	100.3
精制茶加工	97.9	99.6	98.0	100.0	100.4	99.3
烟草制品业	100.0	100.0	100.0	100.0	100.0	100.0
卷烟制造	100.0	100.0	100.0	100.0	100.0	100.0

出厂价格环比指数(2021 年)

6月	7月	8月	9月	10月	11月	12月
103.2	107.3	108.2	113.9	126.3	105.7	82.3
103.2	107.3	108.2	113.9	126.3	105.7	82.3
102.9	106.2	103.5	96.9	101.7	110.8	100.7
103.1	106.6	103.7	96.4	101.8	110.9	100.8
100.0	100.0	100.0	105.0	100.0	109.0	100.0
101.1	105.8	93.0	87.1	94.2	84.6	106.4
101.1	105.8	93.0	87.1	94.2	84.6	106.4
102.4	102.8	102.1	101.2	100.6	96.7	100.9
97.8	102.5	98.3	101.2	104.6	97.6	101.2
99.5	100.3	101.1	99.2	99.5	100.8	99.0
111.6	106.2	107.3	103.4	98.0	91.5	102.7
99.2	101.0	104.2	100.2	100.1	99.2	99.2
99.2	101.0	104.2	100.1	100.0	99.1	99.2
100.0	102.0	107.2	109.3	131.2	133.3	106.1
97.7	99.8	99.8	99.2	99.5	104.2	100.5
99.4	100.7	99.8	100.1	100.4	105.6	101.2
99.1	99.9	101.3	99.3	100.6	101.1	100.7
98.7	100.0	99.6	98.0	102.7	100.3	99.5
94.0	99.3	98.7	99.1	95.4	107.5	100.0
99.2	100.3	101.6	98.3	103.9	99.5	102.4
99.6	97.5	99.7	98.1	101.1	102.8	99.4
100.1	100.4	100.3	100.5	100.8	102.2	101.1
100.2	100.3	100.3	100.1	100.0	100.5	100.2
100.0	100.0	100.0	100.0	100.0	100.0	100.0
99.8	100.5	100.5	101.3	99.7	99.0	102.6
98.8	100.1	100.9	104.0	95.2	100.2	99.8
106.5	101.8	99.6	100.0	99.8	98.2	98.6
100.2	100.5	99.9	100.3	100.5	102.7	100.9
100.4	100.3	100.1	98.9	104.4	106.5	101.1
100.1	100.1	100.6	101.5	97.6	101.8	97.6
100.4	99.9	101.1	103.2	95.3	102.7	95.6
99.8	100.3	100.0	99.6	100.1	100.9	99.7
100.6	99.4	100.0	100.0	100.0	100.0	100.6
100.0	100.0	100.0	100.0	100.0	100.0	100.0
100.0	100.0	100.0	100.0	100.0	100.0	100.0

5－7 续表1

（上月＝100）

大中类行业名称	全年	1月	2月	3月	4月	5月
其他烟草制品制造	99.9	100.0	100.0	99.9	100.0	100.0
纺织业	119.1	100.7	101.3	103.7	100.8	100.0
棉纺织及印染精加工	120.5	100.7	101.5	103.5	100.8	99.8
毛纺织及染整精加工	104.3	97.8	100.6	104.9	100.0	100.0
家用纺织制成品制造	114.4	100.0	99.8	106.9	99.6	101.7
产业用纺织制成品制造	110.1	101.6	101.7	102.5	102.2	101.0
纺织服装、服饰业	100.1	99.6	99.3	100.9	100.4	100.4
机织服装制造	99.5	99.3	98.9	100.9	100.5	100.7
针织或钩针编织服装制造	101.6	100.2	100.2	101.5	100.2	99.6
服饰制造	101.1	100.0	99.8	100.1	100.1	99.9
皮革、毛皮、羽毛及其制品和制鞋业	104.0	99.7	100.1	100.7	99.2	99.5
皮革鞣制加工	101.2	100.0	100.0	103.9	99.8	99.2
皮革制品制造	91.7	99.8	99.9	99.9	96.5	95.1
毛皮鞣制及制品加工	123.6	99.2	100.1	98.7	98.9	100.3
羽毛(绒)加工及制品制造	95.3	98.8	101.2	97.7	97.6	102.4
制鞋业	100.0	100.0	100.0	100.0	100.0	100.0
木材加工和木、竹、藤、棕、草制品业	102.6	99.8	99.8	100.5	99.7	99.9
人造板制造	103.7	99.7	99.9	100.3	99.9	99.9
木制品制造	99.7	100.0	99.3	101.1	99.1	100.0
家具制造业	108.6	100.7	99.2	103.1	103.2	99.4
木质家具制造	99.8	100.0	100.3	99.6	99.8	99.8
金属家具制造	117.9	101.5	97.9	106.9	106.7	98.8
其他家具制造	102.3	100.0	100.0	100.0	100.0	101.8
造纸和纸制品业	105.3	100.6	100.6	104.4	100.4	100.3
纸浆制造	111.8	100.4	100.4	103.7	102.4	99.1
造纸	110.4	100.7	102.4	109.4	101.3	99.2
纸制品制造	100.8	100.4	99.1	100.1	99.5	101.3
印刷和记录媒介复制业	95.4	96.0	99.3	100.2	100.1	99.9
印刷	95.4	96.0	99.3	100.2	100.1	99.9
文教、工美、体育和娱乐用品制造业	103.8	99.7	100.0	100.0	100.2	99.0
乐器制造	98.3	100.9	99.6	99.8	98.1	100.0
工艺美术及礼仪用品制造	104.4	99.7	100.0	100.0	100.3	99.0
游艺器材及娱乐用品制造	94.1	99.5	100.4	101.0	99.7	98.7
石油、煤炭及其他燃料加工业	123.1	107.5	105.6	99.2	91.7	110.8
精炼石油产品制造	140.0	103.2	104.5	105.9	99.9	103.8

6月	7月	8月	9月	10月	11月	12月
100.0	100.0	100.0	100.0	100.0	100.0	100.0
100.9	101.0	101.9	102.8	102.2	102.9	99.4
101.1	101.3	101.9	103.3	102.6	103.2	99.2
101.0	100.0	100.0	100.0	100.0	100.0	100.0
100.4	97.5	104.8	100.0	100.4	100.4	102.3
98.8	100.4	99.7	100.4	100.3	101.0	100.1
100.2	99.6	100.4	100.2	99.7	99.9	99.5
100.2	99.3	100.5	100.3	99.5	99.9	99.4
100.0	99.9	99.9	100.0	100.7	99.9	99.6
100.4	100.7	100.9	100.0	99.7	99.8	99.7
99.8	99.7	100.6	100.1	99.9	104.8	100.0
99.5	99.7	99.8	100.2	100.1	99.6	99.5
99.8	101.3	100.0	100.0	99.4	99.9	99.9
100.7	99.5	102.3	99.6	99.4	123.5	101.5
97.6	97.6	102.5	101.2	101.2	100.0	97.6
100.0	100.0	100.0	100.0	100.0	100.0	100.0
100.7	100.5	98.9	101.4	100.8	100.9	99.7
100.8	100.9	98.6	101.8	101.1	101.2	99.6
100.6	99.3	99.7	100.3	100.0	100.0	100.3
100.5	100.0	101.5	100.4	100.3	99.7	100.3
100.5	100.0	100.0	99.8	100.0	100.0	100.0
100.7	100.0	103.0	101.0	100.6	99.4	100.6
100.0	100.1	100.0	100.0	100.1	100.3	100.0
99.4	97.9	100.4	100.4	99.7	101.0	100.4
97.7	97.2	109.7	101.7	97.9	107.5	94.7
98.6	95.6	100.3	100.6	99.9	101.3	101.2
100.1	100.0	100.0	100.2	99.6	100.4	100.0
98.9	99.6	99.8	100.3	99.9	101.0	100.2
98.9	99.6	99.8	100.3	99.9	101.0	100.2
99.2	100.7	99.8	100.3	100.2	99.7	104.9
100.0	100.0	100.2	99.7	99.8	100.2	100.0
99.3	100.8	99.9	100.4	100.3	99.7	105.2
98.3	100.0	99.1	98.6	98.6	99.8	100.2
100.5	101.7	102.7	112.5	106.6	101.1	84.5
103.5	102.4	99.6	100.4	105.9	110.1	95.7

5－7 续表2

（上月＝100）

大中类行业名称	全年	1月	2月	3月	4月	5月
煤炭加工	109.9	110.8	106.4	94.4	85.1	117.3
化学原料和化学制品制造业	136.2	102.4	101.5	106.9	103.5	102.9
基础化学原料制造	146.9	104.5	102.3	108.2	105.1	102.6
肥料制造	128.7	101.0	102.4	100.9	99.6	106.0
农药制造	164.7	103.4	102.4	101.0	106.0	105.6
涂料、油墨、颜料及类似产品制造	109.8	98.8	100.3	102.6	101.9	101.7
合成材料制造	133.4	101.7	101.1	119.2	99.9	101.0
专用化学产品制造	133.1	101.4	98.7	106.3	107.2	102.3
炸药、火工及焰火产品制造	106.2	99.9	101.0	93.0	99.8	99.6
日用化学产品制造	116.6	100.0	101.3	102.4	101.5	100.8
医药制造业	97.0	98.6	101.2	99.2	100.1	99.5
化学药品原料药制造	102.0	100.3	100.0	99.9	99.7	97.4
化学药品制剂制造	92.7	97.0	100.1	99.7	100.7	100.0
中药饮片加工	146.7	100.0	100.0	100.0	100.0	100.0
中成药生产	102.9	99.4	103.3	99.7	99.8	98.0
兽用药品制造	94.6	100.0	100.0	98.1	100.0	104.6
生物药品制品制造	92.8	98.4	105.3	94.1	101.1	101.2
卫生材料及医药用品制造	75.9	96.8	100.0	100.0	100.0	100.0
化学纤维制造业	137.9	100.2	109.1	111.2	113.9	99.7
纤维素纤维原料及纤维制造	108.0	99.8	100.0	103.2	96.9	100.0
合成纤维制造	150.6	100.4	112.9	114.2	119.7	99.6
橡胶和塑料制品业	103.2	101.7	99.2	100.9	99.6	100.8
橡胶制品业	102.0	106.5	100.1	99.1	99.6	100.1
塑料制品业	103.6	100.2	99.0	101.4	99.6	101.0
非金属矿物制品业	105.9	99.8	100.0	99.7	99.5	100.7
水泥、石灰和石膏制造	108.6	99.7	99.6	96.8	96.3	97.5
石膏、水泥制品及类似制品制造	99.3	98.6	100.0	99.5	98.8	98.7
砖瓦、石材等建筑材料制造	99.9	100.5	100.1	99.3	100.5	100.2
玻璃制造	107.6	105.3	94.1	104.7	102.1	107.1
玻璃制品制造	59.9	97.3	100.0	94.1	75.9	118.1
玻璃纤维和玻璃纤维增强塑料制品制造	111.6	99.8	97.1	113.1	103.4	102.0
陶瓷制品制造	100.3	99.6	100.3	99.5	99.5	99.4
耐火材料制品制造	99.3	99.4	99.6	99.5	101.5	100.9
石墨及其他非金属矿物制品制造	127.1	100.4	101.6	100.9	103.2	101.8
黑色金属冶炼和压延加工业	121.4	101.0	99.2	106.8	108.9	115.8

6月	7月	8月	9月	10月	11月	12月
98.0	101.0	105.5	122.6	107.1	95.1	75.8
101.9	100.3	102.2	101.5	110.6	100.7	97.6
103.1	99.8	102.6	102.4	112.4	101.9	95.1
102.8	102.6	101.5	99.8	113.5	97.4	98.9
110.0	101.1	101.7	102.6	109.4	109.1	99.5
101.9	99.9	101.2	98.6	102.2	100.1	100.2
99.2	100.2	103.1	102.0	107.7	95.6	100.3
98.2	99.0	101.7	102.4	109.1	103.3	99.9
100.0	99.5	100.0	97.1	111.3	103.1	102.7
101.5	101.2	100.0	99.3	99.9	105.6	102.2
99.6	98.1	100.0	98.2	105.5	98.7	98.6
102.8	100.3	100.5	96.7	111.3	91.0	103.4
100.3	99.0	99.4	98.0	101.2	98.3	98.8
100.0	100.0	100.0	100.0	146.7	100.0	100.0
101.2	98.9	99.6	100.0	103.3	101.2	98.6
96.5	100.3	100.0	101.0	98.2	100.0	95.9
95.9	100.1	101.6	89.8	100.7	106.7	98.9
96.4	90.9	100.0	100.0	96.6	100.0	92.6
101.3	98.4	104.6	99.7	97.6	103.0	95.5
103.2	99.6	101.5	103.4	90.4	106.3	104.4
100.8	98.1	105.5	98.7	99.7	102.2	93.1
100.9	99.7	98.9	100.4	103.1	99.7	98.4
99.9	98.8	99.3	98.7	100.1	100.1	100.0
101.2	100.0	98.7	100.9	104.0	99.6	97.9
100.3	99.2	100.8	101.0	104.5	101.2	99.2
95.5	92.9	102.4	105.7	124.2	100.0	100.8
101.3	99.9	99.1	100.4	100.0	101.8	101.3
99.9	99.6	100.1	99.8	100.8	100.7	98.6
106.5	104.5	103.6	100.2	93.4	91.1	96.6
82.4	96.9	100.0	100.4	103.2	99.6	88.4
102.9	102.1	103.0	97.6	98.0	101.3	92.1
99.5	100.0	99.9	101.2	100.3	101.7	99.5
99.7	98.2	100.6	99.5	100.3	99.3	100.8
104.0	100.8	101.6	101.2	106.2	104.1	98.6
93.8	98.7	102.0	101.8	103.6	97.9	92.2

5－7 续表3

（上月＝100）

大中类行业名称	全年	1月	2月	3月	4月	5月
炼铁	117.4	104.2	103.7	100.2	99.8	107.6
炼钢	139.9	100.0	111.0	108.7	106.2	117.6
钢压延加工	119.3	100.8	97.6	107.2	110.2	116.7
铁合金冶炼	139.4	103.2	98.9	104.6	102.8	99.0
有色金属冶炼和压延加工业	114.0	98.3	101.5	104.3	101.4	105.1
常用有色金属冶炼	121.3	99.8	101.9	103.3	101.3	104.8
贵金属冶炼	95.4	101.4	98.2	98.0	99.8	102.5
有色金属合金制造	107.8	103.1	102.5	97.3	101.2	105.3
有色金属压延加工	116.2	95.7	102.3	108.3	102.0	106.1
金属制品业	108.8	100.8	100.4	100.7	101.0	102.7
结构性金属制品制造	111.1	100.1	100.9	102.2	100.4	102.2
金属工具制造	97.7	100.0	100.0	100.0	100.0	100.0
集装箱及金属包装容器制造	101.5	99.7	100.0	100.0	100.0	100.1
金属丝绳及其制品制造	108.3	102.9	103.3	101.4	102.3	101.4
建筑、安全用金属制品制造	90.1	99.6	100.0	88.7	100.0	102.3
金属制日用品制造	105.7	100.0	100.0	100.0	101.3	100.0
铸造及其他金属制品制造	111.2	101.7	99.4	101.2	101.7	104.2
通用设备制造业	103.7	100.0	99.6	100.4	100.4	100.1
锅炉及原动设备制造	99.3	100.2	96.7	101.9	98.5	101.4
金属加工机械制造	99.1	99.9	99.8	98.6	99.4	100.0
物料搬运设备制造	105.4	99.6	100.4	99.9	100.4	101.0
泵、阀门、压缩机及类似机械制造	101.1	100.0	101.0	99.7	99.9	100.6
轴承、齿轮和传动部件制造	100.6	100.8	99.0	102.3	103.5	95.4
烘炉、风机、包装等设备制造	102.0	100.2	100.0	100.2	100.0	101.4
通用零部件制造	111.2	100.0	100.0	100.0	100.5	100.0
专用设备制造业	102.1	100.2	100.1	100.7	100.2	100.6
采矿、冶金、建筑专用设备制造	102.0	100.2	100.5	101.0	100.1	100.0
化工、木材、非金属加工专用设备制造	100.6	100.0	100.0	100.0	100.0	103.7
食品、饮料、烟草及饲料生产专用设备制造	100.4	100.0	100.2	99.8	100.5	99.6
印刷、制药、日化及日用品生产专用设备制造	100.0	100.0	100.0	100.0	100.0	100.0
纺织、服装和皮革加工专用设备制造	97.9	101.6	94.9	100.1	100.3	100.4
农、林、牧、渔专用机械制造	103.9	100.2	100.1	100.4	100.6	103.1
医疗仪器设备及器械制造	101.7	100.2	99.8	100.2	99.6	100.8
环保、邮政、社会公共服务及其他专用设备制造	102.9	100.0	100.0	101.6	100.1	99.3
汽车制造业	103.7	100.0	100.0	99.8	100.3	100.6

6月	7月	8月	9月	10月	11月	12月
100.1	101.5	98.7	103.6	108.2	97.8	91.9
89.5	96.7	104.5	101.4	104.5	99.9	97.1
93.7	98.6	102.0	101.5	103.1	97.3	91.6
103.6	106.7	101.3	106.5	104.6	108.6	94.6
99.2	100.3	101.4	104.4	103.0	95.5	99.3
98.8	100.5	101.9	103.2	105.5	98.8	100.0
101.2	99.2	98.3	100.0	97.3	101.4	98.1
97.6	100.1	100.9	99.5	100.4	98.6	101.5
98.9	100.5	102.1	107.0	103.2	91.3	99.0
101.4	101.0	100.2	100.2	100.4	100.0	99.5
101.4	100.9	101.2	100.7	100.7	100.2	99.8
99.8	100.0	97.3	99.6	100.3	100.7	100.0
100.0	100.0	100.5	100.8	101.1	100.0	99.2
104.8	100.0	95.8	99.3	99.7	100.5	96.9
100.0	100.0	100.0	100.0	99.7	100.0	100.0
101.4	103.4	100.0	100.0	99.5	100.0	100.0
101.0	101.4	100.3	99.9	100.5	99.8	99.6
100.4	100.3	100.0	100.6	101.8	99.8	100.3
100.9	99.8	100.0	100.2	100.0	99.8	99.9
99.8	97.9	99.5	104.0	100.0	98.0	102.3
102.2	101.4	99.9	100.7	100.3	99.7	99.8
99.6	99.6	100.6	99.5	99.8	100.8	100.0
99.4	101.5	99.9	100.8	98.7	99.5	100.0
98.7	100.1	100.0	100.9	100.1	100.0	100.4
99.8	99.4	99.8	100.0	111.0	100.0	100.7
99.7	100.2	100.2	99.6	100.4	100.1	100.0
99.7	100.5	100.2	99.6	100.6	100.1	99.7
99.0	100.0	100.0	96.9	100.0	100.1	101.0
99.1	100.0	100.2	100.5	100.2	100.4	99.9
100.0	100.0	100.0	100.0	100.0	100.0	100.0
101.0	98.7	99.3	101.5	100.3	100.3	99.6
99.6	99.7	100.3	99.9	100.1	100.0	99.8
100.0	100.4	99.9	100.1	100.6	100.4	99.8
100.1	100.0	100.8	99.8	100.1	100.0	101.0
100.2	100.3	100.9	100.5	100.6	100.6	100.0

5－7 续表4

（上月＝100）

大中类行业名称	全年	1月	2月	3月	4月	5月
汽车整车制造	99.8	100.0	100.0	99.6	100.0	100.0
汽车用发动机制造	101.6	100.0	100.0	100.0	100.2	99.9
改装汽车制造	107.0	99.3	99.7	100.1	103.0	102.5
电车制造	96.6	98.2	98.2	100.0	100.0	100.0
汽车车身、挂车制造	99.6	100.2	99.9	100.5	99.6	100.0
汽车零部件及配件制造	107.4	100.1	100.2	99.9	100.0	100.8
铁路、船舶、航空航天和其他运输设备制造业	101.2	100.3	99.3	100.1	99.5	101.5
铁路运输设备制造	108.2	102.3	100.0	100.7	98.1	105.6
摩托车制造	98.6	99.6	99.0	99.9	100.0	100.0
电气机械和器材制造业	105.0	100.0	99.7	99.7	103.8	102.1
电机制造	106.0	102.6	100.0	100.4	100.3	100.4
输配电及控制设备制造	107.5	99.9	100.4	100.8	100.3	104.0
电线、电缆、光缆及电工器材制造	99.2	100.7	99.9	99.4	101.0	102.2
电池制造	101.6	100.2	100.2	90.4	113.7	100.6
家用电力器具制造	110.2	97.2	97.1	108.6	108.0	100.0
非电力家用器具制造	112.7	99.6	97.3	104.2	100.0	101.1
照明器具制造	101.3	103.1	100.2	97.3	100.7	99.8
计算机、通信和其他电子设备制造业	102.4	99.6	99.2	99.7	102.6	101.6
计算机制造	98.1	99.4	99.2	100.0	101.6	98.4
通信设备制造	97.9	99.6	99.3	99.3	101.3	100.0
电子器件制造	100.0	100.0	100.0	100.0	100.0	100.0
电子元件及电子专用材料制造	122.7	99.4	98.7	101.4	109.3	108.8
仪器仪表制造业	99.7	99.7	100.4	101.5	99.8	100.1
通用仪器仪表制造	102.6	99.7	100.5	102.1	99.6	100.1
专用仪器仪表制造	86.4	100.0	100.0	100.0	100.0	100.0
光学仪器制造	100.1	100.0	100.0	100.0	100.1	100.0
衡器制造	100.4	95.7	100.0	98.0	104.0	100.0
其他仪器仪表制造业	99.2	101.3	101.6	99.6	100.0	100.0
其他制造业	97.1	101.9	99.5	98.1	99.0	99.5
日用杂品制造	97.1	101.9	99.5	98.1	99.0	99.5
废弃资源综合利用业	147.7	106.2	105.6	108.6	105.2	114.0
金属废料和碎屑加工处理	147.7	106.2	105.6	108.6	105.2	114.0
电力、热力生产和供应业	106.2	99.2	100.7	100.5	99.7	99.1
电力生产	114.3	98.2	102.0	101.2	99.0	97.6
电力供应	101.1	99.7	100.0	100.0	100.2	100.0

6月	7月	8月	9月	10月	11月	12月
100.0	100.0	100.0	100.0	100.0	100.2	100.0
100.1	99.9	100.8	100.4	100.0	100.1	100.1
100.5	100.3	98.9	101.4	100.0	99.2	102.1
100.0	100.0	99.6	100.0	101.4	99.3	100.0
99.8	96.0	104.7	100.3	100.0	99.7	99.2
100.3	100.9	101.9	100.7	101.4	101.4	99.6
100.1	99.6	99.3	100.3	99.9	100.9	100.3
100.1	97.5	98.4	102.3	99.2	103.0	100.9
100.0	100.4	99.6	99.6	100.2	100.1	100.1
99.2	100.1	100.4	100.9	100.2	100.3	98.7
102.4	100.5	99.6	99.9	100.0	99.9	100.0
100.9	99.7	100.4	101.7	101.7	100.0	97.5
96.1	97.5	100.8	102.1	98.8	100.4	100.4
96.9	99.8	100.9	99.5	103.0	100.3	97.7
100.0	104.2	100.0	100.0	95.5	100.0	100.0
100.0	100.7	100.0	98.5	100.9	110.2	100.0
100.0	100.0	99.6	100.2	100.2	100.2	100.2
100.7	99.6	99.9	101.8	100.1	99.6	97.9
98.4	101.4	100.0	100.1	100.3	98.5	100.8
100.0	100.0	100.0	100.0	99.9	99.3	99.2
100.0	100.0	100.0	100.0	100.0	100.0	100.0
103.8	98.1	99.3	108.8	101.0	100.5	92.8
99.9	100.5	99.9	99.8	101.4	96.7	99.9
99.9	100.7	99.9	99.8	101.9	98.5	99.9
100.0	100.0	100.0	100.0	100.0	86.4	100.0
100.0	100.0	100.0	100.0	100.0	100.0	100.0
102.0	100.0	100.9	100.0	100.0	100.0	100.0
98.3	100.0	100.0	99.2	99.2	100.0	100.0
100.0	99.5	100.5	99.5	102.0	99.3	98.3
100.0	99.5	100.5	99.5	102.0	99.3	98.3
97.8	98.4	100.7	101.1	101.0	95.5	106.9
97.8	98.4	100.7	101.1	101.0	95.5	106.9
99.8	100.2	100.1	100.5	99.8	102.0	104.5
99.4	101.0	100.0	100.7	100.0	104.1	111.1
100.0	99.8	100.2	100.4	99.6	100.8	100.3

5－7 续表 5

（上月＝100）

大中类行业名称	全年	1月	2月	3月	4月	5月
热力生产和供应	100.0	100.0	100.0	100.0	100.0	100.0
燃气生产和供应业	128.4	101.9	103.8	99.5	97.6	98.5
燃气生产和供应业	128.4	101.9	103.8	99.5	97.6	98.5
水的生产和供应业	102.3	100.8	100.0	100.8	100.7	100.0
自来水生产和供应	103.2	100.9	100.0	101.2	101.1	100.0
污水处理及其再生利用	100.5	100.5	100.0	100.0	100.0	100.0

6月	7月	8月	9月	10月	11月	12月
100.0	100.0	100.0	100.0	100.0	100.0	100.0
98.9	99.6	101.0	100.7	103.7	107.6	113.6
98.9	99.6	101.0	100.7	103.7	107.6	113.6
100.0	100.0	100.0	100.0	100.0	100.0	100.0
100.0	100.0	100.0	100.0	100.0	100.0	100.0
100.0	100.0	100.0	100.0	100.0	100.0	100.0

5－8 各月分类工业生产者

（2020 年＝100）

项目名称	全年	1 月	2 月	3 月	4 月	5 月
总指数	**107.8**	**102.1**	**102.5**	**103.9**	**104.9**	**107.5**
核心指数	108.0	101.6	101.8	103.8	105.6	108.7
高技术	98.1	96.3	96.0	95.3	97.7	98.7
能源	116.3	105.6	108.3	108.7	106.0	108.7
按轻重工业分						
轻工业	101.6	100.4	100.3	100.8	101.3	101.4
以农产品为原料	101.2	101.2	100.9	101.5	101.0	100.6
以非农产品为原料	102.4	98.6	98.9	99.4	102.1	103.2
重工业	110.4	102.8	103.4	105.3	106.5	110.1
采掘	131.5	109.1	111.5	112.7	111.6	115.8
原材料	116.5	106.2	108.3	111.2	111.6	115.4
加工	106.2	100.8	100.7	102.2	103.9	107.4
按生产生活资料分						
生产资料	111.7	103.3	104.1	106.2	107.5	111.3
采掘	131.5	109.1	111.5	112.7	111.6	115.8
原材料	115.8	105.7	107.6	110.6	111.1	114.8
加工	108.3	101.8	102.0	103.8	105.6	109.4
生活资料	97.8	98.8	98.2	98.1	98.3	97.8
食品	98.7	101.7	101.0	100.3	99.4	98.3
衣着	100.0	99.5	99.0	99.4	99.3	99.3
一般日用品	98.2	98.3	98.4	98.7	99.2	98.8
耐用消费品	95.5	94.6	93.8	94.2	95.9	95.9
按初级中间最终产品分						
初级产品	131.7	108.9	111.5	113.4	112.8	118.1
矿产品	131.5	109.1	111.5	112.7	111.6	115.8
中间产品	108.9	102.8	103.3	105.1	106.2	109.2
最终产品	102.0	100.1	100.2	100.6	101.1	101.7
最终投资品	103.3	99.9	100.2	100.8	101.7	103.0
最终消费品	100.1	100.3	100.2	100.3	100.2	99.7
按工业部门分						
冶金工业	121.3	106.9	107.7	112.6	116.7	126.5
电力工业	101.2	100.0	100.8	101.3	101.0	100.1
煤炭及炼焦工业	139.5	114.6	119.5	117.9	109.9	119.5
石油工业	120.2	105.9	110.7	114.6	114.3	115.5
化学工业	116.1	104.0	105.0	109.4	112.1	114.6
机械工业	100.7	98.4	98.1	98.2	99.7	100.9
建筑材料工业	100.4	100.9	100.4	99.9	99.4	99.3
森林工业	100.0	99.3	99.2	99.5	99.2	99.1
食品工业	99.5	102.0	101.5	101.0	100.1	99.3
纺织工业	108.9	99.8	101.2	104.9	105.7	105.8
缝纫工业	100.9	100.2	99.5	100.4	100.8	101.2
皮革工业	99.4	98.7	98.7	99.7	99.0	98.2
造纸工业	103.5	99.8	100.4	104.8	105.2	105.5
文教艺术用品工业	88.6	89.7	89.2	89.5	89.4	89.2
其它工业	105.6	100.4	101.1	101.4	101.7	103.4

出厂价格定基指数(2021 年)

6 月	7 月	8 月	9 月	10 月	11 月	12 月
107.2	**107.3**	**108.4**	**110.3**	**113.7**	**114.1**	**112.0**
108.3	108.2	109.1	110.5	113.5	113.0	111.5
98.9	98.3	98.3	99.1	100.5	99.8	97.9
109.5	111.9	115.0	122.3	133.1	137.7	128.8
100.9	100.9	101.3	101.5	102.1	104.0	103.8
99.9	99.9	100.3	100.9	100.9	103.4	103.5
103.1	103.1	103.4	102.9	104.7	105.2	104.6
109.8	110.0	111.3	114.0	118.5	118.4	115.4
118.8	125.4	132.7	143.8	168.7	174.7	152.8
115.2	115.4	116.8	120.1	125.6	127.0	125.1
106.8	106.6	107.4	109.0	111.5	110.2	108.4
111.0	111.3	112.7	115.4	120.1	120.3	117.3
118.8	125.4	132.7	143.8	168.7	174.7	152.8
114.6	114.7	116.2	119.3	124.5	126.2	124.4
108.8	108.6	109.5	111.3	114.1	113.2	111.3
97.2	97.2	97.2	97.1	97.2	98.2	98.3
97.1	97.1	97.0	96.9	97.0	99.4	99.6
99.5	99.3	99.9	99.9	99.7	102.4	102.3
98.5	97.8	97.8	97.2	98.4	97.3	98.4
95.9	96.3	96.4	96.5	96.1	95.7	95.2
120.6	126.6	133.4	143.8	166.9	172.0	152.4
118.8	125.4	132.7	143.8	168.7	174.7	152.8
108.6	108.5	109.4	111.3	114.4	114.8	113.1
101.7	101.8	102.1	102.3	103.4	104.6	104.8
103.4	103.6	104.0	104.4	106.2	106.8	106.1
99.1	99.1	99.2	99.1	99.3	101.5	103.0
123.5	123.5	125.2	128.7	132.3	127.9	124.3
99.8	100.1	100.2	100.7	100.5	102.5	107.1
121.2	127.5	136.9	159.6	191.7	196.8	158.6
117.4	119.5	120.1	120.2	125.8	137.5	141.0
116.1	115.8	117.2	117.9	127.0	128.0	125.4
101.1	101.1	101.4	102.2	102.7	102.7	101.8
99.1	97.9	98.7	99.6	103.3	103.5	103.3
99.7	100.1	99.3	100.3	100.9	101.6	101.4
98.1	98.1	98.1	97.9	97.5	99.9	100.2
106.7	107.8	109.8	112.9	115.4	118.8	118.1
101.4	101.0	101.5	101.7	101.4	101.3	100.8
98.2	98.1	98.5	98.5	98.3	103.5	103.7
104.8	102.6	103.0	103.5	103.1	104.2	104.6
88.2	88.0	87.8	87.8	87.6	88.3	88.5
104.0	104.4	105.7	106.8	111.2	113.4	113.4

5－9 各月分大类工业生产者

（2020 年＝100）

大类行业名称	全年	1 月	2 月	3 月	4 月	5 月
煤炭开采和洗选业	142.6	110.3	113.8	114.9	111.9	117.3
石油和天然气开采业	135.9	106.2	113.9	123.6	133.0	129.1
黑色金属矿采选业	125.6	123.4	122.0	122.7	126.1	141.0
有色金属矿采选业	115.5	107.8	108.2	109.2	110.2	112.4
非金属矿采选业	104.1	103.0	101.9	100.8	99.8	102.8
农副食品加工业	98.1	103.0	101.8	101.0	99.5	98.2
食品制造业	103.3	100.9	101.0	100.9	101.1	102.5
酒、饮料和精制茶制造业	99.9	99.7	99.2	99.3	99.2	99.7
烟草制品业	100.0	100.0	100.0	100.0	100.0	100.0
纺织业	108.9	99.8	101.2	104.9	105.7	105.8
纺织服装、服饰业	100.9	100.2	99.5	100.4	100.8	101.2
皮革、毛皮、羽毛及其制品和制鞋业	99.5	99.0	99.1	99.7	98.9	98.4
木材加工和木、竹、藤、棕、草制品业	99.9	99.0	98.8	99.3	99.0	98.9
家具制造业	106.7	101.6	100.7	103.8	107.1	106.5
造纸和纸制品业	103.5	99.8	100.4	104.8	105.2	105.5
印刷和记录媒介复制业	87.1	88.0	87.4	87.6	87.7	87.6
文教、工美、体育和娱乐用品制造业	98.4	98.5	98.5	98.5	98.7	97.8
石油、煤炭及其他燃料加工业	130.5	116.1	122.6	121.6	111.5	123.5
化学原料和化学制品制造业	126.9	107.2	108.8	116.3	120.3	123.8
医药制造业	99.0	99.7	100.8	100.0	100.2	99.7
化学纤维制造业	125.1	94.2	102.8	114.4	130.3	129.9
橡胶和塑料制品业	103.9	102.9	102.2	103.1	102.6	103.5
非金属矿物制品业	102.1	100.6	100.6	100.3	99.7	100.4
黑色金属冶炼和压延加工业	130.9	108.9	108.1	115.4	125.7	145.6
有色金属冶炼和压延加工业	119.1	106.7	108.3	113.0	114.5	120.3
金属制品业	106.7	101.4	101.8	102.5	103.6	106.4
通用设备制造业	100.9	99.5	99.2	99.6	99.9	100.1
专用设备制造业	101.9	100.5	100.7	101.4	101.6	102.2
汽车制造业	101.7	100.2	100.2	100.0	100.3	100.9
铁路、船舶、航空航天和其他运输设备制造业	101.1	101.2	100.5	100.6	100.1	101.6
电气机械和器材制造业	103.5	99.8	99.5	99.1	102.9	105.0
计算机、通信和其他电子设备制造业	96.8	94.3	93.6	93.3	95.7	97.3
仪器仪表制造业	101.4	100.0	100.3	101.8	101.6	101.7
其他制造业	100.3	103.5	103.0	101.0	100.0	99.5
废弃资源综合利用业	134.4	106.2	112.2	121.9	128.2	146.2
电力、热力生产和供应业	101.2	100.0	100.8	101.3	101.0	100.1
燃气生产和供应业	108.1	104.6	108.5	108.0	105.4	103.8
水的生产和供应业	102.8	101.5	101.6	102.3	103.1	103.1

出厂价格定基指数(2021 年)

6 月	7 月	8 月	9 月	10 月	11 月	12 月
121.0	129.8	140.5	160.0	202.0	213.6	175.8
132.8	141.1	146.0	141.4	143.8	159.4	160.6
142.5	150.8	140.2	122.2	115.1	97.4	103.6
115.0	118.3	120.8	122.3	123.0	119.0	120.0
102.0	103.1	107.4	107.6	107.7	106.8	106.0
95.9	95.7	95.6	94.8	94.3	98.3	98.9
102.7	103.1	103.4	103.9	104.7	106.9	108.1
99.8	99.9	100.5	102.0	99.5	101.3	98.8
100.0	100.0	100.0	100.0	100.0	100.0	100.0
106.7	107.8	109.8	112.9	115.4	118.8	118.1
101.4	101.0	101.5	101.7	101.4	101.3	100.8
98.2	97.9	98.5	98.6	98.5	103.3	103.3
99.6	100.1	99.0	100.4	101.2	102.1	101.8
107.1	107.1	108.7	109.2	109.5	109.2	109.6
104.8	102.6	103.0	103.5	103.1	104.2	104.6
86.7	86.4	86.3	86.5	86.4	87.3	87.5
97.0	97.7	97.6	97.8	98.0	97.8	102.5
124.1	126.1	129.6	145.8	155.5	157.2	132.9
126.2	126.5	129.3	131.2	145.1	146.1	142.6
99.2	97.4	97.4	95.6	100.9	99.5	98.1
131.7	129.6	135.5	135.1	131.9	135.8	129.8
104.4	104.1	102.9	103.3	106.5	106.2	104.5
100.7	99.8	100.7	101.7	106.2	107.5	106.7
136.6	134.9	137.6	140.1	145.1	142.0	130.9
119.3	119.7	121.4	126.6	130.4	124.6	123.7
107.9	109.0	109.2	109.4	109.9	110.0	109.5
100.4	100.7	100.7	101.3	103.1	102.9	103.2
102.0	102.2	102.4	102.0	102.4	102.5	102.5
101.0	101.3	102.2	102.7	103.3	103.9	103.9
101.7	101.3	100.5	100.9	100.8	101.7	102.0
104.2	104.2	104.7	105.6	105.9	106.2	104.8
98.0	97.6	97.5	99.3	99.4	99.0	96.9
101.7	102.2	102.1	102.0	103.4	100.0	99.9
99.5	99.0	99.5	99.0	101.0	100.3	98.5
142.9	140.6	141.6	143.1	144.6	138.1	147.7
99.8	100.1	100.2	100.7	100.5	102.5	107.1
102.6	102.2	103.2	103.9	107.7	115.9	131.7
103.1	103.1	103.1	103.1	103.1	103.1	103.1

5－10 工业生产者出厂价格完整同比指数(2021年)

(上年＝100)

项目名称	指 数	项目名称	指 数
煤炭开采和洗选业	142.6	小麦加工	103.0
烟煤和无烟煤开采洗选	142.6	饲料加工	111.1
无烟煤开采洗选	141.1	其他饲料加工	111.1
烟煤开采洗选	143.2	配合饲料	111.2
石油和天然气开采业	135.9	浓缩饲料	108.0
石油开采	138.5	混合饲料	113.8
陆地石油开采	138.5	植物油加工	106.2
天然气开采	104.5	食用植物油加工	106.2
陆地天然气开采	104.5	食用植物油	106.2
黑色金属矿采选业	125.6	屠宰及肉类加工	82.6
铁矿采选	125.6	牲畜屠宰	57.8
铁矿石成品矿	125.6	鲜、冷藏肉及冻肉	57.8
有色金属矿采选业	115.5	禽类屠宰	99.7
常用有色金属矿采选	124.2	肉制品及副产品加工	101.8
铅锌矿采选	124.2	蒸煮香肠制品	101.5
贵金属矿采选	99.5	酱卤烧烤肉制品	98.5
金矿采选	99.5	其他未列明肉制品	113.3
稀有稀土金属矿采选	131.1	蔬菜、菌类、水果和坚果加工	97.8
钨钼矿采选	131.1	蔬菜加工	103.6
钨矿	118.5	食用菌加工	89.8
钼矿	135.5	水果和坚果加工	98.9
非金属矿采选业	104.1	其他农副食品加工	119.4
土砂石开采	104.0	淀粉及淀粉制品制造	124.7
石灰石、石膏开采	103.7	豆制品制造	103.9
石灰石	103.7	蛋品加工	99.7
粘土及其他土砂石开采	104.6	食品制造业	103.3
砂石	104.6	焙烤食品制造	103.8
采盐	122.6	糕点、面包制造	102.4
井盐	122.6	糕点制造	102.6
农副食品加工业	98.1	面包制造	102.1
谷物磨制	103.5	饼干及其他焙烤食品制造	104.8
稻谷加工	106.3	饼干	103.2

5－10 续表1

（上年＝100）

项目名称	指 数	项目名称	指 数
膨化食品	104.4	食品添加剂	106.2
其他焙烤食品	105.2	饲料添加剂	99.9
糖果、巧克力及蜜饯制造	100.0	其他未列明食品制造	100.4
糖果、巧克力制造	100.0	酒、饮料和精制茶制造业	99.9
糖果	100.0	酒的制造	100.3
方便食品制造	99.6	酒精制造	98.4
米、面制品制造	101.3	白酒制造	100.8
速冻食品制造	99.2	啤酒制造	99.8
方便面制造	100.3	葡萄酒制造	105.0
方便面	100.3	饮料制造	99.7
其他方便食品制造	98.6	碳酸饮料制造	102.4
干制方便食品	98.6	瓶（罐）装饮用水制造	97.0
乳制品制造	104.8	果菜汁及果菜汁饮料制造	99.9
液体乳制造	104.8	含乳饮料和植物蛋白饮料制造	99.9
罐头食品制造	101.4	含乳饮料	97.5
肉、禽类罐头制造	92.8	植物蛋白饮料	101.6
蔬菜、水果罐头制造	103.1	茶饮料及其他饮料制造	99.6
调味品、发酵制品制造	105.7	茶饮料	99.6
味精制造	104.1	精制茶加工	97.4
酱油、食醋及类似制品制造	101.8	精制茶	97.4
酱油	102.2	烟草制品业	100.0
食醋	99.7	卷烟制造	100.0
其他调味品、发酵制品制造	106.7	卷烟	100.0
复合调味品	106.5	其他烟草制品制造	98.3
发酵类制品	111.7	纺织业	108.9
其他食品制造	105.7	棉纺织及印染精加工	109.3
保健食品制造	88.3	棉纺纱加工	110.7
冷冻饮品及食用冰制造	100.8	纱	110.7
盐加工	129.3	缝纫线	106.7
食用盐	103.6	棉织造加工	102.8
非食用盐	158.8	布（棉布、棉混纺布、化纤布）	102.8
食品及饲料添加剂制造	105.0	毛纺织及染整精加工	101.7

5－10　续表 2

（上年＝100）

项目名称	指　数	项目名称	指　数
毛条和毛纱线加工	101.7	木材加工和木、竹、藤、棕、草制品业	99.9
家用纺织制成品制造	107.2	人造板制造	100.0
毛巾类制品制造	107.2	胶合板制造	100.0
产业用纺织制成品制造	107.4	纤维板制造	97.8
非织造布制造	95.7	刨花板制造	102.4
纺织带和帘子布制造	121.2	其他人造板制造	102.8
其他产业用纺织制成品制造	102.4	木质制品制造	99.8
纺织服装、服饰业	100.9	木门窗制造	98.0
机织服装制造	100.7	木地板制造	103.1
其他机织服装制造	100.7	家具制造业	106.7
西服及西服套装	99.9	木质家具制造	100.0
上衣	99.3	卧室用木质家具	100.5
衬衫	111.9	客厅、餐厅用木质家具	100.0
裤	100.3	金属家具制造	113.8
职业服装、工作服及类似服装	99.8	办公室用金属家具	113.8
针织或钩针编织服装制造	102.8	其他家具制造	101.3
其他针织或钩针编织服装制造	102.8	软体坐具	101.3
服饰制造	99.8	造纸和纸制品业	103.5
皮革、毛皮、羽毛及其制品和制鞋业	99.5	纸浆制造	107.2
皮革鞣制加工	101.9	木竹浆制造	107.2
半成品革	94.5	造纸	106.9
成品革	103.0	机制纸及纸板制造	107.3
皮革制品制造	92.6	未涂布印刷书写用纸	113.5
皮箱、包（袋）制造	92.6	其他机制纸及纸板	105.4
手提包（袋）、背包	92.6	加工纸制造	101.8
皮手套及皮装饰制品制造	92.6	纸制品制造	100.4
毛皮鞣制及制品加工	98.6	纸和纸板容器制造	100.6
其他毛皮制品加工	98.6	其他纸制品制造	100.2
羽毛（绒）加工及制品制造	99.9	卫生用纸制品	102.6
羽毛（绒）加工	99.9	其他纸制品	99.6
制鞋业	100.1	印刷和记录媒介复制业	87.1
皮鞋制造	100.1	印刷	87.1

5－10 续表3

（上年＝100）

项目名称	指　数	项目名称	指　数
书、报刊印刷	100.0	其它无机碱产品	110.4
多色印刷品	100.0	无机盐制造	109.6
包装装潢及其他印刷	85.9	氟化物及其盐	108.9
塑料印刷品	81.8	贵金属化合物	111.2
其他包装装潢及印刷	87.9	有机化学原料制造	148.8
文教、工美、体育和娱乐用品制造业	98.4	链烯烃	151.2
乐器制造	93.6	芳烃	127.2
中乐器制造	93.6	环醇	197.5
工艺美术及礼仪用品制造	98.5	羧酸及其衍生物	134.5
地毯、挂毯制造	98.3	醚	127.6
机制地毯、挂毯	98.3	改性乙醇（部分）	142.5
其他工艺美术及礼仪用品制造	98.5	其他基础化学原料制造	113.7
游艺器材及娱乐用品制造	97.7	金属氧化物	123.0
露天游乐场所游乐设备制造	97.7	其他未列明基础化学原料	107.8
石油、煤炭及其他燃料加工业	130.5	肥料制造	114.2
精炼石油产品制造	127.5	氮肥制造	125.4
原油加工及石油制品制造	127.5	磷肥制造	141.6
汽油	127.5	钾肥制造	125.3
煤油	141.1	复混肥料制造	103.2
柴油	120.0	有机肥料及微生物肥料制造	103.4
润滑油	101.1	微生物肥料	103.4
其它原油加工及石油制品制造	133.4	农药制造	129.7
煤炭加工	133.0	化学农药制造	134.7
炼焦	133.0	杀虫（杀螨）用原药及制剂	134.7
焦炭	133.0	生物化学农药及微生物农药制造	98.6
化学原料和化学制品制造业	126.9	涂料、油墨、颜料及类似产品制造	106.7
基础化学原料制造	138.8	涂料制造	101.5
无机酸制造	142.0	水性涂料	100.0
硫酸	142.0	非水性涂料	103.4
无机碱制造	145.0	建筑涂料	99.2
烧碱	134.8	工业颜料制造	110.2
纯碱类	158.4	无机颜料	110.2

5－10　续表4

（上年＝100）

项目名称	指　数	项目名称	指　数
合成材料制造	132.2	心血管系统用药	113.8
初级形态塑料及合成树脂制造	138.8	化学药品制剂制造	97.6
合成纤维单（聚合）体制造	121.4	注射液	94.0
合成纤维单体	131.8	输液	124.6
合成纤维聚合物	104.6	片剂	94.7
专用化学产品制造	124.0	胶囊剂	100.4
化学试剂和助剂制造	139.6	颗粒剂	97.9
催化剂及载体	129.6	冻干粉针剂	98.8
橡胶助剂	115.4	中药饮片加工	114.0
塑料助剂	126.3	植物类饮片	114.0
炭黑	183.8	中成药生产	103.1
其他化学试剂和助剂	140.3	中成药丸剂	106.2
专项化学用品制造	108.0	中成药颗粒剂	100.6
油田用化学制剂	99.8	中成药糖浆	97.3
其他专项化学用品制造	111.7	中成药片剂	95.0
林产化学产品制造	150.9	中成药胶囊	100.2
竹材、木材水解产品	150.9	中成药合剂	103.5
文化用信息化学品制造	100.5	膏药	103.3
环境污染处理专用药剂材料制造	108.3	兽用药品制造	98.9
水处理剂	108.3	兽用疫苗	99.8
其他专用化学产品制造	106.4	兽用药品	97.9
炸药、火工及焰火产品制造	96.9	生物药品制品制造	96.1
炸药及火工产品制造	96.9	生物药品制造	96.1
炸药	96.9	卫生材料及医药用品制造	89.3
日用化学产品制造	109.1	卫生材料及敷料	89.3
肥皂及洗涤剂制造	114.6	化学纤维制造业	125.1
香料、香精制造	101.4	纤维素纤维原料及纤维制造	92.9
医药制造业	99.0	人造纤维（纤维素纤维）制造	92.9
化学药品原料药制造	102.0	合成纤维制造	139.4
抗菌素（抗感染药）	98.4	锦纶纤维制造	149.3
激素类药	101.8	涤纶纤维制造	106.4
抗肿瘤药	101.9	氨纶纤维制造	155.0

5－10 续表5

（上年＝100）

项目名称	指数	项目名称	指数
橡胶和塑料制品业	103.9	建筑砌块	94.9
橡胶制品业	103.8	砖	97.8
轮胎制造	109.6	防水建筑材料制造	106.6
轮胎外胎	109.6	沥青和改性沥青防水卷材	106.6
橡胶板、管、带制造	96.5	玻璃制造	137.2
橡胶传动带	96.5	平板玻璃制造	148.6
橡胶零件制造	98.1	特种玻璃制造	128.5
塑料制品业	103.9	玻璃制品制造	83.6
塑料薄膜制造	106.8	技术玻璃制品制造	79.1
塑料板、管、型材制造	109.8	日用玻璃制品制造	100.0
塑料管及附件	110.4	玻璃包装容器制造	99.0
其他塑料板、管、型材	107.4	玻璃纤维和玻璃纤维增强塑料制品制造	123.1
塑料丝、绳及编织品制造	97.5	玻璃纤维及制品制造	196.2
泡沫塑料制造	103.9	玻璃纤维布	196.2
塑料包装箱及容器制造	100.5	玻璃纤维增强塑料制品制造	100.7
塑料零件及其他塑料制品制造	102.7	陶瓷制品制造	98.3
其他未列明塑料制品	102.7	建筑陶瓷制品制造	98.3
非金属矿物制品业	102.1	瓷质砖	97.8
水泥、石灰和石膏制造	100.3	其他建筑陶瓷制品	99.2
水泥制造	100.3	卫生陶瓷制品制造	97.0
通用硅酸盐水泥	101.0	特种陶瓷制品制造	99.6
特性水泥	87.3	日用陶瓷制品制造	98.3
硅酸盐水泥熟料	88.2	耐火材料制品制造	97.1
石膏、水泥制品及类似制品制造	97.4	耐火陶瓷制品及其他耐火材料制造	97.1
水泥制品制造	97.4	致密定形耐火制品	94.7
商品混凝土	94.5	其他耐火材料制品	99.4
水泥混凝土电杆	106.0	石墨及其他非金属矿物制品制造	111.3
预应力混凝土桩	92.9	石墨及碳素制品制造	105.6
混凝土轨枕及铁道用混凝土制品	109.3	石墨制品	100.6
轻质建筑材料制造	96.1	碳制品	141.3
砖瓦、石材等建筑材料制造	97.7	其他石墨及碳素产品	117.1
粘土砖瓦及建筑砌块制造	95.8	其他非金属矿物制品制造	113.1

5-10 续表6

（上年=100）

项目名称	指　数	项目名称	指　数
磨具	100.6	原铝(电解铝)	127.5
磨料	108.3	镁冶炼	178.2
沥青、泥炭	150.8	贵金属冶炼	102.3
其他非金属矿物制品	124.9	金冶炼	98.0
黑色金属冶炼和压延加工业	130.9	冶炼产金	98.0
炼铁	126.2	银冶炼	119.2
生铁	126.2	有色金属合金制造	114.9
炼钢	142.1	常用有色金属合金	115.3
非合金钢粗钢	142.1	硬质合金	113.4
钢压延加工	130.7	有色金属压延加工	125.9
轧制锻造钢坯	131.3	铜压延加工	129.6
棒材	132.9	铝压延加工	125.2
钢筋(线材)	130.1	铝材	125.2
特厚板	133.5	其他有色金属压延加工	120.6
厚钢板	125.1	金属制品业	106.7
热轧薄宽钢带	143.5	结构性金属制品制造	106.3
冷轧窄钢带	137.7	金属结构制造	104.7
无缝钢管	135.8	钢结构	105.3
焊接钢管	122.2	钢铁结构体部件、加工钢材	103.8
其他钢材	101.6	金属门窗制造	109.1
铁合金冶炼	113.1	金属工具制造	98.5
特种铁合金	116.6	切削工具制造	98.5
其他铁合金	104.8	集装箱及金属包装容器制造	101.3
有色金属冶炼和压延加工业	119.1	金属压力容器制造	102.8
常用有色金属冶炼	119.3	金属包装容器及材料制造	99.8
铜冶炼	139.5	钢铁制包装容器	99.8
精炼铜(电解铜)	139.5	金属丝绳及其制品制造	118.5
铅锌冶炼	106.5	钢绞线	122.9
铅	102.9	金属丝绳制品	118.0
锌	122.7	建筑、安全用金属制品制造	92.6
铝冶炼	119.0	建筑装饰及水暖管道零件制造	92.6
氧化铝	107.2	供暖用散热器(暖气片)	92.6

5－10 续表7

（上年＝100）

项目名称	指数	项目名称	指数
金属制日用品制造	103.4	阀门和旋塞制造	100.4
金属制餐具和器皿制造	103.4	液压动力机械及元件制造	100.0
铝制厨用器皿及餐具制造业	103.4	液压元件	100.0
铸造及其他金属制品制造	108.8	轴承、齿轮和传动部件制造	99.6
黑色金属铸造	107.4	滚动轴承制造	99.1
铸铁件	105.8	齿轮及齿轮减、变速箱制造	100.5
铸钢件	108.7	齿轮传动轴	100.6
锻件及粉末冶金制品制造	113.3	齿轮	99.5
锻件	113.3	烘炉、风机、包装等设备制造	100.1
通用设备制造业	100.9	风机、风扇制造	96.6
锅炉及原动设备制造	98.9	离心式通风机	96.6
锅炉及辅助设备制造	100.5	气体、液体分离及纯净设备制造	100.6
工业锅炉	101.8	气体、液体分离及纯净设备	100.0
锅炉及辅助设备零件	99.0	其他气体、液体分离及纯净设备	101.7
内燃机及配件制造	96.5	制冷、空调设备制造	100.3
内燃机零部件及配件	96.5	工商用制冷设备	99.8
金属加工机械制造	97.3	工商用冷藏、冷冻柜及类似设备	99.3
金属切削机床制造	99.9	工商用空调设备	102.6
数控切削机床	99.9	制冷、空调设备零部件	100.3
金属成形机床制造	96.2	通用零部件制造	102.2
普通金属成形机床	96.2	紧固件制造	104.0
其他金属加工机械制造	96.9	钢铁制紧固件	104.0
物料搬运设备制造	102.8	机械零部件加工	102.3
生产专用起重机制造	102.8	其他通用零部件制造	99.6
连续搬运设备制造	106.5	专用设备制造业	101.9
输送机械（输送机和提升机）	106.5	采矿、冶金、建筑专用设备制造	102.1
电梯、自动扶梯及升降机制造	100.0	矿山机械制造	101.9
电梯	100.0	采掘、凿岩设备	99.5
泵、阀门、压缩机及类似机械制造	100.8	矿物破碎机械	114.0
泵及真空设备制造	102.4	矿物粉磨机械	100.0
气体压缩机械制造	99.3	矿物筛分、洗选设备	104.4
非制冷设备用压缩机	99.3	矿山设备专用配套件及其他矿山专用设备	101.9

5－10 续表 8

（上年＝100）

项目名称	指 数	项目名称	指 数
石油钻采专用设备制造	102.0	畜牧机械制造	104.6
石油钻探、开采专用设备零件及其他石油钻采专用设备	102.0	家禽畜饲养机械及其他畜牧机械制造业	104.6
建筑工程用机械制造	100.1	农林牧渔机械配件制造	95.2
挖掘、铲土运输机械	99.3	医疗仪器设备及器械制造	100.4
压实机械	103.0	医疗、外科及兽医用器械制造	100.4
其他建筑工程用机械制造业	100.8	注射穿刺器械	101.0
建筑材料生产专用机械制造	104.4	手术室、急救室、诊疗室设备及器具	100.2
混凝土机械	101.3	环保、邮政、社会公共服务及其他专用设备制造	103.5
建筑材料专用窑炉	115.6	环境保护专用设备制造	103.5
非金属矿物混合搅拌机械	108.0	大气污染防治设备	103.5
冶金专用设备制造	99.9	社会公共安全设备及器材制造	104.2
金属轧制设备	99.9	灭火器及零件	104.2
化工、木材、非金属加工专用设备制造	100.0	水资源专用机械制造	102.2
模具制造	100.0	汽车制造业	101.7
其他模具	100.0	汽车整车制造	99.9
食品、饮料、烟草及饲料生产专用设备制造	99.8	汽柴油车整车制造	100.9
食品、酒、饮料及茶生产专用设备制造	99.6	运动型多用途乘用车(SUV)	104.4
食品制造机械	99.6	大型客车	100.0
烟草生产专用设备制造	100.0	中型客车	100.2
印刷、制药、日化及日用品生产专用设备制造	99.6	轻型载货车	101.2
印刷专用设备制造	99.6	微型载货车	95.7
印刷机设备	99.6	新能源车整车制造	96.0
纺织、服装和皮革加工专用设备制造	96.2	新能源乘用车	96.0
纺织专用设备制造	96.2	汽车用发动机制造	100.8
农、林、牧、渔专用机械制造	102.8	改装汽车制造	101.6
拖拉机制造	100.9	电车制造	96.7
大型拖拉机	100.0	汽车车身、挂车制造	100.0
中型拖拉机	102.1	挂车、半挂车	100.0
机械化农业及园艺机具制造	107.7	汽车零部件及配件制造	103.8
播种机	104.5	车身以及零配件	107.9
农作物收获机械	99.9	底盘以及零配件	103.9
其他机械化农业及园艺机具制造	115.7	汽车电子制造	99.6

5-10 续表9

（上年=100）

项目名称	指 数	项目名称	指 数
汽车通用件	100.3	其他电线、电缆	106.8
铁路、船舶、航空航天和其他运输设备制造业	101.1	绝缘制品制造	99.3
铁路运输设备制造	105.8	电池制造	103.7
铁路机车车辆配件制造	105.8	锂离子电池制造	107.9
铁路机车转向架、轴、轮	107.0	铅蓄电池制造	96.4
其他铁路机车车辆配件	101.2	家用电力器具制造	103.1
摩托车制造	99.4	家用制冷电器具制造	97.7
摩托车整车制造	101.4	家用空气调节器制造	105.1
两轮摩托车	100.3	房间空气调节器	105.1
三轮摩托车	102.4	非电力家用器具制造	102.2
摩托车零部件及配件制造	96.5	太阳能器具制造	102.2
电气机械和器材制造业	103.5	照明器具制造	101.4
电机制造	101.1	照明灯具制造	101.4
发电机及发电机组制造	96.4	户外照明用灯具及装置	101.4
交流发电机	96.4	计算机、通信和其他电子设备制造业	96.8
电机及发电机组专用零件	96.4	计算机制造	92.1
电动机制造	105.4	计算机零部件制造	92.1
交流电动机	105.4	通信设备制造	92.6
输配电及控制设备制造	105.2	通信终端设备制造	92.6
变压器、整流器和电感器制造	97.3	移动通信手持机（手机）	92.6
变压器	97.3	电子器件制造	92.2
配电开关控制设备制造	99.1	光电子器件制造	92.2
高压电路开关、保护电器装置	100.0	电子束光电器件	92.2
低压开关、保护控制装置	94.4	电子元件及电子专用材料制造	119.1
电力控制或电力分配装置	99.6	电阻电容电感元件制造	100.9
电力电子元器件制造	100.0	电容器	100.6
电力连接装置	100.0	电阻器及电阻网络	103.2
光伏设备及元器件制造	123.0	敏感元件及传感器制造	105.7
其他输配电及控制设备制造	108.6	传感器	105.7
电线、电缆、光缆及电工器材制造	101.4	电子专用材料制造	134.3
电线、电缆制造	101.5	电子半导体材料	134.3
专用电缆	101.0	仪器仪表制造业	101.4

5-10 续表 10

（上年=100）

项目名称	指　数	项目名称	指　数
通用仪器仪表制造	103.2	打火机及其他烟具	100.3
工业自动控制系统装置制造	98.2	废弃资源综合利用业	134.4
工业自动控制系统	94.9	金属废料和碎屑加工处理	134.4
流量仪表	99.9	熔炼用废钢	134.4
电工仪器仪表制造	99.7	电力、热力生产和供应业	101.2
电磁参数测量仪器仪表	99.7	电力生产	102.3
绘图、计算及测量仪器制造	106.0	火力发电	102.5
量具	107.0	水力发电	101.2
其他绘图、计算及测量仪器	100.6	其他电力生产	100.0
实验分析仪器制造	97.5	电力供应	100.5
专用仪器仪表制造	97.8	热力生产和供应	99.9
环境监测专用仪器仪表制造	97.8	燃气生产和供应业	108.1
光学仪器制造	91.7	燃气生产和供应业	108.1
其他光学仪器及零件、附件	91.7	天然气生产和供应业	108.1
衡器制造	97.7	天然气供应	108.1
工业用衡器	97.7	水的生产和供应业	102.8
其他仪器仪表制造业	98.7	自来水生产和供应	103.4
其他制造业	100.3	自来水供应	103.4
日用杂品制造	100.3	污水处理及其再生利用	101.6
其他日用杂品制造	100.3	污水的处理及深度净化	101.6

5－11 各月分类工业生产者购进价格同比指数(2021 年)

(上年同期＝100)

项目名称	全年	1 月	2 月	3 月	4 月	5 月	6 月
总 指 数	**109.5**	**101.5**	**102.5**	**104.2**	**107.8**	**110.6**	**110.7**
按初级中间最终产品分							
初级产品	116.7	104.7	107.0	108.7	113.3	118.3	119.0
农产品	103.8	105.0	105.5	106.0	106.0	107.6	105.3
矿产品	125.8	104.1	107.7	109.7	117.8	125.3	128.5
废料	123.0	108.1	110.7	118.4	123.1	130.7	129.2
中间产品	107.5	100.6	101.3	103.0	106.3	108.5	108.5
九大类原材料购进价格指数							
燃料、动力类	125.8	99.4	104.6	105.1	115.4	123.0	125.8
黑色金属材料类	121.9	108.8	111.0	114.7	120.6	129.4	128.9
钢材	120.1	104.7	105.7	109.2	116.2	124.0	124.0
其它	124.9	116.0	120.3	124.3	128.3	139.0	137.3
有色金属材料及电线类	116.5	106.9	107.8	113.2	119.5	124.3	120.7
化工原料类	112.0	99.8	99.9	104.9	109.0	111.4	112.4
木材及纸浆类	105.5	100.2	100.8	102.0	106.1	108.2	107.8
建筑材料类及非金属类	104.6	98.4	99.7	98.8	99.5	102.3	102.9
其它工业原材料及半成品类	101.8	99.2	98.6	99.5	101.2	101.1	102.1
农副产品类	97.9	103.7	103.6	103.5	103.2	102.5	100.3
纺织原料类	110.6	99.1	101.1	104.5	105.5	109.0	108.5

5－11 续表

(上年同期＝100)

项目名称	7 月	8 月	9 月	10 月	11 月	12 月
总 指 数	**110.5**	**111.1**	**112.3**	**115.6**	**115.4**	**111.9**
按初级中间最终产品分						
初级产品	119.4	119.7	120.7	126.5	126.7	116.7
农产品	102.8	101.5	101.2	100.3	102.3	102.1
矿产品	131.2	132.8	134.9	146.2	145.5	127.5
废料	129.8	128.7	127.8	127.3	123.9	118.0
中间产品	108.1	108.7	110.0	112.6	112.3	110.5
九大类原材料购进价格指数						
燃料、动力类	127.2	133.3	142.0	153.7	151.3	134.4
黑色金属材料类	131.3	128.7	124.4	125.1	122.5	117.1
钢材	125.5	126.8	126.6	128.0	127.3	122.9
其它	141.3	132.1	120.6	120.3	114.5	107.4
有色金属材料及电线类	117.7	114.7	117.4	121.3	119.8	115.2
化工原料类	113.2	115.7	116.4	122.1	121.8	118.0
木材及纸浆类	106.8	107.2	106.4	106.5	106.4	107.8
建筑材料类及非金属类	102.9	102.4	102.5	113.2	117.4	115.3
其它工业原材料及半成品类	103.0	103.4	103.7	104.0	103.1	102.5
农副产品类	95.9	94.8	93.9	90.5	91.3	92.5
纺织原料类	109.4	111.7	113.8	118.1	121.4	125.5

5－12　各月分类工业生产者购进价格环比指数(2021 年)

(上月＝100)

项目名称	全年	1 月	2 月	3 月	4 月	5 月	6 月
总 指 数	**111.9**	**101.1**	**101.1**	**101.1**	**101.2**	**101.6**	**100.6**
按初级中间最终产品分							
初级产品	116.7	102.5	101.9	101.0	101.2	102.5	101.4
农产品	102.1	101.9	99.4	101.2	99.5	100.6	98.6
矿产品	127.5	103.1	103.7	100.4	102.4	103.4	103.4
废料	118.0	102.0	102.4	105.8	101.8	105.9	101.0
中间产品	110.5	100.8	100.8	101.1	101.2	101.4	100.3
九大类原材料购进价格指数							
燃料、动力类	134.4	102.8	105.1	100.6	101.4	102.1	103.2
黑色金属材料类	117.1	104.1	102.0	103.0	104.0	107.2	100.7
钢材	122.9	102.1	100.9	102.8	105.8	106.3	100.2
其它	107.4	107.4	103.7	103.4	101.4	108.6	101.6
有色金属材料及电线类	115.2	101.1	100.4	102.3	102.4	105.1	99.6
化工原料类	118.0	100.6	100.7	104.2	102.7	100.6	100.4
木材及纸浆类	107.8	101.1	100.7	101.4	100.5	100.3	100.7
建筑材料类及非金属类	115.3	99.9	101.9	97.4	99.6	101.3	100.0
其它工业原材料及半成品类	102.5	99.8	99.5	100.6	100.9	100.4	101.0
农副产品类	92.5	101.5	99.4	100.2	99.2	98.6	98.3
纺织原料类	125.5	100.9	102.1	101.6	100.1	101.5	100.3

5－12　续表　(上月＝100)

项目名称	7 月	8 月	9 月	10 月	11 月	12 月
总 指 数	**100.3**	**100.7**	**101.4**	**103.3**	**100.7**	**98.2**
按初级中间最终产品分						
初级产品	101.8	101.3	101.3	105.4	101.0	94.4
农产品	99.0	99.4	99.0	98.9	103.4	101.3
矿产品	103.7	102.6	102.7	109.7	100.1	90.5
废料	101.4	100.4	100.6	100.7	98.1	96.9
中间产品	99.8	100.6	101.4	102.6	100.6	99.4
九大类原材料购进价格指数						
燃料、动力类	102.8	103.4	107.6	109.1	101.3	91.4
黑色金属材料类	102.3	99.3	97.4	101.0	98.0	97.4
钢材	101.5	101.6	100.5	101.6	100.0	97.9
其它	103.5	95.7	92.4	100.0	94.5	96.5
有色金属材料及电线类	100.2	101.3	102.2	102.7	99.0	98.1
化工原料类	100.8	101.3	100.7	105.0	100.9	98.9
木材及纸浆类	100.2	101.0	99.9	100.6	100.9	100.3
建筑材料类及非金属类	98.0	98.6	102.3	112.2	104.8	99.2
其它工业原材料及半成品类	100.3	100.3	100.3	100.4	99.4	99.6
农副产品类	96.9	99.4	98.6	96.2	101.6	102.6
纺织原料类	100.9	102.1	101.9	104.5	103.1	104.1

5－13 各月分类工业生产者购进价格定基指数(2021年)

(2020年＝100)

项目名称	全年	1月	2月	3月	4月	5月	6月
总 指 数	**109.5**	**103.2**	**104.2**	**105.4**	**106.7**	**108.4**	**109.0**
按初级中间最终产品分							
初级产品	116.7	106.6	108.6	109.8	111.1	113.9	115.6
农产品	103.8	104.8	104.2	105.5	104.9	105.5	104.1
矿产品	125.8	107.8	111.8	112.3	115.0	118.9	123.0
废料	123.0	107.5	110.1	116.4	118.5	125.5	126.8
中间产品	107.5	102.2	103.0	104.2	105.5	106.9	107.3
九大类原材料购进价格指数							
燃料、动力类	125.8	106.2	111.6	112.3	113.9	116.3	120.1
黑色金属材料类	121.9	108.0	110.1	113.4	118.0	126.5	127.4
钢材	120.1	104.9	105.9	108.8	115.1	122.3	122.4
其它	124.9	113.3	117.4	121.4	123.1	133.7	135.8
有色金属材料及电线类	116.5	106.5	106.9	109.4	112.0	117.7	117.3
化工原料类	112.0	102.0	102.7	107.0	109.9	110.6	111.0
木材及纸浆类	105.5	101.8	102.5	103.9	104.4	104.8	105.5
建筑材料类及非金属类	104.6	101.6	103.4	100.7	100.3	101.6	101.6
其它工业原材料及半成品类	101.8	99.9	99.4	99.9	100.9	101.2	102.3
农副产品类	97.9	103.6	103.0	103.2	102.4	100.9	99.2
纺织原料类	110.6	101.6	103.7	105.3	105.5	107.1	107.4

5－13 续表 (2020年＝100)

项目名称	7月	8月	9月	10月	11月	12月
总 指 数	**109.4**	**110.2**	**111.7**	**115.4**	**116.2**	**114.1**
按初级中间最终产品分						
初级产品	117.7	119.2	120.8	127.3	128.6	121.4
农产品	103.0	102.5	101.5	100.3	103.7	105.0
矿产品	127.5	130.8	134.4	147.4	147.5	133.4
废料	128.5	129.0	129.8	130.8	128.2	124.3
中间产品	107.1	107.7	109.3	112.2	112.8	112.1
九大类原材料购进价格指数						
燃料、动力类	123.5	127.7	137.5	149.9	151.9	138.8
黑色金属材料类	130.3	129.4	125.9	127.2	124.7	121.5
钢材	124.2	126.3	126.9	128.9	128.9	126.3
其它	140.6	134.6	124.3	124.3	117.4	113.3
有色金属材料及电线类	117.5	119.0	121.7	125.0	123.7	121.4
化工原料类	111.9	113.4	114.2	119.9	121.0	119.6
木材及纸浆类	105.7	106.8	106.6	107.2	108.2	108.5
建筑材料类及非金属类	99.6	98.2	100.4	112.7	118.1	117.1
其它工业原材料及半成品类	102.5	102.9	103.2	103.6	103.0	102.6
农副产品类	96.1	95.5	94.2	90.6	92.1	94.5
纺织原料类	108.3	110.5	112.6	117.6	121.3	126.2

5－14 工业生产者购进价格完整同比指数(2021 年)

(上年＝100)

项目名称	指　数	项目名称	指　数
农业	108.6	其他木材	102.9
谷物种植	111.3	林产品采集	103.5
稻谷种植	98.6	木竹材林产品采集	110.1
小麦种植	107.9	非木竹材林产品采集	102.4
玉米种植	121.9	天然橡胶	101.4
其他谷物种植	117.7	其他非木竹材林产品	106.2
高粱	112.1	畜牧业	94.8
大麦	96.9	牲畜饲养	86.8
其他谷物	125.1	牛的饲养	101.7
豆类、油料和薯类种植	109.9	猪的饲养	75.6
豆类种植	117.0	其他牲畜饲养	113.6
大豆	119.0	家禽饲养	110.9
其他豆类及豆秸	107.8	鸡的饲养	110.9
油料种植	108.9	其他畜牧业	116.8
花生	110.1	其他未列明畜牧业产品	116.8
芝麻	105.5	农、林、牧、渔专业及辅助性活动	107.5
棉、麻、糖、烟草种植	117.3	农业专业及辅助性活动	107.5
棉花种植	125.6	农产品初加工活动	107.5
麻类种植	102.0	煤炭开采和洗选业	147.9
烟草种植	100.0	烟煤和无烟煤开采洗选	148.2
蔬菜、食用菌及园艺作物种植	105.6	无烟煤开采洗选	141.5
蔬菜种植	105.6	烟煤开采洗选	150.4
坚果、含油果、香料和饮料作物种植	100.0	其他煤炭采选	121.3
香料作物种植	100.2	石油和天然气开采业	132.6
调味香料	100.2	石油开采	133.4
香味料	100.3	陆地石油开采	133.4
茶及其他饮料作物种植	94.6	天然气开采	115.5
中药材种植	105.3	陆地天然气开采	115.5
其他农业	100.7	黑色金属矿采选业	123.6
林业	102.7	铁矿采选	126.9
木材和竹材采运	101.6	铁矿石成品矿	126.9
木材采运	101.6	锰矿、铬矿采选	106.9
针叶原木	101.6	锰矿	105.9
非针叶原木	99.2	铬矿石	110.0

5－14 续表1

（上年＝100）

项目名称	指 数	项目名称	指 数
有色金属矿采选业	118.0	配合饲料	110.7
常用有色金属矿采选	120.7	其他未列明饲料	122.9
铜矿采选	137.8	植物油加工	123.1
铅锌矿采选	111.8	食用植物油加工	123.1
铝矿采选	106.3	食用植物油	123.6
其他常用有色金属矿采选	115.6	其他食用植物油	120.4
钛矿	115.6	制糖业	103.8
贵金属矿采选	101.1	屠宰及肉类加工	87.9
金矿采选	101.1	牲畜屠宰	86.8
稀有稀土金属矿采选	127.7	鲜、冷藏肉及冻肉	86.8
钨钼矿采选	127.7	禽类屠宰	100.1
钼矿	127.7	肉制品及副产品加工	119.8
非金属矿采选业	98.4	动物肠衣	104.4
土砂石开采	98.4	其他未列明肉制品	127.5
石灰石、石膏开采	103.9	蔬菜、菌类、水果和坚果加工	103.6
石灰石	103.9	蔬菜加工	116.2
粘土及其他土砂石开采	98.1	食用菌加工	100.1
粘土	104.5	水果和坚果加工	100.8
砂石	98.1	其他农副食品加工	127.5
化学矿开采	97.2	淀粉及淀粉制品制造	113.5
磷矿石	97.2	豆制品制造	107.9
采盐	104.9	其他未列明农副食品加工	158.2
矿盐	104.9	食品制造业	99.2
石棉及其他非金属矿采选	99.2	乳制品制造	95.4
石墨、滑石采选	100.9	液体乳制造	92.5
石墨	100.9	乳粉制造	96.0
其他未列明非金属矿采选	98.5	其他乳制品制造	128.5
农副食品加工业	90.5	调味品、发酵制品制造	108.3
谷物磨制	101.8	味精制造	104.0
稻谷加工	104.7	其他调味品、发酵制品制造	111.2
小麦加工	101.4	复合调味品	92.6
玉米加工	107.3	发酵类制品	112.9
饲料加工	117.2	其他食品制造	102.5
其他饲料加工	117.2	食品及饲料添加剂制造	102.5

5－14　续表 2

（上年＝100）

项目名称	指　数	项目名称	指　数
食品添加剂	102.5	木材加工	102.7
饲料添加剂	101.6	锯材加工	98.1
其他未列明食品制造	102.5	木片加工	106.1
酒、饮料和精制茶制造业	103.4	单板加工	103.1
酒的制造	107.2	人造板制造	107.8
酒精制造	104.7	纤维板制造	114.4
啤酒制造	108.3	其他人造板制造	103.5
葡萄酒制造	106.9	木质制品制造	102.2
饮料制造	108.1	软木制品及其他木制品制造	102.2
果菜汁及果菜汁饮料制造	108.1	造纸和纸制品业	106.3
精制茶加工	91.3	纸浆制造	114.7
精制茶	91.3	木竹浆制造	117.3
纺织业	110.6	非木竹浆制造	108.9
棉纺织及印染精加工	111.0	造纸	107.6
棉纺纱加工	112.3	机制纸及纸板制造	108.0
已梳皮棉	112.8	未涂布印刷书写用纸	112.7
纱	105.0	其他机制纸及纸板	103.8
线	108.6	加工纸制造	101.2
棉织造加工	100.9	纸制品制造	106.1
布（棉布、棉混纺布、化纤布）	100.9	纸和纸板容器制造	106.2
毛纺织及染整精加工	98.1	其他纸制品制造	101.5
毛条和毛纱线加工	97.5	其他纸制品	101.5
毛织造加工	98.2	石油、煤炭及其他燃料加工业	149.5
特种羊毛或动物细毛织物	98.2	精炼石油产品制造	129.8
丝绢纺织及印染精加工	115.6	原油加工及石油制品制造	129.8
缫丝加工	115.6	汽油	115.1
皮革、毛皮、羽毛及其制品和制鞋业	103.7	柴油	104.7
皮革鞣制加工	100.3	润滑油	100.1
成品革	100.3	石脑油	129.8
毛皮鞣制及制品加工	103.8	液化石油气	124.8
毛皮鞣制加工	103.8	石油焦	155.6
羽毛（绒）加工及制品制造	99.5	石油沥青	97.4
羽毛（绒）加工	99.5	煤炭加工	159.0
木材加工和木、竹、藤、棕、草制品业	104.9	炼焦	159.0

5－14 续表3

（上年＝100）

项目名称	指数	项目名称	指数
焦炭	157.3	涂料、油墨、颜料及类似产品制造	101.0
煤焦油	170.6	密封用填料及类似品制造	101.0
化学原料和化学制品制造业	115.1	合成材料制造	117.5
基础化学原料制造	121.1	初级形态塑料及合成树脂制造	117.2
无机酸制造	117.7	合成纤维单（聚合）体制造	130.4
硫酸	117.7	合成纤维单体	135.7
无机碱制造	127.5	合成纤维聚合物	106.2
烧碱	117.7	专用化学产品制造	102.6
纯碱类	153.8	化学试剂和助剂制造	116.7
其它无机碱产品	125.5	化学试剂	107.0
无机盐制造	110.4	催化剂及载体	126.6
非金属卤化物及硫化物	141.6	其他化学试剂和助剂	102.1
金属硫化物及硫酸盐	106.2	专项化学用品制造	117.5
氟化物及其盐	92.7	工业用脂肪酸	117.5
氯化物及其盐	132.1	林产化学产品制造	79.2
氰化物、氧氰化物及氰络合物	84.8	其他林产化学产品	79.2
碳化物及碳酸盐	116.0	其他专用化学产品制造	93.5
有机化学原料制造	127.8	炸药、火工及焰火产品制造	99.7
链烯烃	109.3	炸药及火工产品制造	99.7
芳烃	123.7	炸药	99.8
烃磺化、硝化或亚硝化衍生物	98.7	火工产品	99.3
无环醇及其衍生物	133.7	日用化学产品制造	102.2
羧酸及其衍生物	150.3	香料、香精制造	102.2
氨基化合物	173.1	医药制造业	100.6
其他有机化学原料	125.0	化学药品原料药制造	100.5
其他基础化学原料制造	108.0	抗菌素（抗感染药）	100.6
金属氧化物	107.5	解热镇痛药	101.5
气体及稀有气体	100.8	维生素类	129.3
其他未列明基础化学原料	110.9	激素类药	97.4
肥料制造	113.4	抗肿瘤药	108.1
氮肥制造	116.8	心血管系统用药	99.9
磷肥制造	120.6	呼吸系统用药	89.8
钾肥制造	115.6	调解水、电解质、酸碱平衡药	81.2
复混肥料制造	101.8	生化药（酶及辅酶）	100.3

5－14 续表4

（上年＝100）

项目名称	指　数	项目名称	指　数
其他化学药品原料药	101.1	其他未列明塑料制品	101.3
中成药生产	101.7	非金属矿物制品业	106.6
中成药片剂	98.3	水泥、石灰和石膏制造	106.7
其他中成药	103.3	水泥制造	98.7
生物药品制品制造	100.3	通用硅酸盐水泥	98.7
生物药品制造	100.3	硅酸盐水泥熟料	100.1
化学纤维制造业	117.2	石灰和石膏制造	113.1
纤维素纤维原料及纤维制造	120.3	石灰	113.1
化纤浆粕制造	120.9	砖瓦、石材等建筑材料制造	91.5
人造纤维（纤维素纤维）制造	112.2	其他建筑材料制造	91.5
合成纤维制造	106.8	玻璃制造	129.3
锦纶纤维制造	101.2	平板玻璃制造	129.3
涤纶纤维制造	107.4	玻璃制品制造	108.3
橡胶和塑料制品业	101.9	技术玻璃制品制造	122.8
橡胶制品业	104.5	光学玻璃制造	101.9
轮胎制造	98.5	玻璃包装容器制造	105.0
轮胎外胎	98.5	陶瓷制品制造	99.9
橡胶板、管、带制造	105.6	特种陶瓷制品制造	99.9
橡胶输送带	111.7	耐火材料制品制造	99.5
橡胶传动带	99.0	耐火陶瓷制品及其他耐火材料制造	99.5
塑料制品业	101.4	其他耐火材料制品	99.5
塑料薄膜制造	108.0	石墨及其他非金属矿物制品制造	105.2
塑料板、管、型材制造	86.9	石墨及碳素制品制造	93.7
塑料板、片	98.0	石墨制品	93.7
塑料条、棒、型材	91.5	其他非金属矿物制品制造	107.4
其他塑料板、管、型材	83.6	磨具	105.2
塑料丝、绳及编织品制造	98.0	磨料	100.5
泡沫塑料制造	101.5	沥青、泥炭	135.0
塑料人造革、合成革制造	103.0	其他非金属矿物制品	127.2
塑料包装箱及容器制造	99.5	黑色金属冶炼和压延加工业	122.3
塑料零件及其他塑料制品制造	103.0	炼铁	125.5
医疗卫生用塑料制品	98.6	生铁	123.0
塑料粒料	109.9	其他炼铁产品	131.3
其他塑料零件	85.7	炼钢	111.5

5－14　续表5

（上年＝100）

项目名称	指　数	项目名称	指　数
非合金钢粗钢	111.7	金冶炼	96.6
低合金钢粗钢	106.1	矿山成品金	95.6
钢压延加工	121.1	冶炼产金	97.0
轧制锻造钢坯	121.1	银冶炼	111.6
大型型钢	115.0	有色金属合金制造	102.0
中小型型钢	118.5	贵金属合金	102.0
棒材	124.0	有色金属压延加工	116.6
钢筋（线材）	129.2	铜压延加工	115.8
厚钢板	114.3	铝压延加工	115.5
中板	126.5	铝材	115.5
热轧薄板	117.9	其他有色金属压延加工	119.4
冷轧薄板	111.2	金属制品业	107.8
中厚宽钢带	126.0	结构性金属制品制造	117.2
冷轧薄宽钢带	139.9	金属结构制造	117.2
热轧窄钢带	133.9	钢结构	115.1
镀层板带	125.7	钢铁结构体部件、加工钢材	117.3
无缝钢管	113.0	金属工具制造	100.3
焊接钢管	112.9	其他金属工具制造	100.3
其他钢材	112.6	集装箱及金属包装容器制造	105.4
铁合金冶炼	127.4	金属包装容器及材料制造	105.4
普通铁合金	129.7	钢铁制包装容器	105.5
特种铁合金	109.0	铝制包装容器	101.8
有色金属冶炼和压延加工业	116.0	金属丝绳及其制品制造	107.5
常用有色金属冶炼	123.7	钢丝	105.3
铜冶炼	122.1	铜丝	114.4
粗铜	119.1	钢丝绳	103.7
精炼铜（电解铜）	139.1	金属丝绳制品	105.7
铅锌冶炼	105.7	其他金属丝绳及其制品	114.8
铅	105.7	建筑、安全用金属制品制造	91.9
铝冶炼	126.0	建筑、家具用金属配件制造	95.3
氧化铝	116.3	锁具及配件	101.5
原铝（电解铝）	128.6	其他建筑、家具用金属配件	92.3
镁冶炼	137.7	安全、消防用金属制品制造	83.3
贵金属冶炼	97.4	其他安全、消防用金属制品	83.3

5－14 续表6

（上年＝100）

项目名称	指 数	项目名称	指 数
金属制日用品制造	111.8	紧固件制造	100.3
其他金属制日用品制造	111.8	钢铁制紧固件	100.3
铸造及其他金属制品制造	101.3	其他通用零部件制造	100.7
黑色金属铸造	103.6	专用设备制造业	100.0
铸铁件	104.6	环保、邮政、社会公共服务及其他专用设备制造	100.0
铸钢件	101.9	其他专用设备制造	100.0
锻件及粉末冶金制品制造	101.5	汽车制造业	100.2
锻件	102.7	汽车用发动机制造	102.8
冲压件、钣金件	101.2	汽车车身、挂车制造	101.7
其他未列明金属制品制造	99.7	汽车车身	101.7
通用设备制造业	104.8	汽车零部件及配件制造	99.4
锅炉及原动设备制造	98.6	车身以及零配件	99.3
内燃机及配件制造	98.6	底盘以及零配件	99.8
其他内燃机	98.6	汽车通用件	100.2
金属加工机械制造	100.5	铁路、船舶、航空航天和其他运输设备制造业	100.8
机床功能部件及附件制造	100.5	铁路运输设备制造	98.8
泵、阀门、压缩机及类似机械制造	103.9	铁路机车车辆配件制造	98.8
气体压缩机械制造	104.0	其他铁路机车车辆配件	98.8
空调压缩机	104.6	摩托车制造	101.1
冰箱压缩机	105.5	摩托车零部件及配件制造	101.1
其他气体压缩机械及零件	99.9	电气机械和器材制造业	102.7
阀门和旋塞制造	101.8	电机制造	104.0
液压动力机械及元件制造	103.2	发电机及发电机组制造	102.4
液压元件	103.2	交流发电机	101.5
轴承、齿轮和传动部件制造	105.5	电机及发电机组专用零件	102.4
滚动轴承制造	106.7	电动机制造	105.8
齿轮及齿轮减、变速箱制造	101.1	交流电动机	105.8
齿轮传动装置(齿轮箱)	101.1	其他电机及零件	101.2
其他传动部件制造	105.5	输配电及控制设备制造	100.0
其他齿轮、传动和驱动部件及零件	105.5	变压器、整流器和电感器制造	100.4
烘炉、风机、包装等设备制造	101.1	互感器	100.4
制冷、空调设备制造	101.1	电容器及其配套设备制造	99.8
制冷、空调设备零部件	101.1	电力电容器	99.8
通用零部件制造	100.7	配电开关控制设备制造	99.9

5－14 续表7

（上年＝100）

项目名称	指　数	项目名称	指　数
高压电路开关、保护电器装置	100.0	通用仪器仪表制造	100.2
低压开关、保护控制装置	100.0	工业自动控制系统装置制造	100.0
电力控制或电力分配装置	100.0	执行器	100.0
其他配电开关控制设备	99.9	其他工业自动控制系统装置	100.1
电线、电缆、光缆及电工器材制造	109.7	电工仪器仪表制造	99.8
电线、电缆制造	109.7	电力自动化仪表及系统	99.5
绝缘电线	126.0	其他电工仪器仪表	100.0
其他电线、电缆	102.7	其他通用仪器制造	100.3
电池制造	91.4	光学仪器制造	100.0
锂离子电池制造	91.0	其他光学仪器及零件、附件	100.0
其他电池制造	102.5	废弃资源综合利用业	123.0
其他电池及类似品	102.5	金属废料和碎屑加工处理	123.8
计算机、通信和其他电子设备制造业	94.9	熔炼用废钢	123.5
通信设备制造	94.6	有色金属废料与碎屑	127.8
通信终端设备制造	94.6	非金属废料和碎屑加工处理	113.5
移动通信终端设备零件	94.6	造纸废料、废纸	115.0
电子器件制造	101.5	其他非金属废料和碎屑	106.8
集成电路制造	101.5	电力、热力生产和供应业	103.0
集成电路成品	110.7	电力供应	103.0
其他集成电路	98.8	热力生产和供应	100.7
电子元件及电子专用材料制造	104.6	燃气生产和供应业	108.8
电阻电容电感元件制造	100.7	燃气生产和供应业	108.8
电子元件、组件零件	100.7	天然气生产和供应业	108.8
电子电路制造	101.0	天然气供应	108.9
挠性印制电路板	101.0	液化天然气（LNG）供应业	96.3
敏感元件及传感器制造	98.8	煤气生产和供应业	100.9
传感器	98.8	水的生产和供应业	103.9
电子专用材料制造	130.6	自来水生产和供应	104.5
磁性材料元件	116.4	自来水生产	104.5
电子半导体材料	140.0	自来水供应	103.0
仪器仪表制造业	100.2	其他水的处理、利用与分配	99.2

5－15　郑州市分月商品住宅

（上年同月＝100）

项　目	1月	2月	3月	4月	5月
新建商品住宅	**99.4**	**100.3**	**101.2**	**101.8**	**102.7**
90平方米及以下	99.6	100.2	101.4	101.9	102.9
90—144平方米	98.9	100.0	101.0	101.7	102.6
144平方米以上	100.7	101.2	101.7	102.1	102.5
二手住宅	**97.0**	**97.2**	**98.3**	**99.3**	**100.6**
90平方米及以下	97.3	97.8	98.4	99.6	101.3
90－144平方米	96.7	96.7	98.3	99.4	100.2
144平方米以上	96.7	97.0	98.1	98.6	99.9

5－15　续表

（上月＝100）

项　目	1月	2月	3月	4月	5月
新建商品住宅	**100.2**	**100.5**	**100.8**	**100.7**	**100.8**
90平方米及以下	100.6	100.5	101.0	100.5	100.6
90—144平方米	100.0	100.6	100.8	100.9	100.9
144平方米以上	100.2	100.1	100.5	100.3	100.6
二手住宅	**100.1**	**100.3**	**100.5**	**100.5**	**100.6**
90平方米及以下	100.0	100.6	100.3	100.7	100.7
90－144平方米	100.3	100.0	100.7	100.4	100.5
144平方米以上	100.1	100.3	100.4	100.5	100.9

销售价格指数(2021 年)

6 月	7 月	8 月	9 月	10 月	11 月	12 月
103.2	**103.7**	**103.1**	**102.8**	**102.6**	**102.4**	**101.9**
103.2	103.9	103.0	102.7	102.8	102.3	102.0
103.5	104.1	103.5	103.1	102.8	102.7	102.1
102.1	102.4	102.0	101.9	101.5	101.6	101.2
101.3	**101.8**	**101.7**	**102.0**	**101.7**	**101.3**	**100.9**
101.5	101.8	101.5	101.7	101.6	100.7	100.3
100.7	101.6	101.8	102.2	101.9	101.6	101.4
101.8	102.5	102.2	102.4	101.4	101.9	101.1

6 月	7 月	8 月	9 月	10 月	11 月	12 月
100.8	**100.4**	**99.9**	**99.7**	**99.5**	**99.4**	**99.3**
100.8	100.8	99.9	99.3	99.4	99.3	99.4
101.0	100.4	99.9	99.8	99.4	99.3	99.1
100.2	100.0	99.8	99.9	99.8	99.9	99.9
100.5	**100.3**	**99.8**	**99.7**	**99.5**	**99.3**	**99.5**
100.3	100.1	99.8	99.9	99.5	99.2	99.3
100.4	100.7	99.9	99.7	99.5	99.5	99.7
101.0	100.0	99.6	99.4	99.8	99.4	99.7

5－16 洛阳市分月商品住宅

（上年同月＝100）

项 目	1月	2月	3月	4月	5月
新建商品住宅	**102.3**	**102.2**	**102.4**	**102.9**	**103.5**
90平方米及以下	101.7	101.3	101.3	101.3	101.8
90—144平方米	102.4	102.3	102.5	103.1	103.8
144平方米以上	102.3	102.3	103.1	102.8	103.1
二手住宅	**102.9**	**102.8**	**102.9**	**103.8**	**104.1**
90平方米及以下	101.9	102.1	102.0	102.5	103.3
90－144平方米	103.5	103.5	103.4	104.5	104.7
144平方米以上	102.8	102.0	103.2	103.9	104.1

5－16 续表

（上月＝100）

类 别	1月	2月	3月	4月	5月
新建商品住宅	**100.3**	**100.0**	**100.1**	**100.6**	**100.8**
90平方米及以下	100.1	100.0	100.0	100.4	100.6
90—144平方米	100.3	100.1	100.1	100.7	100.8
144平方米以上	100.4	99.7	100.2	100.2	100.5
二手住宅	**100.2**	**99.9**	**100.5**	**100.9**	**100.9**
90平方米及以下	99.8	100.1	100.2	100.4	101.2
90－144平方米	100.4	100.0	100.5	101.3	100.4
144平方米以上	100.5	99.2	100.8	100.7	100.2

销售价格指数(2021 年)

6 月	7 月	8 月	9 月	10 月	11 月	12 月
103.8	**103.6**	**103.7**	**103.7**	**103.9**	**103.5**	**102.8**
102.2	101.6	102.0	102.2	102.3	101.7	100.4
104.1	104.1	104.2	104.2	104.3	104.0	103.3
102.9	102.2	102.6	102.3	102.6	102.3	102.1
104.2	**103.7**	**103.3**	**103.3**	**103.2**	**102.5**	**101.5**
103.3	102.6	102.7	102.7	102.9	101.7	101.1
104.8	104.7	103.9	103.8	103.5	103.0	101.6
104.0	103.2	103.0	102.7	102.7	102.4	101.8

6 月	7 月	8 月	9 月	10 月	11 月	12 月
100.4	**100.6**	**100.5**	**100.3**	**100.2**	**99.8**	**99.3**
100.4	100.3	100.9	100.1	100.1	99.0	98.5
100.5	100.6	100.4	100.3	100.1	99.9	99.3
100.0	100.3	100.6	100.3	100.3	99.8	99.9
100.3	**100.4**	**100.1**	**100.1**	**100.0**	**99.2**	**99.4**
100.1	100.3	100.2	100.2	100.3	98.9	99.4
100.4	100.5	100.0	100.0	99.6	99.3	99.3
100.4	100.1	100.0	100.3	100.6	99.4	99.5

5－17 平顶山市分月商品住宅

（上年同月＝100）

类　别	1月	2月	3月	4月	5月
新建商品住宅	**103.3**	**103.6**	**103.8**	**104.0**	**103.8**
90平方米及以下	104.1	104.1	104.0	104.3	103.4
90—144平方米	103.0	103.4	103.8	104.1	103.9
144平方米以上	104.3	104.1	103.7	103.6	103.8
二手住宅	**103.4**	**103.7**	**103.6**	**103.5**	**103.4**
90平方米及以下	104.4	104.0	104.0	103.6	103.3
90－144平方米	102.8	103.8	103.6	103.4	103.5
144平方米以上	102.9	103.0	102.7	103.8	103.5

5－17 续表

（上月＝100）

类　别	1月	2月	3月	4月	5月
新建商品住宅	**100.2**	**100.3**	**100.3**	**100.2**	**100.2**
90平方米及以下	100.6	99.9	100.3	100.2	100.1
90—144平方米	100.1	100.4	100.4	100.2	100.2
144平方米以上	100.4	99.8	99.7	100.1	100.4
二手住宅	**100.3**	**100.4**	**100.2**	**100.2**	**100.1**
90平方米及以下	100.4	99.7	100.1	100.0	100.2
90－144平方米	100.1	100.9	100.2	100.2	100.1
144平方米以上	100.4	100.1	100.2	100.7	100.0

销售价格指数(2021 年)

6月	7月	8月	9月	10月	11月	12月
103.3	**102.7**	**102.9**	**102.8**	**103.0**	**102.1**	**101.7**
102.1	101.7	102.2	102.4	103.2	102.2	102.4
103.5	102.9	103.2	103.0	103.1	102.2	101.7
102.9	102.5	102.2	101.6	102.1	101.4	101.4
103.1	**102.7**	**102.1**	**101.3**	**100.8**	**100.5**	**100.3**
102.9	102.8	101.8	101.1	100.3	99.8	99.5
103.2	102.8	102.3	101.3	101.0	100.6	100.5
103.0	101.9	101.8	101.5	101.4	101.5	101.3

6月	7月	8月	9月	10月	11月	12月
100.1	**99.9**	**100.4**	**100.2**	**100.3**	**99.6**	**99.9**
100.1	99.8	101.1	100.4	100.7	99.9	99.2
100.1	99.9	100.4	100.2	100.1	99.6	99.9
99.9	99.6	100.1	100.1	100.9	99.7	100.5
100.0	**99.9**	**100.0**	**99.8**	**99.9**	**99.7**	**99.9**
100.0	99.9	99.9	99.9	100.0	99.8	99.7
100.0	99.9	100.0	99.6	99.9	99.5	99.9
100.1	99.8	100.1	99.9	99.9	100.0	100.1

5－18　郑州、洛阳、平顶山市

郑州市(2020 年＝100)

类　别	1 月	2 月	3 月	4 月	5 月
新建商品住宅	**99.7**	**100.2**	**101.0**	**101.7**	**102.5**
90 平方米及以下	99.8	100.3	101.3	101.8	102.4
90—144 平方米	99.3	99.9	100.7	101.7	102.6
144 平方米以上	100.7	100.8	101.3	101.5	102.2
二手住宅	**98.7**	**99.0**	**99.5**	**100.1**	**100.7**
90 平方米及以下	98.8	99.3	99.7	100.3	101.0
90－144 平方米	98.7	98.7	99.4	99.9	100.4
144 平方米以上	98.6	98.9	99.4	99.8	100.7

5－18　续表 1

洛阳市(2020 年＝100)

类　别	1 月	2 月	3 月	4 月	5 月
新建商品住宅	**101.3**	**101.3**	**101.4**	**102.1**	**102.8**
90 平方米及以下	100.4	100.4	100.4	100.8	101.4
90—144 平方米	101.4	101.4	101.6	102.3	103.2
144 平方米以上	101.6	101.3	101.5	101.7	102.2
二手住宅	**101.5**	**101.4**	**101.9**	**102.8**	**103.4**
90 平方米及以下	100.8	100.9	101.1	101.6	102.7
90－144 平方米	101.8	101.8	102.4	103.7	104.1
144 平方米以上	101.9	101.1	102.0	102.7	102.9

5－18　续表 2

平顶山市(2020 年＝100)

类　别	1 月	2 月	3 月	4 月	5 月
新建商品住宅	**102.0**	**102.2**	**102.6**	**102.8**	**103.0**
90 平方米及以下	101.9	101.8	102.2	102.4	102.5
90—144 平方米	101.9	102.2	102.7	102.9	103.1
144 平方米以上	102.8	102.6	102.3	102.4	102.8
二手住宅	**101.8**	**102.2**	**102.4**	**102.6**	**102.7**
90 平方米及以下	102.6	102.3	102.4	102.3	102.5
90－144 平方米	101.4	102.3	102.5	102.7	102.9
144 平方米以上	101.6	101.7	102.0	102.7	102.6

商品住宅销售价格定基指数(2021 年)

6 月	7 月	8 月	9 月	10 月	11 月	12 月
103.3	**103.7**	**103.6**	**103.3**	**102.7**	**102.1**	**101.4**
103.3	104.1	104.0	103.2	102.6	101.9	101.2
103.6	104.0	103.9	103.6	103.0	102.3	101.3
102.4	102.4	102.2	102.1	101.9	101.8	101.7
101.2	**101.5**	**101.3**	**101.0**	**100.6**	**99.9**	**99.4**
101.3	101.4	101.2	101.1	100.5	99.7	99.0
100.8	101.5	101.4	101.1	100.6	100.1	99.8
101.8	101.7	101.4	100.8	100.5	100.0	99.7

6 月	7 月	8 月	9 月	10 月	11 月	12 月
103.3	**103.9**	**104.4**	**104.6**	**104.8**	**104.6**	**103.9**
101.8	102.1	103.0	103.2	103.2	102.2	100.7
103.7	104.4	104.7	105.0	105.2	105.1	104.4
102.3	102.6	103.2	103.4	103.8	103.5	103.4
103.8	**104.2**	**104.2**	**104.3**	**104.3**	**103.4**	**102.8**
102.8	103.2	103.4	103.5	103.9	102.7	102.1
104.5	105.0	105.1	105.1	104.6	103.8	103.1
103.4	103.4	103.5	103.8	104.4	103.7	103.3

6 月	7 月	8 月	9 月	10 月	11 月	12 月
103.1	**103.0**	**103.5**	**103.7**	**104.0**	**103.6**	**103.5**
102.6	102.4	103.5	103.9	104.6	104.5	103.7
103.3	103.2	103.6	103.9	104.0	103.6	103.5
102.7	102.4	102.5	102.6	103.5	103.2	103.7
102.7	**102.6**	**102.6**	**102.4**	**102.3**	**102.0**	**101.8**
102.5	102.4	102.3	102.2	102.2	102.0	101.7
102.9	102.8	102.8	102.5	102.3	101.8	101.7
102.7	102.5	102.6	102.5	102.4	102.4	102.5

主要统计指标解释

工业生产者出厂价格指数 是反映一定时期内全部工业产品第一次出售时的出厂价格总水平的变动趋势和变动幅度的相对数。工业生产者出厂价格是指工业企业向商业（物资）部门或商业企业、其他生产单位、个人出售产品的价格，它是工业产品进入流通领域的最初价格，是制定工业产品批发价格和零售价格的基础。工业生产者出厂价格指数按轻重工业分类，可以分为轻工业出厂价格指数和重工业出厂价格指数；按两大部类分类，可以分为生产资料出厂价格指数和生活资料价格指数。

工业生产者购进价格指数 是反映工业企业作为生产投入，从物资交易市场或能源、原材料生产企业购买原材料、燃料及动力产品时，所支付的价格水平变动趋势和程度的统计指标，它是扣除工业企业物质消耗成本中的价格变动影响的重要依据。目前，编制的工业生产者购进价格指数所调查的产品包括燃料、动力类，黑色金属材料类，有色金属材料和电线类，化工原料类，木材及纸浆类，建筑材料及非金属矿类，其它工业原材料及半成品类，农副产品类，纺织原料类共九大类的产品。

国家统计局从 2011 年 1 月开始实施新的工业生产者价格统计调查制度方法。“工业品价格统计”改称为“工业生产者价格统计”，相应地将“工业品出厂价格指数”和“原材料、燃料、动力购进价格指数”分别改称为“工业生产者出厂价格指数”和“工业生产者购进价格指数”。

2016 年制度更名为《工业生产者价格统计报表制度》，基期年份更新为 2015 年，调整调查项目目录。

按国家统计局的要求，新的国家标准《国民经济行业分类》（GB/T4754－2017）从 2017 年统计年报和 2018 年定期统计报表起统一使用新标准。2018 年工业生产者出厂价格指数行业分类标准按新的国民经济行业分类标准执行。

为适应分析的需要，在工业生产者出厂价格指数分类中增加了核心指数、高技术指数、能源类指数、初级产品、中间产品、最终产品等新的分类指数。

核心指数是指扣除农副食品加工产品、煤炭、石油、发电等能源类相关产品的其他产品价格变动总体情况的度量指标。

高技术指数是指核电、生物制品、部分药品及医疗器械、飞机制造、大部分通讯电子产品、部分仪表、机床等科技含量比较高的产品价格变动总体情况的度量指标。

能源指数是指煤炭开采、石油天然气开采及加工、核能发电、火力发电、风能发电等能源类产品价格变动总体情况的度量指标。

初级产品指数是指直接开采的产品及废旧物资回收直接粗加工的产品价格波动指数。

中间产品指数是指工业加工处理后可能重新投入生产环节的产品价格变动总体情况的度量指标。

最终产品指数是指工业加工处理后可能投入最终消费或者投资的产品价格变动总体情况的度量指标。

部分产品可以既是中间产品，又是最终产品。

商品住宅销售价格指数 商品住宅销售价格指数是综合反映商品住宅价格水平总体变化趋势和变化幅度的相对数。中国商品住宅销售价格指数由 70 个大中城市的新建商品住宅销售价格指数和二手住宅销售价格指数组成，河南只有郑州、洛阳、平顶山三市作为国家调查城市，开展商品住宅销售价格指数调查编制工作。

调查范围为 70 个大中城市的市辖区，不包括县。新建商品住宅价格调查为全面调查，基础数据直接采用当地房地产管理部门的网签备案数据，包括销售价格、面积、金额等资料；二手住宅销售价格调查为非全面调查，采用重点调查和典型调查相结合的方法，按照房地产经纪机构或房屋居住服务平台等相关企业上报、房地产主管部门提供与调查员实地采价相结合的方式收集基础数据。

农产品价格

资料整理：樊福顺

6－1　历年农产品生产者价格指数

（上年＝100）

农产品名称	2001年	2005年	2010年	2015年	2016年	2017年	2018年	2019年	2020年	2021年
总指数		**100.7**	**112.5**	**100.7**	**103.2**	**94.9**	**97.9**	**119.9**	**116.8**	**98.0**
农业产品	**105.2**	**99.8**	**120.5**	**95.9**	**96.4**	**99.8**	**100.1**	**103.2**	**105.4**	**108.8**
谷物	121.0	96.5	111.3	94.3	91.4	103.8	100.8	99.9	105.4	111.8
小麦	124.3	97.4	110.5	98.3	95.6	107.5	98.6	98.7	100.9	107.6
稻谷	102.6	97.5	105.4	98.0	100.2	94.2	92.7	100.3	104.3	101.6
玉米	117.9	94.4	115.0	86.5	81.2	100.3	107.0	101.7	113.6	122.3
薯类	94.4	111.5	115.9	95.1	111.7	105.8	118.7	106.7	90.3	113.4
豆类	93.9	88.8	112.0	84.9	92.3	93.8	92.0	102.8	107.5	120.6
油料	94.8	97.0	118.1	98.8	102.0	91.0	89.6	113.1	113.1	99.8
花生	92.4	97.1	118.1	102.0	105.1	91.6	87.9	114.6	115.2	98.4
油菜籽	103.2	87.3	105.4	99.6	100.0	86.2				98.4
芝麻	101.6	105.0	103.0	96.1	78.5	94.5	98.4	105.2	102.1	108.6
棉花（籽棉）	85.0	100.4	141.8	96.4	97.0	101.5	89.4			
烟草	114.9	104.3	103.9	105.2	96.7	104.4	102.7	97.7	97.6	95.3
蔬菜	101.6	111.3	138.4	100.9	112.7	85.2	96.9	109.6	104.6	114.5
水果	85.2	118.0	120.5	87.0	98.2	108.4	108.6	126.5	85.4	105.4
林业产品		**104.9**	**92.3**	**84.9**	**102.9**	**103.7**	**105.8**	**102.3**	**96.3**	**114.5**
牧业（畜产品）		**102.0**	**99.5**	**109.2**	**114.0**	**86.6**	**94.0**	**148.4**	**137.4**	**81.0**
牛	126.8	112.6	105.9	100.2	97.9	97.2	108.2	121.7	107.5	104.0
羊	112.8	116.7	110.2	88.0	75.2	119.9	116.0	118.6	105.0	100.9
猪	95.8	96.4	97.7	116.9	123.4	81.4	81.2	162.4	160.4	64.6
家禽		102.5	113.3	93.3	101.8	90.8	127.5	106.9	78.7	113.1
禽蛋	118.7	104.9	105.9	94.2	92.3	85.8	120.8	106.1	76.1	133.4
渔业	**89.2**	**103.0**	**102.0**	**99.4**	**99.3**	**100.9**	**102.8**	**95.8**	**106.6**	**111.6**

6－2 分季度农产品生产者价格指数(2021 年)

(以上年同期价格为 100)

农产品名称	全年	一季度	二季度	三季度	四季度
总 指 数	**98.0**	**108.6**	**105.0**	**97.1**	**96.8**
种植业产品	**108.8**	**118.5**	**115.3**	**106.5**	**111.6**
谷物	111.8	128.1	110.6	107.9	112.5
小麦	107.6	104.0	109.1	107.5	110.2
稻谷	101.6				101.6
玉米	122.3	145.8	119.5	110.4	117.7
薯类	113.4	125.5		93.7	115.8
豆类	120.6	120.6		106.7	139.4
油料	99.8	103.4	101.0	96.1	95.5
花生	98.4	102.8	100.8	96.1	93.5
油菜籽	98.4		98.4		
芝麻	108.6	110.1	108.7		107.2
棉花(籽棉)					
烟草	95.3	62.9		118.9	102.4
蔬菜	114.5	111.6	133.1	117.1	131.3
水果	105.4	112.7	80.1	73.6	97.1
林业产品	**114.5**	**91.5**	**152.2**	**114.9**	**100.0**
牧业(畜产品)	**81.0**	**100.6**	**86.4**	**72.6**	**67.3**
牛	104.0	106.5	109.4	100.7	101.1
羊	100.9	108.0	101.3	96.7	98.9
猪	64.6	94.3	64.6	49.8	48.0
家禽	113.1	109.2	119.0	111.6	
禽蛋	133.4	115.6	145.9	140.8	133.7
渔业	**111.6**	**107.2**	**117.8**	**117.5**	**117.4**

6-3 各月农产品集贸市场平均价格(2021年)

单位:元/公斤

农产品名称	1月	2月	3月	4月	5月	6月	7月	8月	9月	10月	11月	12月
粮食类												
籼稻(中等)	2.40	2.40	2.40	2.40	2.56	2.56	2.56	2.56	2.46	2.46	2.46	2.48
粳稻(中等)	3.20	3.10	3.10	2.95	2.95	2.95	3.02	3.00	3.00	2.95	2.80	2.85
小麦(中等)	2.49	2.51	2.51	2.48	2.46	2.46	2.45	2.45	2.47	2.50	2.61	2.64
玉米(中等)	2.73	2.77	2.73	2.71	2.75	2.74	2.70	2.69	2.50	2.49	2.62	2.60
大豆(中等)	6.63	6.69	6.65	6.50	6.55	6.48	6.62	6.34	6.43	6.64	6.82	7.14
籼米(中等)	5.09	5.12	5.12	5.05	5.05	5.00	5.01	4.77	5.08	5.08	5.10	5.15
粳米(中等)	5.18	5.23	5.24	5.26	5.25	5.16	5.29	5.12	5.18	5.14	5.29	5.34
经济类												
棉花[籽棉](中准级)	6.15	6.15	6.16	6.18	6.18	6.15	6.15	6.15	6.15	6.15	6.18	6.15
花生仁(中等)	12.72	12.68	12.57	12.27	12.12	11.78	11.64	11.41	11.88	11.78	12.09	11.90
油菜籽(普通)	5.47	5.50	5.40	5.30	5.07	5.30	5.23	5.20	5.23	5.40	5.97	5.90
畜产品类												
活猪(中等)	34.56	29.36	27.30	22.87	18.39	13.22	15.65	14.78	12.22	14.98	17.36	16.92
仔猪(普通)	85.60	87.35	81.70	76.95	65.47	41.65	40.35	35.78	21.00	21.15	24.48	24.15
猪肉(去骨统肉)	50.80	43.50	41.10	36.80	29.70	22.37	24.64	23.89	20.20	23.73	26.57	26.17
活牛(中等)	34.18	34.53	34.68	35.25	34.71	33.60	33.58	33.63	34.46	34.69	35.14	35.25
牛肉(去骨统肉)	77.92	79.96	79.21	79.71	78.75	78.46	78.92	79.23	79.33	80.01	80.29	80.50
活羊(中等)	36.52	37.56	36.73	37.36	37.41	36.69	36.02	35.00	36.12	36.45	36.62	36.84
羊肉(去骨统肉)	87.23	88.62	88.04	88.65	89.38	87.62	86.27	85.04	85.81	86.27	87.27	87.46
活鸡(普通肉鸡)	16.77	17.49	16.72	16.21	16.01	15.62	15.57	15.25	15.94	16.03	16.15	16.49
鸡蛋(普通鲜蛋)	10.94	8.54	7.98	8.63	8.94	8.77	9.51	9.98	10.00	10.33	10.33	10.03
水产品类												
草鱼(1-2公斤)	14.46	15.77	16.93	19.58	20.65	21.91	21.96	21.20	19.62	18.36	17.80	17.03
鲤鱼(1-2公斤)	13.09	14.48	15.48	17.99	18.91	20.07	18.95	16.40	15.20	15.09	14.78	14.83
鲢鱼(1-2公斤)	9.67	10.04	10.49	11.16	11.63	13.39	13.44	13.64	13.31	13.20	12.67	11.94
带鱼(0.5-1公斤)	20.87	21.13	21.13	21.17	20.80	21.47	21.50	21.50	22.60	22.67	22.40	22.33
蔬菜类												
大白菜(中等)	2.24	2.03	2.20	2.13	1.76	2.26	2.73	2.99	2.88	3.00	2.87	2.13
黄瓜(中等)	6.45	5.87	5.52	3.26	3.27	3.63	4.18	4.25	6.18	9.60	9.15	7.43
西红柿(中等)	5.89	4.84	4.30	4.42	3.41	3.09	3.69	4.86	5.55	6.82	6.95	7.48
菜椒(中等)	11.21	9.47	6.52	5.48	4.56	3.64	4.60	5.07	5.97	6.39	8.70	8.20
四季豆(中等)	11.05	13.15	11.54	9.15	7.81	7.42	8.02	8.17	8.45	11.68	11.72	11.35
水果类												
红富士苹果(中等)	9.25	9.42	9.31	9.18	8.68	8.43	8.50	8.61	8.48	8.52	8.67	8.89
香蕉(中等)	4.54	5.60	5.53	4.88	4.89	4.52	5.15	5.13	4.70	4.52	5.14	5.79
橙子(中等)	10.33	10.20	10.20	10.27	10.20	10.20	10.13	10.17	10.27	10.13	10.20	10.23

主要统计指标解释

农产品生产者价格指数 是指农产品生产者第一手（直接）出售其产品时实际获得的单位产品价格，采取抽样调查和重点调查相结合的方法。农产品生产者价格指数是反映一定时期内，农产品生产者出售的农产品价格水平变动趋势及幅度的相对数。该指数可以客观反映农产品生产价格水平和结构变动情况，满足农业与国民经济核算需要。其中某代表品生产价格指数是通过对全部有出售该产品行为的调查单位的个体指数进行几何平均求得的，类价格指数是通过对其所属的类（或代表品）的价格指数进行加权平均求得的。季度累计价格指数的计算方法与分季指数的计算方法相同。

农产品集贸市场价格 是指农产品主产区集贸市场主要农产品的成交价格。

人民生活

资料整理：韩　超

7-1 历年居民收支

单位:元

年 份	居民人均可支配收入	居民人均生活消费支出
1978	133.3	107.9
1979	165.0	137.3
1980	189.4	163.4
1981	241.0	193.6
1982	247.3	207.4
1983	298.4	226.8
1984	330.0	250.8
1985	369.0	304.1
1986	392.2	346.7
1987	443.6	370.5
1988	484.7	430.9
1989	557.8	478.4
1990	639.8	533.7
1991	673.7	573.2
1992	753.6	613.5
1993	904.9	737.2
1994	1196.9	970.9
1995	1587.6	1229.5
1996	1979.6	1538.2
1997	2196.4	1683.6
1998	2358.2	1702.3
1999	2525.1	1695.4
2000	2649.4	1937.8
2001	2887.6	2089.5
2002	3272.1	2300.5
2003	3527.3	2520.0
2004	4061.4	2813.0
2005	4668.5	3293.5
2006	5409.3	3848.8
2007	6492.5	4675.9
2008	7637.0	5420.3
2009	8426.0	6065.2
2010	9520.0	6831.3
2011	11206.5	7967.9
2012	12772.2	9103.4
2013	14203.7	10002.5
2014	15695.2	11000.4
2015	17124.8	11835.1
2016	18443.1	12712.3
2017	20170.0	13729.6
2018	21963.5	15168.5
2019	23902.7	16331.8
2020	24810.1	16142.6
2021	26811.2	18391.3

注:2013 年以前为纯收入口径。

7－2　调查户家庭基本情况(2021年)

指　　标	单位	绝对数
基本情况		
户均常住人口	人	3.4
户均劳动力人数	人	2.2
平均每户家庭从业人口比重	%	65.3
平均每一从业人口负担人数	人	1.5
户主文化程度		
未上过学	%	1.2
小学	%	12.7
初中	%	48.4
高中	%	22.3
大学专科	%	10.0
大学本科	%	5.1
研究生	%	0.4
常住从业人员就业类型		
雇主	%	0.5
公职人员	%	1.7
事业单位人员	%	5.2
国有企业雇员	%	3.2
其他雇员	%	55.3
农业自营	%	24.2
非农自营	%	9.9
常住从业人员从事主要行业		
第一产业	%	26.2
第二产业	%	25.0
第三产业	%	48.8

7－3 居民家庭居住情况(2021年)

项　　目	单　位	绝对数
期末人均住房情况		
现住房建筑面积	平方米	49.76
主要建筑材料		
钢筋混凝土	%	43.91
砖混材料	%	49.63
砖瓦砖木	%	6.44
竹草土坯	%	0.00
其他	%	0.01
住宅外道路路面情况		
水泥或柏油路面	%	89.29
沙石或石板等硬质路面	%	6.85
其他	%	3.86
粪便清掏和处理情况		
清掏后运送到处理厂	%	23.24
清掏后掩埋在土坑里	%	3.19
清掏后作为粪肥使用	%	63.39
清掏后弃置在开放地带	%	1.55
清掏后不知道送到哪里	%	4.99
从未清掏过	%	2.49
不知道是否清掏过	%	1.16
住户主要饮用水来源情况		
经过净化处理的自来水	%	87.24
受保护的井水和泉水	%	11.80
不受保护的井水和泉水	%	0.80
江河湖泊水	%	0.00
收集雨水	%	0.00
桶装水	%	0.14
其他水源	%	0.01
获取饮用水存在哪些困难(可多选)		
单次取水往返时间超过半小时	%	0.05
间断或定时供水	%	1.26
当年连续缺水时间超过15天	%	0.00
无上述困难	%	98.70
住户饮用水使用前采取的主要处理措施		
煮沸	%	89.64
加漂白剂/氯等	%	0.25
使用水过滤器	%	7.45
其他处理措施	%	1.47
没有任何水处理措施	%	1.19
厨房使用情况		
住宅内独用	%	81.95

7-3 续表1

项　　目	单　位	绝对数
住宅内合用	%	0.27
院内独用	%	17.32
院内合用	%	0.32
其他地方独用	%	0.04
其他地方合用	%	0.02
无厨房	%	0.08
住户厕所类型		
水冲式卫生厕所(冲入下水道)	%	55.28
水冲式卫生厕所(冲入化粪池)	%	17.80
水冲式卫生厕所(冲入防渗厕坑)	%	7.94
水冲式非卫生厕所(冲入其他地方)	%	5.75
卫生旱厕	%	8.41
普通旱厕	%	4.79
无厕所	%	0.02
住户厕所使用情况		
住宅内独用	%	83.73
住宅内合用	%	0.39
院内独用	%	14.25
院内合用	%	0.23
其他地方独用	%	1.10
其他地方合用	%	0.05
公用厕所	%	0.26
住户洗澡设施情况		
统一供热水	%	2.71
家庭自装热水器	%	86.88
其他	%	5.99
无洗澡设施	%	4.42
住宅或院内是否有洗手设施及肥皂和水?		
有洗手设施,并有肥皂和水	%	98.98
有洗手设施,但是没有肥皂或水	%	0.95
没有洗手设施	%	0.06
住户主要取暖设备状况		
由市政或小区集中供暖	%	15.59
自行供暖	%	74.46
无取暖设备	%	9.94
取水位置		
住宅内管道取水	%	85.26
住宅内其他方式取水	%	1.73
院内管道取水	%	11.68
院内其他方式取水	%	0.98
其他位置取水	%	0.34

7－3 续表 2

项　　目	单　位	绝对数
住户主要取暖用能源状况		
柴草	%	3.39
煤炭	%	1.76
.罐装液化石油气	%	2.42
管道液化石油气	%	0.14
管道煤气	%	0.05
管道天然气	%	5.31
电	%	69.03
燃料用油	%	0.02
沼气	%	0.00
其他	%	0.83
无取暖行为	%	17.06
主要炊用能源状况		
柴草	%	3.16
煤炭	%	0.64
罐装液化石油气	%	35.19
管道液化石油气	%	0.95
管道煤气	%	0.16
管道天然气	%	39.53
电	%	20.07
燃料用油	%	0.10
沼气	%	0.08
其他	%	0.05
无炊用行为	%	0.09

7－4 居民人均总收入（2021 年）

指　　标	单　位	绝对数
总收入	**元**	**29943.0**
工资性收入	元	13518.9
工资	元	12964.8
实物福利	元	45.1
其他	元	509.0
经营性收入	元	7540.9
第一产业经营性收入	元	3605.2
农业	元	2805.9
林业	元	47.7
牧业	元	716.0
渔业	元	35.6
第二产业经营性收入	元	811.1
第三产业经营性收入	元	3124.7
财产性收入	元	1755.2
转移性收入	元	7127.9

7－5　居民人均总收入构成(2021 年)

指　　标	单　位	绝对数
总收入	%	**100.0**
工资性收入	%	45.1
工资	%	43.3
实物福利	%	0.2
其他	%	1.7
经营性收入	%	25.2
第一产业经营性收入	%	12.0
农业	%	9.4
林业	%	0.2
牧业	%	2.4
渔业	%	0.1
第二产业经营性收入	%	2.7
第三产业经营性收入	%	10.4
财产性收入	%	5.9
转移性收入	%	23.8

7－6　居民人均可支配收入(2021 年)

指　　标	单　位	绝对数
可支配收入	**元**	**26811.2**
工资性收入	元	13518.9
工资	元	12964.8
实物福利	元	45.1
其他	元	509.0
经营净收入	元	5492.4
第一产业经营净收入	元	2185.1
农业	元	1889.7
林业	元	32.4
牧业	元	244.0
渔业	元	19.0
第二产业经营净收入	元	637.7
第三产业经营净收入	元	2669.6
财产净收入	元	1686.2
转移净收入	元	6113.6

7-7 居民人均可支配收入构成(2021年)

指　　标	单　位	绝对数
可支配收入	%	**100.0**
工资性收入	%	50.4
工资	%	48.4
实物福利	%	0.2
其他	%	1.9
经营净收入	%	20.5
第一产业经营净收入	%	8.2
农业	%	7.0
林业	%	0.1
牧业	%	0.9
渔业	%	0.1
第二产业经营净收入	%	2.4
第三产业经营净收入	%	10.0
财产净收入	%	6.3
转移净收入	%	22.8

7-8 居民人均现金可支配收入(2021年)

指　　标	单　位	绝对数
现金可支配收入	元	**25214.6**
现金工资性收入	元	13473.8
工资	元	12964.8
其他工资性收入	元	509.0
现金经营净收入	元	5312.4
第一产业现金经营净收入	元	1854.6
农业	元	1540.5
林业	元	27.8
牧业	元	267.3
渔业	元	19.0
第二产业现金经营净收入	元	686.8
第三产业现金经营净收入	元	2771.0
财产现金经营净收入	元	683.1
转移现金经营净收入	元	5745.3

7－9　居民人均现金可支配收入构成(2021 年)

指　　标	单　位	绝对数
现金可支配收入	%	**100.0**
现金工资性收入	%	53.4
工资	%	51.4
其他工资性收入	%	2.0
现金经营净收入	%	21.1
第一产业现金经营净收入	%	7.4
农业	%	6.1
林业	%	0.1
牧业	%	1.1
渔业	%	0.1
第二产业现金经营净收入	%	2.7
第三产业现金经营净收入	%	11.0
财产现金经营净收入	%	2.7
转移现金经营净收入	%	22.8

7－10　居民人均总支出(2021 年)

指　　标	单　位	绝对数
总支出	元	**25110.0**
消费支出	元	18391.3
食品烟酒	元	5231.5
衣着	元	1405.2
居住	元	4027.0
生活用品及服务	元	1228.9
交通通信	元	2103.6
教育文化娱乐	元	2209.2
医疗保健	元	1786.8
其他用品和服务	元	399.0
生产经营费用支出	元	1813.3
第一产业经营费用支出	元	1335.3
第二产业经营费用支出	元	124.3
第三产业经营费用支出	元	353.6
财产性支出	元	69.0
生活贷款利息支出	元	66.3

7-10 续表

指　　标	单　位	绝对数
其他财产性支出	元	2.7
转移性支出	元	1014.3
个人所得税	元	28.4
社会保障支出	元	873.2
外来从业人员寄给家人的支出	元	12.5
赡养支出	元	52.9
其他转移性支出	元	47.3
部分商业保险支出	元	291.9
意外伤害保险	元	15.8
商业医疗保险(含大病保险)	元	122.6
其他非储蓄性商业保险	元	41.3
其他储蓄性商业保险	元	112.2
购置资产及非经常性转移支出	元	2698.4
购置资产支出	元	1061.2
非经常性转移支出	元	1637.2
借贷性支出	元	831.9
存入储蓄款	元	24.0
借出款	元	18.2
归还借款	元	121.7
购买有价证券	元	6.8
其他投资支出	元	24.2
归还住房贷款	元	448.2
归还汽车贷款	元	131.9
归还教育贷款	元	5.8
归还其他贷款	元	48.0
其他借贷支出	元	3.0
服务性消费支出	元	0.0

7－11　居民人均总支出构成(2021 年)

指　　标	单　位	绝对数
总支出	%	**100.0**
消费支出	%	73.2
食品烟酒	%	20.8
衣着	%	5.6
居住	%	16.0
生活用品及服务	%	4.9
交通通信	%	8.4
教育文化娱乐	%	8.8
医疗保健	%	7.1
其他用品和服务	%	1.6
生产经营费用支出	%	7.2
第一产业经营费用支出	%	5.3
第二产业经营费用支出	%	0.5
第三产业经营费用支出	%	1.4
财产性支出	%	0.3
生活贷款利息支出	%	0.3
其他财产性支出	%	0.0
转移性支出	%	4.0
个人所得税	%	0.1
社会保障支出	%	3.5
外来从业人员寄给家人的支出	%	0.0
赡养支出	%	0.2
其他转移性支出	%	0.2
部分商业保险支出	%	1.2
意外伤害保险	%	0.1
商业医疗保险(含大病保险)	%	0.5
其他非储蓄性商业保险	%	0.2

7－11 续表

指　　标	单　位	绝对数
其他储蓄性商业保险	%	0.4
购置资产及非经常性转移支出	%	10.7
购置资产支出	%	4.2
非经常性转移支出	%	6.5
借贷性支出	%	3.3
存入储蓄款	%	0.1
借出款	%	0.1
归还借款	%	0.5
购买有价证券	%	0.0
其他投资支出	%	0.1
归还住房贷款	%	1.8
归还汽车贷款	%	0.5
归还教育贷款	%	0.0
归还其他贷款	%	0.2
其他借贷支出	%	0.0
服务性消费支出	%	0.0

7－12 居民人均生活消费支出(2021 年)

指　　标	单　位	绝对数
全年生活消费支出	**元**	**18391.3**
食品	元	5231.5
衣着	元	1405.2
居住	元	4027.0
家庭设备、用品及服务	元	1228.9
交通和通讯	元	2103.6
文化、教育、娱乐用品及服务	元	2209.2
医疗保健	元	1786.8
其他商品和服务	元	399.0

7－13 居民人均生活消费支出构成(2021 年)

指 标	单 位	绝对数
全年生活消费支出	%	**100.0**
食品	%	28.4
衣着	%	7.6
居住	%	21.9
家庭设备、用品及服务	%	6.7
交通和通讯	%	11.4
文化、教育、娱乐用品及服务	%	12.0
医疗保健	%	9.7
其他商品和服务	%	2.2

7－14 居民人均现金生活消费支出(2021 年)

指 标	单 位	绝对数
全年生活消费支出	**元**	**15335.7**
食品	元	5124.4
衣着	元	1405.1
居住	元	1448.5
家庭设备、用品及服务	元	1225.8
交通和通讯	元	2102.9
文化、教育、娱乐用品及服务	元	2208.8
医疗保健	元	1424.5
其他商品和服务	元	395.7

7-15 居民人均现金生活消费支出构成(2021 年)

指　　标	单　位	绝对数
全年生活消费支出	%	**100.0**
食品	%	33.4
衣着	%	9.2
居住	%	9.4
家庭设备、用品及服务	%	8.0
交通和通讯	%	13.7
文化、教育、娱乐用品及服务	%	14.4
医疗保健	%	9.3
其他商品和服务	%	2.6

7-16 居民家庭平均每百户主要消费品年末拥有量(2021 年)

指　　标	单　位	绝对数
家用汽车	辆	45.18
摩托车	辆	22.13
助力车	台	132.64
洗衣机	台	102.50
电冰箱(柜)	台	100.71
微波炉	台	32.58
彩色电视机	台	115.43
空调	台	171.04
热水器	台	90.22
洗碗机	台	1.93
排油烟机	台	57.67
固定电话	线	5.31
移动电话	部	273.86
其中:接入互联网	部	237.10
计算机	台	44.72
其中:接入互联网	台	38.10
照相机	台	5.31
中高档乐器	架	3.50
健身器材	台	3.72
空气净化器(含新风系统)	台	4.97
吸尘器	台	5.65

7－17　按收入分组的居民家庭平均每人总收入（2021 年）

单位：元

项　　目	低收入户	中低收入户	中等收入户	中高收入户	高收入户
总收入	**12399.14**	**18211.53**	**25342.62**	**36729.47**	**68661.88**
工资性收入	4123.19	8024.53	12743.59	18615.11	29312.15
工资	3967.11	7827.77	12439.81	17989.73	27472.47
实物福利	11.08	9.74	28.13	63.33	141.88
其他	145.00	187.01	275.65	562.05	1697.81
经营性收入	4385.72	4997.49	5916.02	7818.83	17221.63
第一产业经营收入	3388.33	3519.42	3386.09	3484.15	4449.41
农业	2634.71	2990.20	3007.94	2819.23	2524.57
林业	48.88	56.49	58.95	48.12	19.01
牧业	643.67	426.99	309.89	574.10	1895.33
渔业	61.07	45.74	9.31	42.70	10.50
第二产业经营收入	44.31	235.94	302.26	960.01	3152.15
第三产业经营收入	953.08	1242.13	2227.68	3374.67	9620.07
财产性收入	219.24	520.29	1266.50	2635.21	5200.83
转移性收入	3670.99	4669.23	5416.51	7660.32	16927.27
家庭外出从业人员寄回带回收入	2575.91	3197.91	2861.24	2616.61	3508.82

7－18　按收入分组的居民家庭平均每人总支出（2021 年）

单位：元

项　　目	低收入户	中低收入户	中等收入户	中高收入户	高收入户
总支出	**16145.03**	**18256.76**	**21410.76**	**29164.41**	**47081.89**
消费支出	11358.45	13407.50	16178.44	21498.88	34305.90
生产经营费用支出	2405.17	1418.73	1333.86	1710.50	2243.77
第一产业经营费用支出	1857.29	1222.93	1098.81	1010.16	1433.84
农业	1037.13	942.29	894.88	682.96	656.56
林业	17.90	12.09	6.98	5.23	15.21
牧业	741.87	263.62	195.61	315.81	761.71
渔业	60.39	4.93	1.35	6.15	0.37
第二产业经营费用支出	8.19	69.53	9.99	360.74	228.51
第三产业经营费用支出	539.70	126.27	225.06	339.61	581.43
财产性支出	18.69	30.44	62.23	100.00	165.03
转移性支出	454.28	525.34	762.81	1282.98	2477.86
部分商业保险支出	65.40	80.01	173.07	358.48	974.49
购置资产及非经常性转移支出	1455.06	2290.64	2244.43	3177.06	5024.51
借贷性支出	387.99	504.09	655.92	1036.52	1890.32

7-19 按收入分组的居民家庭平均每人可支配收入(2021年)

单位:元

项　　目	低收入户	中低收入户	中等收入户	中高收入户	高收入户
可支配收入	**9310.83**	**16071.86**	**22975.98**	**33462.90**	**63299.86**
工资性收入	4123.19	8024.53	12743.59	18615.11	29312.15
工资	3967.11	7827.77	12439.81	17989.73	27472.47
实物福利	11.08	9.74	28.13	63.33	141.88
其他	145.00	187.01	275.65	562.05	1697.81
经营净收入	1770.38	3413.59	4374.43	5935.24	14502.51
第一产业经营净收入	1386.69	2225.72	2226.62	2421.37	2927.61
农业	1524.02	1992.49	2065.55	2091.12	1805.90
林业	20.88	39.60	51.04	42.15	3.80
牧业	-157.85	152.85	102.26	251.58	1107.78
渔业	-0.36	40.78	7.78	36.52	10.13
第二产业经营净收入	26.41	138.90	244.18	579.92	2753.05
第三产业经营净收入	357.27	1048.97	1903.63	2933.95	8821.85
财产净收入	200.55	489.85	1204.27	2535.21	5035.80
转移净收入	3216.71	4143.89	4653.69	6377.34	14449.40

7-20 按收入分组的居民家庭平均每人生活消费支出(2021)

单位:元

项　　目	低收入户	中低收入户	中等收入户	中高收入户	高收入户
全年生活消费支出	**11358.45**	**13407.50**	**16178.44**	**21498.88**	**34305.90**
食品	3356.46	3994.62	4900.07	6154.33	8910.35
衣着	866.83	1050.49	1258.84	1630.79	2572.01
居住	2338.34	2724.51	3432.18	4990.78	7816.36
生活用品及服务	701.99	829.56	972.12	1471.96	2559.72
交通通讯	1289.71	1358.54	1682.54	2273.21	4609.67
教育文化娱乐	1573.44	1877.91	2077.34	2547.42	3330.21
医疗保健	1056.02	1332.02	1561.40	1934.24	3555.94
其他用品和服务	175.65	239.84	293.95	496.14	951.63

7－21 按收入分组的居民家庭平均每人现金可支配收入(2021年)

单位:元

项　　目	低收入户	中低收入户	中等收入户	中高收入户	高收入户
现金收入(未扣除生产费用)	**12068.25**	**17239.59**	**23711.02**	**34138.61**	**64092.60**
现金工资性收入	4112.11	8014.78	12715.46	18551.78	29170.27
工资	3967.11	7827.77	12439.81	17989.73	27472.47
其他工资性收入	145.00	187.01	275.65	562.05	1697.81
现金经营性收入	4276.96	4500.18	5311.90	7306.02	16761.42
第一产业现金经营收入	3279.57	3022.11	2781.96	2971.34	3989.20
农业	2553.12	2516.90	2421.08	2320.87	2070.25
林业	37.37	44.19	52.20	41.66	16.46
牧业	628.52	415.40	299.93	567.17	1892.12
渔业	60.56	45.62	8.75	41.65	10.37
第二产业现金经营收入	44.31	235.94	302.26	960.01	3152.15
第三产业现金经营收入	953.08	1242.13	2227.68	3374.67	9620.07
现金财产性收入	139.88	231.03	538.39	1063.84	2235.25
现金转移性收入	3539.31	4493.60	5145.28	7216.97	15925.66
家庭外出从业人员寄回带回收入	2575.91	3197.91	2861.24	2616.61	3508.82

7－22 按收入分组的居民家庭平均每人生活消费现金支出(2021年)

单位:元

项　　目	低收入户	中低收入户	中等收入户	中高收入户	高收入户
全年生活消费支出	**9640.79**	**11381.42**	**13554.66**	**17681.61**	**28298.63**
食品	3259.48	3899.63	4801.21	6038.88	8772.24
衣着	866.82	1050.37	1258.74	1630.50	2571.85
居住	848.60	965.96	1175.71	1735.74	2964.84
家庭设备、用品及服务	699.36	827.64	969.64	1468.68	2553.29
交通和通讯	1289.71	1358.46	1682.27	2272.92	4605.87
文化、教育、娱乐用品及服务	1573.42	1877.91	2077.25	2547.18	3328.36
医疗保健	928.51	1162.26	1296.81	1499.46	2558.92
其他商品和服务	174.88	239.19	293.04	488.25	943.26

7－23　历年城镇居民收支

单位:元

年　份	城镇居民人均可支配收入	农村居民人均生活消费支出
1978	315.0	274.0
1979	361.0	303.0
1980	365.0	335.0
1981	395.0	363.2
1982	429.0	382.5
1983	452.5	405.0
1984	497.5	431.7
1985	600.6	556.7
1986	724.2	653.8
1987	814.2	711.3
1988	946.1	896.6
1989	1111.5	964.0
1990	1267.7	1067.7
1991	1384.8	1200.0
1992	1608.0	1342.6
1993	1962.8	1609.3
1994	2618.6	2155.2
1995	3299.5	2674.0
1996	3755.4	3009.4
1997	4093.6	3378.0
1998	4219.4	3415.7
1999	4532.4	3497.5
2000	4766.3	3830.7
2001	5267.4	4110.2
2002	6245.4	4504.7
2003	6926.1	4941.6
2004	7704.9	5294.2
2005	8668.0	6038.0
2006	9810.3	6685.2
2007	11477.1	7826.7
2008	13231.1	8837.5
2009	14371.6	9567.0
2010	15930.3	10838.5
2011	18194.8	12336.5
2012	20442.6	13733.0
2013	22398.0	14822.0
2014	23672.0	16184.0
2015	25575.6	17154.3
2016	27232.9	18087.8
2017	29557.9	19422.3
2018	31874.2	20989.2
2019	34201.0	21971.6
2020	34750.3	20644.9
2021	37094.8	23177.5

注:2013 年以前为纯收入口径。

7－24 城镇调查户家庭基本情况（2021 年）

指　　标	单　位	绝对数
基本情况		
户均常住人口	人	3.3
户均劳动力人数	人	2.3
平均每户家庭从业人口比重	%	68.4
平均每一从业人口负担人数	人	1.5
户主文化程度		
未上过学	%	0.6
小学	%	7.7
初中	%	37.3
高中	%	28.0
大学专科	%	16.3
大学本科	%	9.4
研究生	%	0.7
常住从业人员就业类型		
雇主	%	0.9
公职人员	%	2.5
事业单位人员	%	9.2
国有企业雇员	%	5.8
其他雇员	%	63.5
农业自营	%	7.3
非农自营	%	10.8
常住从业人员从事主要行业		
第一产业	%	8.6
第二产业	%	25.4
第三产业	%	65.9

7－25　城镇居民家庭居住情况(2021年)

项　　目	单　位	绝对数
期末人均住房情况		
现住房建筑面积	平方米	44.05
主要建筑材料		
钢筋混凝土	%	58.92
砖混材料	%	39.58
砖瓦砖木	%	1.50
竹草土坯	%	0.00
其他	%	0.00
住宅外道路路面情况		
水泥或柏油路面	%	95.58
沙石或石板等硬质路面	%	3.34
其他	%	1.09
粪便清掏和处理情况		
清掏后运送到处理厂	%	28.99
清掏后掩埋在土坑里	%	1.77
清掏后作为粪肥使用	%	52.12
清掏后弃置在开放地带	%	1.02
清掏后不知道送到哪里	%	8.40
从未清掏过	%	3.82
不知道是否清掏过	%	3.88
住户主要饮用水来源情况		
经过净化处理的自来水	%	94.80
受保护的井水和泉水	%	4.67
不受保护的井水和泉水	%	0.47
江河湖泊水	%	0.00
收集雨水	%	0.00
桶装水	%	0.06
其他水源	%	0.00
获取饮用水存在哪些困难(可多选)		
单次取水往返时间超过半小时	%	0.01
间断或定时供水	%	0.85
当年连续缺水时间超过15天	%	0.00
无上述困难	%	99.14
住户饮用水使用前采取的主要处理措施		
煮沸	%	91.15

7－25 续表1

项　　目	单　位	绝对数
加漂白剂/氯等	%	0.03
使用水过滤器	%	7.54
其他处理措施	%	0.53
没有任何水处理措施	%	0.75
厨房使用情况		
住宅内独用	%	93.43
住宅内合用	%	0.31
院内独用	%	6.08
院内合用	%	0.00
其他地方独用	%	0.02
其他地方合用	%	0.00
无厨房	%	0.16
住户厕所类型		
水冲式卫生厕所(冲入下水道)	%	85.58
水冲式卫生厕所(冲入化粪池)	%	7.01
水冲式卫生厕所(冲入防渗厕坑)	%	2.11
水冲式非卫生厕所(冲入其他地方)	%	1.39
卫生旱厕	%	2.13
普通旱厕	%	1.72
无厕所	%	0.05
住户厕所使用情况		
住宅内独用	%	92.45
住宅内合用	%	0.42
院内独用	%	5.98
院内合用	%	0.14
其他地方独用	%	0.52
其他地方合用	%	0.00
公用厕所	%	0.50
住户洗澡设施情况		
统一供热水	%	4.58
家庭自装热水器	%	90.20
其他	%	3.02
无洗澡设施	%	2.21
住宅或院内是否有洗手设施及肥皂和水?		
有洗手设施,并有肥皂和水	%	99.59

7－25　续表2

项　　目	单　位	绝对数
有洗手设施,但是没有肥皂或水	%	0.41
没有洗手设施	%	0.00
住户主要取暖设备状况		
由市政或小区集中供暖	%	32.13
自行供暖	%	61.07
无取暖设备	%	6.80
取水位置		
住宅内管道取水	%	95.01
住宅内其他方式取水	%	0.89
院内管道取水	%	3.66
院内其他方式取水	%	0.22
其他位置取水	%	0.21
住户主要取暖用能源状况		
柴草	%	0.29
煤炭	%	0.76
罐装液化石油气	%	1.22
管道液化石油气	%	0.11
管道煤气	%	0.00
管道天然气	%	8.26
电	%	55.21
燃料用油	%	0.00
沼气	%	0.00
其他	%	0.89
无取暖行为	%	33.27
主要炊用能源状况		
柴草	%	0.40
煤炭	%	0.24
罐装液化石油气	%	21.46
管道液化石油气	%	0.86
管道煤气	%	0.14
管道天然气	%	66.68
电	%	9.95
燃料用油	%	0.06
沼气	%	0.01
其他	%	0.04
无炊用行为	%	0.15

7－26 城镇居民人均总收入(2021 年)

指 标	单 位	绝对数
总收入	**元**	**39684.9**
工资性收入	元	21082.4
工资	元	20171.0
实物福利	元	77.6
其他	元	833.8
经营性收入	元	6191.2
第一产业经营性收入	元	745.4
农业	元	541.0
林业	元	8.4
牧业	元	193.4
渔业	元	2.6
第二产业经营性收入	元	1027.1
第三产业经营性收入	元	4418.8
财产性收入	元	3395.4
转移性收入	元	9015.8

7－27 城镇居民人均总收入构成(2021 年)

指 标	单 位	绝对数
总收入	%	**100.0**
工资性收入	%	53.1
工资	%	50.8
实物福利	%	0.2
其他	%	2.1
经营性收入	%	15.6
第一产业经营性收入	%	1.9
农业	%	1.4
林业	%	0.0
牧业	%	0.5
渔业	%	0.0
第二产业经营性收入	%	2.6
第三产业经营性收入	%	11.1
财产性收入	%	8.6
转移性收入	%	22.7

7－28　城镇居民人均可支配收入(2021年)

指　　标	单　位	绝对数
可支配收入	**元**	**37094.8**
工资性收入	元	21082.4
工资	元	20171.0
实物福利	元	77.6
其他	元	833.8
经营净收入	元	5367.4
第一产业经营净收入	元	506.5
农业	元	379.7
林业	元	6.8
牧业	元	118.3
渔业	元	1.7
第二产业经营净收入	元	876.6
第三产业经营净收入	元	3984.3
财产净收入	元	3275.3
转移净收入	元	7369.6

7－29　城镇居民人均可支配收入构成(2021年)

指　　标	单　位	绝对数
可支配收入	%	**100.0**
工资性收入	%	56.8
工资	%	54.4
实物福利	%	0.2
其他	%	2.2
经营净收入	%	14.5
第一产业经营净收入	%	1.4
农业	%	1.0
林业	%	0.0
牧业	%	0.3
渔业	%	0.0
第二产业经营净收入	%	2.4
第三产业经营净收入	%	10.7
财产净收入	%	8.8
转移净收入	%	19.9

7－30　城镇居民人均现金收入(2021 年)

指　　标	单　位	绝对数
可支配收入	**元**	**34620.7**
现金工资性收入	元	21004.8
工资	元	20171.0
其他工资性收入	元	833.8
现金经营净收入	元	5523.7
第一产业现金经营净收入	元	462.2
农业	元	333.9
林业	元	5.3
牧业	元	121.7
渔业	元	1.3
第二产业现金经营净收入	元	950.0
第三产业现金经营净收入	元	4111.6
财产现金经营净收入	元	1160.3
转移现金经营净收入	元	6931.8

7－31　城镇居民人均现金收入构成(2021 年)

指　　标	单　位	绝对数
可支配收入	%	**100.0**
现金工资性收入	%	60.7
工资	%	58.3
其他工资性收入	%	2.4
现金经营净收入	%	16.0
第一产业现金经营净收入	%	1.3
农业	%	1.0
林业	%	0.0
牧业	%	0.4
渔业	%	0.0
第二产业现金经营净收入	%	2.7
第三产业现金经营净收入	%	11.9
财产现金经营净收入	%	3.4
转移现金经营净收入	%	20.0

7-32 城镇居民人均总支出(2021年)

指　标	单　位	绝对数
总支出	**元**	**29895.1**
消费支出	元	23177.5
食品烟酒	元	6438.3
衣着	元	1788.7
居住	元	5302.5
生活用品及服务	元	1621.5
交通通信	元	2640.1
教育文化娱乐	元	2761.2
医疗保健	元	2058.0
其他用品和服务	元	567.1
生产经营费用支出	元	609.7
第一产业经营费用支出	元	225.4
第二产业经营费用支出	元	77.1
第三产业经营费用支出	元	307.2
财产性支出	元	120.2
生活贷款利息支出	元	115.9
其他财产性支出	元	4.2
转移性支出	元	1646.2
个人所得税	元	51.0
社会保障支出	元	1428.2
外来从业人员寄给家人的支出	元	8.6
赡养支出	元	80.4
其他转移性支出	元	78.0
部分商业保险支出	元	519.5
意外伤害保险	元	19.9
商业医疗保险(含大病保险)	元	205.6
其他非储蓄性商业保险	元	77.8
其他储蓄性商业保险	元	216.3
购置资产及非经常性转移支出	元	2817.6
购置资产支出	元	964.9
非经常性转移支出	元	1852.7
借贷性支出	元	1004.3
存入储蓄款	元	32.6
借出款	元	25.7
归还借款	元	104.2
购买有价证券	元	14.3
其他投资支出	元	19.2
归还住房贷款	元	608.2
归还汽车贷款	元	133.5
归还教育贷款	元	0.8
归还其他贷款	元	60.2
其他借贷支出	元	5.6
服务性消费支出	元	0.0

7－33　城镇居民人均总支出构成(2021年)

指　　标	单　位	绝对数
总支出	%	**100.0**
消费支出	%	77.5
食品烟酒	%	21.5
衣着	%	6.0
居住	%	17.7
生活用品及服务	%	5.4
交通通信	%	8.8
教育文化娱乐	%	9.2
医疗保健	%	6.9
其他用品和服务	%	1.9
生产经营费用支出	%	2.0
第一产业经营费用支出	%	0.8
第二产业经营费用支出	%	0.3
第三产业经营费用支出	%	1.0
财产性支出	%	0.4
生活贷款利息支出	%	0.4
其他财产性支出	%	0.0
转移性支出	%	5.5
个人所得税	%	0.2
社会保障支出	%	4.8
外来从业人员寄给家人的支出	%	0.0
赡养支出	%	0.3
其他转移性支出	%	0.3
部分商业保险支出	%	1.7
意外伤害保险	%	0.1
商业医疗保险(含大病保险)	%	0.7
其他非储蓄性商业保险	%	0.3
其他储蓄性商业保险	%	0.7
购置资产及非经常性转移支出	%	9.4
购置资产支出	%	3.2
非经常性转移支出	%	6.2
借贷性支出	%	3.4
存入储蓄款	%	0.1
借出款	%	0.1
归还借款	%	0.3
购买有价证券	%	0.0
其他投资支出	%	0.1
归还住房贷款	%	2.0
归还汽车贷款	%	0.4
归还教育贷款	%	0.0
归还其他贷款	%	0.2
其他借贷支出	%	0.0
服务性消费支出	%	0.0

7－34　城镇居民人均生活消费支出(2021年)

指　标	单　位	绝对数
全年生活消费支出	**元**	**23177.5**
食品	元	6438.3
衣着	元	1788.7
居住	元	5302.5
家庭设备、用品及服务	元	1621.5
交通和通讯	元	2640.1
文化、教育、娱乐用品及服务	元	2761.2
医疗保健	元	2058.0
其他商品和服务	元	567.1

7－35　城镇居民人均生活消费支出构成(2021年)

指　标	单　位	绝对数
全年生活消费支出	%	**100.0**
食品	%	27.8
衣着	%	7.7
居住	%	22.9
家庭设备、用品及服务	%	7.0
交通和通讯	%	11.4
文化、教育、娱乐用品及服务	%	11.9
医疗保健	%	8.9
其他商品和服务	%	2.4

7-36 城镇居民人均现金生活消费支出(2021年)

指　　标	单　位	绝对数
全年生活消费支出	**元**	**19185.6**
食品	元	6354.7
衣着	元	1788.6
居住	元	1836.4
家庭设备、用品及服务	元	1618.3
交通和通讯	元	2638.6
文化、教育、娱乐用品及服务	元	2760.6
医疗保健	元	1624.7
其他商品和服务	元	563.8

7-37 城镇居民人均现金生活消费支出构成(2021年)

指　　标	单　位	绝对数
全年生活消费支出	%	**100.0**
食品	%	33.1
衣着	%	9.3
居住	%	9.6
家庭设备、用品及服务	%	8.4
交通和通讯	%	13.8
文化、教育、娱乐用品及服务	%	14.4
医疗保健	%	8.5
其他商品和服务	%	2.9

7－38 城镇居民家庭平均每百户主要消费品年末拥有量(2021年)

指　　标	单　位	绝对数
家用汽车	辆	50.34
摩托车	辆	13.22
助力车	台	129.79
洗衣机	台	103.09
电冰箱(柜)	台	100.49
微波炉	台	42.83
彩色电视机	台	116.10
空调	台	202.34
热水器	台	95.87
洗碗机	台	2.44
排油烟机	台	76.21
固定电话	线	6.08
移动电话	部	265.87
其中:接入互联网	部	232.42
计算机	台	58.99
其中:接入互联网	台	50.75
照相机	台	8.31
中高档乐器	架	5.95
健身器材	台	5.61
空气净化器(含新风系统)	台	8.49
吸尘器	台	9.17

7－39 按收入分组的城镇居民家庭平均每人总收入(2021年)

单位:元

项　　目	低收入户	中低收入户	中等收入户	中高收入户	高收入户
总收入	**17554.12**	**27510.05**	**36550.79**	**48593.00**	**86170.41**
工资性收入	10908.16	17113.45	21393.78	27867.74	34647.65
工资	10749.66	16728.82	20638.21	26530.51	32071.43
实物福利	17.33	34.42	82.94	93.95	209.91
其他	141.18	350.21	672.64	1243.28	2366.31
经营性收入	2417.33	3107.47	3868.05	4941.07	21170.76
第一产业经营收入	706.74	524.33	379.53	669.06	1696.65
农业	617.33	477.53	336.16	560.77	757.52
林业	8.20	11.58	10.26	8.05	2.17
牧业	77.22	33.71	26.90	100.12	936.93
渔业	3.99	1.51	6.21	0.12	0.03
第二产业经营收入	246.70	381.12	535.79	554.42	4402.03
第三产业经营收入	1463.89	2202.01	2952.74	3717.59	15072.09
财产性收入	1394.35	2381.54	3465.61	4006.43	7235.56
转移性收入	2834.29	4907.59	7823.34	11777.77	23116.43
家庭外出从业人员寄回带回收入	1011.15	1707.94	1850.08	2267.75	4367.81

7－40 按收入分组的城镇居民家庭平均每人总支出(2021 年)

单位:元

项目	低收入户	中低收入户	中等收入户	中高收入户	高收入户
总支出	**16989.63**	**22047.20**	**29532.63**	**35959.34**	**55132.63**
消费支出	13624.95	17575.89	22966.83	28301.25	40739.45
生产经营费用支出	386.04	472.79	328.43	630.12	1510.02
第一产业经营费用支出	279.99	153.56	98.26	127.09	524.71
农业	220.22	125.93	84.19	97.60	210.62
林业	3.30	1.09	1.47	0.44	0.74
牧业	53.84	26.49	12.01	29.04	312.65
渔业	2.63	0.06	0.59	0.01	0.70
第二产业经营费用支出	1.74	13.25	22.32	206.53	209.78
第三产业经营费用支出	104.32	305.97	207.85	296.49	775.52
财产性支出	76.43	77.41	133.23	186.82	156.14
转移性支出	818.18	1135.33	1590.18	2159.86	3173.25
部分商业保险支出	144.89	224.83	466.70	398.62	1752.10
购置资产及非经常性转移支出	1522.52	1854.12	3095.01	2789.38	5936.80
借贷性支出	416.63	706.83	952.25	1493.30	1864.86

7－41 按收入分组的城镇居民家庭平均每人可支配收入(2021 年)

单位:元

项目	低收入户	中低收入户	中等收入户	中高收入户	高收入户
可支配收入	**16140.89**	**25667.95**	**34342.23**	**45450.52**	**80772.05**
工资性收入	10908.16	17113.45	21393.78	27867.74	34647.65
工资	10749.66	16728.82	20638.21	26530.51	32071.43
实物福利	17.33	34.42	82.94	93.95	209.91
其他	141.18	350.21	672.64	1243.28	2366.31
经营净收入	1898.71	2478.10	3382.91	4145.26	19101.79
第一产业经营净收入	413.08	359.52	272.13	525.69	1153.09
农业	384.94	340.35	242.83	447.02	529.29
林业	4.89	10.50	8.79	7.48	1.43
牧业	22.10	7.22	14.90	71.08	623.03
渔业	1.15	1.45	5.62	0.12	-0.67
第二产业经营净收入	200.56	316.91	497.66	326.13	3904.29
第三产业经营净收入	1285.07	1801.67	2613.12	3293.44	14044.41
财产净收入	1317.92	2304.14	3332.38	3819.61	7079.42
转移净收入	2016.10	3772.26	6233.16	9617.91	19943.18

7-42 按收入分组的城镇居民家庭平均每人生活消费支出（2021年）

单位：元

项　目	低收入户	中低收入户	中等收入户	中高收入户	高收入户
全年生活消费支出	**13624.95**	**17575.89**	**22966.83**	**28301.25**	**40739.45**
食品	4181.90	5334.77	6340.72	7578.99	10414.73
衣着	1065.57	1372.13	1805.14	2141.49	3106.07
居住	2841.97	3828.20	5511.93	6559.42	9597.71
生活用品及服务	786.12	1018.89	1691.51	2142.89	3117.61
交通通讯	1315.54	1713.05	2421.56	3546.50	5311.44
教育文化娱乐	1975.82	2437.27	2952.38	3103.91	3825.80
医疗保健	1202.41	1474.75	1732.94	2579.40	4078.75
其他用品和服务	255.63	396.84	510.65	648.65	1287.34

7-43 按收入分组的城镇居民家庭平均每人现金可支配收入（2021年）

单位：元

项　目	低收入户	中低收入户	中等收入户	中高收入户	高收入户
现金收入（未扣除生产费用）	**16310.44**	**25666.18**	**33849.26**	**45202.79**	**80765.87**
现金工资性收入	10890.83	17079.03	21310.85	27773.79	34437.74
工资	10749.66	16728.82	20638.21	26530.51	32071.43
其他工资性收入	141.18	350.21	672.64	1243.28	2366.31
现金经营性收入	2354.81	3004.69	3816.97	4883.03	21137.63
第一产业现金经营收入	644.22	421.55	328.45	611.02	1663.51
农业	559.85	379.10	287.61	508.93	726.89
林业	6.69	8.93	10.04	5.85	0.74
牧业	73.84	32.62	25.65	96.25	935.89
渔业	3.84	0.90	5.15	0.00	0.00
第二产业现金经营收入	246.70	381.12	535.79	554.42	4402.03
第三产业现金经营收入	1463.89	2202.01	2952.74	3717.59	15072.09
现金财产性收入	376.91	889.36	1225.56	1336.99	3289.55
现金转移性收入	2687.88	4693.11	7495.88	11208.97	21900.95
家庭外出从业人员寄回带回收入	1011.15	1707.94	1850.08	2267.75	4367.81

7－44　按收入分组的城镇居民家庭平均每人生活消费现金支出(2021 年)

单位:元

项　　目	低收入户	中低收入户	中等收入户	中高收入户	高收入户
全年生活消费支出	**11478.47**	**14657.79**	**18852.65**	**23430.50**	**33451.37**
食品	4141.54	5282.08	6246.93	7479.57	10249.73
衣着	1065.50	1371.96	1804.84	2141.46	3105.74
居住	880.64	1174.86	1818.15	2362.76	3719.38
家庭设备、用品及服务	785.31	1016.65	1689.28	2138.80	3108.56
交通和通讯	1315.54	1712.49	2421.19	3542.95	5307.21
文化、教育、娱乐用品及服务	1975.81	2437.22	2952.24	3103.38	3822.34
医疗保健	1058.88	1266.04	1411.94	2018.60	2861.67
其他商品和服务	255.25	396.49	508.07	642.97	1276.74

7－45　历年农村居民收支

单位:元

年　份	城镇居民人均可支配收入	农村居民人均生活消费支出
1978	104.71	81.70
1979	133.56	110.83
1980	160.78	135.51
1981	215.57	165.57
1982	216.74	177.90
1983	272.00	196.35
1984	301.17	219.64
1985	328.78	260.19
1986	333.64	292.48
1987	377.72	309.90
1988	401.32	346.73
1989	457.06	390.05
1990	526.95	437.73
1991	539.29	454.68
1992	588.48	472.61

7-45 续表

单位:元

年 份	城镇居民人均可支配收入	农村居民人均生活消费支出
1993	695.85	564.93
1994	909.81	731.78
1995	1231.97	929.39
1996	1579.19	1206.43
1997	1733.89	1270.52
1998	1864.05	1240.30
1999	1948.36	1163.98
2000	1985.82	1315.83
2001	2097.86	1375.60
2002	2215.74	1451.51
2003	2235.68	1508.67
2004	2553.15	1664.09
2005	2870.58	1891.57
2006	3261.03	2229.28
2007	3851.60	2676.41
2008	4454.24	3044.21
2009	4806.95	3388.47
2010	5523.73	3682.21
2011	6604.03	4319.95
2012	7524.94	5032.14
2013	8475.34	5627.73
2014	9966.07	7277.21
2015	10852.86	7887.45
2016	11696.74	8586.59
2017	12719.18	9211.52
2018	13830.74	10392.01
2019	15163.70	11545.99
2020	16107.90	12201.10
2021	17533.30	14073.20

注:2013 年以前为纯收入口径。

7－46 农村调查家庭基本情况(2021 年)

指　　标	单　位	绝对数
基本情况		
户均常住人口	人	3.4
户均劳动力人数	人	2.1
平均每户家庭从业人口比重	%	61.9
平均每一从业人口负担人数	人	1.6
户主文化程度		
未上过学	%	1.8
小学	%	18.3
初中	%	61.3
高中	%	15.7
大学专科	%	2.7
大学本科	%	0.1
研究生	%	0.0
常住从业人员就业类型		
雇主	%	0.2
公职人员	%	0.7
事业单位人员	%	1.0
国有企业雇员	%	0.4
其他雇员	%	46.5
农业自营	%	42.4
非农自营	%	8.9
常住从业人员从事主要行业		
第一产业	%	45.2
第二产业	%	24.5
第三产业	%	30.3

7-47　农村居民家庭居住情况(2021年)

项　　目	单　位	绝对数
期末人均住房情况		
现住房建筑面积	平方米	54.91
主要建筑材料		
钢筋混凝土	%	29.99
砖混材料	%	58.95
砖瓦砖木	%	11.03
竹草土坯	%	0.00
其他	%	0.02
住宅外道路路面情况		
水泥或柏油路面	%	83.46
沙石或石板等硬质路面	%	10.12
其他	%	6.43
粪便清掏和处理情况		
清掏后运送到处理厂	%	22.16
清掏后掩埋在土坑里	%	3.45
清掏后作为粪肥使用	%	65.51
清掏后弃置在开放地带	%	1.65
清掏后不知道送到哪里	%	4.35
从未清掏过	%	2.23
不知道是否清掏过	%	0.65
住户主要饮用水来源情况		
经过净化处理的自来水	%	80.24
受保护的井水和泉水	%	18.42
不受保护的井水和泉水	%	1.11
江河湖泊水	%	0.00
收集雨水	%	0.00
桶装水	%	0.22
其他水源	%	0.02
获取饮用水存在哪些困难(可多选)		
单次取水往返时间超过半小时	%	0.08
间断或定时供水	%	1.63
当年连续缺水时间超过15天	%	0.00
无上述困难	%	98.29
住户饮用水使用前采取的主要处理措施		
煮沸	%	88.23

7－47 续表1

项　　目	单　位	绝对数
加漂白剂/氯等	%	0.46
使用水过滤器	%	7.37
其他处理措施	%	2.35
没有任何水处理措施	%	1.59
厨房使用情况		
住宅内独用	%	71.30
住宅内合用	%	0.23
院内独用	%	27.74
院内合用	%	0.62
其他地方独用	%	0.06
其他地方合用	%	0.04
无厨房	%	0.00
住户厕所类型		
水冲式卫生厕所（冲入下水道）	%	27.18
水冲式卫生厕所（冲入化粪池）	%	27.81
水冲式卫生厕所（冲入防渗厕坑）	%	13.35
水冲式非卫生厕所（冲入其他地方）	%	9.80
卫生旱厕	%	14.24
普通旱厕	%	7.63
无厕所	%	0.00
住户厕所使用情况		
住宅内独用	%	75.65
住宅内合用	%	0.36
院内独用	%	21.91
院内合用	%	0.31
其他地方独用	%	1.63
其他地方合用	%	0.09
公用厕所	%	0.04
住户洗澡设施情况		
统一供热水	%	0.98
家庭自装热水器	%	83.80
其他	%	8.74
无洗澡设施	%	6.48
住宅或院内是否有洗手设施及肥皂和水？		
有洗手设施，并有肥皂和水	%	98.42

7－47　续表2

项　　目	单　位	绝对数
有洗手设施，但是没有肥皂或水	%	1.46
没有洗手设施	%	0.12
住户主要取暖设备状况		
由市政或小区集中供暖	%	0.26
自行供暖	%	86.88
无取暖设备	%	12.85
取水位置		
住宅内管道取水	%	76.22
住宅内其他方式取水	%	2.52
院内管道取水	%	19.10
院内其他方式取水	%	1.68
其他位置取水	%	0.47
住户主要取暖用能源状况		
柴草	%	6.26
煤炭	%	2.69
罐装液化石油气	%	3.54
管道液化石油气	%	0.16
管道煤气	%	0.09
管道天然气	%	2.57
电	%	81.85
燃料用油	%	0.04
沼气	%	0.00
其他	%	0.78
无取暖行为	%	2.02
主要炊用能源状况		
柴草	%	5.71
煤炭	%	1.01
罐装液化石油气	%	47.92
管道液化石油气	%	1.03
管道煤气	%	0.16
管道天然气	%	14.34
电	%	29.45
燃料用油	%	0.13
沼气	%	0.13
其他	%	0.05
无炊用行为	%	0.04

7-48 农村居民人均总收入(2021 年)

指　　标	单　位	绝对数
总收入	**元**	**21153.7**
工资性收入	元	6695.0
工资	元	6463.3
实物福利	元	15.8
其他	元	215.9
经营性收入	元	8758.6
第一产业经营性收入	元	6185.3
农业	元	4849.4
林业	元	83.1
牧业	元	1187.4
渔业	元	65.4
第二产业经营性收入	元	616.2
第三产业经营性收入	元	1957.2
财产性收入	元	275.4
转移性收入	元	5424.7

7-49 农村居民人均总收入构成(2021 年)

指　　标	单　位	绝对数
总收入	%	**100.0**
工资性收入	%	31.6
工资	%	30.6
实物福利	%	0.1
其他	%	1.0
经营性收入	%	41.4
第一产业经营性收入	%	29.2
农业	%	22.9
林业	%	0.4
牧业	%	5.6
渔业	%	0.3
第二产业经营性收入	%	2.9
第三产业经营性收入	%	9.3
财产性收入	%	1.3
转移性收入	%	25.6

7－50　农村居民人均可支配收入(2021 年)

指　标	单　位	绝对数
可支配收入	**元**	**17533.3**
工资性收入	元	6695.0
工资	元	6463.3
实物福利	元	15.8
其他	元	215.9
经营净收入	元	5605.2
第一产业经营净收入	元	3699.6
农业	元	3252.1
林业	元	55.5
牧业	元	357.4
渔业	元	34.7
第二产业经营净收入	元	422.2
第三产业经营净收入	元	1483.4
财产净收入	元	252.6
转移净收入	元	4980.5

7－51　农村居民人均可支配收入构成(2021 年)

指　标	单　位	绝对数
可支配收入	%	**100.0**
工资性收入	%	38.2
工资	%	36.9
实物福利	%	0.1
其他	%	1.2
经营净收入	%	32.0
第一产业经营净收入	%	21.1
农业	%	18.5
林业	%	0.3
牧业	%	2.0
渔业	%	0.2
第二产业经营净收入	%	2.4
第三产业经营净收入	%	8.5
财产净收入	%	1.4
转移净收入	%	28.4

7-52　农村居民人均现金可支配收入(2021年)

指　　标	单　位	绝对数
可支配收入	**元**	**16728.4**
现金工资性收入	元	6679.2
工资	元	6463.3
其他工资性收入	元	215.9
现金经营净收入	元	5121.7
第一产业现金经营净收入	元	3110.8
农业	元	2629.1
林业	元	48.1
牧业	元	398.6
渔业	元	35.0
第二产业现金经营净收入	元	449.3
第三产业现金经营净收入	元	1561.6
财产现金经营净收入	元	252.6
转移现金经营净收入	元	4674.9

7-53　农村居民人均现金可支配收入构成(2021年)

指　　标	单　位	绝对数
可支配收入	%	**100.0**
现金工资性收入	%	39.9
工资	%	38.6
其他工资性收入	%	1.3
现金经营净收入	%	30.6
第一产业现金经营净收入	%	18.6
农业	%	15.7
林业	%	0.3
牧业	%	2.4
渔业	%	0.2
第二产业现金经营净收入	%	2.7
第三产业现金经营净收入	%	9.3
财产现金经营净收入	%	1.5
转移现金经营净收入	%	27.9

7－54 农村居民人均总支出(2021年)

指　　标	单　位	绝对数
总支出	**元**	**20792.9**
消费支出	元	14073.2
食品烟酒	元	4142.7
衣着	元	1059.1
居住	元	2876.3
生活用品及服务	元	874.7
交通通信	元	1619.6
教育文化娱乐	元	1711.2
医疗保健	元	1542.1
其他用品和服务	元	247.4
生产经营费用支出	元	2899.1
第一产业经营费用支出	元	2336.6
第二产业经营费用支出	元	166.9
第三产业经营费用支出	元	395.5
财产性支出	元	22.8
生活贷款利息支出	元	21.5
其他财产性支出	元	1.3
转移性支出	元	444.2
个人所得税	元	7.9
社会保障支出	元	372.5
外来从业人员寄给家人的支出	元	15.9
赡养支出	元	28.1
其他转移性支出	元	19.7
部分商业保险支出	元	86.5
意外伤害保险	元	12.1
商业医疗保险(含大病保险)	元	47.6
其他非储蓄性商业保险	元	8.5
其他储蓄性商业保险	元	18.2
购置资产及非经常性转移支出	元	2590.8
购置资产支出	元	1148.0
非经常性转移支出	元	1442.8
借贷性支出	元	676.3
存入储蓄款	元	16.3
借出款	元	11.3
归还借款	元	137.5
购买有价证券	元	0.0
其他投资支出	元	28.7
归还住房贷款	元	303.9
归还汽车贷款	元	130.5
归还教育贷款	元	10.3
归还其他贷款	元	37.1
其他借贷支出	元	0.7
服务性消费支出	元	0.0

7－55　农村居民人均总支出构成(2021年)

指　　标	单　位	绝对数
总支出	%	**100.0**
消费支出	%	67.7
食品烟酒	%	19.9
衣着	%	5.1
居住	%	13.8
生活用品及服务	%	4.2
交通通信	%	7.8
教育文化娱乐	%	8.2
医疗保健	%	7.4
其他用品和服务	%	1.2
生产经营费用支出	%	13.9
第一产业经营费用支出	%	11.2
第二产业经营费用支出	%	0.8
第三产业经营费用支出	%	1.9
财产性支出	%	0.1
生活贷款利息支出	%	0.1
其他财产性支出	%	0.0
转移性支出	%	2.1
个人所得税	%	0.0
社会保障支出	%	1.8
外来从业人员寄给家人的支出	%	0.1
赡养支出	%	0.1
其他转移性支出	%	0.1
部分商业保险支出	%	0.4
意外伤害保险	%	0.1
商业医疗保险(含大病保险)	%	0.2
其他非储蓄性商业保险	%	0.0
其他储蓄性商业保险	%	0.1
购置资产及非经常性转移支出	%	12.5
购置资产支出	%	5.5
非经常性转移支出	%	6.9
借贷性支出	%	3.3
存入储蓄款	%	0.1
借出款	%	0.1
归还借款	%	0.7
购买有价证券	%	0.0
其他投资支出	%	0.1
归还住房贷款	%	1.5
归还汽车贷款	%	0.6
归还教育贷款	%	0.0
归还其他贷款	%	0.2
其他借贷支出	%	0.0
服务性消费支出	%	0.0

7-56 农村居民人均总生活消费支出(2021年)

指　　标	单　位	绝对数
全年生活消费支出	元	**14073.2**
食品	元	4142.7
衣着	元	1059.1
居住	元	2876.3
家庭设备、用品及服务	元	874.7
交通和通讯	元	1619.6
文化、教育、娱乐用品及服务	元	1711.2
医疗保健	元	1542.1
其他商品和服务	元	247.4

7-57 农村居民人均总生活消费支出构成(2021年)

指　　标	单　位	绝对数
全年生活消费支出	%	**100.0**
食品	%	29.4
衣着	%	7.5
居住	%	20.4
家庭设备、用品及服务	%	6.2
交通和通讯	%	11.5
文化、教育、娱乐用品及服务	%	12.2
医疗保健	%	11.0
其他商品和服务	%	1.8

7－58　农村居民人均现金生活消费支出(2021 年)

指　　标	单　位	绝对数
全年生活消费支出	元	**11862.2**
食品	元	4014.5
衣着	元	1059.0
居住	元	1098.6
家庭设备、用品及服务	元	871.6
交通和通讯	元	1619.6
文化、教育、娱乐用品及服务	元	1711.1
医疗保健	元	1243.8
其他商品和服务	元	244.1

7－59　农村居民人均现金生活消费支出构成(2021 年)

指　　标	单　位	绝对数
全年生活消费支出	%	**100.0**
食品	%	33.8
衣着	%	8.9
居住	%	9.3
家庭设备、用品及服务	%	7.3
交通和通讯	%	13.7
文化、教育、娱乐用品及服务	%	14.4
医疗保健	%	10.5
其他商品和服务	%	2.1

7－60 农村居民家庭平均每百户主要消费品年末拥有量(2021 年)

指　　标	单　位	绝对数
家用汽车	辆	39.25
摩托车	辆	32.36
助力车	台	135.91
洗衣机	台	101.82
电冰箱(柜)	台	100.96
微波炉	台	20.81
彩色电视机	台	114.66
空调	台	135.07
热水器	台	83.73
洗碗机	台	1.34
排油烟机	台	36.36
固定电话	线	4.42
移动电话	部	283.04
其中:接入互联网	部	242.48
计算机	台	28.33
其中:接入互联网	台	23.55
照相机	台	1.85
中高档乐器	架	0.69
健身器材	台	1.55
空气净化器(含新风系统)	台	0.93
吸尘器	台	1.61

7－61 按收入分组的农村居民家庭平均每人总收入(2021 年)

单位:元

项　　目	低收入户	中低收入户	中等收入户	中高收入户	高收入户
总收入	**11480.11**	**14236.93**	**18625.49**	**24231.53**	**43823.77**
工资性收入	3174.52	4804.11	6977.84	8846.63	11345.87
工资	3029.49	4647.80	6721.73	8591.52	10948.97
实物福利	12.18	8.54	7.75	17.74	38.92
其他	132.85	147.77	248.35	237.37	357.98
经营性收入	4773.48	4586.79	6108.11	8528.04	23705.42
第一产业经营收入	3643.14	3678.36	4776.88	6143.38	15024.08
农业	2538.31	3247.08	4176.78	5406.90	10492.47
林业	62.82	47.21	54.53	142.95	127.41
牧业	946.65	325.36	496.25	576.43	4294.98
渔业	95.35	58.71	49.33	17.10	109.22
第二产业经营收入	20.48	120.85	201.53	342.67	2978.50
第三产业经营收入	1109.86	787.58	1129.69	2042.00	5702.83
财产性收入	100.51	134.80	193.77	343.53	738.38
转移性收入	3431.60	4711.24	5345.77	6513.33	8034.11
家庭外出从业人员寄回带回收入	2431.22	3500.82	3970.64	4432.37	4542.99

7－62　按收入分组的农村居民家庭平均每人总支出(2021 年)

单位:元

项　　目	低收入户	中低收入户	中等收入户	中高收入户	高收入户
总支出	**17087.61**	**15964.55**	**18893.16**	**21209.30**	**34511.00**
消费支出	11121.83	11791.49	13526.79	15083.06	20848.33
生产经营费用支出	3427.45	1432.34	1817.31	2292.82	6240.01
第一产业经营费用支出	2444.62	1362.92	1592.26	2002.42	4851.02
农业	1112.98	1112.68	1289.53	1641.43	2679.06
林业	25.16	11.35	17.81	11.71	40.79
牧业	1194.99	236.64	276.23	347.26	2117.14
渔业	111.49	2.25	8.68	2.02	14.03
第二产业经营费用支出	0.48	15.88	102.15	52.24	822.45
第三产业经营费用支出	982.35	53.53	122.90	238.17	566.54
财产性支出	17.31	27.00	17.84	27.97	25.48
转移性支出	425.15	374.25	417.69	469.78	569.98
部分商业保险支出	52.49	63.88	51.53	119.09	172.25
购置资产及非经常性转移支出	1641.41	1842.42	2503.29	2536.13	5116.31
借贷性支出	401.98	433.18	558.69	680.44	1538.64

7－63　按收入分组的农村居民家庭平均每人可支配收入(2021 年)

单位:元

项　　目	低收入户	中低收入户	中等收入户	中高收入户	高收入户
可支配收入	**7312.37**	**12294.56**	**16165.67**	**21233.46**	**36482.60**
工资性收入	3174.52	4804.11	6977.84	8846.63	11345.87
工资	3029.49	4647.80	6721.73	8591.52	10948.97
实物福利	12.18	8.54	7.75	17.74	38.92
其他	132.85	147.77	248.35	237.37	357.98
经营净收入	1048.21	3045.66	4083.82	6027.73	16959.70
第一产业经营净收入	973.51	2242.16	3093.71	4031.00	9908.16
农业	1326.45	2076.14	2812.85	3679.74	7625.05
林业	22.41	26.24	36.65	125.00	85.09
牧业	－357.43	83.32	203.63	211.54	2102.91
渔业	－17.93	56.46	40.58	14.71	95.11
第二产业经营净收入	3.22	102.71	65.20	271.59	2080.41
第三产业经营净收入	71.48	700.79	924.91	1725.14	4971.14
财产净收入	83.20	107.80	175.93	315.56	712.90
转移净收入	3006.45	4336.99	4928.07	6043.54	7464.13

7－64 按收入分组的农村居民家庭平均每人生活消费支出(2021年)

单位:元

项　　目	低收入户	中低收入户	中等收入户	中高收入户	高收入户
全年生活消费支出	**11121.83**	**11791.49**	**13526.79**	**15083.06**	**20848.33**
食品	3334.23	3389.82	3978.69	4637.13	5936.80
衣着	848.41	915.76	1040.81	1161.72	1454.32
居住	2379.67	2296.88	2733.13	3044.13	4349.30
生活用品及服务	686.49	703.23	911.07	971.86	1211.86
交通通讯	1205.60	1378.29	1453.87	1614.45	2749.38
教育文化娱乐	1510.58	1704.21	1766.77	1820.60	1804.11
医疗保健	990.60	1217.29	1411.73	1569.12	2895.42
其他用品和服务	166.24	186.01	230.72	264.05	447.15

7－65 按收入分组的农村居民家庭平均每人现金可支配收入(2021年)

单位:元

项　　目	低收入户	中低收入户	中等收入户	中高收入户	高收入户
现金收入(未扣除生产费用)	**11411.47**	**13628.09**	**17728.62**	**22864.15**	**40795.07**
现金工资性收入	3162.34	4795.56	6970.08	8828.89	11306.95
工资	3029.49	4647.80	6721.73	8591.52	10948.97
其他工资性收入	132.85	147.77	248.35	237.37	357.98
现金经营性收入	4818.65	4153.97	5433.24	7472.86	21626.49
第一产业现金经营收入	3688.31	3245.53	4102.02	5088.20	12945.15
农业	2613.64	2841.57	3536.44	4384.79	8447.95
林业	49.01	36.19	35.14	130.75	111.64
牧业	930.69	309.59	481.17	556.18	4277.60
渔业	94.97	58.18	49.27	16.46	107.97
第二产业现金经营收入	20.48	120.85	201.53	342.67	2978.50
第三产业现金经营收入	1109.86	787.58	1129.69	2042.00	5702.83
现金财产性收入	100.51	134.80	193.77	343.53	738.38
现金转移性收入	3329.97	4543.76	5131.52	6218.87	7123.26
家庭外出从业人员寄回带回收入	2431.22	3500.82	3970.64	4432.37	4542.99

7－66 按收入分组的农村居民家庭平均每人生活消费现金支出(2021 年)

单位:元

项　　目	低收入户	中低收入户	中等收入户	中高收入户	高收入户
全年生活消费支出	**9460.54**	**10026.46**	**11480.15**	**12747.58**	**17192.57**
食品	3235.66	3287.58	3849.66	4490.21	5754.73
衣着	848.41	915.75	1040.74	1161.58	1454.00
居住	917.90	800.02	1026.05	1145.97	1795.43
家庭设备、用品及服务	683.60	700.51	908.54	969.24	1206.67
交通和通讯	1205.60	1378.29	1453.72	1614.43	2749.21
文化、教育、娱乐用品及服务	1510.58	1704.18	1766.76	1820.46	1803.72
医疗保健	893.42	1054.39	1205.14	1282.85	1997.92
其他商品和服务	165.37	185.74	229.54	262.84	430.90

7－67 主要年份农村农户固定资产投资情况

单位:万元

指　标	2000年	2005年	2010年	2015年	2016年	2017年	2018年	2019年	2020年	2021年
农村投资总额	**2549526**	**450200**	**7866446**	**7090634**	**6611615**	**6065769**	**6292064**	**5801276**	**5107626**	**4616950**
按投资来源分										
国内贷款	209704	8114	35450	97688	247007	258350	285469	270071	152913	129069
自筹资金	3758	4468528	7732178	6922895	6321870	5756872	5947315	5472752	4891088	4417352
其他资金	2294758	25358	98818	70051	42737	50547	59280	58453	63625	70529
按投资构成分					0					
建筑工程	1834257	3293919	6923459	6413649	5842618	5241444	5424050	4634375	3995198	3336995
设备工器具购置	604245	947275	800540	595780	617002	440058	521988	736505	548604	537649
其他	100283	255283	134574	81205	151995	384267	346027	430395	563825	742306
按投资方向分										
农林牧渔业	495605	916446	850420	724561	906768	1018041	1138885	833672	1143130	1061543
制造业	111632	45436	40859	66211	41796	32486	32223	41069	29616	12816
电力煤气及水的生产和供应业		10799	4006	7544	0	7560	2302	3138	2743	10337
建筑业	19399	118045	26340	45680	0	5807	76408	56923	27644	130452
批发和零售	28518	36392	34536	40094	0	153575	78764	61357	131106	69515
交通运输仓储和邮电业	170367	349604	280767	312028	143329	109709	140793	554194	175368	202126
住宿和餐饮		2060	2544	36945		9577	51605	45490	12781	24689
房地产业	1678599	2699392	6412652	5592884	5350269	4641694	4660315	4153432	3531369	3025309
租赁和商务服务业		1093		28344	51334	61392	8597	17086	11124	21195
居民服务和其他服务业		314408	214322	233283	15482	17651	95090	34914	42745	58968

7－68　分行业农村农户固定资产投资增速及结构(2021年)

单位:%

产　　业	增　速	结　构
总　　计	**－11.70**	**100.00**
农、林、牧、渔业	－7.10	23.00
制造业	－56.70	0.30
电力、热力、燃气及水的生产和供应业	276.90	0.20
建筑业	371.90	2.80
批发和零售业	－47.00	1.50
交通运输、仓储和邮政业	15.30	4.40
住宿和餐饮业	93.20	0.50
房地产业	－14.30	65.50
租赁和商务服务业	90.50	0.50
居民服务和其他服务业	38.00	1.30

7－69　河南省各省辖市及省直管县居民收支(2021年)

单位:元

省　辖　市	居民人均可支配收入	居民人均生活消费支出
郑　州　市	39510.9	25962.5
开　封　市	24572.7	19409.0
洛　阳　市	30219.4	21562.6
平　顶　山	26869.1	17275.4
安　阳　市	27364.5	16490.0
鹤　壁　市	29362.3	17729.0
新　乡　市	27457.3	18097.0
焦　作　市	30076.0	21190.4
濮　阳　市	24746.6	15116.1
许　昌　市	29027.9	18558.4
漯　河　市	27993.7	18780.6
三　门　峡	26907.8	18657.7
南　阳　市	25489.5	17059.0
商　丘　市	22698.9	16540.1
信　阳　市	23947.8	16688.9
周　口　市	20772.8	15360.3
驻　马　店	22440.0	17461.0
济　源　市	32270.6	15194.7
巩　义　市	33655.6	18150.5
兰　考　县	21927.1	19138.0
汝　州　市	26920.8	16439.2
滑　　　县	19762.1	16647.5
长　垣　县	28812.4	20075.4
邓　州　市	25150.4	19835.3
永　城　市	27287.9	19364.9
固　始　县	23379.8	17191.1
鹿　邑　县	22842.8	16714.2
新　蔡　县	20164.6	18017.6

7－70 河南省各省辖市及省直管县城镇居民收支(2021 年)

单位:元

省 辖 市	居民人均可支配收入	居民人均生活消费支出
郑 州 市	45245.8	28710.1
开 封 市	34194.7	26807.8
洛 阳 市	42076.1	28614.6
平 顶 山	37041.9	21273.8
安 阳 市	37464.3	20332.7
鹤 壁 市	35933.6	21308.6
新 乡 市	36245.3	22580.1
焦 作 市	36290.8	24810.7
濮 阳 市	35998.5	19133.5
许 昌 市	37196.3	22582.5
漯 河 市	36768.9	24252.6
三 门 峡	35150.2	23675.6
南 阳 市	36182.1	22242.2
商 丘 市	34758.2	21720.9
信 阳 市	33479.7	21137.0
周 口 市	30826.3	20765.4
驻 马 店	33178.4	24021.8
济 源 市	39518.2	17059.4
巩 义 市	38497.4	19384.8
兰 考 县	29903.5	24561.7
汝 州 市	33654.5	20852.4
滑 县	30962.2	20344.6
长 垣 县	33090.5	23433.7
邓 州 市	34342.4	25757.1
永 城 市	37859.5	22729.1
固 始 县	32328.4	20623.4
鹿 邑 县	31769.1	21253.7
新 蔡 县	29657.8	24918.9

7－71　河南省各省辖市及省直管县农村居民收支(2021 年)

单位:元

	居民人均可支配收入	居民人均生活消费支出
郑 州 市	26790.3	19868.0
开 封 市	16768.8	13408.2
洛 阳 市	17253.4	13850.7
平 顶 山	16918.6	13364.3
安 阳 市	18423.7	13088.3
鹤 壁 市	21334.4	13356.0
新 乡 市	18921.5	13742.5
焦 作 市	22180.0	16590.7
濮 阳 市	16487.8	12167.3
许 昌 市	21462.1	14831.1
漯 河 市	19973.0	13779.1
三 门 峡	18296.9	13415.5
南 阳 市	17603.1	13236.1
商 丘 市	14788.8	13141.8
信 阳 市	16595.3	13257.9
周 口 市	14141.3	11795.1
驻 马 店	15267.0	13078.4
济 源 市	23294.2	12885.2
巩 义 市	28760.3	16902.5
兰 考 县	16784.2	15641.0
汝 州 市	21511.3	12893.9
滑 县	15229.7	15151.4
长 垣 县	25251.7	17280.2
邓 州 市	19160.2	15976.3
永 城 市	18451.2	16552.8
固 始 县	17640.3	14989.7
鹿 邑 县	16582.7	13530.6
新 蔡 县	15667.8	14748.6

主要统计指标解释

一、住户收支与生活状况调查指标解释

从2013年度起，国家统计局对分别进行的城乡住户调查实施了一体化改革，规范了城乡划分范围，统一了城乡居民收入指标名称、分类和统计标准，建立了城乡统一的一体化住户调查，并据此采集全国居民有关数据。

（一）居民可支配收入

居民可支配收入指居民可用于最终消费支出和储蓄的总和，即居民可用于自由支配的收入。既包括现金收入，也包括实物收入。按照收入的来源，可支配收入包含四项，分别为：工资性收入、经营性净收入、转移性净收入和财产性净收入。

工资性收入 指就业人员通过各种途径得到的全部劳动报酬和各种福利，包括受雇于单位或个人、从事各种自由职业、兼职和零星劳动得到的全部劳动报酬和福利。

经营净收入 指住户或住户成员从事生产经营活动所获得的净收入，是全部经营收入中扣除经营费用、生产性固定资产折旧和生产税之后得到的净收入。计算公式具体为：

经营净收入=经营收入-经营费用-生产性固定资产折旧-生产税

财产净收入 指住户或住户成员将其所拥有的金融资产、住房等非金融资产和自然资源交由其他机构单位、住户或个人支配而获得的回报并扣除相关的费用之后得到的净收入。财产净收入包括利息净收入、红利收入、储蓄性保险净收益、转让承包土地经营权租金净收入、出租房屋净收入、出租其他资产净收入和自有住房折算净租金等。财产净收入不包括转让资产所有权的溢价所得。

转移净收入 计算公式为：转移净收入=转移性收入-转移性支出

转移性收入 指国家、单位、社会团体对住户的各种经常性转移支付和住户之间的经常性收入转移。包括养老金或退休金、社会救济和补助、政策性生产补贴、政策性生活补贴、救灾款、经常性捐赠和赔偿、报销医疗费、住户之间的赡养收入，本住户非常住成员寄回带回的收入等。转移性收入不包括住户之间的实物馈赠。

转移性支出 指居民家庭对国家、单位、住户或个人的经常性或义务性转移支付。包括缴纳的税款、各项社会保障支出、赡养支出、经常性捐赠和赔偿支出以及其他经常转移支出等。

（二）居民消费支出

居民消费支出是指居民用于满足家庭日常生活消费需要的全部支出，既包括现金消费支出，也包括实物消费支出。消费支出可划分为食品烟酒、衣着、居住、生活用品及服务、交通通信、教育文化娱乐、医疗保健以及其他用品及服务八大类。

食品烟酒 指用于各种食品和烟草、酒类的支出。

衣着 指与居民穿着有关的支出，包括服装、服装材料、鞋类、其他衣类及配件、衣着相关加工服务的支出。

居住 指与居住有关的支出，包括房租、水、电、燃料、物业管理等方面的支出，也包括自有住房折

算租金。

生活用品及服务 指家庭及个人的各类生活品及家庭服务。包括家具及室内装饰品、家用器具、家用纺织品、家庭日用杂品、个人用品和家庭服务。

交通通信 指用于交通和通信工具及相关的各种服务费、维修费和车辆保险等支出。

教育文化娱乐 指用于教育、文化和娱乐方面的支出。

医疗保健 指用于医疗和保健的药品、用品和服务的总费用。包括医疗器具及药品，以及医疗服务。

其他用品及服务 指无法直接归入上述各类支出的其他用品与服务支出。

二、2012 年及以前的分城镇和农村住户调查指标解释

2012 年及以前年份，中国的住户调查一直分城乡分别开展。由于分别调查，农村与城镇居民收入、支出等指标的统计口径有所不同，数据也不完全可比，城镇调查城镇居民可支配收入，农村调查农村居民纯收入。城镇居民收入与支出数据，指现金收入或现金支出，不包括实物收支；其中，计算城镇居民人均可支配收入和消费支出时，不包括自有住房折算租金，也不包括购建房支出。农村居民收入与支出数据，分为总收支和现金收支，即农村居民的总收支部分包括了自产自用的实物收支；其中，计算农村居民人均纯收入和消费支出时，也不包括自有住房折算租金，但农村居民居住消费支出中，包括了购建房支出。

为了保持历史数据的可比，本年鉴中 2012 年及以前年份的数据和指标解释仍保持了原城镇住户调查和农村住户调查方案的原貌。

（一）城镇住户调查主要收支指标解释

1．城镇居民家庭总收入

家庭总收入 指居民家庭中生活在一起的所有家庭成员在调查期得到的工薪收入、经营净收入、财产性收入、转移性收入的总和，不包括出售财物和借贷收入。收入的统计标准以实际发生的数额为准，无论收入是补发还是预发，只要是调查期得到的都应如实计算，不作分摊。

工薪收入 指就业人员通过各种途径得到的全部劳动报酬，包括所从事的主要职业的工资以及从事第二职业、其他兼职和零星劳动得到的其它劳动收入。

经营净收入 指家庭成员从事生产经营活动所获得的净收入。是全部生产经营收入中扣除生产成本和税金后所得的收入。如当期收入小于生产费用的开支，其差额记入“其他借贷支出 ”中。

财产性收入 指家庭拥有的动产（如银行存款、有价证券）、不动产（如房屋、车辆、土地、收藏品等）所获得的收入。包括出让财产使用权所获得的利息、租金、专利收入；财产营运所获得的红利收入、财产增值收益等。

利息收入 指资产所有者按预先约定的利率获得的高于存款本金以外的那部分收入。包括各类定期和活期存款利息、债券利息、储蓄性奖券和存款的“中奖”收入。利息与红利的差异：利息一般是预先约定的，与企业的经营状况无关，而红利的多少与企业的经营效益直接有关，一般不预先约定。利息收入是应得收入，包括银行代扣的利息所得税。

转移性收入 指国家、单位、社会团体对居民家庭的各种转移支付和居民家庭间的收入转移。包括政府对个人收入转移的离退休金、失业救济金、赔偿等；单位对个人收入转移的辞退金、保险索赔、住房公积金、家庭间的赠送和赡养等。

记账补贴 指居民家庭因承担记账工作从统计部门、工作单位和其它途径所得到的现金。不包括实物部分。

2．城镇居民可支配收入

可支配收入 指居民家庭可用于最终消费支出和其它非义务性支出以及储蓄的总和，即居民家庭可以用来自由支配的收入。它是家庭总收入扣除交纳的所得税、个人交纳的社会保障费以及调查户的记账补贴后的收入。计算公式为：

可支配收入＝家庭总收入－交纳所得税－个人交纳的社会保障支出－记账补贴

3．城镇居民家庭总支出

家庭总支出 指家庭除借贷支出以外的全部实际支出。包括消费支出、购房建房支出、转移性支出、财产性支出、社会保障支出。支出统计是以实际购得的商品或服务的总价值填报，不论其付款方式是一次付清、分期付款，还是赊购，只要商品或服务已被消费就要按其总价值计量。如果采用分期付款或赊购形式，则要在借贷收入类相应的项目填入实付款与总的应付款的差额。

4．城镇居民消费支出

消费支出 指居民家庭用于满足家庭日常生活消费需要的全部支出，包括食品、衣着、居住、家庭设备及用品、交通通信、文教娱乐、医疗保健、其他等八大类。消费支出构成是按照商品或服务的用途进行分类，如果消费支出的目的与用途不一致时，必须按照用途归入相应类内。

服务性消费支出 指居民家庭用于本家庭支付社会提供的各种文化和生活方面的非商品性服务费用。不包括为别人付款的服务。服务消费与商品消费不同，其特点在于其劳动过程和消费过程在时间与空间上的统一。

财产性支出 指家庭购买或维护财产所支付的利息等有关费用。

社会保障支出 指居民家庭成员参加国家法律、法规规定的社会保障项目中由个人交纳的保障支出。不包括职工所在单位交纳的那部分社会保障金。

食品支出 指居民为摄取身体所需要的营养和满足某种嗜好而进食的各种消费品，包括在商店、集市、工作单位食堂和饮食业购买的主食、副食、烟草、酒、饮料以及干鲜瓜果、糖果、糕点、奶制品等。

衣着支出 指各种穿着用品及加工穿着品的各种材料，包括棉、麻、丝、毛和各种人造纤维、合成纤维纺织的各种布匹、呢绒、绸缎及其加工的服装，各种鞋、袜、帽及其他零星穿着用品等。

居住支出 指与居住有关的支出，包括住房、水、电、燃料方面的支出。其中的住房支出：指居民家庭用于住房的直接支出，包括房租、房屋维修支出、物业管理费、房屋装潢支出。不包括购建房支出，也不包括自有住房虚拟租金。

家庭设备及用品支出 指家庭各类日用消费品及家庭服务。包括日用耐用消费品、室内装饰品、床上用品、家庭日用杂品、家具、家庭服务。不含个人用品和服务。

交通通信支出 指用于交通和通信工具和相关的各种服务费、维修等支出。

交通 指购置交通工具及零配件、支付各种交通费、修理服务费、油料费等的支出。

通信 指家庭用于通信方面的全部支出。包括通信工具、电话费、邮费及其他通信费用。

文教娱乐支出 指居民家庭用于教育和文化娱乐方面的支出。

文化娱乐用品 指居民家庭用于购置家庭文娱用耐用消费品和其它文娱用品的支出。其中，购买家庭影院的根据其设备配置情况分别记为彩色电视机、影碟机、组合音响等。

文化娱乐服务 指和文化娱乐活动有关的各种服务费用。

教育支出 是指按一定的目的要求，对受教育者的德育、智育、体育、爱好、技能等诸方面施以影响的一种有计划的活动，与这一活动直接相关的支出即为教育支出。包括学费、教材费、家教费、赞助费、寄宿学生的住宿费等。

医疗保健支出 指用于医疗和保健的药品、用品和服务费用。包括医疗器具、保健用品、医药费、滋补保健品、医疗保健服务及其他医疗保健费用。实行医疗改革的单位，医疗基金（医保卡）支付的全部费用计入工资及补贴收入中，同时记入相应的医疗保健支出中。个人先现金支付然后到单位报销的医疗费在记入相应消费的同时，如果是在职职工则记入工资性收入，如果是离退休职工则记入离退休金中。

其他支出 指无法直接归入上述各类支出以外的个人用品和其他商品与服务支出。

其他商品 指七大类以外的个人用品和各种其他商品。

服务 指用于个人消费中的服务费，包括旅馆住宿费、理发洗澡费、美容费等。

（二）农村住户调查主要收支指标解释

1. 农村居民总收入与总支出

总收入 指调查期内农村住户和住户成员从各种来源渠道得到的收入总和。按收入的性质划分为工资性收入、家庭经营收入、财产性收入和转移性收入。

工资性收入 指农村住户成员受雇于单位或个人，靠出卖劳动而获得的收入。

在非企业组织中劳动得到的收入 指农村住户成员在不具备企业性质的行政事业单位和各种组织中劳动得到的收入。包括村干部和民办教师的工资（奖金、补贴），乡及以上行政、事业单位工作人员的工资（奖金、补贴）等。

在本地劳动得到的收入 指农村住户成员在住户所属乡（镇）地域范围内受雇于单位或个人，靠出卖劳动而获得的收入。

常住人口外出从业得到的收入 指农村住户成员到住户所属乡（镇）地域范围以外从业得到的收入。

家庭经营收入 指农村住户以家庭为生产经营单位进行生产筹划和管理而获得的收入。农村住户家庭经营活动按行业划分为农业、林业、牧业、渔业、工业、建筑业、交通运输业邮电业、批发和零贸易餐饮业、社会服务业、文教卫生业和其他家庭经营。

农业收入 指包括谷物种植业，豆类和薯类作物种植业，棉、麻等植物性纺织原料种植业，油料、糖料作物种植业，烟草种植业，药材种植业，蔬菜、瓜类作物种植业，饲料作物种植业，茶、桑、果树种植业。

种植业收入 是指农村住户当年从承包地和自营地上收获的粮食、经济作物、蔬菜、茶叶、水果、水生植物（如菱、藕等）等的主产品和副产品的全部收入。但生产用的绿肥和青饲料不作为收入，用来沤肥的副产品以及野生植物的采集和家庭兼营商品性手工业不作为种植业收入。

林业收入 是指农村住户当年采伐竹木收入、出售树苗和从人工栽培的竹林上不经砍伐而取得的各种林产品收入，如生漆、棕片、五倍籽、松脂、紫胶、竹笋、油桐籽、油茶籽、乌柏籽、核桃、各种林木子实，以及修剪竹木枝叶（荆条、柳条、蒲葵叶）等等；包括野生林木的采集产品收入；但不包括桑叶、茶叶、水果、花卉，它们算在种植业收入中。

畜牧业收入 是指农村住户当年出售、屠宰的畜禽、小动物和畜禽产品收入。包括家畜（仔畜、架子猪也包括在内）、家禽（包括幼禽）及其他小动物收入；也包括出售鹌鹑、鸽子等收入，按出售和屠宰的产品计算。畜禽的繁殖和增重，不计算收入；活的家畜、家禽及其他小动物的产品（如蛋类、羊毛、蜂蜜、蜂蜡等）收入，按全部产品计算；动物屠宰和死后的畜产品（如猪鬃、羊皮、蚕茧等）收入，按全部产品计算。牧区和半牧区农民出卖大牲畜的收入，应作为畜牧业收入；农户出售肉牛的收入和专门饲养大牲畜出售的收入应作为畜牧业收入，但变卖属于固定资产的役畜的现金收入，不能作为牧业收入，而应计算在出售财物收入中；包括野生动物的狩猎及其产品的采集收入。

渔业收入 是指农村住户当年捕捞天然水生的和人工养殖的鱼、虾、蟹、贝、藻类等淡水水产品和海水水产品的全部收入。包括养殖观赏鱼类的收入。

工业收入 是指农村住户的个体企业（有固定场所和生产设备、有专业生产劳动力，年内生产三个月以上）利用手工和机械进行自然资源开采，农副产品，工业品加工和修理以及从事手工业（手工业指依靠手工劳动，使用简单工具从事的工业性生产活动，包括各种制作、刺绣、编织、雕刻、加工等手工业。）所得全部产品收入，来料加工的产品，按加工费计算收入。自制自用的产品不计收入。

建筑业收入 是指农村住户成员当年从事房屋或建筑物的新建和维修以及设备安装所得到的劳动报酬，参加国家举办的基本建设工程所得到的收入。

交通运输业、邮电业收入 是指农村住户成员当年从事对本户以外的单位或个人进行货物运送、旅客运送及从事邮电行业活动的收入。

批零和零售贸易、餐饮业收入 是指从事批发贸易、零售商业和餐饮业活动的收入。

社会服务业 是指从事于日常生活及社会公共服务等服务活动的收入。包括从事社会服务业、金融保险业、房地产管理、旅馆、车店、理发、照相、洗染、缝纫、修理、导游等收入。

文教卫生业 指在文教卫生等单位从事有关活动的收入。如在教育、文化艺术事业、广播电视业从事有关活动的收入；在体育事业单位、体育设施管理单位、体育队、体育训练机构等从事体育活动的收入；在医疗、防治、检疫及其他卫生事业的收入等。

财产性收入 指金融资产或有形非生产性资产的所有者向其他机构单位提供资金或将有形非生产性资产供其支配，作为回报而从中获得的收入。

转移性收入 指农村住户和住户成员无需付出任何对应物而获得的货物、服务、资金或资产所有权等，不包括无偿提供的用于固定资本形成的资金。一般情况下，是指农村住户在二次分配中的所有收入。包括在外人口寄回和带回、农村外部亲友赠送、救济金、保险赔偿收入、退休金、土地征用补偿收入等。

总支出 是指农村住户全年用于生产、生活和再分配等方面的全部实际支出。包括家庭经营费用支出、购置生产性固定资产支出、税费支出、生活消费支出、转移性支出和财产性支出。

家庭经营费用支出 指农村住户以家庭为基本生产经营单位从事生产经营活动而消费的商品和服务、自产自用产品。所消费的未计算为住户收入的自产自用产品，不计算为费用支出；库存的化肥、农药也不计算为本期费用支出。

农业生产支出 指用于农业生产活动费用。如种籽、肥料、农药、小农具购置和修理、油料费、耕畜的饲料、饲草费、机耕费、排灌费、电费等，此外还包括家庭兼营商品性手工业等所支付的有关费用。

种植业生产支出 是指种植各种农作物所支付的生产费用。如种籽、肥料、农药、小农具购置和修理、油料费、耕畜的饲料、饲草费、机耕费、排灌费、电费等。

林业生产支出 是指经营林业生产而支付的费用。如树种、树苗、肥料、农药、电费及小型工具的购置维修等开支，但不包括林业的基本建设投资。

牧业生产支出 是指经营牧业生产所支付的费用。如购买仔畜（包括架子猪）、幼禽支出；肉用牛、羊的饲料、饲草支出；生猪、家禽等的饲料、燃料、防疫医疗费；电费和小型用具购置、维修等支出。但耕畜的饲料费应列为“种植业生产费用支出”。

渔业生产支出 是指养殖水生动物、培养海藻和捕捞生产过程中的开支。包括鱼苗、饵料、电费以及小型渔具和用具的购置、维修及油料费等支出。但不包括添置的固定资产支出。

工业生产支出 是指进行工业生产所支付的生产费用。包括工业生产耗用的原料、燃料、电费及小型工具的购置、维修等开支，还包括来料加工产品所耗用的燃料、电费，但不包括自产自用和来料加工产品所耗用的原材料。

建筑业生产支出 是指为了从事本户以外的房屋或建筑物的新建与维修以及设备安装而耗用的建筑材料、电器设备、燃料、电费以及小型工具的购置、维修等开支。

交通运输业生产支出 是指为从事对本户以外单位或个人进行货物运送和旅客运送所耗用燃料和小型工具的购置、维修等开支。

批零和零售贸易、餐饮业生产支出 是指从事批发贸易、零售商业、和餐饮业活动时所购买的生产用具支出、租用铺面支出、帮工工资支出、燃料支出、电费支出及其他费用开支。

社会服务业生产支出 指用于包括金融保险业、房地产管理、旅馆、车店、理发、照相、洗染、缝纫、修理、导游等日常生活及社会公共服务等服务活动的费用支出。

文教卫生业生产支出 指在文教卫生等单位从事有关活动的支出。如在教育、文化艺术事业、广播电视业从事有关活动的支出；在体育事业单位、体育设施管理单位、体育队、体育训练机构等从事体育活动的支出；在医疗、防治、检疫及其他卫生事业的支出等。

其他家庭生产经营支出 是指上述各项家庭经营费用支出以外的其他支出，包括各项劳务所支出的费用。

购置生产性固定资产支出 指农村住户用于建造和购置生产性固定资产所支出的费用。

税费支出：是指农村住户从事生产经营活动以现金和实物形式缴纳的各种税费。

消费支出 指农村住户用于物质生活和精神生活方面的消费支出。消费支出分为食品支出、衣着支出、居住支出、家庭设备及用品支出、交通通信支出、文教娱乐支出、医疗保健支出、其他支出。

食品支出 指农村居民年内消费各类食品支出。包括主食、副食、其他食品、在外饮食和食品加工费支出。

衣着支出 指农村住户用于各种穿着用品及加工穿着用品的材料支出。包括棉花、丝棉、化纤棉、驼毛、棉布、各种化纤布、绸、缎、呢绒、各类成衣、棉、毛、丝、麻纺织品，背心、汗衫、棉毛衫裤、卫生衫裤、袜子等针织品，毛线、毛线织品、各种鞋、帽等消费品及衣着的加工修理费（指农村住户为加工或修补服装、鞋帽等衣着所支付的服务费）。但不包括用各种布料做的床上用品，室内装饰品。

居住支出 指与农村住户居住有关的所有支出。包括新建（购）房屋、房屋维修、居住服务、租赁住房所付的租金、生活用水、生活用电、用于生活的燃料等支出。

家庭设备及用品支出 指农村住户消费的各种耐用消费品、其他家庭用品及用品的加工修理费用。

交通通信支出 指农村住户用于交通和通讯的工具、各种服务费、维修费用支出。

文教娱乐支出 指农村住户用于文化、教育、娱乐方面的支出。包括文化教育娱乐用品支出和文化教育娱乐服务支出。

医疗保健支出 指农村住户用于医疗和保健的药品、医疗器械和服务费用。包括医药卫生保健用品、医疗保健服务费和医疗卫生设备、用品加工修理费等。

其他支出 指上述各类支出以外的商品和服务支出。

财产性支出 为获得其他住户财产（包括无形资产）的使用权而支付的各种费用。

转移性支出 指农村住户和住户成员没有获得任何对应物而支出的货物、服务、资金或资产所有权等，不包括无偿提供的用于固定资本形成的资金。一般情况下，指农村住户在二次分配中的所有支出。

2. 农村居民现金收入与支出

现金收入 指农村住户和住户成员在调查期内得到以现金形态表现的收入。按来源分成工资性收入、家庭经营现金收入、财产性收入、转移性收入。

现金支出 指农村住户在调查期内用于生产、生活和再分配所支付的现金。包括家庭经营费用支出、缴纳的税费、购买生产性固定资产、生活消费、财产性和转移性支出。

3. 农村居民纯收入

纯收入 指农村住户当年从各个来源得到的总收入相应地扣除所发生的费用后的收入总和。纯收入主要用于再生产投入和当年生活消费支出，也可用于储蓄和各种非义务性支出。“农民人均纯收入”按人口平均的纯收入水平，反映的是一个地区或一个农户农村居民的平均收入水平。计算方法：

纯收入 = 总收入 − 家庭经营费用支出 − 税费支出 − 生产性固定资产折旧 − 农村内部亲友赠送

八 全国及各省（市、区）指标

资料整理：各有关处

8－1 全国及各省区市主要农产品产量(2021 年)

单位:万吨

地 区	粮 食	棉 花	油 料	水果	肉类	奶类	禽蛋
全 国	**68284.7**	**573.1**	**3613.2**	**29970.2**	**8990.0**	**3778.1**	**3408.8**
北 京	37.8	0.0	0.5	48.8	4.4	25.8	9.35
天 津	249.9	0.4	0.3	49.4	30.5	51.8	19.15
河 北	3825.1	16.0	118.4	1445.1	464.3	501.9	386.83
山 西	1421.2	0.1	15.5	974.9	135.4	135.7	112.34
内蒙古	3840.3	0.0	213.9	190.8	277.3	680.0	61.56
辽 宁	2538.7		116.2	856.4	435.4	139.3	325.26
吉 林	4039.2		85.8	164.1	274.7	32.8	104.72
黑龙江	7867.7		13.6	184.3	300.4	501.0	109.78
上 海	94.0	0.0	0.5	32.6	9.1	29.4	2.59
江 苏	3746.1	0.8	97.8	969.1	306.5	64.9	230.26
浙 江	620.9	0.6	31.7	722.6	103.6	18.6	30.94
安 徽	4087.6	2.9	167.1	778.1	456.3	47.6	177.10
福 建	506.4	0.0	23.3	810.3	286.5	20.0	55.91
江 西	2192.3	1.7	130.9	744.6	345.0	8.4	62.62
山 东	5500.7	14.0	285.9	3032.6	819.3	288.4	455.43
河 南	6544.2	1.4	657.3	2455.3	646.8	216.8	446.42
湖 北	2764.3	10.9	354.1	1119.4	425.5	9.6	196.72
湖 南	3074.4	8.0	263.0	1193.6	562.1	5.7	117.90
广 东	1279.9		117.3	1957.8	457.4	17.3	43.66
广 西	1386.5	0.1	75.9	3121.1	441.0	13.1	27.08
海 南	146.0		7.5	525.7	66.9	0.1	5.02
重 庆	1092.8		68.5	553.2	196.6	3.1	47.87
四 川	3582.1	0.2	416.6	1290.9	664.0	68.4	169.24
贵 州	1094.9	0.0	94.9	653.7	228.2	4.9	27.70
云 南	1930.3		63.9	1142.6	488.1	72.5	41.72
西 藏	106.2		4.6	3.0	27.4	53.7	0.71
陕 西	1270.4	0.0	58.3	2141.1	128.0	161.9	63.40
甘 肃	1231.5	3.1	58.8	883.8	135.3	67.5	22.30
青 海	109.1		31.9	3.0	40.0	35.6	1.37
宁 夏	368.4		4.8	262.8	35.3	280.5	12.87
新 疆	1735.8	512.9	34.6	1659.5	198.7	221.9	40.98
河南居全国位次	2	9	1	3	3	7	2

8－2　全国及各省区市居民消费和商品零售价格指数(2021年)

(上年＝100)

地　区	居民消费价格总指数	商品零售价格总指数
全　国	**100.9**	**101.6**
北　京	101.1	101.7
天　津	101.3	101.5
河　北	101.0	101.9
山　西	101.0	102.7
内蒙古	100.9	103.8
辽　宁	101.1	101.9
吉　林	100.6	101.8
黑龙江	100.6	101.6
上　海	101.2	101.3
江　苏	101.6	102.3
浙　江	101.5	102.2
安　徽	100.9	101.6
福　建	100.7	101.1
江　西	100.9	101.2
山　东	101.2	101.4
河　南	100.9	101.5
湖　北	100.3	101.2
湖　南	100.5	101.6
广　东	100.8	101.4
广　西	100.9	101.1
海　南	100.3	101.3
重　庆	100.3	101.4
四　川	100.3	101.4
贵　州	100.1	101.2
云　南	100.2	101.4
西　藏	100.9	101.5
陕　西	101.5	101.6
甘　肃	100.9	102.0
青　海	101.3	101.5
宁　夏	101.4	102.0
新　疆	101.2	102.0
河南居全国位次	14	16

8－2 续表

（上年＝100）

地　区	居民消费价格总指数	食品烟酒	衣着	居住	生活用品及服务	交通和通信	教育文化和娱乐	医疗保健	其他用品及服务
全　国	**100.9**	**99.7**	**100.3**	**100.8**	**100.4**	**104.1**	**101.9**	**100.4**	**98.7**
北　京	101.1	100.5	99.8	101.1	99.7	105.1	100.9	99.8	99.5
天　津	101.3	101.3	97.8	100.7	101.0	104.7	103.4	100.0	97.8
河　北	101.0	100.9	99.3	100.2	99.7	104.5	101.2	100.3	99.3
山　西	101.0	100.4	100.3	100.4	100.4	104.4	102.6	99.5	98.1
内蒙古	100.9	100.5	99.2	100.5	99.8	104.0	101.0	100.3	99.4
辽　宁	101.1	100.3	100.5	100.6	99.9	104.7	102.3	99.8	99.3
吉　林	100.6	99.7	99.9	101.3	99.9	103.8	100.4	100.0	98.1
黑龙江	100.6	99.5	100.8	100.3	99.8	104.0	100.5	101.1	99.4
上　海	101.2	100.5	99.5	101.1	100.7	104.0	102.7	98.9	100.9
江　苏	101.6	100.9	101.5	101.3	101.1	104.3	101.8	101.0	98.9
浙　江	101.5	100.7	101.0	100.9	101.6	104.1	103.5	100.8	97.1
安　徽	100.9	99.5	101.1	100.7	100.1	104.8	102.8	100.5	96.1
福　建	100.7	98.9	101.5	101.3	100.7	103.7	102.0	100.0	96.3
江　西	100.9	99.3	99.7	100.9	100.4	104.3	103.0	99.9	98.7
山　东	101.2	100.9	100.1	101.1	99.8	104.5	101.3	100.1	98.5
河　南	100.9	100.2	99.4	100.7	100.0	102.8	103.5	100.4	98.2
湖　北	100.3	98.5	100.0	100.0	100.4	104.0	102.4	100.1	97.7
湖　南	100.5	98.0	100.7	101.2	100.3	104.8	101.0	100.7	97.9
广　东	100.8	99.4	100.3	101.0	100.6	104.4	101.8	100.2	98.5
广　西	100.9	98.8	101.0	100.8	100.4	102.7	103.7	102.4	99.7
海　南	100.3	98.9	100.9	101.0	101.2	103.7	99.3	99.4	98.8
重　庆	100.3	97.8	101.4	100.4	100.7	104.7	101.7	99.6	97.3
四　川	100.3	98.0	99.8	100.3	100.6	104.1	100.9	101.9	100.1
贵　州	100.1	97.7	99.3	100.0	99.7	103.9	101.3	100.4	100.2
云　南	100.2	98.4	99.7	100.2	99.6	103.6	100.7	100.1	100.0
西　藏	100.9	100.5	100.7	100.2	99.8	103.8	100.4	100.8	99.2
陕　西	101.5	101.4	100.5	101.9	100.3	102.9	102.9	99.3	101.0
甘　肃	100.9	100.3	100.0	101.1	100.3	103.8	100.6	100.2	100.5
青　海	101.3	100.1	101.0	101.3	99.9	103.7	102.0	102.2	98.8
宁　夏	101.4	101.5	99.0	100.8	100.7	104.1	101.5	101.7	98.5
新　疆	101.2	100.7	102.0	101.2	100.4	104.5	99.9	100.2	99.3
河南居全国位次	14	16	26	18	20	30	3	12	22

8-3 全国及各省区市分月

（上年同期=100）

地 区	全年	1月	2月	3月	4月	5月
全 国	**108.1**	**100.3**	**101.7**	**104.4**	**106.8**	**109.0**
北 京	101.1	98.8	99.4	99.8	101.3	101.8
天 津	110.9	98.8	101.7	107.8	113.8	115.0
河 北	116.4	104.1	107.9	112.9	117.9	121.7
山 西	130.2	107.2	110.3	110.5	114.1	124.8
内蒙古	128.5	107.2	107.8	110.6	117.2	125.2
辽 宁	113.6	101.2	104.1	110.0	112.3	115.5
吉 林	105.1	100.9	101.5	103.3	106.2	106.9
黑龙江	112.3	94.5	100.1	108.2	115.5	119.1
上 海	102.1	98.3	98.8	100.4	101.7	102.6
江 苏	106.3	99.9	100.8	103.1	105.4	107.2
浙 江	106.3	98.9	99.9	103.3	105.6	107.2
安 徽	107.7	101.2	102.4	104.9	106.7	108.5
福 建	104.9	99.2	100.3	102.5	104.4	105.7
江 西	110.5	102.4	104.1	108.1	111.0	113.6
山 东	110.3	100.6	103.1	106.3	109.6	112.5
河 南	107.8	100.6	101.2	103.5	105.7	108.9
湖 北	104.1	100.0	100.5	101.7	103.0	104.0
湖 南	105.9	101.1	102.2	104.1	105.0	106.4
广 东	103.4	99.1	99.7	101.4	102.8	103.8
广 西	108.9	101.3	102.7	106.3	108.1	109.8
海 南	113.5	96.2	100.7	107.4	111.8	114.0
重 庆	103.2	99.8	100.2	101.1	102.2	102.8
四 川	105.9	101.1	102.1	103.3	104.3	106.1
贵 州	106.5	100.4	101.1	102.5	103.8	104.6
云 南	110.0	100.7	103.1	105.8	108.2	109.9
西 藏	101.5	100.1	100.2	103.6	105.3	105.5
陕 西	116.9	99.7	101.9	105.5	111.4	117.5
甘 肃	116.4	97.2	102.8	111.0	117.7	122.3
青 海	114.5	98.6	101.1	106.8	112.1	116.8
宁 夏	119.9	105.5	108.0	110.1	112.1	116.1
新 疆	119.4	97.1	100.7	109.1	117.6	122.9
河南居全国位次	17					

工业生产者出厂价格指数(2021 年)

6 月	7 月	8 月	9 月	10 月	11 月	12 月
108.8	**109.0**	**109.5**	**110.7**	**113.5**	**112.9**	**110.3**
101.8	101.9	101.8	101.6	101.5	102.0	102.2
112.7	112.3	112.7	113.5	116.9	115.5	111.6
119.5	118.9	119.2	120.2	122.4	118.8	113.5
127.7	130.7	137.4	147.2	160.4	153.2	138.5
127.8	129.6	135.1	141.7	158.2	146.8	134.1
115.9	116.0	116.5	116.3	118.9	120.7	116.5
105.8	105.0	105.9	106.2	107.3	106.8	105.8
115.3	115.2	114.3	114.1	118.7	120.8	114.7
102.8	102.5	102.7	103.2	104.2	104.2	103.6
107.3	107.4	107.7	108.2	110.2	110.4	108.7
107.2	107.5	107.7	108.2	110.2	111.0	109.2
109.1	108.8	108.8	109.5	111.5	111.6	109.9
105.4	105.7	106.1	106.7	108.0	108.2	106.7
112.7	111.4	111.3	112.0	114.0	113.7	111.4
112.0	111.9	111.8	112.9	116.5	115.4	111.6
108.4	108.0	108.9	110.6	114.1	113.8	110.3
104.3	104.8	104.9	105.6	106.9	107.3	106.8
106.2	106.5	106.5	107.5	109.6	108.5	107.0
103.5	104.0	104.2	104.9	105.8	106.3	105.5
108.9	108.6	109.4	111.8	115.3	113.8	110.4
116.0	117.1	117.4	116.7	122.4	125.0	119.8
103.0	103.3	104.0	104.5	106.0	106.0	105.4
106.4	106.5	106.9	107.7	109.7	109.5	108.4
105.7	105.8	106.8	109.1	111.8	114.7	111.7
110.1	110.3	110.5	113.1	118.8	116.5	113.4
105.2	100.8	97.1	98.6	101.3	99.7	101.3
117.0	119.6	120.5	125.9	136.0	127.6	121.4
119.4	119.2	119.0	120.6	125.7	125.6	118.8
115.9	116.2	117.3	120.9	125.4	123.9	119.9
117.1	119.1	122.9	130.5	139.6	133.1	125.3
121.4	120.9	122.5	126.0	134.8	135.8	126.8

8-4 全国及各省区市分月

（上年同期=100）

地 区	全年	1月	2月	3月	4月	5月
全 国	**111.0**	**100.9**	**102.4**	**105.2**	**109.0**	**112.5**
北 京	103.7	97.1	97.8	98.6	103.5	106.1
天 津	114.7	102.6	104.6	109.1	116.4	121.3
河 北	119.8	104.0	107.7	111.8	117.3	123.8
山 西	116.3	101.4	102.3	104.2	106.6	112.0
内蒙古	128.0	106.6	109.6	111.4	116.5	124.6
辽 宁	115.0	102.1	103.9	108.7	113.2	117.5
吉 林	106.2	102.5	103.2	105.4	106.7	108.2
黑龙江	110.5	99.8	101.8	106.4	110.9	113.4
上 海	107.3	98.4	99.6	101.8	105.8	109.6
江 苏	113.8	102.1	104.1	107.7	112.0	115.8
浙 江	114.5	100.5	102.6	107.5	113.3	118.3
安 徽	111.5	102.6	104.0	106.8	109.9	112.8
福 建	109.2	99.9	100.9	104.2	108.2	111.5
江 西	112.3	101.2	103.3	106.2	108.9	111.9
山 东	109.5	100.9	102.7	106.0	109.0	111.5
河 南	109.5	101.5	102.5	104.2	107.8	110.6
湖 北	108.5	100.0	100.4	102.6	105.7	108.6
湖 南	108.1	102.6	103.5	105.6	107.4	109.2
广 东	108.0	100.2	101.2	102.4	106.0	108.8
广 西	110.7	102.2	103.3	105.9	109.3	111.4
海 南	116.5	90.2	92.4	102.0	114.7	125.1
重 庆	107.2	99.9	101.1	103.1	105.1	107.4
四 川	107.5	99.8	101.0	103.3	105.1	107.9
贵 州	112.0	101.3	102.4	105.3	108.1	111.4
云 南	108.9	100.6	101.5	104.1	107.1	110.2
西 藏						
陕 西	116.3	102.2	103.2	105.3	109.2	116.2
甘 肃	118.1	99.2	103.8	110.6	118.3	122.6
青 海	111.5	99.1	100.4	104.0	106.7	109.6
宁 夏	120.8	98.9	103.2	109.3	115.2	120.1
新 疆	115.0	97.6	99.4	103.3	110.7	115.4
河南居全国位次	19					

工业生产者购进价格指数(2021 年)

6 月	7 月	8 月	9 月	10 月	11 月	12 月
113.1	**113.1**	**113.6**	**114.3**	**117.1**	**117.4**	**114.2**
105.0	105.1	105.0	106.0	106.1	106.8	107.5
120.0	118.3	118.0	116.9	118.9	118.5	113.4
124.9	124.0	123.2	125.0	128.9	127.6	119.6
113.8	117.0	121.2	127.1	134.3	131.4	126.0
126.8	128.8	130.4	136.0	151.3	151.9	141.3
117.2	118.6	118.9	119.0	121.1	122.1	118.0
106.5	106.4	106.3	106.1	107.5	108.9	107.2
111.2	111.3	111.2	113.2	116.1	117.7	113.7
109.3	109.6	109.5	109.7	112.3	112.9	109.5
116.8	116.8	117.4	117.7	119.2	120.3	116.6
118.7	118.2	118.0	117.6	120.9	122.2	117.7
113.9	113.8	113.6	114.0	116.4	116.8	113.9
111.8	111.8	111.2	111.4	113.4	115.0	112.0
113.5	113.5	114.1	114.8	118.7	122.3	118.9
111.5	111.2	111.3	111.8	113.8	113.7	111.4
110.7	110.5	111.1	112.3	115.6	115.4	111.9
109.3	109.4	111.1	110.8	113.7	115.4	115.3
109.0	109.4	108.9	109.8	111.2	111.3	109.7
110.6	110.2	111.5	111.6	113.1	111.6	109.4
111.3	111.8	112.1	113.5	116.2	117.0	114.1
121.6	126.4	123.1	121.0	126.1	132.1	134.1
107.4	107.7	108.7	110.1	112.2	112.8	111.1
107.8	108.0	108.8	110.3	112.7	114.1	111.9
111.9	113.0	113.9	115.1	118.7	121.7	121.2
110.5	110.7	110.1	110.6	113.7	115.1	113.0
116.8	118.1	120.5	124.8	135.1	126.1	118.4
118.6	118.7	119.3	121.6	129.0	131.6	126.0
110.4	110.0	111.1	114.3	123.1	126.2	123.6
121.3	123.8	126.2	129.5	136.1	137.4	131.0
117.0	117.1	118.3	120.3	125.3	129.7	127.8

8－5　全国及各省区市主要价格指数(2021年)

(上年＝100)

地　区	工业生产者出厂价格指数	工业生产者购进价格指数
全　国	**108.1**	**111.0**
北　京	101.1	103.7
天　津	110.9	114.7
河　北	116.4	119.8
山　西	130.2	116.3
内蒙古	128.5	128.0
辽　宁	113.6	115.0
吉　林	105.1	106.2
黑龙江	112.3	110.5
上　海	102.1	107.3
江　苏	106.3	113.8
浙　江	106.3	114.5
安　徽	107.7	111.5
福　建	104.9	109.2
江　西	110.5	112.3
山　东	110.3	109.5
河　南	107.8	109.5
湖　北	104.1	108.5
湖　南	105.9	108.1
广　东	103.4	108.0
广　西	108.9	110.7
海　南	113.5	116.5
重　庆	103.2	107.2
四　川	105.9	107.5
贵　州	106.5	112.0
云　南	110.0	108.9
西　藏	101.5	
陕　西	116.9	116.3
甘　肃	116.4	118.1
青　海	114.5	111.5
宁　夏	119.9	120.8
新　疆	119.4	115.0
河南居全国位次	17	19

8-6 全国70个大中城市商品住宅销售价格指数(2021年)

(上年=100)

地　区	新建商品住宅销售价格指数	二手住宅交易价格指数
北　京	104.5	109.2
天　津	103.4	99.7
石家庄	101.9	98.0
太　原	98.3	97.3
呼和浩特	102.3	99.2
沈　阳	104.1	105.1
大　连	105.5	106.0
长　春	101.4	98.3
哈尔滨	99.5	97.9
上　海	104.5	108.6
南　京	104.8	105.6
杭　州	103.7	107.4
宁　波	104.5	107.6
合　肥	105.5	105.2
福　州	105.3	104.6
厦　门	105.2	104.3
南　昌	101.1	100.5
济　南	103.3	99.8
青　岛	104.6	100.5
郑　州	**102.1**	**100.3**
武　汉	105.7	102.7
长　沙	106.6	104.7
广　州	108.6	110.3
深　圳	103.6	108.3
南　宁	104.3	101.4
海　口	104.9	106.3
重　庆	107.4	103.9
成　都	104.9	106.5
贵　阳	103.5	98.1
昆　明	103.8	102.6
西　安	107.5	106.3
兰　州	105.5	103.9
西　宁	107.5	106.3
银　川	110.8	107.3
乌鲁木齐	103.9	103.2

注:各地年度数据是根据国家各月反馈数据进行简单平均计算得出。新建商品住宅不包含保障性住房。

8－6 续表

（上年＝100）

地　　区	新建商品住宅销售价格指数	二手住宅交易价格指数
唐　山	103.7	103.0
秦皇岛	100.3	100.5
包　头	102.3	102.1
丹　东	104.8	103.6
锦　州	105.1	98.9
吉　林	102.8	98.9
牡丹江	98.7	93.3
无　锡	105.2	106.6
扬　州	107.7	108.0
徐　州	107.4	105.9
温　州	104.3	105.8
金　华	105.8	106.4
蚌　埠	103.7	104.1
安　庆	99.1	97.3
泉　州	106.5	106.7
九　江	103.3	102.8
赣　州	104.2	101.6
烟　台	103.8	102.5
济　宁	108.8	105.1
洛　阳	**103.2**	**103.2**
平顶山	**103.1**	**102.4**
宜　昌	103.9	99.0
襄　阳	104.0	99.6
岳　阳	99.5	98.9
常　德	98.2	98.8
惠　州	101.9	101.0
湛　江	102.7	100.6
韶　关	104.8	103.7
桂　林	101.1	101.3
北　海	97.2	97.8
三　亚	105.7	104.4
泸　州	99.0	99.8
南　充	99.2	95.0
遵　义	101.4	100.0
大　理	98.6	100.9

8-7 全国及各省区市城乡居民人均可支配收入和消费支出(2021年)

单位:元

地区	全体居民		城镇常住居民		农村常住居民	
	可支配收入	人均消费支出	可支配收入	人均消费支出	可支配收入	人均消费支出
全国	**35128**	**24100**	**47412**	**30307**	**18931**	**15916**
北京	75002	43640	81518	46776	33303	23574
天津	47449	33188	51486	36067	27955	19285
河北	29383	19954	39791	24192	18179	15391
山西	27426	17191	37433	21965	15308	11410
内蒙古	34108	22658	44377	27194	18337	15691
辽宁	35112	23831	43051	28438	19217	14606
吉林	27770	19605	35646	24421	17642	13411
黑龙江	27159	20636	33646	24422	17888	15225
上海	78027	48879	82429	51295	38521	27205
江苏	47498	31451	57743	36558	26791	21130
浙江	57541	36668	68487	42193	35247	25415
安徽	30904	21911	43009	26495	18368	17163
福建	40659	28440	51140	33942	23229	19290
江西	30610	20290	41684	24587	18684	15663
山东	35705	22821	47066	29314	20794	14299
河南	**26811**	**18391**	**37095**	**23178**	**17533**	**14073**
湖北	30829	23846	40278	28506	18259	17647
湖南	31993	22798	44866	28294	18295	16951
广东	44993	31589	54854	36621	22306	20012
广西	26727	18088	38530	22555	16363	14165
海南	30457	22242	40213	27565	18076	15487
重庆	33803	24598	43502	29850	18100	16096
四川	29080	21518	41444	26971	17575	16444
贵州	23996	17957	39211	25333	12856	12557
云南	25666	18851	40905	27441	14197	12386
西藏	24950	15342	46503	28159	16935	10577
陕西	28568	19347	40713	24784	14745	13158
甘肃	22066	17456	36187	25757	11433	11206
青海	25919	19020	37745	24513	13604	13300
宁夏	27904	20024	38291	25386	15337	13536
新疆	26075	18961	37642	25724	15575	12821

九　大事记（2021）

资料整理：李　静

大事记(2021)

一月

1月5日,总队全体编委和编辑圆满地完成了《河南调查年鉴》《河南统计年鉴》《河南年鉴》的编辑出版任务。

1月5日,总队召开党组理论学习中心组2021年第一次学习(扩大)会议,传达学习习近平总书记在中央农村工作会议上的重要讲话等精神。总队党组书记、总队长崔刚主持会议。

1月6日,总队党组印发《中共国家统计局河南调查总队党组工作规则》。

1月8日下午,总队召开领导班子专题会议,传达学习全国统计工作会议精神,研究部署贯彻落实意见。总队党组书记、总队长崔刚主持会议。

1月11日,总队组成两个调研组,由副总队长郭学来带队深入濮阳、安阳、鹤壁、洛阳、平顶山等地实地察看当前小麦苗情。

1月11日,国家统计局党组成员、副局长毛有丰在总队向国家统计局报送的《国家统计局河南调查总队关于2020年工作开展情况及2021年工作初步安排的报告》(豫调字〔2020〕79号)上作出批示。

1月12日,总队党组书记、总队长崔刚前往河南省人力资源和社会保障厅,与厅党组书记、厅长刘世伟就有关工作进行交流和座谈。

1月12日,总队召开党组理论学习中心组2021年第二次学习(扩大)会议,传达学习中央经济工作会议等精神。总队党组书记、总队长崔刚主持会议。

1月12日,河南省副省长武国定对总队呈报的调查专报《河南小麦苗情总体较好　建议加强后期管理减轻冻害影响》作出批示。

1月12日,总队报送的调查专报《“十四五”期间河南民生新期待系列报告之一:聚焦九大家庭民生领域满足人民群众美好生活需要》一文受到河南省政府高度重视,获得多位省主要领导批示。

1月13日,总队党组成员、副总队长王传建参加总队综合处和分析研究处联合召开支部党员大会,并对总队综合、分析研究工作提出新要求。

1月14日,总队机关足球队顺利完成“人普杯”河南省党政机关足球邀请赛,并获得优秀组织奖。

1月14日,总队党组书记、总队长崔刚会见鹤壁市委书记马富国一行,双方就经济社会高质量发展和统计调查工作等进行了深入交流。

1月14日,总队党组书记、总队长崔刚前往财政部河南监管局与监管局党组书记、局长宋其超就有关工作进行交流和座谈。

1月14日,河南省法治政府建设领导小组办公室依法行政考核第三考核组一行6人,对总队2020年度依法行政工作进行了实地考核。

1月15日下午,总队机关组织召开青年干部学习贯彻全国统计工作会议精神研讨会。

1月15－27日,总队在滑县、卢氏、镇平、民权、宁陵等12个国家脱贫县开展建档立卡贫困户家庭劳动力就业情况调研。

1月19日,总队收到国务院第七次全国人口普查领导小组办公室感谢信,信函对河南调查系统24名同志在第七次全国人口普查事后质量抽查中的出色表现表示了衷心感谢。

1月19日,总队印发《国家统计局河南调查总队机关青年工作委员会工作制度》。

1月19日,河南总队召开党组理论学习中心组

2021年第三次学习(扩大)会议,传达学习习近平在省部级主要领导干部专题研讨班开班仪式上的重要讲话等精神。

1月19日上午,总队机关召开青年干部座谈会。总队党组成员、副总队长郭学来出席座谈会并讲话。

1月20日上午,中国人民政治协商会议第十二届河南省委员会第四次会议圆满完成各项议程后,在郑州胜利闭幕。总队党组书记、总队长崔刚当选政协第十二届河南省委员会委员。

1月20日,总队党组书记、总队长崔刚到信阳调查队调研指导工作,并以《传承红色基因、弘扬革命精神,从大别山精神中汲取河南调查系统团结奋进力量》为主题为信阳调查队全体干部职工作专题党课报告。

1月20日,总队呈报的调查专报《生猪产能加速恢复　牛羊禽持续稳定发展》得到多位省领导批示。

1月21日,总队党组书记、总队长崔刚一行4人到信阳市息县路口乡弯柳树村调研指导定点扶贫工作。

1月22日,河南省政协主席、党组书记刘伟在调查总队呈送的调查专报《"十四五"期间河南民生新期待系列报告之二:聚焦七大社会民生领域持续提升社会治理效能》上作出批示。

1月23日,河南省副省长霍金花在调查总队呈送的调查专报《河南省中小学生近视低龄化加重　防控任务仍然艰巨》上作出批示。

1月25日,总队党组书记、总队长崔刚对调查专报工作作出批示。

1月25－27日,总队在邓州市、永城市、息县、周口淮阳区、新蔡县等24个县(市、区)和省内部分劳动力密集型企业开展农民工节前返乡及节后返岗情况专题调研。

1月26日,总队党组印发《国家统计局河南调查系统纪检干部"以干代训"实施办法(试行)》。

1月26日,河南调查工作会议以视频形式在郑州召开。会议传达学习国务院领导同志对统计工作重要批示精神和国家统计局、省政府领导同志对河南调查工作批示要求,贯彻落实全国统计工作会议精神,回顾总结2020年及"十三五"期间河南调查工作,分析当前形势,安排部署2021年重点任务。

1月26日,总队党组成员、副总队长郭学来一行4人参加指导郑州调查队领导班子民主生活会。

1月27日,总队党组成员、纪检组长武洁督导鹤壁调查队2020年度领导班子民主生活会暨巡察整改专题民主生活会。

1月27日,国家统计局安阳调查队党组召开2020年度民主生活会暨巡察整改专题民主生活会,总队党组成员、副总队长王传健出席会议并作点评讲话。

1月27日,河南调查系统市队党组书记、队长向总队党组述职会议(第一组)在许昌召开。总队党组成员、副总队长郭学来带领总队党组第一工作组参加述职会议。

1月27日,河南调查系统市队党组书记、队长向总队党组述职会议(第二组)在焦作召开。河南调查总队党组成员、党组纪检组长武洁,总队党组成员、副总队长王传健出席会议,有关市级调查队党组书记和总队党组第二工作组有关同志参加会议。

1月27日,河南调查系统市队党组书记、队长向总队党组述职会议(第三组)在漯河召开。总队党组成员、副总队长陈建设带领总队党组第三工作组参加述职会议。

1月27日下午,总队党组成员、副总队长陈建设到漯河督导漯河调查队2020年度领导班子民主生活会暨巡察整改专题民主生活会。

1月27－28日,总队生产价格调查处一行赴洛阳市调研房地产市场并对洛阳队房价专业制度建设情况开展检查。

1月28日,总队召开2020年度领导班子民主生活会。总队党组书记、总队长崔刚主持会议,总队班子成员郭学来、武洁、王传健、陈建设参加会议。

1月28日,按照国家统计局和驻委纪检监察组有关要求,总队党组书记、总队长崔刚主持召开党组会议,专题研究全面从严治党工作。

1 月 28 日,总队印发《国家统计局河南调查总队合同管理制度》。

1 月 28 日,总队印发《国家统计局河南调查系统重大统计执法决定法制审核实施办法(试行)》、《国家统计局河南调查总队法律顾问工作制度(试行)》、《国家统计局河南调查总队行政执法全过程记录管理办法(试行)》、《国家统计局河南调查总队行政执法记录信息调阅监督制度(试行)》等四项制度。

1 月 29 日,总队机关召开 2020 年度党建述职评议考核会议。总队党组成员、副总队长郭学来出席会议。

1 月 29 日,总队向河南"两会"代表赠阅《河南专题调研报告选编 2020》和《河南优秀分析报告选编 2020》两本书籍,引起热烈反响和广泛赞誉。

1 月 29 日,河南省长尹弘、常务副省长周霁分别对河南调查工作作出批示。

1 月 29 日,副省长武国定对总队调查专报《2020 年河南农村贫困地区居民收支同步增长》作出批示。

二月

1 月 22 日 -2 月 1 日,机关青年学习研讨小组结合今年总队党组中心组第一、二次学习内容,积极组织开展学习研讨活动。

2 月 2 日,总队机关组织党员志愿者联合正光街社区辖区单位开展"冬日送温暖、温情在正光"活动,慰问城市美容师,并为其送上节日的问候。

2 月 2 日,总队党组成员、副总队长陈建设听取分管处室制度修订完善和基础工作台账汇报演示。

2 月 2 日,河南调查总队召开党组理论学习中心组 2021 年第四次学习(扩大)会议,传达学习习近平在十九届中央纪委五次全会上重要讲话等精神。总队党组成员、副总队长陈建设主持会议。

2 月 2 日,河南总队党组书记、总队长崔刚前往省财政厅与财政厅党组书记、厅长王东伟就有关工作进行交流和座谈。

2 月 2 日,总队组织召开专题视频会议,对 2021 年领导干部个人有关事项报告填报事宜进行安排部署。总队党组成员、副总队长陈建设参加会议并作动员讲话。

2 月 3 日,副省长武国定对总队调查专报《河南省建档立卡贫困户劳动力就业情况调研报告》作出批示。

2 月 5 日,总队党组书记、总队长崔刚深入郑州调研市场价格,慰问一线采价员和居民收支记账户。

2 月 5 日,副省长武国定对总队调查专报《农民工春节返乡意愿强烈　就地过年保障到位》作出批示。

2 月 4 - 5 日,国家统计局河南调查总队党组成员、副总队长陈建设等一行 3 人到洛阳开展劳动力调查调研陪访工作,并对基层调查员进行慰问。

2 月 4 日,总队机关组织开展了 2021 年"迎新春·健体魄"趣味运动会。总队党组书记、总队长崔刚,总队党组成员、副总队长郭学来、王传健、陈建设参加活动。

2 月 8 日,河南省委常委、常务副省长周霁到总队调研,看望慰问广大干部职工。

2 月 8 日,河南省人民政府办公厅信息处向总队发来贺信。祝贺总队 2020 年 12 月份报送的调查信息《河南省 2020 年粮食总产量首次跨越 1350 亿斤台阶》被国办采纳为要情。

2 月 9 日,总队召开党组理论学习中心组 2021 年第五次学习(扩大)会议,传达学习习近平在中共中央政治局第二十七次集体学习重要讲话等精神。总队党组书记、总队长崔刚主持会议,总队党组成员、副总队长郭学来、王传健、陈建设参加学习。

2 月 10 日,总队党组向全省调查工作者、调查对象致以新春问候。

2 月 20 日,河南省长尹弘在调查总队呈送的调查专报《1 月"菜篮子"价格普涨　CPI 环比涨幅扩大》上作出圈阅。2 月 19 日，常务副省长周霁作出批示："请鲁玉同志阅参。"同日，副省长武国定也对该专报作出圈阅。

2 月 20 日，国家发展改革委副主任兼国家统计局局长、党组书记宁吉喆对河南调查总队 2 月 19 日上报的重要事项报告《关于国家统计局河南调查总队宋瑞同志被评为全国脱贫攻坚先进个人的报告》作出批示："向宋瑞同志和河南调查总队表示祝贺！"

2 月 20 日，总队党组书记、总队长崔刚听取部分处室制度建设和基础工作汇报演示。总队党组成员、副总队长陈建设出席并主持汇报演示。

2 月 22 - 25 日，总队组成两个调研组，分赴新乡、商丘、开封、周口等部分市县调研春季小麦生长情况。

2 月 24 日，总队 ICP 领导小组办公室接续召开会议，迅速贯彻落实国家局视频会议精神，研究部署全省 ICP 调查工作。

2 月 24 日，总队召开党组理论学习中心组 2021 年第六次学习（扩大）会议，传达学习习近平总书记主持召开中央全面深化改革委员会第十八次会议重要讲话等精神。总队党组书记、总队长崔刚主持会议，总队党组成员、纪检组长武洁，总队党组成员、副总队长王传健、陈建设参加学习。

2 月 25 日，全国脱贫攻坚总结表彰大会在北京人民大会堂隆重举行。总队机关党委办公室二级巡视员、驻总队定点扶贫村信阳市息县弯柳树村第一书记宋瑞同志参加大会，作为河南省委省政府推荐的四位上台领奖代表之一，被授予"全国脱贫攻坚先进个人"荣誉称号。

2 月 26 日，总队机关组织开展了"学党史、猜灯谜、闹元宵"活动。总队党组成员、副总队长王传键、陈建设参加了活动。

三月

3 月 1 日，总队党组书记、总队长崔刚在省领导批示的情况汇报上对调查信息工作作出批示。

3 月 1 日，总队召开机关纪委全体会议，传达学习河南省第十届纪律检查委员会第六次会议精神，报告 2020 年总队机关纪委工作，审议本届机关纪委工作报告。

3 月 1 日，总队党组书记、总队长、巡察工作领导小组组长崔刚主持召开巡察工作领导小组会议，对 2020 年总队党组巡察的安阳、鹤壁、漯河调查队党组及其所辖县级调查队整改报告进行审议。总队党组成员、纪检组长、巡察工作领导小组副组长武洁，总队党组成员、副总队长王传健出席会议，巡察工作领导小组成员单位主要负责人参加会议。

3 月 2 日，总队召开巡察整改回访工作动员培训会，总队党组成员、纪检组长武洁出席会议并作动员讲话。

3 月 2 日，总队劳动力调查处和省发改委就业收入分配和消费处就下一步主要工作进行座谈，拟以省发改委牵头在全省开展市级调查失业率统计工作。

3 月 2 日，河南省长尹弘对总队呈送的调查专报《围绕促进生猪产能持续稳步恢复，推动产业转型升级高质量发展》作出圈阅。

3 月 3 日，在河南省"两会"期间，总队积极为"两会"代表开展统计调查咨询服务，汇总全省调查研究精品成果，向河南"两会"代表赠阅，获得了"两会"代表的一致好评，引起热烈反响和广泛赞誉。

3 月 3 日，总队印发《国家统计局河南调查系统 2021 年统计法治工作要点》，全面部署 2021 年统计法治重点工作。

3 月 3 日，总队召开党组理论学习中心组 2021 年第七次学习（扩大）会议，传达学习习近平总书记关于全面从严治党重要论述等精神。总队党组书记、总队长崔刚主持会议，总队党组成员、纪检组长武洁参加学习。

3 月 4 日，总队机关开展"学党史国史"文明实践主题日活动，组织全体党员干部职工观看文献纪录片《筑梦路上》。

3月4日，总队机关举办2021年第一期调查学堂，邀请广东省财经大学创业教育学院专职教师、龙信数据研究院高级研究员李德洗博士为青年干部授课。

3月5日，总队机关党员志愿者组织开展了"献暖暖爱心"文明实践主题活动，认真贯彻落实省直文明办《关于参加首届"河南省新时代文明实践推动周"主题活动的通知》的要求。

3月5日，省平安办第九考评组一行5人到总队开展2020年度平安建设考评工作。总队党组书记、总队长、总队平安建设工作领导小组组长崔刚主持考评会议并作汇报，总队其他班子成员参加会议。

3月8日，河南省人民政府办公厅印发《关于表扬2020年度全省政府系统政务信息工作先进单位和先进个人的通报》，对2020年度政务信息先进单位和个人进行通报表扬。总队在全省政府系统政务信息采用排名中名列第7位，居中央驻豫单位第1位。

3月8日，总队召开党组会议，专题研究国家统计局与驻委纪检监察组会商问题及意见建议的整改任务落实工作，安排部署总队整改落实意见。总队党组书记、总队长崔刚主持会议，总队党组成员、副总队长郭学来，总队党组成员、纪检组长武洁，总队党组成员、副总队长王传健、陈建设参加会议。

3月9日，总队组织机关干部职工到舞钢市参观家风家训展和红色教育基地，以"传家训、立家规、扬家风"为主题，以爱国主义教育方式热烈庆祝"三八"国际妇女节。总队党组成员、副总队长郭学来，党组成员、纪检组长武洁参加了此次活动。

3月10日，在总队召开的总队长办公会议上，总队领导和各处(室)负责人集中学习讨论、研究通过了行政文秘后勤管理、人财物管理、信息分析管理、业务工作考核等方面29项规章制度。

3月10日，总队召开党组理论学习中心组2021年第八次学习(扩大)会议，专题学习研讨意识形态工作。总队党组书记、总队长崔刚主持会议，总队党组成员、副总队长郭学来，总队党组成员、纪检组长武洁，总队党组成员、副总队长王传健、陈建设参加学习。

3月10日，河南省省长尹弘对总队呈送的《关于河南省脱贫攻坚普查工作情况和主要结果的报告》作出圈阅；3月15日，副省长武定国对该报告作出批示。

3月10－11日，总队在伊川县、叶县、滑县等12个脱贫县开展脱贫攻坚总结表彰扶贫干部反响及期盼专题调研。

3月11日，总队完成系统内各级预算单位开展项目支出、整体支出绩效自评工作，并对2020年度预算绩效管理工作进行全面总结。

3月11日，总队召开河南调查系统党建暨全面从严治党工作视频会议，认真贯彻党的十九大和十九届历次全会精神，学习贯彻十九届中央纪委五次全会和全国统计部门全面从严治党视频会议及十届省纪委六次全会精神，总结2020年河南调查系统党建及全面从严治党工作，分析新形势新任务，部署2021年重点工作。

3月11日，总队邀请中共河南省委党校副校长丁素教授，就党的十九届五中全会精神做学习辅导报告。

3月11－20日，总队顺利举办河南调查系统学习贯彻党的十九届五中全会精神培训班。河南调查系统县处级以上领导干部和四级调研员以上职级干部201人参加了培训，实现轮训干部全覆盖。

3月12日，总队召开2021年河南服务零售结构调查工作视频会议。总队党组成员、副总队长陈建设出席会议并讲话。

3月12－14日，副省长武国定对调查专报《雨雪降温影响不大　鲜活食品价格继续回落》和《猪肉价格下降明显　2月CPI涨幅收窄》作出圈阅。

3月12日，总队圆满完成了2021年全国"两会"期间的网络安全保障工作。

3 月 12 日，总队印发《2021 年河南调查工作要点》，全面贯彻落实全国统计工作会议精神，扎实推进河南调查事业开好局起好步，确保全年各项工作任务顺利完成。

3 月 14 日，河南省长尹弘在调查总队呈送的调查专报《猪肉价格下降明显　2 月 CPI 涨幅收窄》上作出批示。

3 月 15 日，总队出台了《河南调查系统专题（课题）研究工作考核办法》，从六个方面重点抓好河南调查系统专题（课题）研究工作，用制度保障全省专题（课题）研究工作提质增量。

3 月 16 日，总队直属机关党员大会隆重召开。会议回顾总结了过去五年多来机关党建工作，安排部署今后五年工作任务，选举产生了中共国家统计局河南调查总队直属机关委员会和纪律检查委员会。

3 月 16 日，总队印发《国家统计局河南调查总队工作规则》《国家统计局河南调查总队工作调度会议制度》《国家统计局河南调查总队机关文件材料归档范围和文书档案保管期限规定》。

3 月 16 日，河南省副省长何金平和副省长武国定对总队呈报的调查专报《玉米价格坚挺上涨　传导影响应引以关注》作出批示。

3 月 17 日，总队组织机关部分党员干部前往河南廉政文化教育馆参观，接受廉政教育。总队党组书记、总队长崔刚，党组成员、纪检组长武洁，党组成员、副总队长王传健参加了此次活动。

3 月 17 日，总队在微信公众号以“图说数据—畜牧业”的形式，详细介绍了河南生猪生产存栏、出栏、畜牧业肉产品产量和数据统计的全过程。文章的发布在统计调查系统反响效果良好，并受到了河南主流媒体的高度关注。

3 月 18 日，总队党组成员、副总队长郭学来带领总队机关志愿者到登封市陈家门进行义务植树活动。

3 月 18 日下午，总队办公室召开工作推进会安排部署近期工作，贯彻落实河南调查系统党史学习教育动员部署视频会议精神。总队党组成员、副总队长郭学来参加了会议。

3 月 18 日，总队机关召开“六创”工作动员部署会议，安排部署创建“让党中央放心、让人民群众满意的模范机关”、河南省文明单位标兵、全省平安建设优秀单位、省级卫生先进单位、河南省依法行政优秀单位和节约型机关工作。总队党组书记、总队长崔刚出席会议并作动员讲话。总队党组成员、副总队长郭学来主持会议。总队党组成员、纪检组长武洁，总队党组成员、副总队长陈建设出席会议。

3 月 18 日，总队召开河南调查系统党史学习教育动员部署视频会。总队党组书记、总队长、党史学习教育领导小组组长崔刚出席会议并讲话。

3 月 18 日，总队印发《国家统计局河南调查系统预算绩效管理办法》和《国家统计局河南调查系统预算绩效运行监控管理暂行办法》。

3 月 18 日，总队印发《国家统计局河南调查总队机关财务管理制度》《国家统计局河南调查总队印刷费管理办法》《国家统计局河南调查总队会议和培训管理办法》。

3 月 18 日，总队印发《国家统计局河南调查总队 2021 年纪检工作要点》。

3 月 19 日，总队召开党史学习教育专题研讨暨党组理论学习中心组 2021 年第九次学习（扩大）会议，传达学习习近平总书记在党史学习教育动员大会上的讲话精神等。

3 月 19 日，总队执法监督处召开会议，贯彻落实河南调查系统党史学习教育动员部署视频会议精神，推进本处纳入督办事项落实，安排部署近期工作。总队党组成员、纪检组长武洁参加了会议。

3 月 22 日，总队党组成员、副总队长王传健同志主持召开住户监测处全体会议，宣布总队党组任命李涛同志主持住户监测处工作，会议上王传健对住户监测处工作提出了希望和要求。

3 月 22 日，总队修订印发了《国家统计局河南调查系统调查数据质量管理办法》和河南农业（粮食作物）等专业《统计调查业务工作流程规范》。

3 月 23 日，国家统计局河南调查总队组织召开全省劳动力调查视频会议，落实国家局人口就业统计工作会议精神。河南总队党组成员、副总队长王传健出席会议并讲话。

3 月 24 日，总队党组成员、纪检组长武洁向中央纪委国家监委驻国家发展改革委纪检监察组（以下简称驻委纪检监察组）进行专题汇报，驻委纪检监察组组长孙怀新、副组长张东升对河南调查总队纪检监察工作给予充分肯定并就下一步工作提出了要求。

3 月 26 日，国家统计局党组第三巡视组巡视总队党组动员会召开。动员会上，陈运兴就即将开展的巡视工作作了动员讲话，对配合做好巡视工作提出了要求。崔刚主持动员会并作表态发言。

3 月 26 日，武洁向总队党组书记、总队长崔刚同志进行了汇报。3 月 29 日武洁召集纪检监察室（巡察办）全体干部进行了传达学习，要求制定具体贯彻落实意见向党组汇报。纪检监察室（巡察办）对驻委纪检监察组领导讲话精神和国家局党廉办工作要求进行了认真梳理，形成了《河南调查系统纪检组织落实驻委纪检监察组领导要求事项细化清单》。

3 月 27 日，总队修订印发了《国家统计局河南调查总队网络信息审核发布制度》《国家统计局河南调查总队内部信息网信息发布管理办法》等六项制度。

3 月 29 日，总队消费价格调查处与省发改委价格调控处就有关价格形势分析研判工作进行座谈。

3 月 30 日，总队办公室对 2020 年 12 月份以来各市级调查队报送的公文进行了集中审核，并印发《国家统计局河南调查总队办公室关于河南调查系统公文处理有关情况的通报》。

3 月 31 日，总队被祭城路街道办事处评为“2020 年度正光街社区平安建设先进单位”和“2020 年度全城清洁先进单位”。

3 月 31 日，国家统计局住户司住户类业务座谈会在信阳召开。国家统计局住户司综合处处长王琦、居民收支处处长冯怡琳、住户监测处处长连佳佳、数据质量管理处处长丁胜出席，总队党组成员、副总队长王传健出席并主持座谈会。

3 月 31 日，总队组织机关党员干部集中观看警示教育片《“围猎”之祸——漯河市人大常委会原主任曹存正严重违纪违法案件警示录》《“纵权”之害——扶沟县原县委书记卢伟严重违纪违法案件警示录》。

3 月 31 日，国家统计局党组成员、副局长李晓超、住户司司长方晓丹一行在总队党组书记、总队长崔刚的陪同下，赴光山就推进巩固拓展脱贫攻坚成果同乡村振兴有效衔接等工作开展调研。

四月

4 月 1 日，总队组织开展了以“节约用水，珍惜水资源”为主题的宣传教育活动。

4 月 1 日，总队统筹部署河南调查年鉴的编辑工作。

4 月 2 日，总队机关以“学党史　祭英烈”为主题，在郑州烈士陵园和中原英烈纪念馆开展主题党日示范活动。总队党组成员、二级巡视员和各处室负责人以及部分青年党员代表参加了活动。

4 月 2 日，总队信息技术应用处召开市队边界防火墙白名单改造培训视频会议，梳理河南调查系统内业务应用访问控制策略，部署近期安全防护加固工作。

4 月 2 日，总队印发《国家统计局河南调查总队 2021 年党建工作要点》。

4 月 6 日，总队印发《国家统计局河南调查系统预算绩效管理办法》等两项制度的通知，部署全面实施预算绩效管理工作。

4 月 7 日，总队召开机关纪委委员全体会议，传达学习总队党组纪检组在专题工作汇报时驻委纪检监察组领导讲话精神，学习省委直属机关纪检监察工委书记姚保松在2021年省直机关纪检工作会议暨2020年度机关纪委书记述职考评会议上的工作报告,研究审议新修订的《中共国家统计局河南调查总队直属机关纪律检查委员会工作规则》,对各纪委委员联系支部进行分工。总队党组成员、纪检组长武洁出席会议并讲话。

4月7日,总队党组书记、总队长崔刚就三项治理及再次治理整改情况专项检查工作进行了专门的安排部署。

4月8日,总队召开专项检查工作培训会议,总队党组成员、纪检组长武洁出席会议并就开展好专项检查工作提出三点要求。

4月8日,总队办公室党支部召开党史学习教育专题学习研讨会。总队党组书记、总队长崔刚同志以一名普通党员的身份参加了会议。

4月8日,总队农村调查处党支部召开党史学习教育推进会,总队党组成员、副总队长郭学来以普通党员身份参加学习,农村处全体党员干部参加会议。

4月8日,总队组织在郑退休干部赴鹤壁石林军事会议旧址红色教育基地开展党史学习活动。

4月8日,副省长武国定对总队呈送的调查专报《生猪稳产保供效果显著牛羊禽持续稳定发展》作出批示。

4月9日,总队组织开展了国家安全宣传教育活动,深入学习贯彻总体国家安全观,进一步加强国家安全宣传教育工作,切实增强总队机关干部职工的安全保密意识。

4月9日,总队居民收支调查处党支部召开党史学习教育专题学习研讨会,总队党组成员、副总队长王传健同志以一名普通党员的身份参加了会议。

4月10日,代省长王凯和副省长武国定对总队呈报的调查专报《"十三五"时期河南粮食增产580亿斤　中原大粮仓更加充盈》作出批示。

4月10－11日,总队党组成员、纪检组组长武洁带队赴商丘督导三项治理及公务接待和津贴补贴发放不规范问题再次治理整改情况专项检查工作。

4月12日,副省长武国定在调查专报《"菜篮子"价格普降,3月份河南CPI环比回落》上作出圈阅。

4月12日,总队召开全系统警示教育视频会议,总队党组成员、纪检组长武洁通报了党的十八大以来河南调查系统19起违规违纪违法典型案例,总队党组书记、总队长崔刚作重要讲话。会议由总队党组成员、副总队长郭学来主持,国家统计局党组第三巡视组联络员唐玉列席会议。

4月12－14日,总队党组成员、副总队长陈建设于带队赴鹤壁调研督导检查劳动力调查工作开展情况,深入贯彻落实全国人口和就业统计工作视频会议和宁吉喆局长讲话精神。

4月13日,总队党组成员、副总队长陈建设带领总队党史学习教育第五巡回指导组到鹤壁调查队开展党史学习教育巡回指导。

4月13日,总队召开党组巡察工作总结交流会,总结近年来总队党组巡察工作,安排下一步巡察工作计划,对巡察工作进行交流发言。总队党组成员、纪检组长、总队党组巡察工作领导小组副组长武洁出席会议并讲话。

4月13日,总队党组书记、总队长崔刚一行到洛阳督导党史学习教育并调研劳动力调查工作。

4月13日,总队召开专题(课题)研究方向定评会议。总队党组成员、副总队长王传健同志,对全系统专题(课题)研究工作提出了要求。

4月13日,总队党组成员、副总队长郭学来带领总队党史学习教育第二巡回指导组赴平顶山调查队开展党史学习教育巡回指导,并以普通党员身份参加平顶山调查队党组中心组学习(扩大)会议。

4月13－14日,全国统计设计管理工作会议在江苏省南京市召开,总队制度方法处参会人员按照总队领导指示,及时召开全处会议,认真学习贯彻落实全国统计设管工作会议精神,安排部署工作。

4月13－16日,河南总队组成两个调研组,由总队党组成员、副总队长郭学来、二级巡视员张亚民分别带队赴平顶山、南阳、驻马店、新乡、濮阳、鹤壁等省辖市的部分县、乡、村,调研当前夏粮生产形势以及各地“两病一寒”的防治工作。

4 月 14 日,总队召开党史学习教育专题研讨暨党组理论学习中心组 2021 年第十次学习(扩大)会议。总队党组成员、纪检组长武洁主持会议,党组成员、副总队长王传健、陈建设参加学习。

4 月 14 日,副省长戴柏华对总队呈送的调查专报《我省职业技能提升行动稳步推进　五大制约因素不可忽视》作出圈阅。

4 月 15 日,总队联合郑东新区管委会、郑州调查队、郑东新区调查队在郑州市森林公园广场开展了国家安全暨普法现场宣传活动。总队党组书记、总队长崔刚莅临现场参加了活动。

4 月 15 日,国家统计局巡视办主任贺常明到总队调研指导党组巡察工作。总队党组成员、纪检组组长武洁主持座谈,并代表总队党组汇报了巡察工作情况。

4 月 16 日,总队召开一季度经济形势分析会。会议由河南总队副总队长王传健主持,副总队长郭学来、纪检组长武洁、副总队长陈建设出席会议。

4 月 16 日,总队印发《2021 年总队机关精神文明建设工作要点》。

4 月 19 日,副省长武国定对总队呈送的调查专报《一季度全省城镇调查失业率为 5.7%》作出圈阅。

4 月 19 - 23 日,总队按照省粮食安全考核工作领导小组工作安排,联合省粮食和物资储备局、省农业农村厅等单位,组成抽查组,对南阳、信阳 2 个省辖市和省直管县邓州市的粮食安全市长县长责任制落实情况进行实地核查,督促和指导地方政府发现问题、查找不足,落实整改,确保粮食安全责任落实到位。

4 月 20 日,总队召开党史学习教育专题研讨暨党组理论学习中心组 2021 年第十一次学习(扩大)会议。总队党组成员、副总队长郭学来主持会议,党组成员、纪检组长武洁,党组成员、副总队长王传健、陈建设参加学习。

4 月 21 日,总队召开会议宣布国家统计局党组关于郑泽香同志任职的决定。总队党组书记、总队长崔刚主持会议,国家统计局人事司一级巡视员李文海宣读了国家统计局党组任命郑泽香同志为河南调查总队党组成员、总统计师的决定。

4 月 21 日,按照总队领导要求,分析研究处负责同志前往河南财经政法大学,与统计与大数据学院负责同志就课题研究等工作进行座谈和交流。

4 月 21 日,副省长武国定对总队呈报的调查专报《当前我省小麦长势总体良好　存在问题不容忽视》作出批示。

4 月 22 日,总队财务管理处针对近期印发的三项财务制度进行了培训。总队党组成员、副总队长王传健出席培训并讲话。

4 月 23 日,总队机关开展青年干部“强素质·作表率”重温党史读书活动,扎实推进党史学习教育,持续实施青年理论学习提升工程,教育引导总队机关青年干部知党史、听党话、跟党走。

4 月 23 日,总队召开依法行政工作推进会,并邀请陆达律师事务所王政文律师作“民法典与我们的生活”专题讲座。

4 月 25 日,总队对一季度重点工作任务推进情况进行了梳理,建立了工作台账,并对 8 项目标任务、50 项重点工作推进情况进行了通报。

4 月 26 日,总队党组成员、副总队长王传健带领总队党史学习教育第四巡回指导组赴开封调查队开展党史学习教育巡回指导,并以普通党员身份参加开封调查队党组中心组学习(扩大)会议。

4 月 27 日,总队正式推出全新改版的信息内网。

4 月 27 日,总队印发《国家统计局河南调查系统各专业业务工作考核办法》,不断提升业务工作考核规范化、制度化和科学化水平,扎实推动各专业业务工作有效落实。

4 月 27 日,总队组织召开全省调查系统 2021 年统计执法监督检查动员暨培训视频会议。总队党组成员、纪检组长武洁出席会议并作动员讲话。

4 月 27－28 日，国家统计局城市司副司长汪传敬莅临河南，就加强房地产价格调查基层基础工作、夯实源头数据质量开展调研。国家统计局城市司房地产价格处四级调研员俞昶参加调研。

4 月 28 日，国家统计局召开全国服务业统计工作视频会议，总队党组成员、副总队长陈建设带领专项调查处全体同志参加了会议。会议结束后，陈建设迅速召集全体与会人员现场认真研讨会议精神，并就贯彻落实全国服务业统计工作视频会议精神和进一步做好专项调查处各项工作提出明确要求。

4 月 28 日，总队机关举办 2021 年第二期调查学堂，邀请总队二级巡视员张亚民为青年干部授课。

4 月 29－30 日，总队党组书记、总队长崔刚带领总队党史学习教育第一巡回指导组到濮阳调查队开展党史学习教育督导。

4 月 29－30 日，河南调查系统干部人事档案专项审核培训会在郑州召开，会议对干部人事档案专审工作进行了安排部署，对档案基础知识和专项审核要点进行了解读。会议由总队党组成员、副总队长陈建设主持，总队党组书记、总队长崔刚出席并作重要讲话。

五月

5 月 6 日，总队召开法律服务工作协调会，推动总队依法行政工作水平不断提高。

5 月 7 日，总队召开党史学习教育专题研讨暨党组理论学习中心组 2021 年第十二次学习（扩大）会议。总队党组书记、总队长崔刚主持会议，总队党组成员、总统计师郑泽香，党组成员、纪检组长武洁，党组成员、副总队长王传健、陈建设参加学习。

5 月 8 日，分析研究处将全年工作进行梳理，向党组成员、副总队长陈建设做专题汇报。陈建设对分析研究处工作开展情况和做法给予充分肯定，并对下一阶段工作提出具体要求。

5 月 8 日，总队开展“献热血爱心、庆建党百年”活动，组织党员干部职工参加省委直属机关工委、省红十字会发起的省直机关无偿献血暨捐献造血干细胞活动。

5 月 11 日，总队在全省 181 家承担定点扶贫任务的单位考核中获综合评价“好”等次。

5 月 12 日，总队印发《关于认真做好 2021 年夏粮预、实产统计调查工作的通知》，对做好今年夏粮预、实产统计调查工作，进一步提高粮食产量数据质量提出工作要求。

5 月 12 日，总队信息技术应用处根据河南总队 2021 年度重点工作安排，顺利完成市级调查队统计广域网边界防火墙白名单改造工作。

5 月 12 日，总队召开党史学习教育专题研讨暨党组理论学习中心组 2021 年第十三次学习（扩大）会议。总队党组成员、副总队长郭学来主持会议，党组成员、总统计师郑泽香，党组成员、纪检组长武洁，党组成员、副总队长王传健参加学习。

5 月 12－14 日，国家统计局人口和就业统计司二级巡视员、劳动力调查处处长贾毓慧，地区失业率统计处张也驰一行赴河南调研指导劳动力调查工作。

5 月 13 日，总队机关组织第二批党员干部赴洛阳市八路军办事处纪念馆开展党史学习教育现场教学活动，总队领导参加活动。

5 月 17 日，总队党组书记、总队长崔刚主持召开总队专题会议传达学习全国统计法治工作会议精神。

5 月 17 日，总队党组成员、纪检组组长武洁带领总队党史学习教育第四巡回指导组和执法检查第一督导组赴新乡调查队开展党史学习教育巡回指导，并调研督导统计执法检查工作。

5 月 17－18 日，国家统计局农村社会经济调查司司长李锁强、农业农村部种植业司司长潘文博一行 4 人在总队长崔刚、副总队长郭学来、省农业农村厅副厅长王俊忠、省小麦专家指导组组长郭天才教授陪同下到滑县、汤阴县开展夏粮生产形势、农产品深加工及农作物统防统治情况调研。

5 月 17 – 26 日，总队组织三个督导组，总队先后赴新乡、漯河、驻马店、南阳、信阳、卫辉等 10 个市县调查队开展统计执法检查工作督导，督促各地做好 2021 年统计执法检查工作。总队党组成员、纪检组长武洁带队开展督导。

5 月 18 日，总队党组成员、纪检组长武洁赴党建工作联系点长垣调查队督导党建及党风廉政建设工作，并参加队党支部“凝心促党建　清正守廉洁”主题党日活动。

5 月 19 日，总队组织青年志愿者在黄河边开展“保护母亲河　共建绿水青山”志愿服务活动、“学党史、强信念、跟党走”党史学习教育主题实践活动和中国梦宣传教育活动。

5 月 20 日，总队机关举办 2021 年第一期道德讲堂，组织干部职工观看《感动中国 2020 年度人物颁奖盛典》。

5 月 24 – 25 日，总队党组成员、副总队长郭学来一行到开封市通许县、祥符区，新乡市封丘县、延津县、卫辉市等调研小麦受强对流天气影响情况和当前夏粮生产形势。

5 月 24 – 25 日，总队党组成员、副总队长陈建设带领总队“百队调研”第六调研组和基层党建第六督导组到安阳开展百队调研、党建督导和党史学习教育巡回指导等工作。

5 月 24 日起，总队在愚公移山精神干部学院举办两期河南调查系统党史学习教育暨党支部书记培训班。5 月 24 – 26 日，国家统计局基层党建第四督导组暨党史学习教育第四巡回指导组、综合司一级巡视员王文波、处长周平一行对正在举办的河南调查系统党史学习教育暨党支部书记培训班进行了现场督导和指导。

5 月 25 日，总队制定印发了《河南调查队系统“百队调研”工作方案》，对“百队调研”工作进行了详细安排部署。

5 月 25 – 26 日，总队党组成员、副总队长陈建设带队到党建工作联系点滑县调查队督导党建及党史学习教育工作。

5 月 27 日，河南省脱贫攻坚总结表彰大会隆重举行。河南省脱贫攻坚普查工作领导小组办公室荣获全省脱贫攻坚先进集体荣誉称号，李静同志荣获全省脱贫攻坚先进个人荣誉称号。河南总队机关党委办公室被省委、省政府表彰为“河南省脱贫攻坚先进集体”。

5 月 27 日，河南总队召开专题会议，学习贯彻国家统计局机关纪委（党廉办）下发的《关于落实局党组与驻委纪检监察组专题研究垂管单位全面从严治党工作要求的通知》精神，研究部署相关工作任务。

5 月 31 日，总队召开专项检查工作动员部署培训会，深入贯彻落实国家统计局党廉办和驻委纪检监察组工作部署，总队党组成员、纪检组长武洁，总队党组成员、副总队长王传健出席会议并讲话。

5 月 31 日，总队党组书记、总队长崔刚与总队机关青年干部一起深入长葛市增幅镇河涯刘村夏粮收割一线，开展了“青春心向党 · 麦田红旗飘”夏粮实割实测实践活动。

六月

5 月 31 日至 6 月 4 日，总队在愚公移山精神干部学院举办第二期河南调查系统党史学习教育暨党支部书记培训班。总队党组书记、总队长崔刚参加培训并上专题党课。

6 月 2 – 3 日，总队党组成员、总统计师郑泽香一行 4 人赴南阳督导三项治理专项检查工作。

6 月 3 日，总队修订印发《地方调查项目审批和管理规程》。

6 月 4 日，总队与河南农业大学联合召开座谈会，深入探讨河南农业农村统计调查现代化改革，共同探索合作模式、寻求河南农业农村统计调查现代化发展方向。总队党组成员、副总队长郭学来出席会议。

6 月 4 日，总队党组书记、总队长崔刚一行到焦作督导三项治理专项检查、党建及党史学习教育。

6 月 8 日，国家统计局党组成员、副局长毛有丰主持召开国家统计局党组第三巡视组向河南调查总队主要负责人反馈巡视情况会议，并出席向总队党组反馈巡视情况会议。会上，国家统计局机关纪委书记胡修府先后向河南调查总队主要负责人和党组反馈了巡视情况，总队党组书记、总队长崔刚就做好巡视整改工作作表态发言。

6 月 8 日 – 21 日，总队在郑州市、开封市、洛阳市等 13 个省辖市开展了河南省灵活就业人员社会保障情况专题调研。

6 月 10 日，总队召开党组扩大会议暨巡视整改专题会议，学习习近平总书记关于巡视工作论述摘编，传达学习国家统计局党组巡视河南总队党组情况反馈意见、宁吉喆局长关于巡视工作的讲话精神和毛有丰副局长在反馈会议上的讲话精神，研究部署贯彻落实意见。总队党组书记、总队长崔刚主持会议并讲话，总队其他党组成员参加会议。

6 月 10 日，总队召开党组理论学习中心组 2021 年第十四次学习（扩大）会议。总队党组书记、总队长崔刚主持会议，党组成员、副总队长郭学来，党组成员、总统计师郑泽香，党组成员、纪检组长武洁，党组成员、副总队长王传健、陈建设参加学习。

6 月 10 日，总队党组书记、总队长崔刚主持召开党组会议，听取关于全国统计对口援疆工作会议精神汇报，研究部署总队对口援疆工作安排。

6 月 15 日，总队制定并下发了《河南调查系统专项调查工作规范化管理办法》《河南调查系统委托调查项目业务流程规范》。

6 月 15 日，总队组织召开第一轮统计执法监督检查行前动员暨培训会，总队党组成员、副总队长郭学来，党组成员、总统计师郑泽香，党组成员、纪检组长武洁出席会议。

6 月 16 日，总队党组成员、纪检组长武洁主持召开专题会议，对鹤壁、新乡、焦作、南阳、信阳五个市级调查队三项治理及再次治理整改落实情况专项检查的汇报。

6 月 17 日，总队办公室党支部联合郑州队党总支赴新郑西泰山廉政教育基地开展了“学党史　强党性　传承红色基因”主题党日活动。总队党组成员、副总队长郭学来参加活动。

6 月 17 – 18 日，总队在郑州召开农产品生产者价格和中间消耗调查样本轮换暨业务培训会，总队党组成员、副总队长郭学来出席会议并讲话。

6 月 16 – 18 日，总队党组成员、总统计师郑泽香一行到驻马店、西平督导 2021 年上半年基层党建工作、党风廉政建设“两个责任”落实情况及党史学习教育开展情况。

6 月 17 – 18 日，总队党组成员、副总队长王传健带领总队“百队调研”第五调研组到商丘开展百队调研、党建督导和党史学习教育巡回指导等工作。

6 月 20 日，总队机关组织开展“清凉一夏　带你走进调查”庆祝建队十五周年主题亲子活动，邀请干部职工子女参观总队办公环境，了解调查工作，营造良好家庭氛围。

6 月 21 – 22 日，总队党组成员、总统计师郑泽香带队到焦作开展统计执法监督检查工作。

6 月 21 – 25 日，总队党组成员、副总队长郭学来带队到开封、祥符、尉氏以及兰考开展统计执法监督检查。

6 月 22 日，总队党组成员、纪检组长武洁带队赴平顶山开展百队调研、党建督导和党史学习教育巡回指导工作。

6 月 22 日，总队党组成员、副总队长陈建设一行到新乡调研 2021 年基层党建工作、月度劳动力调查工作，为新乡队全体党员干部讲专题党课并开展谈心谈话。

6 月 21 – 22 日，总队党组书记、总队长崔刚带领总队基层党建第一督导组，到周口调查队和郸城调查队督导基层党建、党史学习教育并开展百队调研工作,为全体党员干部讲了专题党课。

6月22日,总队召开党组理论学习中心组2021年第十五次学习(扩大)会议,传达学习习近平法治思想和全国法治工作会议精神。总队党组书记、总队长崔刚主持会议并讲话。

6月22日,省直机关工委召开庆祝建党100周年暨2019－2020年度"两优一先"表彰大会。总队杨利同志荣获"省直机关2019－2020年度优秀共产党员"称号,张建国同志荣获"省直机关2019－2020年度优秀党务工作者"称号,机关党委办公室党支部荣获"省直机关2019－2020年度先进基层党组织"称号。

6月22－24日,总队党组成员、副总队长郭学来带领总队基层党建工作第二督导组,到三门峡、卢氏调查队开展党史学习教育、基层党建、党风廉政建设"两个责任"落实情况督导和"百队调研"。

6月23日,河南省副省长武国定对河南调查总队呈送的调查专报《河南小麦收储工作正常开展　国有收储乏力、"囤粮赌市"和惜售心理明显》作出批示。

6月24日,总队机关组织党员干部赴卫辉市河南太行八路军抗战纪念馆开展党史学习教育现场教学活动。

6月24日,总队召开专题廉政党课视频会议。总队党组成员、纪检组长武洁以《全面从严治党的历史沿革和现实意义》为题,为分管处室党员干部和全系统纪检干部上廉政党课。

6月24－25日,国家统计局总经济师毛盛勇一行赴河南调研实体企业生产状况。

6月16－25日,总队党组成员、纪检组长武洁率领总队统计执法检查第一组对商丘调查系统的5个市县国家调查队和1个非国家调查县开展了统计执法监督现场检查工作。

6月25日,河南省政协举行党史学习教育专题报告会,邀请国家统计局总经济师毛盛勇作了题为"见证辉煌成就,汲取奋进力量"的专题报告。根据省政协的组织安排,河南省政协委员、河南调查总队党组书记、总队长崔刚率领总队领导班子、各处室负责人、业务骨干50余人参加报告会。

6月25日,河南调查系统召开党史学习教育专题党课视频会议。总队党组书记、总队长崔刚以《传承红色基因　强化使命担当　在统计现代化改革新征程中奋勇争先》为题,讲授专题党课。

6月25日,总队召开总队机关庆祝建党100周年暨"两优一先"表彰大会。总队党组书记、总队长崔刚,党组成员、总统计师郑泽香,党组成员、纪检组长武洁,党组成员、副总队长王传健、陈建设参加会议。

6月25日,总队机关派员李俊莲、左鑫一、赵晨夕、左俊勇组成代表队参加了省政府机关青年学习研讨小组"奋斗百年路　启航新征程"党史知识竞赛。通过激烈角逐,总队代表队获得优秀组织奖。

6月28日,总队党组书记、总队长崔刚主持召开党组会议,专题研究全面从严治党工作。

6月29日,总队机关举行新任职处级领导干部集体宪法宣誓仪式,党组书记、总队长崔刚监誓,党组成员、副总队长陈建设主持仪式。

6月29日,总队党组成员、纪检组长武洁对2021年系统新任职的8名处级干部进行了集体廉政谈话。

6月29日,总队党组成员、副总队长陈建设主持召开新任职处级干部任前集体谈话会议,河南调查系统内8名新任职的处级领导干部参加谈话。

6月29日,《国家统计调查制度—2020/2021》(河南版)已完成编印工作,同广大读者见面。

七月

7月1日,总队党组成员、副总队长王传健以普通党员身份参加综合处党支部专题学习,综合处党支部书记主持会议并作了题为"牢记初心使命　做好调查工作"的党课报告。

7月2日，国家脱贫攻坚普查领导小组办公室和国家统计局印发了《关于开展国家贫困地区重大专项普查先进集体和先进个人评选表彰工作的通知》（国脱普办字〔2021〕6号），公布了国家脱贫攻坚普查工作综合评价结果，河南为7个被评价为优秀的省份之一。

7月2日，总队召开党史学习教育专题研讨暨党组理论学习中心组2021年第十六次学习（扩大）会议。总队党组书记、总队长崔刚主持会议，总队党组成员、副总队长郭学来，党组成员、总统计师郑泽香，党组成员、纪检组长武洁，党组成员、副总队长王传健、陈建设参加学习。

7月2日，总队办公室召开室务会，研究调整职责分工，安排部署近期重点工作。总队党组成员、副总队长郭学来参加会议并对办公室工作提出新要求。

7月2日，总队保密委员会召开专题会议，传达有关文件精神，研究部署保密工作。总队保密委主任、总队党组书记、总队长崔刚出席会议，总队保密办主任、总队党组成员、副总队长郭学来传达有关文件精神。

7月5－6日，总队党组成员、副总队长陈建设带领总队基层党建第六督导组一行，到焦作调查队督导调研2021年上半年基层党建、党风廉政建设“两个责任”落实情况。

7月6日，总队财务管理处党支部与财政部河南监管局监管二处党支部赴禹州豫西抗战纪念馆联合开展主题党日活动。总队党组成员、副总队长王传健以普通党员的身份参加活动。

7月6－9日，总队依托河南农业大学组织开展农业遥感测量业务培训班。

7月7日，河南省政府副省长费东斌在国家统计局河南调查总队呈报的专题调研报告《河南冷链物流稳步发展　制约因素仍需关注》上作出批示：“请交通厅研究支持冷链物流政策。”

7月7日，河南省副省长武国定对总队呈送的调查专报《上半年河南农产品生产者价格同比上涨6.8%》作出批示：“请虎振、延平同志阅”。

7月7日，河南省脱贫攻坚普查工作领导小组办公室印发《关于成立脱贫攻坚普查后续工作领导小组及其办公室的通知》（豫脱普办字〔2021〕4号），河南省脱贫攻坚普查后续工作领导小组正式成立。

7月7日，总队组织举办了河南调查系统纪检干部第2期业务培训视频会。

7月7日，总队办公室党支部召开专题学习研讨会，研学《习近平总书记在庆祝建党100周年大会上的重要讲话》精神。总队党组书记、总队长崔刚以普通党员的身份参加学习。

7月8日，总队召开党组理论学习中心组2021年第17次学习会议，专题学习全面从严治党有关精神。总队党组书记、总队长崔刚主持会议，总队党组成员、副总队长郭学来，党组成员、总统计师郑泽香，党组成员、纪检组长武洁，党组成员、副总队长王传健、陈建设参加学习。

7月8日，总队组织召开第二批次包含12个处室的总队机关处室工作集中汇报会议。10个综合处室和2个业务处室逐一进行了汇报。至此，两批次共18个处室的集中工作汇报已经全部完成。

7月8日，河南省政府副省长武国定在河南调查总队上报的《畜禽生产持续向好　养殖效益不断下滑》上作出批示：“请农业农村厅研阅”。

7月9日，总队召开上半年经济形势分析会。总队领导班子全体成员出席会议。

7月9日，总队党组召开会议研究部署河南调查系统网络安全工作。会议听取了总队网络安全和信息化领导小组办公室近期工作情况汇报，审议通过了网络安全相关文件。

7月9日，总队综合处、青工委联合召开青年干部政务新媒体培训会议，传达总队领导对青年干部参与政务新媒体工作的指示精神，安排下一步工作任务。

7月9－12日，总队在中牟县、伊川县、长垣县、邓州市、永城市、光山县、郸城县、新蔡县等 22 个县(市)开展了农民工返乡创业情况专题调研。

7 月 12 日,总队分析研究处党支部召开党史学习教育专题组织生活会,总队党组成员、副总队长陈建设以普通党员身份参加专题组织生活会。

7 月 12 日,总队与河南农业大学召开座谈会,就农业遥感测量工作进行座谈,并对框架协议的签订和后续农业遥感测量任务进行沟通。

7 月 13 日,河南省政府副省长武国定在总队呈报的《农村饮水安全提升成效持续巩固"安全水"滋润农民心田》上作出批示:"请正才、运锋阅研"。

7 月 13 日,副省长武国定在总队上报的《河南猪肉价格持续探底　淡水鱼价格高位企稳》上作出批示:"请农业农村厅阅研"。

7 月 13 – 15 日,总队党组成员、副总队长郭学来带领总队农业调查处、农村调查处业务人员赴商丘、周口及所属县区开展粮食和畜牧业生产形势调研。

7 月 14 日,河南省政府副省长武国定在总队报送的调查专报《党政共担"粮食安全"责任　2021 年河南夏粮喜迎丰产又丰收》作出批示:"虎振、延平同志:成绩来之不易,要倍加珍惜。望再接再厉,持续抓好秋粮管理,努力夺取全年丰收。"

7 月 14 – 15 日,河南省脱贫攻坚普查办公室在信阳召开工作培训会,对脱贫攻坚普查后续工作进行动员部署。总队党组书记、总队长、省脱贫攻坚普查后续工作领导小组组长崔刚出席会议并讲话。信阳市委副书记、代市长蔡松涛到会致辞。总队党组成员、副总队长王传健主持会议。

7 月 15 日,河南省政府副省长费东斌在总队呈报的调查专报《企业运行问题突出　未来三个月有稳中向好预期》上作出批示:"请工信部门按调查的情况梳理分类,也可就专题进行研究分析,提出对策,予以解决。"

7 月 15 日,河南省平安建设工作领导小组下发了《关于 2020 年度全省平安建设考评情况的通报》(豫平安〔2021〕3 号)文件,总队喜获 2020 年度全省平安建设优秀单位荣誉称号,这也是总队连续 4 年获此殊荣。

7 月 16 日,总队下发了《关于报送〈"十四五"时期统计现代化改革规划〉贯彻落实意见的通知》,确定了 8 大类 39 项具体改革任务,并将任务分解到各职能处室,明确了牵头处室、责任处室,建立了任务清单,纳入了重点督办事项,为《规划》的贯彻落实奠定了坚实基础。

7 月 19 日,总队收到河南省政协办公厅反馈的领导批示件。总队撰写的调研报告《河南:乡村医生技能盼提升　农村医疗服务需改善》获河南省政协主席刘伟、副主席周春艳、高体健等多位领导批示。

7 月 20 日,总队召开党组理论学习中心组 2021 年第 18 次学习会议,专题学习公务员法及配套法规。总队党组书记、总队长崔刚主持会议,总队党组成员、副总队长郭学来,党组成员、总统计师郑泽香,党组成员、纪检组长吴小武,党组成员、副总队长王传健、陈建设参加学习。

7 月 20 日,河南省政府副省长费东斌在总队呈报的《全省就业形势不容乐观　五大问题急需重视》调查专报上作出批示:"请工信建立定期梳理通报制度,联系人社部门建立企业需求对接通道,多方打开就业渠道,解决一方面企业缺人、另一方面就业难的问题。"同日,河南省政府副省长武国定对该报告作出圈阅。

7 月 21 – 26 日,总队充分发挥"轻骑兵"优势,迅速组织相关部门开展洪涝灾害对居民生活、居民收入、食品价格、企业生产等方面的影响情况系列专题调研。

7 月 21 – 23 日,国家发展改革委副主任兼国家统计局局长、党组书记宁吉喆就河南总队应对暴雨灾害有关情况作出两次批示、一次圈阅。国家统计局党组成员、副局长毛有丰也先后两次对河南总队应对暴雨灾害有关情况作出批示。

7 月 22 日,总队印发《关于贯彻落实宁吉喆局长批示精神统筹做好防汛应急和统计调查工作的通知》,要求全省调查系统深入贯彻落实宁吉喆局长批示精神,统筹做好防汛应急和统计调查工作。

7月22日,总队党组印发《河南调查队系统领导班子建设三年规划》,为新时代河南调查事业持续健康发展提供坚强的组织保证。

7月23日,总队印发《国家统计局河南调查系统辅助调查员管理规定(试行)》,在管理规定中新增了辅助调查员分专业最低补贴标准,明确市县调查队和总队有关处室的管理职责,使辅调员管理规定更加合理实用、易操作。

7月23日,总队机关组织10余名党员志愿者深入到郑州市郑东新区祭城路街道办事处正光路社区开展防汛抢险灾后恢复工作。

7月26日,总队党组成员、副总队长郭学来一行到郑州帝湖花园社区看望慰问参加抗洪抢险的郑州调查队党员干部及部分受灾群众。

7月26日,河南省政府办公厅印发了《关于支持配合河南国家调查队系统做好农业农村统计调查工作的通知》(豫政办明电〔2021〕24号)。

7月27日,总队综合处党支部组织召开了党史学习教育专题组织生活会。总队党组成员、副总队长王传健以普通党员身份参加了专题组织生活会。

7月27日,总队生产价格调查处党支部召开党史学习教育专题组织生活会,总队党组成员、纪检组长、总队党史学习教育第四巡回指导组组长吴小武到会指导。

7月27日,全国劳动力调查业务视频培训班召开。河南总队克服洪涝灾害带来的断电断网等影响,积极沟通协调,共组织市县统计调查机构劳动力调查分管领导和业务骨干314人、调查员130人参加培训。总队党组成员、副总队长陈建设及总队劳动力调查处全体人员参加培训会。

7月28日,总队信息技术应用处党支部开展党史学习教育专题组织生活会。总队党组成员、副总队长、总队党史学习教育第六巡回指导组组长陈建设到会巡回指导。

7月29日,受总队党组书记、总队长崔刚委托,总队党组成员、副总队长郭学来代表河南调查总队党组和全体干部职工亲切看望和慰问驻楼武警官兵,向他们致以节日的问候和诚挚的谢意。

7月29日,总队机关举办2021年第二期道德讲堂,组织干部职工观看时代楷模彭士禄同志先进事迹。

7月29日,总队财务管理处党支部召开党史学习教育专题组织生活会。总队党组成员、副总队长、总队党史学习教育第二巡回指导组组长郭学来到会指导。

7月29日,总队人事教育处党支部组织全体党员干部召开党史学习教育组织生活会。总队党组成员、纪检组长、总队党史学习教育第四巡回指导组组长吴小武到会指导。

7月30日,在“八一”建军节来临之际,总队召开庆祝中国人民解放军建军94周年座谈会。总队党组成员、副总队长郭学来主持会议,党组成员、纪检组长吴小武参加座谈会。

7月30日,总队消费价格调查处党支部组织召开党史学习教育专题组织生活会。总队党组成员、副总队长、总队党史学习教育第六巡回指导组组长陈建设到会巡回指导。

7月30日,总队党组成员、副总队长王传健带领总队巡视整改督导组赴许昌指导巡视整改专题民主生活会。

7月30日,总队执法监督处党支部召开党史学习教育专题组织生活会。总队党组成员、纪检组长、总队党史学习教育第四巡回指导组组长吴小武到会指导。

八月

8月3日,总队党组书记、总队长崔刚以普通党员身份参加办公室党支部党史学习教育专题组织生活会,与支部党员一起交流学习体会,查找差距不足,明确整改措施。总队党组成员、副总队长、总队党史学习教育第五巡回指导组组长王传健和有关同志到会指导。

8月3日,总队党组成员、总统计师郑泽香以普通党员身份参加制度方法处党支部党史学习教育专题组织生活会,总队党组成员、党组纪检组组长、总队党史学习教育第四巡回指导组组长吴小武和有关同志到会指导。

8月3日,总队召开网络信息工作座谈会,副总队长王传健出席会议并讲话。

8月4日,总队印发《河南农业统计调查工作现代化建设规划》,推动农业统计调查工作现代化改革。

8月4日,总队下发《关于在部分地区开展促进养老、托育消费政策实施效果及问题建议调研的通知》,对河南养老托育消费政策实施效果调研进行安排部署。

8月4日,总队党组成员、纪检组长吴小武以普通党员身份参加纪检监察室党支部党史学习教育专题组织生活会,总队党组成员、副总队长、总队党史学习教育第六巡回指导组组长陈建设及有关同志到会指导。

8月4-5日,总队首次以视频会议形式召开河南调查系统巡视整改推进会、国家调查队成立15周年座谈会、上半年工作汇报会、履行全面从严治党“两个责任”汇报会和贯彻落实省政府发文支持农业农村统计调查工作精神研讨会。

8月5日,总队党组理论学习中心组召开2021年第19次学习会议,专题学习研讨巡视整改相关精神,为开好巡视整改专题民主生活会打好理论基础。总队党组书记、总队长崔刚主持会议,总队党组成员、副总队长郭学来,党组成员、总统计师郑泽香,党组成员、纪检组长吴小武,党组成员、副总队长王传健参加学习。

8月6日,总队召开党组会议暨巡察工作领导小组会议,听取总队党组2021年巡察工作情况汇报。总队党组书记、总队长、巡察工作领导小组组长崔刚主持会议并对本轮巡察工作进行点评,就下一步工作提出明确要求。

8月6日,总队印发《关于河南调查系统“党在我心中”党史知识竞赛结果的通报》。

8月9日至15日,总队组织开展洪涝灾害对脱贫户生产生活影响情况调研。

8月10日,为全面落实“四送一助力”专项行动部署要求和“双报道”机制,总队党组书记、总队长崔刚到驻在社区郑东新区祭城路街道办事处正光街社区调研慰问疫情防控工作。

8月12日至13日,总队以视频形式举办河南调查系统学习贯彻习近平总书记“七一”重要讲话精神专题辅导班暨总队党组理论学习中心组2021年第20次学习。总队党组书记、总队长崔刚作开班动员讲话,总队党组成员、副总队长郭学来,党组成员、纪检组长吴小武,党组成员、副总队长王传健、陈建设参加学习。

8月15至30日,总队在中牟县、孟津县、安阳县、原阳县等20个县(市)开展了县域内就业创业专题调研。

8月16日,总队印发《河南调查系统专题(课题)研究人才库建设方案》(以下简称《方案》),从六个方面提出人才建设要求。

8月17日,总队党组成员、副总队长陈建设与新任职的15名县处级领导干部进行集体任前谈话,谆谆教诲上好履新“第一课”,殷殷嘱托提出“五项能力”新要求。

8月17日,总队党组成员、纪检组长吴小武对总队机关新任职的15名县处级领导干部进行集体廉政谈话。

8月17日,总队党组成员、副总队长郭学来主持召开总队办公室干部职工会议,宣布总队党组关于办公室班子人员任命调整,安排部署近期重点工作。

8月17日,总队党组成员、副总队长王传健主持召开住户监测处全体会议,宣布总队党组关于住户监测处负责人的任命调整，对下一步的工作提出希望和要求。

8月17日，总队3名新任职厅局级领导干部利用视频会议系统参加了国家统计局宪法宣誓仪式。

8月17日，河南省委常委、常务副省长周霁在总队呈送的调查专报《疫情期间河南居民生活状况及所受影响调研报告》上作出批示："并转柏华、金平两位副省长阅参。"8月18日，河南省副省长戴柏华在该调查专报上作出批示："全程同志：指挥部办公室要进一步加强对各地防控工作中的指导，及时解决存在的问题。"8月18日，河南省副省长何金平在该调查专报上作出批示："已批示商务厅继续做好工作。"

8月18日，总队党组成员、副总队长郭学来主持召开农业调查处全体会议，通报总队党组关于农业调查处有关人员调整，安排部署近期重点工作。

8月18日，总队党组成员、副总队长王传健主持召开总队居民收支调查处全体人员会议，通报总队党组关于居民收支调查处人员调整，部署近期重点工作。

8月18日，总队机关组织青年志愿者开展了文明交通志愿服务活动。

8月19日，总队长崔刚主持召开2021年第4次总队长办公会议，学习省委省政府加强疫情防控工作有关会议精神，审议有关制度台账，调整新闻宣传机构成员，研究有关经费预算事项。总队领导郭学来、郑泽香、吴小武、王传健、陈建设出席会议。

8月19日，总队党组召开会议，传达学习习近平总书记在《求是》杂志上发表的重要文章《总结党的历史经验，加强党的政治建设》精神，研究审议2021年上半年河南调查系统干部职工思想动态调查报告。党组书记、总队长崔刚主持会议并讲话，党组成员、副总队长郭学来，党组成员、总统计师郑泽香，党组成员、纪检组长吴小武，党组成员、副总队长王传健、陈建设出席会议。

8月20日，总队召开2021年度领导班子巡视整改专题民主生活会。总队党组书记、总队长崔刚主持会议，总队班子成员郭学来、郑泽香、吴小武、王传健、陈建设参加会议。

8月23日，总队印发《国家统计局河南调查总队新闻发言人制度》《河南调查系统新闻宣传工作管理办法》等两项制度，推动河南调查系统统计调查新闻宣传工作提质增效。

8月23日，河南省政府副省长武国定对总队撰写的调查专报《河南省洪涝灾害对脱贫户生产生活影响调研报告》作出批示："请奎立同志参阅"。（郭奎立，河南省乡村振兴局局长、党组书记）

8月23日，省政府办公厅向总队发来贺信。祝贺由总队综合处撰写编报的调查信息《河南反映小麦收储工作有序开展　三方面苗头性问题值得关注》被国办采纳为专报，并获国务院领导批示，同时获得额外加分5分。

8月24日，总队党组成员、副总队长郭学来参加农村调查处处务会，宣布有关干部任免，对下半年工作提出具体要求。

8月24日，总队印发《2021年河南农业农村统计调查基础工作和数据质量检查方案》，组织开展全省农业农村统计调查基础工作检查。

8月26日，总队圆满完成脱贫县农村产业发展难点问题调研工作。

8月26日，总队党组成员、总统计师郑泽香主持召开消费价格调查处全体会议，宣布总队党组关于消费价格调查处负责人任命调整，安排部署近期重点工作。

8月26日，总队党组成员、副总队长陈建设主持召开人事教育处全体会议，宣布总队党组关于人事教育处负责人的任职决定，安排部署近期重点工作。

8月26日，根据总队党组巡察工作安排部署，结合疫情防控工作有关要求，总队采取视频会议、分阶段进行的方式，向开封、洛阳、平顶山、周口等4个市级调查队党组及所辖9个县级调查队领导班子反馈了2021年巡察意见。

8月26日,总队党组理论学习中心组召开2021年第21次学习(扩大)会议暨党史学习教育专题研讨。总队党组书记、总队长崔刚主持会议,总队党组成员、副总队长郭学来,党组成员、总统计师郑泽香,党组成员、纪检组长吴小武,党组成员、副总队长陈建设参加学习。

8月27日,总队印发《关于认真做好2021年秋粮预、实产统计调查工作的通知》,对秋粮预、实产工作进行安排布置。

8月30日,总队组织召开2021年河南调查系统统计法治工作视频会议。总队党组书记、总队长崔刚出席会议并讲话,总队党组成员、纪检组长吴小武主持会议并作具体工作部署。

8月30日,总队印发《关于贯彻落实〈河南省人民政府办公厅关于印发河南省市级调查失业率统计实施方案的通知〉的实施意见》。

8月31日,国家贫困地区重大专项普查总结表彰视频会议在北京召开,河南调查系统共有7个集体、27名个人受到表彰。总队住户监测处荣获先进集体,并作为先进集体代表进行汇报发言。

8月31日,总队党组成员、纪检组长吴小武结合工作实际,以《弘扬伟大建党精神　做党的事业忠诚卫士》为题,给分管处室党员干部讲了一堂生动而深刻的党课。

九月

9月1日,总队举办河南调查系统第一期课题研究分享沙龙。总队党组书记、总队长崔刚对活动作出批示,总队党组成员、副总队长陈建设出席活动并讲话。

9月1日,总队召开2021年秋粮预、实产工作培训视频会议。总队党组成员、副总队长郭学来出席会议并讲话。

9月1日至4日,总队先后派出3个调研组,由总队党组成员、副总队长郭学来等带队,分别赴鹤壁、新乡,开封、周口,驻马店、信阳等地开展秋粮生产形势调研。

9月2日,总队长崔刚主持召开2021年第5次总队长办公会议,学习中央全面深化改革委员会第二十一次会议和中央财经委员会第十次会议精神,通报"我为群众办实事"实践活动项目清单进展情况,审议有关制度办法,研究编撰《国家调查队成立15周年纪念专辑》事宜。总队领导郭学来、郑泽香、吴小武、王传健、陈建设出席会议。

9月2日,总队党组召开会议,学习习近平总书记在《求是》杂志上发表的重要文章《党的伟大精神永远是党和国家的宝贵精神财富》,传达学习国家统计局和驻委纪检监察组有关文件精神,研究贯彻落实《国家统计局落实与驻委纪检监察组会商问题及意见建议的整改任务清单》具体措施,研究总队党组巡视整改推进工作。党组书记、总队长崔刚主持会议并讲话,党组成员、副总队长郭学来,党组成员、总统计师郑泽香,党组成员、纪检组长吴小武,党组成员、副总队长王传健、陈建设出席会议。

9月2日,总队党组书记、总队长崔刚主持召开总队党组会议,进行警示教育专题学习。会议传达学习了中共国家统计局党组《关于贯彻落实〈中共中央关于加强对"一把手"和领导班子监督的意见〉的实施意见》、驻委纪检监察组关于重庆调查总队有关违纪案件的通报和国家统计局党廉办《关于利用重庆总队违纪案件通报认真开展警示教育的通知》文件精神。

9月2日,总队青工委组织召开青工委委员会议,传达学习习近平总书记在中央党校(国家行政学院)中青年干部培训班开班式上发表的重要讲话精神,研究下一步重要讲话精神的贯彻落实工作。

9月4日、9月13日,河南省政府副省长武国定分别对总队呈送的调查专报《河南"两业"融合仍处初级水平　存在问题不容忽视》《关于脱贫攻坚普查近期工作情况的汇报》作出批示。

9月6日,总队与河南农业大学签订了《战略合作框架协议》，双方本着"优势互补、相互促进、长期合作、互惠共赢"的原则，就应用型人才培养，实训基地建设、项目合作等结成战略合作关系。

9月6日，总队印发《承担总队调查任务的县级统计局调查业务考核办法(试行)》，进一步规范对承担总队调查任务的县级统计局调查业务的管理，提高统计调查数据质量。

9月7日，总队组织召开座谈会，欢迎国家统计局人事司机关人事处处长魏永利一行3人和选派的10名赴豫基层锻炼青年干部。会议由总队党组成员、副总队长陈建设主持，总队党组书记、总队长崔刚，党组成员、总统计师郑泽香，党组成员、党组纪检组组长吴小武出席会议。

9月8日，总队召开机关全体干部警示教育会议。总队党组书记、总队长崔刚出席会议并讲话，党组成员、纪检组长吴小武通报了重庆调查总队违纪案例。总队党组成员、副总队长郭学来主持会议。党组成员、总统计师郑泽香，党组成员、副总队长王传健出席会议。

9月8日，总队机关开展了以"依法统计、诚信调查"为主题的诚信建设主题教育宣传活动。总队党组成员、纪检组长吴小武主持活动。

9月8日，总队党组成员、副总队长陈建设带队赴新乡市、辉县市调研省政府两个文件的贯彻落实情况，同时深入部分县、乡，调研当前农业、畜牧业生产形势及灾后企业用工情况。

9月8日，总队召开2021年度机关精神文明建设工作推进会议。总队党组书记、总队长崔刚，党组成员、副总队长郭学来，党组成员、总统计师郑泽香，党组成员、纪检组长吴小武，党组成员、副总队长王传健出席会议。

9月9日，总队举办"建功新时代　岗位做贡献"短视频课题竞赛决赛，在前期初赛中选拔出的12支参赛队参加了比赛。总队副总队长郭学来、党组纪检组组长吴小武、副总队长王传健、副总队长陈建设莅临赛场并担任评委。

9月9日至10日，总队党组成员、总统计师郑泽香一行到信阳调研指导定点帮扶和秋粮实割实测等工作。

9月10日，总队成功举办机关党支部书记培训班，总队机关各党支部书记、副书记、支部委员参加培训。

9月10日，总队党组成员、纪检组长吴小武带队赴商丘调查队，对利用重庆调查总队违纪案件通报开展警示教育情况进行现场指导，对省政府办公厅下发的《关于支持配合河南国家调查队系统做好农业农村统计调查工作的通知》《关于印发河南省市级调查失业率统计实施方案的通知》贯彻落实情况进行调研督导。

9月10日，总队与河南农业大学召开座谈会，深入探讨推进河南农业统计调查现代化改革的发展路径，就进一步加强农业遥感测量，推进无人机遥感应用等工作进行座谈。

9月10日、9月24日，总队分两批举办了劳动力调查业务人员和调查员技能竞赛，共有214名市县级国家调查队、县级统计机构从事劳动力调查的业务人员，530名劳动力调查样本居(村)调查员参加了竞赛。

9月12日，总队党组召开会议，传达学习习近平总书记在河北承德考察时的重要讲话精神，研究审议总队党组巡视整改落实情况报告、选人用人专项整改落实情况报告和党组书记崔刚组织落实巡视整改工作情况报告。党组书记、总队长崔刚主持会议并讲话，党组成员、副总队长郭学来，党组成员、纪检组长吴小武，党组成员、副总队长陈建设出席会议。

9月13日，副省长武国定对总队呈送的《关于脱贫攻坚普查近期工作情况的汇报》作出批示。

9月13日，总队组织召开第二轮统计执法监督检查行前工作会议，对第二轮统计执法监督现场检查工作进行部署。总队党组成员、纪检组长吴小武主持会议并讲话。

9月13日，总队党组成员、副总队长王传健到国家统计局许昌调查队开展警示教育活动,并为许昌队全体党员上廉政党课。

9月13日至14日,总队党组成员、纪检组长吴小武带领总队统计执法检查第一组对国家统计局辉县调查队劳动力调查工作开展了统计执法监督现场检查工作。

9月13日至23日,总队组成三个执法检查组,在全省范围内对10个国家调查市(县)和3个县(区)统计局的住户调查、劳动力调查专业开展第二轮统计执法监督现场检查工作。

9月14日,总队印发《2021年度大数据应用研究工作任务清单》,持续探索大数据统计应用新领域,不断推动全系统分专业开展大数据应用与研究。

9月14日,总队召开全省农民工市民化进程动态监测调查工作视频培训会议。

9月16日,总队机关组织党员志愿者联合正光街社区辖区单位开展了慰问城市美容师活动。

9月16日,总队召开全省秋粮形势分析视频会议。总队党组成员、副总队长郭学来出席会议并讲话。

9月16日,总队党组理论学习中心组召开2021年第22次学习(扩大)会议暨党史学习教育专题研讨。总队党组成员、总统计师郑泽香主持会议,党组成员、副总队长王传健参加学习。

9月16日,河南省档案局行政执法检查第一检查组来总队检查指导档案工作,总队副总队长、总队档案工作领导小组办公室主任郭学来主持会议并作汇报。

9月16日至17日,总队在郑州举办河南调查系统2021年纪检干部业务培训班,总队党组成员、纪检组长吴小武出席并作动员讲话。吴小武逐一听取了市队纪检组长履职情况报告,重点了解各地工作开展中的亮点、存在问题和下一步工作思路等,并逐一进行点评,就下一步工作提出针对性要求。

9月17日,总队党组召开会议,传达学习习近平总书记在第18期《求是》杂志上发表的重要文章《毫不动摇坚持和加强党的全面领导》精神。党组书记、总队长崔刚主持会议并讲话,要求把思想和行动进一步统一到习近平总书记重要讲话精神上来,毫不动摇坚持和加强党的全面领导。党组成员、副总队长郭学来,党组成员、总统计师郑泽香,党组成员、纪检组长吴小武,党组成员、副总队长王传健出席会议。

9月17日,总队党组书记、总队长崔刚一行赴南阳调研督导省政府办公厅《关于支持配合河南国家调查队系统做好农业农村统计调查工作的通知》《关于印发河南省市级调查失业率统计实施方案的通知》两个文件贯彻落实情况。

9月23日,河南调查总队和河南省统计局成功举办第十二届“中国统计开放日”活动。本届统计开放日以“赓续红色血脉　奋进统计未来”为主题,集中展现了河南统计调查系统砥砺奋进、开拓进取的精神风貌。河南调查总队副总队长王传健、河南省统计局副局长冯建中等出席活动。

9月23日,《中国信息报》头版“奋进新征程　建功新时代”专栏刊发总队党组书记、总队长崔刚署名文章《着力发挥统计监督职能作用》。

9月24日,总队组织开展健康教育活动。

9月27日,总队下发《关于报送河南调查系统辅助调查员基本情况的通知》,根据各地上报的资料,建立河南调查系统辅助调查员电子信息库,加强辅助调查员的动态管理。

9月28日,总队召开全省农民工监测调查业务培训视频会议,总队党组成员、副总队长王传健出席会议并讲话。

9月28日至30日,总队组织召开全省市级调查失业率统计动员和业务培训班,总队党组成员、副总队长陈建设出席会议并讲话。会议邀请省发改委、人社厅、统计局、财政厅有关人员参加,全省各市级国家调查队分管领导和劳动力调查业务科室负责人,县级国家调查队及开展劳动力调查的县级统计机构业务人员共217人参加会议。

十月

10月8日，总队党组理论学习中心组召开2021年第23次学习（扩大）会议。总队党组书记、总队长崔刚主持会议，党组成员、副总队长郭学来，党组成员、总统计师郑泽香，党组成员、纪检组长吴小武，党组成员、副总队长王传健，党组成员、副总队长陈建设参加学习。

10月8日，总队党组书记、总队长崔刚主持召开总队党组会议，传达学习《中共国家统计局党组关于加强和改进调查队系统纪检工作的意见》《中共国家统计局党组关于印发〈国家统计局关于建立内部监督工作贯通协同机制的办法（试行）〉的通知》《国家统计局关于建立巡视机构与相关职能单位协作配合机制的意见（试行）》文件精神。

10月8日，河南省人力资源和社会保障厅副厅长杨昆锋一行到总队进行座谈，深入交流当前河南省就业形势和劳动力调查工作开展情况。

10月8日，河南省人民政府印发了《关于表扬2020年度服务河南经济社会发展优秀和先进中央驻豫单位的通报》（豫政〔2021〕30号）文件，总队荣获2020年度服务河南经济社会发展优秀单位荣誉称号。

10月9日，总队党组召开会议学习贯彻习近平总书记在中央人才工作会议上的重要讲话精神。党组书记、总队长崔刚主持会议并讲话，党组成员、副总队长郭学来，党组成员、总统计师郑泽香，党组成员、纪检组长吴小武，党组成员、副总队长王传健、陈建设出席会议。

10月10日，总队报送的调查专报《河南省农村居民消费情况调研报告》获河南省副省长武国定批示："请省委农办参阅。"

10月12日，国家发展改革委副主任兼国家统计局局长、党组书记宁吉喆在总队呈报的《关于河南总队荣获2020年度服务河南经济社会发展优秀单位的报告》上作出批示："向河南总队表示祝贺！"

10月12日，总队老干部活动室揭牌启用仪式成功举行。总队党组成员、副总队长陈建设和老干部代表宋明建共同为老干部活动室揭牌。有关处室负责人以及退休干部代表二十余人参加了揭牌仪式。

10月12－13日，总队党组成员、副总队长郭学来一行到洛阳队督导巡察整改专题民主生活会。

10月13－14日、20－21日，总队先后赴洛阳市、孟津县和商丘市、永城市，开展农民工监测调查和农民工市民化进程动态监测调查工作调研。

10月14日，总队组织市、县调查队及总队相关业务处人员收看了国家统计局2021年统计年报和2022年定期统计报表制度布置暨培训视频会议内容。

10月14－16日，总队党组成员、副总队长王传健一行先后到开封、周口调查队督导巡察整改专题民主生活会。

10月15日，受总队长崔刚委托，副总队长郭学来主持召开2021年第6次总队长办公会议，传达省委省政府有关文件精神，审议《河南国家调查队系统成立15周年纪念册》编撰事项，研究河南调查系统国家级"最美调查人"推荐事项。

10月16日，省直机关第七届全民健身运动会启动仪式暨健步走活动在郑州绿博园隆重开幕。来自110多家省直有关单位的2500余名干部职工参加。总队党组成员、副总队长陈建设带队参加了运动会开幕式暨健步走活动。

10月18－20日，总队赴南阳市、镇平县开展消费价格调查基层基础工作调研。

10月19日，总队党组召开会议，学习贯彻习近平总书记在纪念辛亥革命110周年大会上的重要讲话精神。党组书记、总队长崔刚主持会议并讲话，党组成员、副总队长郭学来，党组成员、纪检组长吴小武，党组成员、副总队长王传健、陈建设出席会议。

10月19日，总队报送的调查专报《畜禽生产持续向好　养殖效益分化明显》获河南省省长王凯批示:“请国定同志关注。”

10 月 19 – 21 日,总队组成 4 个监督检查组,由 2021 年总队党组巡察组组长带队,分别赴开封、洛阳、平顶山、周口调查队及其所辖各 1 个县级调查队进行巡察整改监督检查。

10 月 19 – 22 日,国家统计局农村司一级巡视员黄秉信一行 3 人来河南调研农业遥感工作和粮食生产形势。

10 月 20 日,总队二级巡视员秦喜成一行到平顶山调查队督导巡察整改专题民主生活会。总队机关党委、纪检监察室派员陪同督导。

10 月 20 日,总队组织河南调查系统部分单位,分设考场线上监考,进行闭卷考试,开展统计法律法规知识大练兵。

10 月 20 日,总队报送的调查专报《2021 年前三季度河南居民人均可支配收入增长 8.9%》获河南省副省长武国定批示:“请虎振、奎立同志阅。”

10 月下旬,总队先后派员赴三门峡、南阳、信阳、周口调查队及其所辖各 1 个县级调查队开展财务检查。

10 月 20 – 22 日,总队党组成员、副总队长陈建设带领总队第六督导组一行,赴安阳、濮阳调查队就基层党建工作开展情况进行调研督导。

10 月 21 日,总队党组成员、纪检组长吴小武到信阳市息县弯柳树村调研指导定点帮扶工作。

10 月 21 日,总队到省司法厅开展工作调研,就总队依法行政工作和平安建设工作,与司法厅依法行政指导处进行座谈交流。

10 月 21 – 22 日,总队办公室党支部赴信阳息县与弯柳树村党支部开展结对共建活动。总队党组成员、纪检组长吴小武以普通党员身份参加了有关活动。

10 月 21 – 23 日,总队农业调查处与农村调查处联合在全省范围内开展农业农村统计调查基础工作和数据质量检查,农业调查处先后赴南阳市、镇平县和卧龙区开展检查,农村调查处先后赴洛阳市、孟津县和新安县开展检查。

10 月 24 – 29 日,总队党组书记、总队长崔刚参加了中国共产党河南省第十届委员会第十四次全体(扩大)会议,并以党代表的身份参加了中国共产党河南省第十一次代表大会。

10 月 26 – 27 日,总队党组成员、副总队长陈建设一行赴漯河、许昌,对 2021 年全省文明城市测评和全面从严治党民意调查工作进行督导检查。

10 月 27 日,总队组织人员开展秋粮收购暨秋种情况以及灾后农民生产生活情况专题走访调研。

10 月 28 日,省政府常务副省长周霁对河南国家调查队系统改革十五周年作出批示。

十一月

10 月 29 – 11 月 2 日,总队组织各级有关调查队,积极主动开展蔬菜产供销情况专题调研,深入了解蔬菜生产供应情况、价格波动原因、后期运行趋势及对居民生活的影响。

11 月 2 日,总队领导先后对焦作调查队呈报的《关于焦作市委书记葛巧红批示的报告》作出批示。总队党组书记、总队长崔刚批示:“请总队各位领导阅,请上网宣传。”总队党组成员、副总队长陈建设批示:“焦作调查队积极作为,服务地方,充分发挥了国家调查队职能作用,值得各市县调查队学习。”

11 月 2 日,总队党组成员、副总队长王传健一行到息县路口乡弯柳树村调研指导定点帮扶工作。

11 月 2 日,总队联合省农业农村厅印发《关于开展全省主要畜禽名录库摸底核查工作的通知》,统筹安排部署全省主要畜禽名录库摸底核查工作。

11 月 2 – 3 日,总队党组成员、纪检组长吴小武赴党支部工作联系点长垣调查队开展党史学习教育和党建督导工作,并参加该队党支部“结对共建守初心　为民服务担使命”主题党日活动。

11 月 3 日,总队党组召开会议,传达学习习近平总书记在深入推动黄河流域生态保护和高质量发展座谈会上的重要讲话精神。总队党组书记、总队长崔刚主持会议并讲话,总队党组成员、副总队长郭学来,党组成员、纪检组长吴小武,党组成员、副总队长王传健、陈建设出席会议。

11 月 3 日,国家发展改革委副主任兼国家统计局局长、党组书记宁吉喆在总队报送的一篇《重要事项报告》上作出批示:“向周霁常务副省长表示致意!希望河南总队进一步做好统计调查工作,为构建新发展格局提供信息支撑。”11 月 4 日,国家统计局党组成员、副局长毛有丰作出批示:“请河南总队再接再厉,不负期望。”

11 月 3－5 日,总队赴平顶山、南阳等地对采购经理调查和新设小微企业跟踪调查样本企业进行走访调研,

11 月 4 日,总队党组理论学习中心组召开 2021 年第 24 次学习(扩大)会议暨党史学习教育专题研讨。总队党组书记、总队长崔刚主持会议,总队党组成员、副总队长郭学来,党组成员、纪检组长吴小武参加学习。

11 月 4－5 日,总队党组成员、副总队长陈建设到鹤壁调查队调研指导工作,督导党建、党风廉政建设和调查业务工作以及“两个文件”落实情况。

11 月 5 日,总队按照《国家统计局河南调查系统辅助调查员管理规定(试行)》要求,完成了《河南调查系统辅助调查员基本情况表》《辅助调查员基本情况汇总表》的信息整理工作。

11 月 5 日,省长王凯对总队呈送的调查专报《农村居民医保惠及百姓　医疗服务提升还需发力》作出批示:“请柏华、全程同志阅研。”

11 月 5 日,省长王凯对总队呈送的调查专报《河南:四大因素导致近期蔬菜价格上涨迅速》作出批示:“两节将至,保供稳价的工作要早谋划早安排,请商务厅马健同志切实负起责任,加强调度,确保蔬菜等关系民生的价格稳定。”

11 月 8 日,河南调查工作推进培训会议以视频形式在郑州召开。会议传达学习了韩正副总理对统计工作重要批示精神和周霁常务副省长对河南调查工作批示精神,传达学习了国家统计局直属调查队管理体制改革 15 周年座谈会和省第十一次党代会等有关会议、文件和文章精神。总队党组书记、总队长崔刚代表总队党组作了题为《齐心协力　接续奋斗　团结一致打好河南调查工作“翻身仗”》的讲话。总队党组成员、副总队长郭学来主持会议,总队党组成员、纪检组长吴小武,总队党组成员、副总队长王传健、陈建设出席会议。

11 月 8 日,省长王凯对总队呈送的《扶贫产业发展态势良好　短板问题亟待突破——河南脱贫县农村产业发展难点问题调研报告》作出批示:“请农业农村厅、乡村振兴局阅研,提出解决突出问题的意见举措(如本土人才培养等)。”

11 月 9 日,总队党组成员、纪检组长吴小武出席系统新任处级干部任前廉政谈话视频会议,对新任处级干部开展集体廉政谈话。

11 月 10 日,总队保密委组织专题会议对总队机关处室负责人和保密员开展保密安全教育培训。

11 月 10 日,总队长崔刚主持召开总队 2021 年第 7 次总队长办公会议,学习宁吉喆同志署名文章,审议法治统计建设规划、宣传教育规划和统计基层基础工作规范化实施细则,传达国家统计局人事司有关人事政策。总队领导郭学来、吴小武、王传健、陈建设出席会议。

11 月 10 日,总队党组召开会议,传达学习习近平总书记关于干部队伍建设重要论述。总队党组书记、总队长崔刚主持会议并讲话,总队党组成员、副总队长郭学来,党组成员、纪检组长吴小武,党组成员、副总队长王传健、陈建设出席会议。

11 月 11 日,总队举办河南国家调查队系统第二期课题研究分享沙龙。总队党组书记、总队长崔刚,总队党组成员、纪检组组长吴小武,总队党组成员、副总队长陈建设参加活动。

11 月 11 日,总队党组书记、总队长崔刚对《调查专报》工作作出批示:“《调查专报》办得很有特色,得

到多位省领导的高度肯定,希望继续努力,在质和量上再有新的提升。”

11 月 11 - 13 日,总队党组成员、副总队长王传健到开封、商丘调查队调研指导工作,宣布干部任命,调研督导党史学习教育和党建工作。

11 月 12 日,总队召开 2021 年依法行政工作推进会,总队党组成员、党组纪检组组长吴小武出席会议并讲话。

11 月 12 日,总队党组成员、副总队长郭学来一行到郑州调查队、郑州航空港区调查队督导 2021 年党史学习教育及党建工作开展情况。

11 月 15 日,总队党组书记、总队长崔刚在洛阳调查队呈报的《关于洛阳市长徐衣显批示的报告》上作出批示:“请总队各位领导阅。希望洛阳队主动作为,进一步提升服务水平,切实服务好经济社会发展。”

11 月 15 日,总队印发《河南调查工作统计基层基础工作规范化实施细则》。

11 月 15 日,总队组织完成河南“双十一”网购问卷调查工作。

11 月 16 日,总队召开河南调查队系统 2014 - 2020 年养老保险清算工作部署视频会,总队党组成员、副总队长王传健出席会议并讲话。

11 月 16 日,总队党组成员、副总队长郭学来以普通党员身份参加农村调查处党支部作风整顿专题组织生活会。

11 月 17 日,总队派员参加河南省粮食安全责任制考核工作会议,汇报相关任务完成情况,圆满完成粮食安全责任制考核测评工作。

11 月 17 日,总队党组成员、副总队长王传健以普通党员身份参加综合处党支部作风整顿专题组织生活会。

11 月 17 日,总队机关举行消防安全知识讲座,邀请省消防协会宣传服务队专职教官进行讲课。

11 月 18 日,总队党组成员、总统计师郑泽香以普通党员身份参加制度方法处党支部党员大会和专题组织生活会。

11 月 19 日,总队与省发展和改革委员会联合举办价格形势分析座谈会,交流研讨 2021 年市场物价运行情况,并就当前价格走势特点、热点和 2022 年相关工作进行座谈。

11 月 19 日,总队党组成员、纪检组长吴小武以普通党员身份参加总队纪检监察室党支部作风整顿专题组织生活会。

11 月 22 日,总队召开重点课题研究推进会,安排布置下阶段重点任务。总队党组成员、副总队长陈建设参加会议。

11 月 23 日,在《河南省省直爱卫会关于命名无烟单位的通知》(豫直爱卫〔2021〕9 号)中,国家统计局河南调查总队被命名为无烟单位。

11 月 24 日,总队党组书记、总队长、巡察工作领导小组组长崔刚主持召开党组会议暨巡察工作领导小组会议,专题研究总队党组巡察工作事项。总队党组成员、副总队长郭学来,总队党组成员、总统计师郑泽香,总队党组成员、纪检组长吴小武,总队党组成员、副总队长王传健、陈建设出席会议。

11 月 26 日,总队党组理论学习中心组召开 2021 年第 26 次学习(扩大)会议暨中国共产党第十九届六中全会精神专题研讨会。总队党组书记、总队长崔刚主持会议,党组成员、副总队长郭学来,党组成员、总统计师郑泽香,党组成员、纪检组长吴小武,党组成员、副总队长王传健,党组成员、副总队长陈建设参加学习。

11 月 27 日 - 29 日,全省居民收支调查年报工作布置暨业务培训班在驻马店举办。总队党组成员、副总队长王传健出席培训班并讲话。驻马店市委常委、常务副市长金冬江到会致辞。

11 月 27 - 30 日,总队在河南焦裕禄干部学院举办河南国家调查队系统学习贯彻党的十九届六中全会精神专题培训班。

11 月 29 日,全省农民工监测调查、脱贫县农村住户监测调查年报布置暨业务培训班在许昌举办。

总队党组成员、副总队长王传健出席会议并讲话，总队二级巡视员秦喜成主持会议。

11月30日，总队机关青工委召开会议专题学习总队党组书记、总队长崔刚在河南国家调查队系统学习贯彻党的十九届六中全会精神专题培训班上党课讲话精神。

十二月

11月29日至12月3日，河南国家调查队系统2020－2021年新录用公务员培训班在郑州举行，对近两年新录用的公务员开展为期5天的初任培训。总队党组成员、副总队长陈建设出席开班式并作开班讲话。

12月2日，河南省贫困地区重大专项普查工作总结会议在许昌召开。总队党组书记、总队长崔刚出席会议并讲话，省脱贫普查办主任、总队党组成员、副总队长王传健主持会议。省脱贫普查办主任、省乡村振兴局党组成员、副局长、一级巡视员汪继章出席会议。许昌市委副书记、市长刘涛到会致辞。

12月2日，总队邀请河南省委党校法学教研部经济法教研室主任涂永珍教授作“习近平法治思想”专题讲座。

12月2日至4日，河南国家调查队系统办公室工作暨政务管理培训班在郑州举办。总队党组成员、副总队长郭学来出席开班式并讲话。

12月3日，总队举办全省办公室系统公文技能大赛，由各地市队办公室主任和业务骨干组成的19支代表队共37人参加了技能竞赛。

12月3日，总队党组成员、总统计师郑泽香先后以《践行初心　加压奋进　筑牢防线　不断开创河南统计调查事业新局面》《学党史　讲廉洁　永葆共产党人本色》为题，为总队价格调查专业全体人员和制度方法处党支部全体党员讲廉政专题党课。

12月4日至8日，总队在第四个“宪法宣传周”期间开展了以“深入学习贯彻习近平法治思想，加快推进新时代统计法治建设”为主题的系列统计普法宣传活动。

12月7日，总队党组成员、纪检组长吴小武赴中牟调查队开展党风廉政工作调研，并以普通党员身份参加总队纪检监察室党支部与中牟县官渡镇冉庄村党支部结对共建活动。

12月7日至8日，总队联合省农业农村厅举办全省主要畜禽监测调查业务培训班。总队党组成员、副总队长郭学来出席培训班并讲话。

12月8日，总队党组成员、总统计师郑泽香一行赴洛阳工业生产者价格调查样本企业开展调研活动。

12月9日至10日，河南国家调查队系统青年工作委员会成立大会暨青年工作培训班在郑州举行。总队党组书记、总队长崔刚出席会议并讲话，国家统计局办公室副主任、青工委主任汤魏巍、河南省委省直机关工作委员会群团部副部长杨晓真出席会议并致辞，总队党组成员、副总队长郭学来出席会议，总队党组成员、副总队长陈建设主持会议。

12月10日，总队党组召开会议，传达学习习近平总书记在中共中央政治局第三十五次集体学习时的重要讲话精神。总队党组书记、总队长崔刚主持会议并讲话，要求认真学习贯彻习近平法治思想，全面推进依法治统。党组成员、副总队长郭学来，党组成员、总统计师郑泽香，党组成员、纪检组长吴小武，党组成员、副总队长陈建设出席会议。

12月10日，总队召开国家安全和保密专题会议，加强新时期安全保密工作。总队党组书记、总队长、总队保密委主任崔刚出席会议并讲话。

12月10日，总队组织机关全体干部职工集中收看警示教育片《从励志奋斗到痴迷享乐》《小病不治病入膏肓》《斩断围猎与被围猎的黑色利益链》《浙江温州飞云江海事处腐败窝案剖析》。

12月11日，副省长武国定对总队呈送的调查专报《2021年河南粮食产量稳定在1300亿斤以上》作出批示：“来之不易，倍加珍惜，加强总结，争取明年有更好收成”。

12 月 12 日至 14 日,河南国家调查队系统粮食抽样调查及全面统计业务培训班在郑州召开。总队党组成员、副总队长郭学来出席会议并讲话。

12 月 13 日,总队印发了《国家统计局河南调查总队关于评选 2021 年度国家统计局河南调查总队住户收支与生活状况和劳动力调查优秀辅助调查员的通知》。

12 月 13 日至 15 日,河南国家调查队系统 2021 年财务工作培训班在许昌举办。总队党组成员、副总队长王传健同志出席并讲话。

12 月 14 日,总队与河南财经政法大学联合开展学术交流活动。总队党组成员、总统计师郑泽香,河南财经政法大学党委副书记郭改英出席活动。

12 月 14 日至 16 日,河南国家调查队系统综合业务培训班在许昌召开。总队党组成员、副总队长王传健出席会议并讲话。

12 月 14 日至 18 日,总队在郑州举办全省农业统计调查无人机遥感测量培训班。总队党组成员、副总队长郭学来出席会议。

12 月 15 日,副省长武国定对总队调查专报《大众创业万众创新　农民工创业就业更加多元化》作出批示。

12 月 15 日,副省长何金平对总队呈送的调查专报《11 月份河南 CPI 涨幅扩大》作出批示:“请省商务厅密切关注,并及时与农业农村厅和市场监管局协调配合,切实做好群众生活必需特别是元旦、春节期间的保供稳价工作”。同日,副省长武国定对专报进行圈阅。

12 月 15 日至 16 日,河南国家调查队系统制度方法业务培训班在郑州举办。总队党组成员、总统计师郑泽香出席并讲话。

12 月 15 日至 17 日,河南国家调查队系统企业类调查业务培训班在洛阳举办。总队党组成员、副总队长陈建设出席培训班并讲话。

12 月 16 日,总队党组听取全国价格统计调查工作视频会议有关汇报,提出 2022 年度价格调查工作新目标。

12 月 16 日至 17 日,河南国家调查队系统统计法治工作培训班在许昌举办。总队党组成员、纪检组长吴小武出席并讲话。

12 月 20 日至 22 日,总队在许昌举办全省流通消费价格调查培训班。总队党组成员、总统计师郑泽香出席并讲话。

12 月 21 日,总队移动办公系统一期工程部署完成,并开展了系统应用培训,在总队机关部分人员中开展应用。

12 月 23 日,总队党组成员、纪检组长吴小武率总队第四督导组到新乡调查队督导调研党建工作。

12 月 23 日,河南国家调查队系统“建功新时代、岗位做贡献”统计法规知识竞赛现场决赛在焦作举办。总队党组成员、纪检组长吴小武全程督导统计法规知识竞赛,并亲临决赛现场指导。

12 月 23 日至 24 日,总队在郑州举办河南国家调查队系统网络安全和信息化建设工作培训班。总队党组成员、总统计师郑泽香出席并作开班讲话。

12 月 23 日至 24 日,河南国家调查队系统生产价格调查年报布置暨业务培训班在郑州举办。总队党组成员、总统计师郑泽香出席并讲话。

12 月 24 日,总队荣获河南省直属机关第七届全民健身运动会“全民健身先进单位”。

12 月 26 日至 29 日,总队在安阳市、漯河市分两个片区召开全省农业遥感无人机现场观摩培训会议。

12 月 27 日,总队召开党组扩大会议,专题学习研讨《监督意见》和宁吉喆在统计系统贯彻落实《监督意见》视频会议上的讲话精神,研讨交流学习心得,研究部署《监督意见》和宁吉喆讲话精神在河南国家调查队系统的持续深入学习贯彻工作。

12 月 27 日,总队党组书记、总队长崔刚主持召开党组会议,专题研究 2021 年全面从严治党工作。总队党组成员、副总队长郭学来,党组成员、总统计师郑泽香，党组成员、纪检组长吴小武，党组成员、副总队长王传健、陈建设参加会议。

12 月 28 日，总队第一时间召开党组扩大会议，学习贯彻全国统计工作会议精神，研究贯彻落实举措。总队党组书记、总队长崔刚主持会议，总队领导班子成员、各处室负责人参加会议。

12 月 29 日，总队召开河南国家调查队系统警示教育视频会议。总队党组书记、总队长崔刚出席会议并讲话，党组成员、纪检组长吴小武主持会议。党组成员、总统计师郑泽香，党组成员、副总队长王传健，党组成员、副总队长陈建设出席会议。

12 月 30 日，国家发展改革委副主任兼国家统计局局长、党组书记宁吉喆在总队呈报的《关于省委书记楼阳生对〈监督意见〉作出批示的报告》上批示："楼书记批示十分重要。我们要认真贯彻。"12 月 31 日，国家统计局党组成员、副局长毛有丰作出批示："请河南总队认真落实吉喆局长和阳生书记的批示精神，更好发挥统计监督职能作用。"

《河南调查年鉴 -2022》只读光盘介绍

《河南调查年鉴-2022》只读光盘是一张信息高度密集的资料载体。该光盘载录有河南省经济社会发展情况和人民生活状况的相关资料，收录了全省和市、县（区）2021 年经济和社会发展有关方面大量的调查统计数据，以及历史重要年份的全省主要调查统计数据。

光盘的主要内容分为 9 个部分：1. 工作报告；2. 农业；3. 畜牧业；4. 消费价格；5. 生产价格；6. 农产品价格；7. 人民生活；8. 全国及各省（市、区）指标；9. 大事记。主要篇末附有《主要统计指标解释》。

《河南调查年鉴-2022》光盘（CD-ROM）操作简便、功能实用，浏览时可实现各部分内容之间的切换，并附有 Html 文件。

本光盘所有资料的浏览查阅和计算加工，未经许可不得用于营业性用途，否则必追究其法律责任。

河南调查总队官方微信